Diakonie und Schule

Waxmann Verlag GmbH
Steinfurter Straße 555, 48159 Münster
info@waxmann.com

Schule in Evangelischer Trägerschaft

herausgegeben von

Volker Elsenbast, Münster
Jürgen Frank, Hannover
Christel Ruth Kaiser, Steinatal
Cornelia Schäfer, Gotha
Christoph Th. Scheilke, Stuttgart-Birkach
Friedrich Schweitzer, Tübingen

BAND 6

Waxmann Münster / New York
München / Berlin

Christel Ruth Kaiser (Hrsg.)

Diakonie und Schule

Die Hallenser Barbara-Schadeberg-Vorlesungen

Waxmann Münster / New York
München / Berlin

Bibliografische Informationen Der Deutschen Bibliothek
Die Deutsche Bibliothek verzeichnet diese Publikation in
der Deutschen Nationalbibliografie; detaillierte bibliografische
Daten sind im Internet über http://dnb.ddb.de abrufbar.

Gedruckt mit Unterstützung der
Barbara-Schadeberg-Stiftung zur Förderung evangelischer Schulen
nach dem Stiftungsgesetz der Evangelischen Kirche von Westfalen

Schule in evangelischer Trägerschaft; Band 6
hrsg. von Volker Elsenbast, Jürgen Frank, Christel Ruth Kaiser,
Cornelia Schäfer, Christoph Th. Scheilke
und Friedrich Schweitzer.

ISBN-10 3-8309-1671-X
ISBN-13 978-3-8309-1671-0
ISSN 1614-0540

© Waxmann Verlag GmbH, 2006
Postfach 8603, D-48046 Münster

www.waxmann.com
E-Mail: info@waxmann.com

Umschlaggestaltung: Pleßmann Kommunikationsdesign, Ascheberg
Satz: Jochen-Christoph Kaiser, Willingshausen
Druck: Druckerei Hubert und Co., Göttingen
Gedruckt auf alterungsbeständigem Papier, säurefrei gemäß ISO 9706
Alle Rechte vorbehalten
Printed in Germany

Vorwort zur Reihe ‚Schule in evangelischer Trägerschaft'

Die vorliegende Reihe *Schule in evangelischer Trägerschaft* will ein Forum bieten für Veröffentlichungen, die sich die Untersuchung, Beschreibung und kritische Erörterung von Schulen in evangelischer Trägerschaft zur Aufgabe machen. Die Leistungen evangelischer Schulen sollen einer breiteren Öffentlichkeit – in Pädagogik, Theologie und nicht zuletzt in der Schulpraxis – bekannt gemacht werden, neue Entwicklungen und Impulse sollen aufgenommen sowie durch Analysen und konzeptionelle Perspektiven vertieft und begleitet werden.

Die Hervorhebung ‚evangelischer' Trägerschaft ist dabei nicht exklusiv gemeint. Es geht darum, auch solche Schulen anzusprechen, die sich beispielsweise in der Trägerschaft von eigenen Vereinen und Vereinigungen, von Werken oder ähnlichen Einrichtungen befinden, die nicht zur verfassten Kirche zählen, auch wenn durchaus von einer evangelischen Trägerschaft gesprochen werden kann und muss. Auch eine Beschränkung nur auf die evangelische Kirche im Unterschied zur katholischen ist nicht beabsichtigt. ‚Evangelisch' meint zuallererst das Evangelium, das für alle Christen gleichermaßen grundlegend ist. Nicht Abschottung zwischen den Kirchen wird angestrebt, sondern ökumenische Öffnung, die ihren Niederschlag nicht zuletzt in konfessioneller Kooperation auch zwischen Schulen finden kann. Für katholische Autorinnen und Autoren ist dieses Forum jedenfalls offen.

Schulen in evangelischer Trägerschaft versuchen, sinnvolle Profilierungen zu erreichen, die auf ihre eigenen – geschichtlichen und aktuellen – Kontexte bezogen sind. Mindestens in Teilbereichen können diese Versuche auch für das staatliche Schulwesen von Interesse sein. Deshalb wendet sich die vorliegende Reihe nicht nur an evangelische Schulen, sondern will auch andere Schulen als Gesprächspartner und Adressaten erreichen.

‚Schule in evangelischer Trägerschaft' steht nach unserem Verständnis in einem Theorie-Praxis-Zusammenhang. Eine Theorie der Schule ohne Praxisbezug wäre leer – praktische Schulerfahrungen ohne Theoriebezug blieben blind. Damit beides vermieden wird, wünschen wir uns für diese Reihe ebenso sehr Erfahrungsberichte und Beispiele aus den Schulen wie theoretische Analysen, empirische Untersuchungen und kritische Erörterungen.

Die Herausgeberinnen und Herausgeber dieser Reihe kommen selbst aus Praxis und Theorie, aus Universität und Kirche, aus Theologie und Erziehungswissenschaft. Und zumindest ein Stück weit ist es uns gelungen, auch die Beschränkung auf nur einen Teil Deutschlands zu überwinden, was uns besonders freut.

Volker Elsenbast, Münster – Jürgen Frank, Hannover – Christel Ruth Kaiser,
Willingshausen-Steinatal – Cornelia Schäfer, Gotha – Christoph Scheilke, Stuttgart –
Friedrich Schweitzer, Tübingen

Inhalt

Einführung 9

1 Diakonie und Schule
  Die Schadeberg-Vorlesungen 2004 in Halle 17
  1.1 Diakonie – Begriff und Bedeutung
      von Jochen-Christoph Kaiser 17
  1.2 Diakonie und Bildung
      von Reinhard Turre 30
  1.3 Diakonie als Bildungsverantwortung. Aspekte für eine
      neue Akzentsetzung evangelischen Hilfehandelns
      von Rainer Anselm 41
  1.4 Zukunftsperspektiven von Schule und Diakonie
      von Heinz Schmidt 52
  1.5 Ergänzende Beiträge aus der Praxis 65
      1.5.1 Diakonische Schule – Anspruch und Wirklichkeit. Gedankengänge am Beispiel des Ev. Schulzentrums Michelbach
            von Kurt Hertweck 65
      1.5.2 Diakonisches Lernen in der Evangelischen Grundschule Gotha
            von Cornelia Schäfer 72
      1.5.3 Schule aus der Perspektive des Diakonischen Werkes der EKD
            von Silke Köser 80

2 Diakonische Bildung und soziales Lernen 86
  2.1 Diakonisch-soziales Lernen – Eine gemeinsame Herausforderung für Schulen und diakonische Einrichtungen
      von Jürgen Gohde 86
  2.2 Diakonische Bildung und diakonisch-soziales Lernen.
      Theoretische Grundlegung und Begriffsklärung – Kollegialer Besuch einer Baustelle
      von Jürgen Frank 95
  2.3 Vorbemerkungen zum Positionspapier
      von Uta Hallwirth 105
  2.4 Positionspapier ‚Diakonische Bildung und diakonisch-soziales Lernen'
      Arbeitskreis Diakonisches Lernen 107

3 Perspektiven diakonisch-sozialen Lernens 111
   3.1 Theologische Aspekte des Begriffes ‚Diakonie'
       von Helmut Hanisch 111
   3.2 Diakonisch-soziale Bildung und Diakoniewissenschaft.
       Europäische und ökumenische Perspektiven
       von Renate Zitt 120
   3.3 Zum evangelischen Profil sozialpädagogischer Ausbildung
       von Thomas Zippert 136
   3.4 Diakonisch-soziales Lernen als Konkretion christlicher Bildungsverantwortung – Das Projekt der Elisabeth-von-Thadden-Schule in Heidelberg
       von Britta von Schubert 148
   3.5 Diakonisch-soziales Lernen: Zur Praxis der Schulentwicklung an evangelischen Schulen am Beispiel der Melanchthon-Schule Steinatal
       von Christel Ruth Kaiser 166
   3.6 Lernen in der Diakonie – Das Beispiel Kaiserswerth
       von Norbert Friedrich 183

4 Aus der Arbeit der Barbara-Schadeberg-Stiftung 191
   4.1 Modelle diakonisch-sozialen Lernens.
       Zum Wettbewerb der Barbara-Schadeberg-Stiftung
       von Uta Hallwirth 191
   4.2 Die Barbara-Schadeberg-Stiftung zur Förderung evangelischer Schulen – Ein Beispiel freiwilliger individueller und gemeinschaftlicher Schulförderung
       von Karl Heinz Potthast 211

Anhang 220
   Programm der 3. Barbara-Schadeberg-Vorlesungen 2004 in Halle/S. 220
   Die Autorinnen und Autoren 221

Personenregister 223

Einführung

Während der vergangenen zehn Jahre ist eine zunehmende Annäherung von Diakonie und Schule in vielfältigen Arbeitszusammenhängen zu beobachten. Gründe dafür lassen sich im Kontext gesamtgesellschaftlicher Problemlagen – beispielsweise einer wachsenden Entsolidarisierung innerhalb des Gemeinwesens – und darauf reagierender pädagogischer Neuorientierungen benennen. Letztere zielen mit ihren Akzentuierungen in Theorie und Praxis auf die Entwicklung einer ‚Kultur des Helfens', konkretisiert im Zusammenspiel von Diakonie und Schule.[1] Dabei nehmen zahlreiche Schulen in evangelischer Trägerschaft – seien es die allgemein bildenden Schulen, Fachschulen oder Fachhochschulen – eine Vorreiterrolle im Sinne von Modellschulen ein, indem sie die Chancen einer solchen wechselseitigen Beziehung für ihre jeweils spezifische Profilbildung wahrnehmen. Unterstützung erhalten sie durch entsprechende regionale Bildungsangebote seitens der landeskirchlichen Schulwerke bzw. -stiftungen, auch von den Pädagogisch-theologischen Instituten sowie den Diakonischen Werken der Landeskirchen und ihren Einrichtungen, insbesondere aber auf Bundesebene durch die sog. Bildungsforen der Diakonie,[2] die das Ziel haben, Begegnungen von Verantwortlichen aus beiden Bereichen – also von Lehrerinnen und Lehrern sowie Mitarbeiterinnen und Mitarbeitern aus diakonischen Einrichtungen – zu initiieren, sie für eine beiderseits sinnvolle und zukunftsfähige Kooperation zu gewinnen und entsprechend fortzubilden. Unter Federführung der Wissenschaftlichen Arbeitsstelle Evangelische Schule (WAESCH)[3] und Mitwirkung der Theologischen Abteilung des DW EKD[4] wurde inzwischen ein Arbeitskreis begründet, in dem Persönlichkeiten aus Wissenschaft, Schule und Diakonie konzeptionelle Fragen des sog. diakonisch-sozialen Lernens thematisieren und mit ihrem fachlichem Rat begleiten. Aus dieser Kooperation entstand ein Positionspapier, das den damit verbundenen Bildungsbegriff umreißt: Erfreulicherweise haben sich sowohl EKD als auch DW EKD diese Grundlegung in gemeinsamer Sache zu Eigen gemacht.[5] Nicht zuletzt unterstützt die Barbara-Schadeberg-Stiftung zur Förderung evangelischer Schulen die Weiterentwicklung diakonisch-sozialer Schulprofile, was durch

---

1 Vgl. dazu das 2006 vom Diakoniewissenschaftlichen Institut der Universität Heidelberg herausgebrachte Handbuch diakonisch-sozialen Lernens: Unterwegs zu einer Kultur des Helfens, hg. v. Gottfried Adam, Helmut Hanisch, Heinz Schmidt und Renate Zitt, Stuttgart 2006.
2 Veranstaltet vom Diakonischen Werk der EKD; das erste Bildungsforum fand anlässlich des Jubiläums „150 Jahre Diakonie" 1998 in Berlin statt, weitere in den Jahren 1999, 2000, 2002, 2003 und 2004; für den Herbst 2006 ist wiederum in Berlin ein Bildungsforum geplant, das sich im Umfeld aktueller Ergebnisse von Schulvergleichsstudien der Debatte um die Aufgabe ‚individueller Förderung' an evangelischen Schulen stellen will.
3 Die Wissenschaftliche Arbeitsstelle Evangelische Schule ist eine gemeinsame Einrichtung der EKD und der Barbara-Schadeberg-Stiftung am Comenius-Institut und wurde im Jahr 2003 gegründet. Sie wird von OKR' Dr. Uta Hallwirth geleitet.
4 Verantwortliche Referentin ist Dr. Silke Köser / DW EKD Berlin.
5 Vgl. in diesem Band die Beiträge von Jürgen Gohde, Kap. 2.1 und Jürgen Frank, Kap. 2.2.

die Ausschreibung eines entsprechenden Wettbewerbs 2003[6] sowie die Austragung der sog. Schadeberg-Vorlesungen im Jahr 2004[7] zum Thema ‚Schule und Diakonie' deutlich wurde.

Der hier vorzustellende Sammelband spiegelt den derzeitigen Stand der Diskussion zur Kooperation von Diakonie und Schule wider. Dabei sollen Beiträge sowohl aus der Wissenschaft als auch aus der Perspektive eines diakonischen und evangelisch-kirchlichen Bildungsverständnisses sowie darauf bezogener schulischer Praxis Berücksichtigung finden. Darüber hinaus werden Einblicke in die Arbeit der Barbara-Schadeberg-Stiftung gegeben.

Das erste Kapitel dokumentiert zunächst die dritte Veranstaltung der ‚Schadeberg-Vorlesungen', die im Juni 2004 an der Martin-Luther-Universität Halle-Wittenberg in Halle/S. in den Räumen der Theologischen Fakultät bzw. der Francke'schen Stiftungen stattfand. Es handelt sich um vier akademische Vorlesungen und drei Kurzberichte aus der Praxis von Schule und Diakonie im Aufgabenbereich des ‚diakonisch-sozialen Lernens'.

Der Kirchenhistoriker Jochen-Christoph Kaiser aus Marburg führt aus historischer Sicht in das Thema ein und skizziert, was Diakonie begriffsgeschichtlich und in der praktischen Ausgestaltung vor allem seit der Reformationszeit bedeutet hat und bewirken wollte. Dabei wird mit Beginn der Moderne ein grundsätzlicher Wandel sichtbar: Armut und soziale Devianz sind nicht mehr länger gottgegebenes Schicksal, vielmehr Herausforderung an die Christenheit, sich ihnen mit religiösem und sozialem Hilfehandeln zu stellen. Erst später werden auch Staat und Gesellschaft dazu aufgerufen, durch sozialpolitische Reformen die Ursachen der Armut zu bekämpfen. Diakonie und Innere Mission schließen ihrem neuen Selbstverständnis nach im 19. Jahrhundert nicht nur religiösen Zuspruch und praktische soziale Hilfen ein, sondern stellen auch kulturelle und vor allem pädagogische Mittel in den Dienst ihrer Sache. Von daher wird deutlich, wie stark seit den Anfängen der erneuerten Diakonie im 19. Jahrhundert ‚Diakonie und Schule' aus der Sicht der Inneren Mission aufeinander bezogen sind.

Der langjährige Landespfarrer für Diakonie in Sachsen-Anhalt und Professor an der Martin-Luther-Universität Halle-Wittenberg, Reinhard Turre, entwirft einen Überblick zum Thema aus praktisch-theologischer Sicht und versucht eine Bestandsaufnahme für die Gegenwart. Er hält das Bildungsproblem für die ‚Kardinalfrage' des 21. Jahrhunderts, die gleichsam die soziale Frage als Leitbegriff des 19. und 20. Jahrhunderts abgelöst habe. Die notwendige Einigung auf ein verbindliches Wertekonzept sei nach dem allgemein konstatierten ‚Verlust der Mitte' in hohem Maße von diakonisch-sozialer Erziehung abhängig, die von einer Generation an die nachfolgende weitergegeben werde. Nur durch hinreichende Bildung und ihre sorgsame Vermittlung könne der unausweichlich scheinende Trend zur Ökonomisierung des Sozialen aufgehalten und in selbstbestimmte Bahnen gelenkt werden: Der Schutz der Schwachen vor den Herausforderungen der Leistungsgesellschaft bei gleichzeitiger Gewährleistung der Qualitätsstandards diakonisch-sozialen Helfens bleibe auf stetige Reflexion über Bildung und Erziehung mit Zielrichtung auf den bedrängten Nächsten angewiesen.

---

6 S. dazu in diesem Band die Ausführungen von Uta Hallwirth, Kap. 4.1.
7 Vgl. das erste Kapitel dieses Bandes.

Rainer Anselm, Systematischer Theologe an der Universität Göttingen, reflektiert in seinem Rückblick auf Entwicklungen des Bildungsverständnisses innerhalb von Diakonie und Kirche seit der Zeit August Hermann Franckes durchaus kritisch die s.E. problematische Beziehung von Diakonie und Bildungswesen, die weitgehend zu einem Mangel an Partizipationsmöglichkeiten für die Hilfebedürftigen geführt habe. Er plädiert darum für ein Bildungsprogramm, das sich dem „mündigen, selbstbestimmten Bürger verpflichtet weiß", und verdeutlicht die Relevanz seiner Forderung an aktuellen Beispielen aus dem Bereich der modernen Medizin, die dem Patienten zunehmend ein hohes Maß an Wissen abverlange, um selbstverantwortlich entscheiden zu können, was „das für ihn Gute ist". Kirche und Diakonie seien „prädestiniert", solche Bildungsarbeit zu leisten: Ihr christlich geprägter Bildungsbegriff wirke der Gefahr orientierungsloser oder abstrakter Bildungsmaßstäbe entgegen und setze auf Individualisierung, d.h. auf eine Ausrichtung an den Bedürfnissen des Einzelnen.

Heinz Schmidt, Praktischer Theologe an der Universität Heidelberg und Leiter des dortigen Diakoniewissenschaftlichen Instituts, knüpft in seinem Beitrag an Reinhard Turres diakonisch-soziale Zustandsbeschreibung des ‚Verlustes der Mitte' durch die zunehmende Ausdifferenzierung der Gesellschaft seit dem 19. Jahrhundert an. In Anlehnung an Michael Welker spricht er von der Trias ‚(Gott-)Vertrauen, Recht und Erbarmen', um die seelsorgerliche wie gesellschaftliche Dimension der Diakonie zu kennzeichnen. Die Frage nach dem Stellenwert dieser Trias innerhalb unseres Bildungssystems und damit auch in der Schule ist sein Ausgangspunkt, um ‚Zukunftsperspektiven von Diakonie und Schule' zu umreißen. Diakonische Bildung entfaltet sich – so Schmidt – im Widerstreit von funktionalem Erziehungsinteresse der (staatlichen) Schulträger und dem Anspruch auf eine spezifische Sinn- und Wertorientierung, die mehr ist als bloßes ethisches Addendum. Letzteres ist s.E. durchaus auch innerhalb rein funktional verstandener Bildung von Interesse, damit aber nicht mit dem diakonisch-sozialen Bildungsanliegen identisch. Diakonische Bildung will hingegen auf dem Markt konkurrierender Werteproduzenten und -anbieter diese ihre Werte mit funktionalen Elementen verbinden, die beide den Bedürfnissen der Gesellschaft gerecht werden. Für einen Erfolg dieses Konzepts sieht Schmidt realistische Chancen.

Das Praxisbeispiel ‚Diakonisches Lernen' aus dem evangelischen Schulzentrum Michelbach/Württ., einer Gesamtschule mit bis zum Abitur führender Oberstufe, stellt Kurt Hertweck, Leiter dieser Einrichtung, vor. Die Schule arbeitet seit etwa 1980 erfolgreich an einem diakonischen Profil, aus dem ab 1994 das inzwischen staatlich anerkannte Unterrichtsfach ‚Diakonie' entstand. 2003 wurde die Schule in Anerkennung ihrer besonderen Verdienste auf diesem Felde erster Preisträger der Barbara-Schadeberg-Stiftung. Hertweck schildert ausführlich die gemeinsame Motivation von Schülern, Lehrern und Eltern auf dem langen Weg zu einer ‚diakonischen Schule'. Aufschlussreich ist der Vergleich dieser Initiative mit den Erfahrungsberichten aus Baden (Elisabeth-von-Thadden-Schule) und Hessen (Melanchthon-Schule Steinatal), die im dritten Kapitel dieses Bandes abgedruckt sind.

Cornelia Schäfer, Leiterin der Evangelischen Grundschule Gotha, die 2003 im Rahmen des Schadeberg-Wettbewerbs einen Sonderpreis für ihre spezifische diakonisch-soziale Ausrichtung erhielt, stellt im folgenden Abschnitt ihre Schule vor. Sie tut das in ungewöhnlicher Form, indem sie auf eine analytische Bestandsaufnahme weitgehend verzichtet und die Leserinnen und Leser in die Lebenswelt der Schulgemeinde sensibel ‚mitnimmt'. Ihre Einrichtung orientiert sich am ‚Jena-Plan' von Peter Petersen, der für das Lernen in jahrgangsübergreifenden sog. Stammgruppen plädiert.[8]

Die theologische Referentin im Diakonischen Werk der EKD, Silke Köser, kann in ihrer Skizze verdeutlichen, wie sehr diakonisch-soziales Lernen bei Schülerinnen und Schülern auch wertgebundene Grundeinstellungen beeinflusst, die sich aus dem ungehemmten Konsumverhalten der Jugendlichen in unserer Gesellschaft ergeben. Wie einige andere Beiträger auch bezieht sie sich auf John N. Collins, wenn sie diakonisch-soziales Lernen in der Schule als ‚Agent der Diakonie' deutet: Diakonische Bildung heißt danach, den Schülerinnen und Schülern bewusstes Eintreten für die Schwachen der Gesellschaft in Theorie und praktischer Anschauung zu vermitteln. Sie wirbt dafür, dass sich Schule und Diakonie gleichermaßen als ‚Beauftragte' verstehen, die jungen Menschen das christliche Menschenbild nahe bringen und dabei helfen, ihnen andere, fremde Lebenswelten als Teil der eigenen Identität zu erschließen.

Das zweite Kapitel des Bandes bezieht sich schwerpunktmäßig auf das erwähnte Positionspapier mit dem Titel „Diakonische Bildung und diakonisch-soziales Lernen". In Beiträgen von Jürgen Gohde, Präsident des Diakonischen Werkes der EKD, sowie von Jürgen Frank, Leiter der Bildungsabteilung der EKD, und ergänzt durch eine Einleitung von Uta Hallwirth, Leiterin der Wissenschaftlichen Arbeitsstelle Evangelische Schule (WAESCH), werden die *gemeinsamen* Bemühungen von DW EKD und EKD um den Gegenstand ‚Diakonie und Schule' aufgezeigt.

Jürgen Gohde sieht das diakonisch-soziale Lernen als „gemeinsame Herausforderung für Schulen und diakonische Einrichtungen". Bezug nehmend auf das genannte Positionspapier des von EKD und DW EKD einberufenen Arbeitskreises stellt er das diakonisch-soziale Lernen in den „Horizont evangelischer Bildung" und beschreibt die Bildungschancen eines diakonisch geprägten Schulprofils. Dabei unterstreicht er die Bedeutung des Lernens in diakonischen und anderen sozialen Einrichtungen als außerschulischen Lernorten, wo Lernerfahrungen gemacht werden, die im Unterricht in gleicher Weise nicht möglich sind. Im Blick auf die Entwicklung ganztägiger Bildungsgänge plädiert er für eine Integration des diakonisch-sozialen Lernens in Lernprozesse inner- und außerhalb der Schule. Wenn sich in dieser Weise Lern- und Lebenswelt miteinander verbinden ließen, gewinne schulisches Lernen für Schülerinnen und Schüler an Verbindlichkeit, was ihre „Lebensführungskompetenz mit all ihren kognitiven, personalen und sozialen Dimensionen" fördere. Im Kontext einer Schulentwicklung, die „gelernte Solidarität" zur Bildungsaufgabe mache, unterstreicht Präsident Gohde die Verpflichtung von Diakonie und Kirche, ihre Bildungseinrichtungen und sozialen Dienstleistungen für neue Möglichkeiten einer Kooperation mit Schulen zu öffnen.

Mit dem Bild eines Bauvorhabens macht Jürgen Frank seine Annäherung an den Begriff des diakonisch-sozialen Lernens, wie er im Positionspapier vorgestellt wird, anschaulich. Er verortet ihn im Sinne einer ‚Doppeltreppe' einerseits in biblisch-christlicher, andererseits in antiker Tradition, die gemeinsam „Pate stehen" könnten „bei der

---

8 Zu Peter Petersen vgl. Oliver Kliss, Religionsunterricht bei Peter Peterson, Jena 2004.

Kreuzung von ‚diakonisch' und ‚sozial',". Die in beiden Traditionen liegende Motivation – sei es aus Glauben bzw. aus vernunftgesteuerter Orientierung am Gemeinwohl – schließe niemanden aus. Insofern erscheint ihm diese Doppelformulierung als „höchst geeignet für die Konstruktion evangelischer Schulen". Insbesondere am Begriff der ‚Gerechtigkeit' differenziert er dann zwischen einer „Gerechtigkeit nach Griechenart", einem verbreiteten heutigen – „durch die Vorstellung des Marktmodells" geprägten – Gerechtigkeitsverständnis, und den Gerechtigkeitsvorstellungen der biblisch-christlichen Tradition, deren Relevanz er für das Bildungswesen und seine Chancengerechtigkeit entfaltet.

Uta Hallwirth erläutert den anschließend abgedruckten Text des Positionspapieres, indem sie dessen Anlass und Zielsetzung skizziert: Er dokumentiert den Stand der Diskussion über ein diakonisches Bildungsverständnis als Konkretion einer Bildung in evangelischer Verantwortung. Im Sinne einer Einladung zum öffentlichen Diskurs zeigt er Ziele und Kriterien des diakonisch-sozialen Lernens auf – einschließlich der Konsequenzen für das schulische Curriculum – und begründet diesen Doppelbegriff.

Im dritten Kapitel werden ‚Perspektiven diakonisch-sozialen Lernens' aufgezeigt, die weitere wichtige Beiträge zum Rahmenthema aus Wissenschaft und Praxis bieten, um auf diese Weise eine erste Zwischenbilanz hinsichtlich der diakonischen Profilbildung an evangelischen Fachhochschulen, Fachschulen und weiterführenden allgemein bildenden Schulen zu ziehen.

Der Leipziger Religionspädagoge Helmut Hanisch geht in seinem biblisch-theologisch zentrierten Beitrag auf den exegetischen Befund und – abschließend – auf Luthers Stellung zur Diakonie als Herausforderung an die protestantische Lebenspraxis ein. Verdienstlich ist in Sonderheit seine produktive Auseinandersetzung mit neueren Ansätzen der neutestamentlichen Forschung, wie sie der australische katholische Theologe Collins vorgelegt hat. Hanisch betont in Anlehnung an Collins die Vermittlungsfunktion des Begriffs *diakonein*, die Verkündigungscharakter besitze, und warnt davor, das barmherzige Handeln Jesu ohne engste Anbindung an seine Botschaft verstehen zu wollen. Deshalb seien auch ‚diakonisches' und ‚soziales' Lernen bei allen gemeinsamen Bezügen nicht identisch.

Renate Zitt, Professorin für Praktische Theologie mit den Schwerpunkten Religions- und Gemeindepädagogik an der Evangelischen Fachhochschule Darmstadt, bettet das Thema diakonisch-sozialer Bildung in grundsätzliche diakoniewissenschaftliche Fragestellungen ein und verweist besonders auf deren europäische und ökumenische Perspektive. Im Kontext der alten Inneren Mission begann das Berliner ‚Institut für Sozialethik und Wissenschaft der Inneren Mission' 1927 erstmals mit diakoniewissenschaftlichen Ausbildungsgängen, ohne diesen Begriff schon zu benutzen, der erst durch die Nachfolgeinstitution des Diakoniewissenschaftlichen Instituts an der Universität Heidelberg (DWI) ab 1954 eingeführt wurde. Aus den internationalen ökumenischen Kontakten, Konferenzen und Konsultationen der letzten anderthalb Jahrzehnte, an denen das DWI stets verantwortlich beteiligt war, entstanden auch die aktuellen Bemühungen um einen europäischen Masterstudiengang ‚Diakoniewissenschaft', an dem sich vor allem nordische, südosteuropäische und deutsche Hochschulen beteiligen, die seit dem Bolognaprozess ihre Ausbildungsgänge europaweit neu strukturieren müssen. Für die fachbezogenen Einsatzbereiche der künftigen Absolventinnen und Absolventen bedeutet die europäische Perspektive einen außerordentlichen Gewinn, da ja sozialpädagogische, diakonische und verwandte Arbeitsplätze demnächst europaweit zur Verfügung stehen.

Thomas Zippert, Leiter der sozialen Fachschulausbildung im Hessischen Diakoniezentrum Hephata/Treysa, befasst sich in seinem Beitrag mit dem evangelischen Profil sozialpädagogischer Ausbildung. Er zielt – ähnlich wie Renate Zitt am Beispiel evangelischer Fachhochschulen – auf berufliche Ausbildungsgänge mit protestantisch-diakonischer Ausrichtung. Nach einer weiter ausholenden theologisch-systematischen Einführung in sein Thema entfaltet er dieses anhand der ‚Merkmale' eines evangelischen Bildungsbegriffs, zieht dann Folgerungen für evangelisch geprägte Berufsbildungsgänge und beschreibt abschließend die Konsequenzen für die Gestaltung dieser Bildungsprozesse mit Kindern und Jugendlichen.

Britta von Schubert, lange Jahre als Lehrkraft am Elisabeth-von-Thadden-Gymnasium in Heidelberg tätig und dort verantwortlich für den Aufbau des Schulprofils im Sinne diakonisch-sozialen Lernens, berichtet über ihre Praxiserfahrungen in diesem Bereich, nicht ohne ausführlich auf den theologisch-sozialen Reflexionshintergrund der Entscheidung der Schule für den Schwerpunkt ‚diakonisch-soziales Lernen' einzugehen. Dieser war und ist von Anfang an mit der Person der Namensgeberin, Elisabeth von Thadden, verbunden, die in besonderer Weise das später so genannte ökumenische Konzept der ‚Verantwortlichen Gesellschaft' praktizierte. Die Verfasserin beschreibt Vorüberlegungen, Durchführung und ‚Feedback' der seit mehr als einem Jahrzehnt in Heidelberg in enger Verbindung mit dem dortigen Diakoniewissenschaftlichen Institut durchgeführten Projekte, wobei die Schülerinnen und Schüler ausführlich zu Wort kommen, die an diesen Praktika teilnahmen. Hier wird eindrucksvoll dargestellt, wie sich Lebenshorizonte und Bewusstseinslagen gegenüber den ‚Schwachen der Gesellschaft' innerhalb der Schulgemeinschaft, d.h. bei Lernenden wie Lehrenden, veränderten.

Der Beitrag der Herausgeberin dieses Bandes über die Schulentwicklung der Melanchthon-Schule Steinatal aus schulleitender Perspektive will exemplarisch und damit stellvertretend für andere evangelische Gymnasien über Planungen und konkrete Umsetzungsschritte eines Schulkonzeptes mit Schwerpunktsetzung auf dem ‚diakonisch-sozialen Lernen' Auskunft geben. Dabei werden sowohl Motivationen und Zielsetzungen als auch die Anfangsschwierigkeiten bei der Implementierung des Vorhabens im Schulalltag wie kontinuierliche Fortschritte und Erfolge bei der Gestaltung des gesamtschulischen Lebens aufgezeigt: insbesondere die nachhaltige Prägung der einzelnen Mitglieder der Schulgemeinde durch Grenzerfahrungen in der Praxis ihres Engagements in diakonisch-sozialen Einrichtungen. Darüber hinaus wird verdeutlicht, dass diakonisch-soziales Lernen mehr ist als das Lernen an außerschulischen Lernorten von Diakonie und Sozialarbeit, sondern im schulischen Vollzug zunehmend beansprucht, nach innen – also in das Schulleben hinein – zu wirken: Ziel ist die kontinuierliche Entwicklung einer ‚Kultur des Helfens' bezogen auf alle schulischen Aktionsfelder, wobei insbesondere die Aufgabe individueller Förderung von Schülerinnen und Schülern verstärkt in den Blick genommen werden muss.

Auf die Bildungsverantwortung diakonischer Einrichtungen im Hinblick auf die Sicherung ihrer nachhaltigen Akzeptanz auch in der nächsten Generation macht Norbert Friedrich, Leiter der Fliedner-Kulturstiftung Kaiserswerth, aufmerksam. Am Beispiel der Kaiserswerther Diakonie/Düsseldorf und deren Öffentlichkeitsarbeit zeigt er anschaulich die Möglichkeiten auf, wie – je nach Wissensbeständen – heterogene Besuchergruppen adäquat informiert und auf diese Weise ‚gebildet' werden. Er sieht allerdings, vornehmlich im Bereich jugendlicher Besucher, Grenzen einer solchen Bildungsarbeit; diese könnten jedoch durch eine intensivierte Kooperation mit Schulen überwunden werden: wenn Einsichten in diakonische Aufgabenfelder und entsprechende Erfahrungen im Kontext von Besuchen in den Einrichtungen durch den schulischen Unterricht vor- bzw. nachbereitend aufgegriffen und vertieft würden.

Schließlich – im vierten Kapitel – redet die Schadebergstiftung gleichsam in eigener Sache: Uta Hallwirth präsentiert und kommentiert die wichtigsten Ergebnisse des Barbara-Schadeberg-Wettbewerbs ‚Schule und Diakonie', und Karl Heinz Potthast, langjähriges Mitglied der Kirchenleitung der Evangelischen Kirche von Westfalen sowie im Vorstand der Barbara-Schadeberg-Stiftung, berichtet über die ersten zehn Jahre der Stiftungsarbeit seit 1994.

Ausgehend von der Verortung des diakonisch-sozialen Lernens als Profilelement evangelischer Schulen, wie es die unterschiedlich akzentuierten Praxisbeispiele widerspiegeln, die anlässlich des Wettbewerbes der Barbara-Schadeberg-Stiftung eingereicht wurden, zeichnet Uta Hallwirth ein variationsreiches Bild der Bandbreite von Schulkonzepten aus dem Bereich von Grundschulen, vor allem aber der weiterführenden allgemein- und berufsbildenden Schulen.[9] In Würdigung jeweils besonderer Akzentuierungen der einzelnen Modelle gelingt ihr eine Systematisierung der Ansätze nach Grundmustern, aus der sie Schlussfolgerungen für eine künftige Weiterentwicklung der Konzepte und ihrer Evaluation zieht.

In seiner Skizze über die Fördertätigkeit der Barbara-Schadeberg-Stiftung anlässlich ihres 10-jährigen Bestehens im Jahr 2004 stellt Karl Heinz Potthast – selbst einer ihrer ‚Gründungsväter' – die Stiftungsidee in den Kontext der veränderten kirchenpolitischen Situation nach der ‚Wende'. Nüchtern und konkret kennzeichnet er die Vor- und Gründungsgeschichte der Stiftung, wobei die inhaltlich-sachlichen Motive und das erhebliche finanzielle Engagement der Stifterin ebenso benannt werden wie die notwendigen juristischen Schritte bis hin zur Anerkennung durch die staatliche Stiftungsaufsicht. Der Beitrag verdeutlicht zudem die enge Kooperation des Stiftungsvorstandes mit der ‚Arbeitsgemeinschaft Evangelischer Schulbünde' hinsichtlich der Vergabe von Fördermitteln. Weiterhin nimmt er Bezug auf herausragende Projekte wie die Einrichtung der ‚Wissenschaftlichen Arbeitsstelle Evangelische Schule' der EKD und der Barbara-Schadeberg-Stiftung am Comenius-Institut im Jahr 2003, die ‚Barbara-Schadeberg-Vorlesungen' und den ‚Barbara-Schadeberg-Preis'. Im Blick auf die bereits geleistete und auch in Zukunft wirksame Stiftungsarbeit mahnt der Verfasser eine verstärkte Medienpräsenz – insbesondere im innerkirchlichen Raum – an. Ein abschlie-

---

9 Vgl. dazu: Modelle diakonisch-sozialen Lernens an evangelischen Schulen. Ein Reader zum Wettbewerb der Barbara-Schadeberg-Stiftung 2003, Selbstverlag der Wiss. Arbeitsstelle Evangelische Schule, Hannover 2006.

ßender Ausblick fordert als Kriterium für die künftige Förderung evangelischer Schulen, dass „die Ungleichheit der deutschen Lebensverhältnisse stärker als diakonische Herausforderung" wahrgenommen werden müsse.

Mein Dank als Herausgeberin gilt allen, die in ihren Beiträgen zu diesem Band ihre Verbundenheit mit einer förderlichen Schulentwicklung an evangelischen Schulen zum Ausdruck bringen und sich auf ihre je eigene Weise an der Positionsbestimmung eines tragfähigen Bildungsbegriffs für das ‚diakonisch-soziale Lernen' beteiligen, das auch das staatliche Schulwesen bereichern kann. Hinsichtlich der Drucklegung danke ich der Barbara-Schadeberg-Stiftung für finanzielle Unterstützung, dem Waxmann-Verlag für verlässliche Betreuung des Projektes und nicht zuletzt meinem Mann, Jochen-Christoph Kaiser, für fachliche Beratung und die Erstellung der Satzvorlage.

Christel Ruth Kaiser
Willingshausen-Steinatal, im Juni 2006

1 Diakonie und Schule
Die Schadeberg-Vorlesungen 2004 in Halle

1.1 Diakonie – Begriff und Bedeutung
von Jochen-Christoph Kaiser

Unser Thema ist weit gespannt und wäre selbst als Gegenstand einer ganzen Vorlesungsreihe wohl kaum erschöpfend zu behandeln. Als Kirchenhistoriker will ich mich im Folgenden deshalb auf die geschichtliche Dimension dessen beschränken, was Diakonie bzw. der ältere Begriff ‚Innere Mission' im Kontext der neueren Kirchengeschichte bedeuten und welche Leistungen sie für Kirche und Gesellschaft erbracht haben und noch immer erbringen.

Eine Vorlesung ist von ihrer Gattung her kein wissenschaftlicher Spezialbeitrag, der sich an ein reines Fachpublikum wendet, sondern will ein vorgegebenes Thema im Überblick vorstellen; sie darf sich nicht in Einzelheiten verlieren und muss diese doch hier und da heranziehen, um allgemeinere Beobachtungen und Feststellungen mit Leben zu füllen und anschaulich zu machen. Sie wird zum einen also elementarisieren, zum anderen mit bestimmten Leitthesen ein Bild ihres Gegenstandes konturieren, das ihn plastisch werden lässt und zur Diskussion einlädt.

Ich beginne erstens mit dem Versuch einer Definition der Begriffe ‚Diakonie' und ‚Innere Mission'. In einem zweiten Abschnitt charakterisiere ich in knapper Form die Geschichte evangelisch-sozialen Hilfehandelns von der Reformation bis ins 18. Jahrhundert, um daran anschließend drittens *das Neue* der Wichern'schen Konzeption von ‚christlicher Liebestätigkeit', welche Diakonie und Innere Mission gleichermaßen umfasst, darzustellen. Ein vierter Abschnitt schließlich beschäftigt sich mit dem Aspekt von Innerer Mission, Bildung und Schule, der im Kontext dieser Vorlesungsreihe einer Stiftung zur Förderung evangelischer Schulen nicht fehlen darf und der Wichern und seinen Nachfolgern besonders wichtig war.

I.

Der Begriff Diakonie (griech. *diakonía*) stammt aus dem NT und bezeichnet den Akt des Dienens bzw. Helfens sowie das damit verbundene Amt. Ursprünglich ein eher neutraler Terminus, der sich auf erbrachte Dienste bezieht, wird Jesus dann als *diákonos* bezeichnet, der um der Liebe Gottes zu den Menschen willen in diese Welt gekommen ist und ihnen dienen will. Seinem Beispiel sollen seine Jünger folgen. Schließlich wird Diakonia zu einem Amt in der urchristlichen Gemeinde und bezeichnet denjenigen, der hier für die sozial bedürftigen Gemeindeglieder zuständig ist.[1]

---

1 Carolyn Siek, Art. Diakon/Diakonisse/Diakonat I: Neues Testament, in: RGG[4] 2, 783 f. – S.a. die Thesen von John Neil Collins, der neuerdings behauptet, dass die griech. Diakonia-Begriffe nicht allein ‚die-

Letzteres wandelte sich im Laufe der Kirchengeschichte: Schon das altkirchliche Schema ‚Bischof – Presbyter – Diakon' deutet eine Hierarchisierung dieser genuinen Aufgabe christlicher Glaubenspraxis an. In einem jahrhundertelangen Prozess wurde ‚Diakon' zur Bezeichnung eines nachgeordneten Pfarrers dort, wo es mehrere Geistliche gab. Seit der Reformation, besonders in ihrer calvinistischen Ausprägung, gab es Bemühungen, das diakonische *Amt*, auch als ‚Diakonat' bezeichnet, zu erneuern und gleichberechtigt neben das des Pfarrers mit seinen Aufgaben in Verkündigung, Kasualien und Seelsorge zu stellen. Einen neuen Anlauf zur Wiederbelebung des Diakonenamts unternahm schließlich Johann Hinrich Wichern im 19. Jahrhundert und löste damit eine heftige Debatte aus.[2] Alles in allem hatten diese Bemühungen jedoch nicht den gewünschten Erfolg, da die etablierten Geistlichen unliebsame Konkurrenz fürchteten. Die Diskussion um den Diakonat als gleichberechtigtes kirchliches Amt dauert bis heute an. – Die Reformatoren sprechen nicht von Diakonie, die sie stets mit dem altkirchlichen Amt verbinden, sondern behandeln soziales Hilfehandeln aus christlicher Verantwortung für den bedürftigen Nächsten als ‚Armenpflege', – ein Ausdruck, der sich bis 1918 durchgehalten hat.

Ihm zur Seite tritt seit den 1840er Jahren ein neuartiger, von Wichern mitgeprägter und eingeführter Begriff mit einer neuen Akzentsetzung religiös-protestantischen Hilfehandelns: die Innere Mission. Sie richtet sich an alle – Arme wie Reiche – und verbindet den volksmissionarischen Auftrag evangelischer Liebestätigkeit mit sozialer Arbeit im Sinne der ‚alten Armenpflege': Diese doppelte Zielsetzung bezeichnet Wichern als ‚Diakonie'.[3] Auf dem Stuttgarter Kirchentag von 1857 berichtete er, er habe sich in der Anfangszeit seiner Tätigkeit in Hamburg als Leiter eines Erziehungsheims für sozial auffällige Jugendliche, in dem auch Diakone ausgebildet wurden, dem sog. Rauhen Haus, darum bemüht, diesem auch eine Ausbildungsanstalt für *Heiden*missionare anzuschließen; sein Antrag sei jedoch von den Förderern und Trägern der Einrichtung mit dem Hinweis darauf abgelehnt worden, es gebe genügend Rettungsaufgaben „innerhalb der Christenheit", die es anzufassen gelte. Wichern wörtlich: „In der Behauptung des

---

nende' karitative Hilfeleistung meinen, sondern letztlich ‚Gehorsam' und ‚Auftrag'. In diesem Sinne interpretiert der den Wortstamm als ‚Beauftragung' und fordert, den Diakonat als „echt pastorales Amt in der Kirche" anzuerkennen. Ders., Diakonia. Reinterpreting the Ancient Sources, Oxford 1990, ferner: Are Christians Ministers?, 1992 und Deacons and the Church. Making connections between old and new, 2002. – Unter *historischen* Vorzeichen spielen die philologisch exakte resp. ‚richtige' Übersetzung und Deutung allerdings eine untergeordnete Rolle. Denn die Nachgeschichte des Wortstamms belegt von der Alten Kirche bis heute, dass der Terminus durchweg in dem noch immer gebräuchlichen Sinne des Dienens benutzt wurde. – Außerdem kommt es Collins, der Katholik ist, vermutlich darauf an, den (pejorativen) Charakter des ‚Dienens in Niedrigkeit' (*kénosis*, Phil. 2) mit Blick auf das Priesteramt aufzuwerten oder gar zu entfernen. Weil sich diese Intention – ohne jede innere logische Verbindung – mit derjenigen trifft, den Diakonat als förmliches ‚Amt der Kirche' wiederzubeleben resp. ‚neu' zu entdecken und stark zu machen, hat die Collins-These anscheinend eine gewisse Aufmerksamkeit erregt. Zu Collins vgl. auch die eine andere Gewichtigung vornehmenden Beiträge von Helmut Hanisch, Silke Köser und Renate Zitt in diesem Band.

2 Vgl. Jochen-Christoph Kaiser, Der Diakonat als geordnetes Amt der Kirche. Ein EKD-Gutachten, eine alte Frage und ihre Aktualität, in: Diakonie. Jubiläumsjahrbuch 1998, Stuttgart 1998, 212-219.

3 Dazu Volker Herrmann, ‚Innere Mission' und ‚Diakonie' bei Johann Hinrich Wichern. Eine Entwicklungsskizze seines Denkens, in: Diakonische Aussichten. Festschrift für Heinz Schmidt, hg. v. Volker Herrmann (DWI-Info 35), Heidelberg 2003, 60-102.

Rechts einer Missionsarbeit innerhalb der Christenheit gegenüber der Mission außerhalb derselben bildete sich der Name der innern Mission, der im Rauhen Haus aus dem Leben heraus entstanden und gebraucht war, noch ehe ihn jemand außerhalb desselben genannt hatte."[4] Schon der ältere Name ‚inländische Mission', der beispielsweise Johannes Falk in Weimar und Christian Heinrich Zeller im schweizerischen Beuggen von ihrer Erziehungsarbeit her vertraut und auch dem Kaiserswerther Diakonissenpfarrer Theodor Fliedner geläufig war, wies auf das Missionsmotiv hin.[5] Unabhängig von solchen evangelisch-sozialen Überlegungen trug auch die wissenschaftliche Theologie zur Begriffsbildung ‚Innere Mission' bei. 1843 veröffentlichte der Göttinger Praktische Theologe Friedrich Lücke eine kleine Schrift über *Die zwiefache innere und äußere Mission der Evangelischen Kirche*, deren Herstellung Druckerei und Verlag des Rauhen Hauses übernahmen. Wichern hatte in Göttingen noch bei Lücke studiert und fühlte sich durch dessen Broschüre darin bestärkt, den Terminus ‚Innere Mission' fortan für alle Bereiche christlicher Liebestätigkeit anzuwenden.[6] Seit 1843 benutzte er den Begriff in der Öffentlichkeit, der sich innerhalb des deutschen Protestantismus und darüber hinaus in der Folgezeit rasch durchsetzte und über 120 Jahre lang in Kraft blieb, bis seit den 1950er Jahren die neue Bezeichnung ‚Diakonisches Werk' den anscheinend als altmodisch empfundenen Terminus ‚Innere Mission' zu verdrängen begann.[7] Ob das mit dem Einfluss des Gerstenmaier'schen Kirchlichen Hilfswerks zu tun hatte, das diakonische Arbeit als generelles Hilfehandeln unter tendenzieller Hintanstellung direkten missionarischen Tuns begriff, oder ob das mit Rücksicht auf die Kirche und ihren Verkündigungsauftrag geschah, soll hier nicht entschieden werden.

II.

Kirchliche Armenpflege gab es das ganze Mittelalter hindurch. Sie war jedoch nicht flächendeckend organisiert, sondern lehnte sich an Klöster, Orden und Bruderschaften an, die darin eine besondere Aufgabe sahen. Darüber hinaus existierten in den Städten kirchliche Spitäler und solche, die sich aus Stiftungen wohlhabender Bürger finanzierten, in denen eine bunt gemischte Klientel betreut wurde: mittellose Witwen, elternlose Kinder, chronisch Kranke, Invaliden und alte Menschen, die sich nicht mehr selbst helfen konnten. In normalen Zeiten reichte dies zur Grundversorgung aus, aber in Notzeiten, die durch Krieg, Missernten, dramatische klimatische Einflüsse und konjunkturelle Einbrüche bedingt waren, brach diese Form unorganisierter Armenpflege zusammen mit verheerenden existenziellen Folgen für die Betroffenen.

---

4   Johann Hinrich Wichern, Sämtliche Werke, hg. v. Peter Meinhold, Berlin-Hamburg 1962-1975, III/1, 195-215. 291-295, bes. 210-212.
5   Martin Gerhardt, Ein Jahrhundert Innere Mission. Die Geschichte des Central-Ausschusses für die Innere Mission der Deutschen Evangelischen Kirche, Bd. I: Die Wichernzeit, Gütersloh 1948, 42-44, und Friedrich Mahling, Die Innere Mission, Gütersloh 1937, 9-29.
6   Vgl. die gen. Schrift und Helmut Talazko, „Johann Hinrich Wichern", in: Gestalten der Kirchengeschichte, hg. v. Martin Greschat, Bd. 9, Stuttgart 1985, 44-63, 53 f.
7   Helmut Talazko, „Die Geschichte eines Namens. Innere Mission und Hilfswerk", in: Sozialpädagogik H. 3/1984, 102-109.

Daneben hatte sich ein professionelles Bettlertum herausgebildet, – gewissermaßen als Selbsthilfe der Betroffenen. Bettelei galt nicht als anstößig; Almosengeben war ein Gott wohlgefälliges Werk, das den Armen zu überleben half und den Spendern als geistliche *Leistung* zugerechnet wurde. Hier spielte das Moment der Werkgerechtigkeit hinein, das erst im Zeitalter der Reformation und der neuen Rechtfertigungslehre in den protestantischen Territorien hinfällig wurde. Armut und das Risiko, arm zu werden, galten am Ausgang des Mittelalters als gottgegebenes Schicksal, das besonders bestimmte Berufsgruppen auf dem Texil-, Bau- und Agrarsektor, Spielleute und sonstiges fahrendes Volk betraf sowie Witwen und Waisen, alte und kranke Menschen. Bettelei auf der einen und die Almosengabe auf der anderen Seite zählten zu den sozialen Regulierungsmechanismen, wobei die Überprüfung der jeweiligen Bedürftigkeit und der Leistungsgedanke nur insofern eine Rolle spielten, als die Empfänger gehalten waren, für das Seelenheil der Spender zu beten, während letztere primär im Bewusstsein handelten, dieses zu befördern, und weniger daran dachten, einen Beitrag zur Bekämpfung von Armut zu leisten.

Seit dem 15. Jahrhundert entstanden in vielen Städten Armenordnungen, in denen die Unterstützung sog. Hausarmer, d.h. einkommensloser ehrbarer Armer aus unterbürgerlichen Schichten geregelt wurde. Sie dienten gleichzeitig dazu, diesen Personenkreis zu disziplinieren: Überprüfungen auf tatsächliche Bedürftigkeit, Gesundheitszustand und später auch Arbeitsfähigkeit standen im Zusammenhang mit der Ausbildung einer geordneten städtischen Verwaltung und der Schaffung von eigenständigen Territorien, die nach größerer Unabhängigkeit von Kaiser und Reich strebten. Die damit einhergehenden Verwaltungsreformen duldeten Vagantentum und berufsmäßige Bettelei nun immer weniger. Denn die Betroffenen lebten in einer Art rechtlicher Grauzone, was einem alle Bevölkerungsgruppen zunehmend erfassenden effizienten Verwaltungshandeln mit dem Ziel einer gemeinwohlorientierten wirtschaftlich-sozialen Entwicklung des jeweiligen Territoriums entgegenstand. Die Reformation löste diesen Prozess nicht aus, förderte ihn aber.

Luther sah Armut primär als theologisches Problem: Da vor Gott alle Menschen arm sind, müssen Armut wie Reichtum letztlich als Gaben Gottes betrachtet werden, die für sich kein Verdienst darstellen. Wahre Armut zu bekämpfen, gehört für ihn zur Pflichtaufgabe der Christengemeinde, die mit der Bürgergemeinde identisch ist. Daneben gibt es für ihn aber auch die unechte, d.h. falsche und vorgeschobene Armut arbeitsfähiger, gesunder Bettler, die auf Kosten ihrer Mitmenschen leben. Nicht ihnen, sondern nur jenen wirklichen Bedürftigen, die unverschuldet in Not geraten sind und sich aus eigener Kraft daraus nicht mehr befreien können, gelten die von ihm und anderen Reformatoren wie Johannes Bugenhagen reformierten oder neu geschaffenen Armen- und Beutelordnungen, die seit Ende des 15. Jahrhunderts in den meisten deutschen Städten entstanden. Armut und dadurch hervorgerufene soziale Not waren für Luther und seine Mitreformatoren letztlich Folge menschlicher Schuld und Sünde, ein Zeichen für die gefallene Welt, wenngleich nicht auf das jeweils betroffene Individuum, sondern auf die ganze Menschheit bezogen. Dieser Aspekt scheint wichtig, weil noch im 19. Jahrhundert bei Wichern eine Sicht anzutreffen ist, nach der sozial abweichendes Verhalten resp. Devianz letztlich nicht durch politische Reformen, sondern primär *theologisch* i.S. einer radikalen religiösen Umkehr des einzelnen Armen dauerhaft erfolgreich zu bekämpfen ist.

Im Hinblick auf Armut und diakonisches Handeln brachte die Reformation nichts grundsätzlich Neues; ihr sozialethischer Ansatz und ihre Ineinssetzung von Christen- und Bürgermeinde gaben der Fortentwicklung der zeitgenössischen Armen-, Kasten- und Beutelordnungen jedoch wichtige Impulse. Diese Ordnungen sahen allerdings vor, dass nicht nur die Gemeinde- oder Hausarmen von den eingehenden Geldern unterstützt werden sollten, auch die Gehälter der Pfarrer und Lehrer sowie die Kirchbaulasten der Gemeinden wurden von hier aus finanziert. Dass dies nicht unbedingt im Interesse der freiwilligen Spender liegen musste, scheint nachvollziehbar. Nicht zuletzt aus diesem Grunde nahm der norddeutschen Reformator Johannes Bugenhagen 1528 in Braunschweig eine Trennung der Etats mit der Begründung vor, die Pfarrer könnten überzeugender um Spenden bitten, wenn jeder Anschein vermieden werde, sie täten es um des eigenen Vorteils willen.

Die Zurückdrängung des Bettels und die Institutionalisierung von Armenordnungen wurden von der Durchsetzung der lutherischen Rechtfertigungslehre begünstigt. Doch traten damit neue Probleme auf: Wenn die Zuwendung zum bedrängten Nächsten nicht mehr unmittelbar dem eigenen Seelenheil diente, also keine ‚satisfaktorische Wirkung' mehr hatte, ließ der Spendenanreiz nach. Der Grundsatz, dass die guten Werke Frucht des Glaubens seien (Amor fidei fructus, Melanchthon) und nicht umgekehrt, schien allzu weit auslegbar. Das beklagte schon Luther selbst, wenn er den Rückgang christlichen Hilfehandelns kritisierte.[8] Nach Luthers Tod entwickelten sich im sog. Majorististischen Streit noch einmal heftige Debatten um den Wert oder Unwert ‚guter Werke' für die ewige Seligkeit, in deren Verlauf sich der Genesioluheraner Nikolaus von Amsdorf gar zu der verqueren These verstieg, ‚gute Werke' seien schädlich für das Seelenheil.

Auch die reformatorischen Kirchen- und Armenordnungen vermochten indessen nicht, den Bettel abzuschaffen und die noch ganz auf den sozialen Bereich beschränkte Diakonie dieser Zeit zu einem dauerhaft wirksamen Instrument der Bekämpfung von Armut zu machen. Die unterschiedlichen Vermögensressourcen der Gemeinden, der weithin fehlende Finanzausgleich unter den Parochien und die Überlastung der Etats durch ständig wiederkehrende Teuerungen, Missernten und Veränderungen des Wirtschaftsgefüges sind Gründe dafür.

Erst der Pietismus setzte im ausgehenden 17. und 18. Jahrhundert neue Akzente im diakonischen Bereich. Sie sind aufs engste verbunden mit der Entfaltung des Absolutismus als politischem Herrschaftssystem. Jetzt wurden die älteren Ansätze der Armenpflege in Richtung ‚Kommunalisierung, Rationalisierung, Bürokratisierung und Pädagogisierung' verschärft, wobei zugleich die bisher zusammengedachte Bürger- und Christengemeinde auch gedanklich auseinander trat. Das wurde von Philipp Jakob Spener in Frankfurt, dem wahrscheinlich wichtigsten ‚Vater' des Pietismus, nicht als Mangel empfunden, denn schließlich organisierten nach wie vor Christen die Armenpflege, nur eben in ihrer Rolle als städtische Bürger. Das Ziel der Disziplinierung der Armutsklien-

---

8 Wochenpredigten über Joh 16-20, WA 28, 415; Hinweis bei Sebastian Kreiker, Armut, Schule, Obrigkeit. Armenversorgung und Schulwesen in den evangelischen Kirchenordnungen des 16. Jahrhunderts, Bielefeld 1997, 66.

tel durch Kontrolle und vor allem *Erziehung* stand jetzt im Vordergrund; Armenpolitik geriet mehr und mehr in den Bereich polizeilichen Handelns.

Speners Freund und Schüler August Hermann Francke radikalisierte hier an diesem Ort in Halle/S. eine solche Auffassung, indem er – umgekehrt – zunächst ganz ohne den Staat agierte und eine private pädagogische Einrichtung schuf, die sich freilich nach dem nicht ausbleibenden Erfolg seiner Wirtschaftsunternehmungen nach und nach staatliche Unterstützung in Form von gewährten Sonderrechten bzw. Privilegien sicherte. Francke setzte allerdings nicht – wie die Waisenhäuser von Frankfurt (1679), Cassel (1690) und Stuttgart (1710) – auf die Verbindung von merkantilistischen Ideen mit dem traditionellen Versorgungsdenken, sondern primär auf den pädagogischen Aspekt. Zwar unterhielt er neben seinem Waisenhaus eigene Manufakturen, die ihm viel Geld einbrachten, diese entsprangen aber keinem geordneten Plan und standen nicht in ursächlichem Zusammenhang zu seiner erzieherischen Arbeit. Der Hallenser Kirchenhistoriker Udo Sträter kommt zu dem Urteil, dass am Beispiel Franckes nur die Grundzüge einer pietistischen *Pädagogik*, nicht aber eine aus erwecklicher Gesinnung entstehende neuartige *Sozialfürsorge* zutage getreten seien, Francke mithin *nicht* für die Entstehung eines modernen diakonischen Netzwerks in Anspruch genommen werden könne, wie es dann Wichern 120 Jahre später begründete.[9]

Die berühmte Geschichte von den vier Talern und 16 Groschen, die Francke eines Tages in der in seinem Arbeitszimmer aufgestellten Opferbüchse gefunden haben will und die ihn dazu bewogen, eine Armenschule ins Leben zu rufen, scheint verbürgt.[10] Sie deutet auf die Mischung von Gottvertrauen, religiösem Optimismus und wagemutigem Unternehmertum hin, die Francke zeitlebens auszeichnete. Seine Schrift *Die Fußstapfen des noch lebenden und waltenden liebreichen Gottes zur Beschämung des Unglaubens und Stärckung des Glaubens* (Halle 1701), in der er den Gründungsvorgang selbst beschrieben hat, ist wohl das erste Beispiel einer gelungen sozialdiakonischen Öffentlichkeitsarbeit. Man kann schwer abschätzen, welchen Stellenwert im Mix von Gottvertrauen und unternehmerischer Tatkraft beide Faktoren für ihn jeweils hatten, wird jedoch sagen dürfen, dass sich in der Folgezeit eine pietistisch grundierte Zuversichtsrhetorik herausbildete, die noch der alte Bodelschwingh virtuos beherrschte und hinter der die erstaunliche Organisationsleistung innerhalb des diakonischen Diskurses damals noch in den Hintergrund trat. Dass dem heute anders ist und dass die Rede über betriebswirtschaftliche Aspekte in der Aus- und Weiterbildung der diakonischen Funktionsträger wie der Diakoniewissenschaft eine erstaunliche Konjunktur erlebt, sei an dieser Stelle wenigstens erwähnt.

Francke erscheint als Prototyp sozialdiakonischen Unternehmertums, das in seiner Zeit jedoch singulär blieb und erst im 19. Jahrhundert – allerdings unter gänzlich veränderten sozialen und ökonomischen Rahmenbedingungen – wiederbelebt wurde (Gustav Werner/Reutlingen). Als Vorläufer der erwecklich inspirierten protestantischen neuartigen Diakonie des 19. Jahrhunderts kann Francke jedoch nur sehr bedingt in An-

---

9 Udo Sträter, „Pietismus und Sozialtätigkeit. Zur Frage nach der Wirkungsgeschichte des ‚Waisenhauses' in Halle und des Frankfurter Armen-, Waisen- und Arbeitshauses", in: PuN 8.1982, 201-230, hier 218-220.
10 Vgl. a. das Eingangszitat im Beitrag von Rainer Anselm, S. 41.

spruch genommen werden: Er baute kein Gesamtunternehmen der ‚Inneren Mission'
auf, sondern konzentrierte sich ganz auf die Betreuung ‚armer' (Waisen-)Kinder. Er
reagierte auch nicht in erster Linie auf grassierende soziale Notstände seiner Zeit: Es
ging ihm vielmehr um pädagogische Zuwendung mit dem erklärten Ziel, bei seinen
Schülern und Studenten ein exakt definierbares Bekehrungserlebnis herbeizuführen, das
den Ausgangspunkt einer lebenslangen Bindung an ein persönliches Christentum markieren sollte. Dabei bildeten Glaubensvermittlung und Sozialdisziplinierung eine kaum
unterscheidbare Allianz. Das aber stand in Spannung zu der reformatorischen Auffassung von christlicher Freiheit und wurde von Wichern und anderen 100 Jahre später
nicht mehr übernommen.

III.

Tatsächlich setzt mit der Inneren Mission seit den 1820er Jahren eine in vielem ganz neue
Entwicklung ein. Dies hat mit den gesellschaftspolitischen Rahmenfaktoren zu tun, die
sich mit Beginn der Moderne radikal änderten: Das Ende des Ancien Régimes mit seiner ständestaatlichen Verfassung ließ die neue bürgerliche Gesellschaft auf den Grundlagen prinzipieller sozialer Gleichheit entstehen, in der es vor allem auf individuelle
Leistung ankam und nicht mehr auf Geburt und Herkommen. Zudem schufen revolutionäre gesetzliche Veränderungen wie in Preußen die Stein/Hardenberg'schen Reformen
mit der Bauernbefreiung und der Aufhebung des Zunftzwangs für das Handwerk die
unerlässlichen Voraussetzungen für die Ausbildung des neuen, liberalkapitalistischen
Wirtschaftssystems, das freilich seine Schattenseiten sehr bald offenbaren sollte. Noch
vor Einsetzen der eigentlichen Industrialisierungsphase, die wir mit ihrem Beginn etwa um 1850 ansetzen können, beherrschte eine große Wirtschaftskrise die Epoche des
Vormärz, d.h. bis zur Märzrevolution von 1848. Sie wurde begleitet von einer bisher
nie in diesem Ausmaß beobachteten Binnenwanderung von Ost nach West mit erheblichen demographischen Auswirkungen sowie einer neuartigen Massenarmut, dem sog.
Pauperismus, der mancherorts zu Hungerunruhen führte, – erinnert sei an den schlesischen Weberaufstand von 1844, dem Gerhard Hauptmann in seinem Sozialdrama ‚Die
Weber' ein bleibendes literarisches Denkmal gesetzt hat. Dieser Pauperismus erschreckte die gesamte bürgerliche Welt des Zeitalters und führte zu mannigfachen Versuchen
theoretischer und praktischer Art, die Massennot zu bekämpfen.

Mit dem Auseinandertreten von Staat und Gesellschaft erhielt die bürgerliche Gesellschaft eigenständige kulturelle und soziale Gestaltungsräume, die sie auch im Hinblick auf die neue Massenarmut sogleich nutzte. Es waren zwei Gruppierungen, die sich
dieser Not annahmen: einmal das sozial engagierte Bürgertum, das in seiner Sorge um
das öffentliche Wohl mit Hilfe der ebenfalls neuartigen Vereinsbewegung örtlich und
regional agierende Hilfsorganisationen schuf; zum andern bildete sich ein erwecklich
inspiriertes Christentum heraus, das über seine internationalen Verbindungen – vor allen
nach England – die dort schon Ende des 18. Jahrhunderts einsetzende Industrialisierung
und ihre beklemmenden sozialen Folgen kennengelernt hatte und Strategien zu deren
Bekämpfung und Überwindung entwarf.

Die verfassten Kirchen hingegen kümmerten sich ebenso wenig wie der Staat um die aufkommende soziale Frage, – Wichern hielt sie dafür auch nicht geeignet, weil es sich organisatorisch um Staatsanstalten handelte, deren mangelnde Flexibilität und etatistische Gesinnung rasches Eingreifen in aktuelle Problemlagen kaum ermöglichten. Stattdessen setzte er auf freie diakonische Vereine ‚als neue Lebensform kirchlichen Handelns',[11] welche die Grenzen von Gemeinden und Landeskirchen überschritten und ein Netzwerk sozialer wie volksmissionarischer Aktion im deutschen Sprachbereich bilden sollten. Alle bestehenden und noch zu gründenden Einrichtungen der Inneren Mission wollte er hier zusammenfassen und ihre Arbeit koordinieren, – eine Aufgabe, die der 1848 gegründete Central-Ausschuss für Innere Mission dann übernahm.

Wicherns Sicht des Pauperismus und später der sozialen Frage als ‚Arbeiterfrage' wurde primär von seiner theologischen Grundauffassung bestimmt: Armut und soziale Devianz waren – wie eben schon im Kontext von Luthers Armutsverständnis angedeutet – im letzten Sinne Folge der Abwendung der Menschen von Gott und damit ‚Sünde'. Wer deshalb als Christ Armut und soziale Not bekämpfen wollte, konnte sich weder mit Almosengeben begnügen noch mit sozialen Reformen, sondern musste tiefer ansetzen: bei der Gesinnung der Menschen, die durch soziale Hilfe und gleichzeitig durch die Verkündigung des Wortes Gottes wieder für die christliche Gemeinde gewonnen werden sollten. Weil Wichern zuerst und zuletzt ein *homo religiosus* war und blieb, musste er die großen sozialen Fragen seiner Zeit auch primär mit *religiösen* Mitteln angehen. Dafür instrumentalisierte er soziale Arbeit als Medium für die Durchsetzung seines Rechristianisierungsprogramms. Denn um Menschen, die sich Christentum und Kirche entfremdet hatten, überhaupt zum Hören auf das Wort Gottes zu bewegen, waren zunächst die Vorbedingungen dafür zu schaffen: nämlich eine soziale Mindestsicherung dieser Klienten und die Fortnahme ihrer quälenden Sorge um das tägliche Brot für sie selbst und ihre Angehörigen.

Wichern handelte also nicht aus dem Motiv ‚absichtsloser Liebe' in der Zuwendung, d.h. aus reiner Menschenfreundlichkeit gegenüber dem hilfsbedürftigen Nächsten und einem sich daraus speisenden idealistischen Helfenwollens,[12] sondern es ging ihm allein um das Ziel einer Wiedergewinnung der sozial Schwachen und kirchlich Entfremdeten für die christliche Gemeinde. Der Weg dorthin erwies sich letztlich nur dann als *ungangbar*, wenn man Wichern unterstellt, er habe in Anlehnung an die Theoretiker des ‚christlichen Staates' wie Julius Stahl oder Ernst Wilhelm Hengstenberg im Prinzip die ‚restlose volkskirchliche Vereinnahmung' der Bevölkerung für diesen christlichen Staat im Sinn gehabt. Dies musste allerdings im 19. Jahrhundert genauso utopisch bleiben wie in allen anderen Phasen der Kirchengeschichte auch, sofern man das Rechristianisierungsmodell nicht nur institutionell-organisatorisch, sondern auch von seiner inhaltlichen Dimension als Zielpunkt anvisierte.

---

11 S. die von dem bekannten Heidelberger Sozialhistoriker Werner Conze und der Diakonisse Dr. h.c. Anna Stricker verfasste Aufsatzreihe „Der Verein als Lebensform der Kirche", in: Die Innere Mission 50. 1960.

12 Dieser Topos stammt von Eugen Gerstenmaier, „ ‚Wichern II'. Zum Verhältnis von Diakonie und Sozialpolitik", in: Herbert Krimm (Hg.), Das diakonische Amt der Kirche, Stuttgart, ²1965, 467-518, 492.

Im innerkirchlichen Urteil wie in der allgemeinen Öffentlichkeit haben sich in Bezug auf Wichern und sein diakonisches Wirken später zwei Missverständnisse entwickelt: einmal dass Diakonie primär soziale Dienstleistung aus christlicher Verantwortung sei, und dann die Vorstellung, wer soziale Arbeit auf seine Fahnen schreibe, müsse ‚eigentlich' Vorkämpfer sozialer Reformen sein. Genau dies waren die Gründungsväter (und -mütter) der Inneren Mission ihrem Selbstverständnis nach jedoch *nicht*: Soziales Handeln hatte für sie ‚nur' eine subsidiäre Funktion im Kontext ihres geistlichen Auftrags. Schon dies bedeutete allerdings im Vormärz viel und besaß insofern eine gesellschaftliche Vorreiterfunktion auf dem langen Weg zum Sozialstaat in Deutschland. Erst in einer zweiten Phase diakonischen Handelns nach Ende der Wichern-Ära kam bei den Verantwortlichen auch die Notwendigkeit eines politischen Engagements in den Blick mit der Intention, die sozialen Strukturen zu verändern, um Armut wirkungsvoller zu bekämpfen. Diese Phase ist durch Namen wie Theodor Lohmann, dem diakonisch gesonnenen Sozialpolitiker und Unterstaatssekretär der 1890er Jahre,[13] sowie mit jenem des ‚politisierenden' Hofpredigers Adolf Stoecker untrennbar verbunden.

1947 hat der Leiter des neu gegründeten Kirchlichen Hilfswerks, der spätere Bundestagspräsident Eugen Gerstenmaier, an Wicherns Konzeption kritisiert, dass die ‚alte' Innere Mission wegen ihres Festhaltens an der von Wichern gestellten doppelten Aufgabe von Mission und sozialer Arbeit nicht mehr zeitgemäß sei. Gerstenmaier forderte stattdessen die Errichtung eines besonderen diakonischen Amtes der Kirche mit der Begründung, die neue Diakonie in Gestalt des Hilfswerks verzichte ganz bewusst auf Verkündigung und konzentriere sich allein auf soziales Hilfehandeln. Es gebe auch die „schweigende Tat im Dienste Jesu"; in diesem Zusammenhang komme es „auf das Apriori der absichtslosen Liebe" an, mithin auf Hilfe ohne Vorbedingungen oder Nebenzwecke. Wegen des engen staatskirchlichen Zusammenhangs seien die Kirchen der Wichernzeit nicht frei gewesen, sich bei der Lösung der sozialen Frage auch *politisch* zu engagieren, – gleiches gelte für die Zeit der Weimarer Republik und des Dritten Reiches. Erst jetzt – nach dem Zweiten Weltkrieg – könne eine Organisation wie das Hilfswerk als Teil der verfassten Kirche – und nicht als ‚bloßer Verein' wie die Innere Mission – auch *politisch* agieren und damit Wicherns Vermächtnis erfüllen.

Gerstenmaier hat für diese These den Beweis nicht erbracht: einmal, weil er 1949 in die Politik ging und soziale Fragen nicht mehr zu seinen Kerninteressen zählten, und dann, weil ‚sein' Hilfswerk mit dem Wirtschaftswunder in der Bundesrepublik zunehmend Funktionsverluste hinnehmen musste und sich 1956/57 mit der Inneren Mission unter Anerkennung des freien Verbandscharakters und des alten Doppelauftrags vereinigte. Damit war das Experiment einer *verkirchlichten* Diakonie gescheitert. Wie ein Nachhutgefecht mutet es an, wenn Johannes Degen Mitte der 1970er Jahre in seiner provokanten Studie über *Diakonie und Restauration* die treffende Feststellung machte, Gerstenmaiers ‚absichtslose Liebe' bleibe eine „Chimäre", weil es eine an keinerlei Interessen religiöser oder gesellschaftspolitischer Art gebundene Diakonie selbst dann nicht geben könne, wenn sie einen solchen Ansatz zum Leitmotiv ihres sozialen Han-

---

13 Vgl. Renate Zitt, Zwischen Innerer Mission und staatlicher Sozialpolitik. Der protestantische Sozialreformer Theodor Lohmann (1831–1905). Eine Studie zum sozialen Protestantismus im 19. Jahrhundert, Heidelberg 1997.

delns mache.[14] Vielmehr bedeute die behauptete Voraussetzungslosigkeit im Gegenteil eine grundsätzliche Offenheit für ganz unterschiedliche, ja entgegengesetzte Funktionalisierungen innerhalb der Gesellschaft und sei Ausdruck eines fehlenden theoretischen Konzepts.

IV.

Begriff und Inhalt dessen, was wir als Innere Mission bezeichnen, konzentrierte sich nicht allein auf Verkündigung und christliche Liebestätigkeit im Kontext der alten ‚Armenpflege'. Über den diakonischen Schwerpunkt hinaus, der sich heute als erstes mit dem Begriff ‚Innere Mission' verbindet, richtete sich Wicherns Anspruch auf das öffentliche und private Leben, auf Gesellschaft und Kultur, Wissenschaft und Kunst, Staat und Kirche, die den Ordnungen des Reiches Gottes wieder unterworfen werden müssten, um das anvisierte umfassende Rechristianisierungsprogramm zu realisieren.

Damit zielte Wichern auf den ganzen Menschen in seiner privaten und öffentlichen Existenz. Dass letztere nicht nur eine *soziale*, sondern ebenso eine *kulturelle* Dimension besaß, die auch Eingang in die theoretischen und praktischen Erwägungen der Inneren Mission fand, hat aber bis heute wenig Beachtung gefunden. Adressat derartiger Bemühungen waren zwar in erster Linie die unteren Bevölkerungsschichten, aber Wichern sah zugleich, dass auch das Bildungs- und Wirtschaftsbürgertum Christentum und Kirchen mehr und mehr den Rücken kehrten. Er und seine Nachfolger entwarfen deshalb ein umfassendes Kulturprogramm, das sich einmal auf *Bildung* im Kontext christlicher Gesinnung und dann auf die Schule bezog. Das volksmissionarische Anliegen sollte also über Bildung und Erziehung alle Schichten der Bevölkerung erreichen. Zu diesem Zweck versuchte die Innere Mission Bildende Kunst, Theater und Literatur in den Dienst ihrer Sache zu stellen, wobei sie sehr deutlich sah, dass sich die Künste und ihre wichtigsten zeitgenössischen Vertreter inzwischen ebenfalls weitgehend aus religiösen Bindungen gelöst hatten. Sie bemühte sich deshalb systematisch darum, noch christlich eingestellte Maler und Schriftsteller für dieses Ziel zu gewinnen, auch wenn die Erfolgsaussichten im Vergleich zu Selbstverständnis und Breitenwirkung der etablierten Kunst innerhalb der Gesamtgesellschaft gering waren und blieben.

Spiritus rector solcher Bestrebungen bezogen auf die Malerei war der kunstsinnige erste CA-Präsident Moritz August von Bethmann-Hollweg, ein vermögender Bonner Jurist und Politiker, der hier eine Möglichkeit sah, der Kirche entfremdete Gebildete ebenso wie Angehörige der Unterschichten wieder für religiöse Themen zu interessieren. In den folgenden Jahrzehnten blieb die christlich-protestantische Kunstbewegung ein zwar zahlenmäßig kleiner, aber für die einschlägige Prägung der von ihr erreichten Zielgruppen wichtiger Zweig der Arbeit der Inneren Mission. Seit 1858 erschien das *Christliche Kunstblatt für Kirche, Schule und Haus*, und wiederholt beschäftigten sich Hauptreferate auf IM-Kongressen und Kirchentagen mit diesem Thema, häufig mit dem Tenor, Kunst

---

14 Johannes Degen, Diakonie und Restauration. Kritik am sozialen Protestantismus in der BRD, Darmstadt-Neuwied 1976, 43. 196. S.a. Jochen-Christoph Kaiser, „Eugen Gerstenmaier in Kirche und Gesellschaft nach 1945", in: Wolfgang Huber (Hg.), Protestanten in der Demokratie. Positionen und Profile im Nachkriegsdeutschland, München 1990, 69-92, bes. 86 f.

werde innerhalb der gebildeten Schichten mehr und mehr zur Ersatzreligion; deshalb müsse man seitens der Kirche entsprechende Anstrengungen unternehmen, um auf dem Umweg über christliche Motive derartige Tendenzen für den Verkündigungsauftrag zu instrumentalisieren und dadurch unschädlich zu machen.[15]

In den Jahren nach der Reichsgründung bestimmte zunehmend der Gedanke der *Sittlichkeit* künstlerisch-literarischer Werke das Denken der kulturpolitischen Protagonisten innerhalb von Kirche und Innerer Mission. Das hatte unter anderem mit der kennzeichnenden Veränderung der ökonomisch-politischen Rahmenbedingungen für die Befriedigung kultureller Konsumwünsche zu tun: Nach der Liberalisierung der Gewerbeordnung von 1869 ergoss sich eine wahre Flut von Trivialliteratur auf den Markt, private Bühnen schossen wie Pilze aus dem Boden, die ihr Publikum nicht mit den Klassikern, sondern mit seichten, erotisch aufgeladenen Gesellschaftskomödien anlockten, und eine Massenproduktion von Bilderheftchen zweideutigen Inhalts gelangte über den schwer zu kontrollierenden Kolportage- oder Hausierbuchhandel an seine meist den Unterschichten entstammenden Konsumenten. Damit verstärkte sich der Trend innerhalb der Inneren Mission, sich vor allem auf letztere zu konzentrieren, vermutlich auch deshalb, weil man die Gebildeten – jene Klasse, zu der man sich rechnete und die sich, wie man wusste, die Inhalte ihrer kulturellen Bedürfnisse nicht ohne weiteres vorschreiben ließ[16] – als Klientel des volksmissionarischen Anliegens allmählich verloren gab. Auch gerieten die Spitzenfunktionäre von Innerer Mission und Kirche nur allzu leicht in Konflikte mit ihrem gesellschaftlichen Selbstverständnis, wenn sie die Kritik am Kulturbetrieb ihrer Zeit überzogen: Als Angehörige des Bildungsbürgertums konnten sie nicht an jede künstlerische Äußerung höchste moralisch-sittliche Maßstäbe legen, – sie hätten dann auch zahlreiche Stücke der deutschen Klassik oder des Musiktheaters des 18. und 19. Jahrhunderts verwerfen müssen[17] und sich damit in eine puritanisch-philisterhafte Außenseiterposition begeben, die nicht mehr Teil der bürgerlichen Gesellschaft ihrer Zeit war. Bezogen auf die unterbürgerlichen Schichten, die man gleichsam mit pädagogischen Mitteln wie ‚Kinder' religiös und kulturell erziehen zu können meinte,[18] galten diese Besorgnisse jedoch nicht. Ihnen musste ein kulturelles Angebot

---

15 Vgl. den Vortrag von Superintendent Renner „über die Bedeutung der christlichen Kunst für die Kirche" und die Diskussion darüber, in: Verhandlungen des sechzehnten deutschen evangelischen Kirchentages und Congresses für die innere Mission zu Halle vom 1. bis 4. October 1872, Halle 1872, 139-142.

16 Typisch dafür ist die häufige Klage, dass auch angesehene bürgerliche Familien mitsamt ihren heranwachsenden Kindern keine Bedenken mehr hätten, Aufführungen französischer Stücke zu besuchen, in denen der Ehebruch verherrlicht, das Familienleben verunglimpft und der Materialismus gepriesen werde; vgl. „Die Hebung der Volksbildung durch Veredlung der Volksfreuden", in: Fliegende Blätter 41. 1884, 286-288.

17 Besonders Mozarts ‚Cosi fann'tutte' erregte das Missfallen der konservativen Kulturkritik noch um die Jahrhundertwende: Nach diesem Motto (‚So machen es alle') seien die meisten französischen Boulevardstücke abgefasst. Nicht die Behandlung des ganzen Spektrums menschlichen Lebens auch mit seinen Schattenseiten und moralischen Verfehlungen sei zu verwerfen, sondern der fehlende Ernst, die ironisierende und verharmlosende Art, mit der die tragenden Werte der Gesellschaft in ihr Gegenteil verkehrt würden. So Prof. Dr. Karl Kinzel in einem Vortrag über „die Freiheit der Kunst", in: Verhandlungen des XXXI. Kongresses für Innere Mission zu Eisenach vom 23. bis 26. September 1901, Eisenach 1901, 221-264, 235 f.

18 Nach dem Bilde der ‚Formung des Kindes zum Menschen', das schon John Locke in seiner Schrift ‚Some Thoughts Concerning Education' von 1693 benutzt, verfuhr überhaupt die bürgerliche Sozialre-

gemacht werden, das idealtypisch von allem Anfechtbaren ‚gereinigt' war, weil das ‚einfache Volk' eben noch nicht ‚reif' und innerlich gefestigt genug schien, um den ‚Versuchungen' der Kunst zu widerstehen oder hinter ihnen moralisch hochstehende Aussagen zu erkennen.

Das alte-neue Thema ‚Sittlichkeit' erlebte damit eine Konjunktur, die an die frühe Agitation Wicherns erinnert, der ja sittliche Verwahrlosung und Glaubenslosigkeit der unterständischen Schichten für ihr soziales Elend verantwortlich gemacht hatte. Nur war die angenommene, gleichsam automatische Verkopplung von existenzieller Not und einer in der Bereitschaft zur Aufgabe sittlicher Normen zum Ausdruck kommenden Entchristlichung seit den 1890er Jahren realiter nicht mehr gegeben. Die materialistische Weltauffassung musste deshalb anders gedeutet werden: Sie schien mehr denn je der blasphemische Versuch, durch Zerstörung der geltenden Gesellschaftsordnung und ihrer Werte den Anspruch auf ‚Wohlstand und Hedonismus' *für alle* zu neuen Göttern zu erheben. Während nach dieser Optik ein Teil des Bürgertums solche Forderungen im Namen des Weltanschauungsliberalismus aufstellte, schloss sich das klassenbewusste Proletariat in der Sozialdemokratie zusammen, um dieses Ziel zu erreichen. Antiliberalismus wie Antisozialismus gehörten deshalb für evangelische Christen, die dieser Entwicklung Einhalt gebieten wollten, zu den wichtigsten gesellschaftspolitischen Prämissen von Diagnose *und* Therapie gerade auf dem Sektor der Kulturpolitik.

Abschließend noch einige Gedanken zur Bedeutung der Schule für die Innere Mission bzw. Diakonie: Für Wichern und die auf ihn folgenden leitenden Personen des Central-Ausschusses wie der ihm angeschlossenen Verbände und Einrichtungen lag es nahe, dass ihr Werk nur gelingen konnte, wenn christliche Liebestätigkeit über Volksbildung und schulische Erziehung einen festen Platz innerhalb der Gesellschaft erhielt. Von diesem Ziel her kann die gesamte Diakonie als umfassende pädagogische Veranstaltung verstanden werden, und dies in doppeltem Sinne: Zunächst richtete sich das pädagogische Bemühen auf die sozial Schwachen, die über die Aneignung von Glaubensinhalten und daran gebundene bürgerliche Verhaltens- und Leistungsstandards in die Gesellschaft integriert werden sollten. Darüber hinaus wollte die Innere Mission aber auch die ‚gehobenen Stände' für die Religion zurückgewinnen, um Christentum und Gesellschaft wieder zu versöhnen und einen wesentlichen Beitrag zur Überwindung der Klassenantagonismen und damit zur Festigung des Gemeinwesens zu leisten.

Zum Leidwesen der pädagogisch orientierten Diakoniewissenschaft hat Wichern keine in sich geschlossene pädagogische Konzeption entwickelt. Er nahm jedoch zahlreiche zeitgenössische Anregungen auf und setzte sich vor allem für die Berücksichtigung der individuellen Bedürfnisse der Kinder und Jugendlichen ein. Die von ihm im Rauhen Haus praktizierten Erziehungsgrundsätze orientierten sich an der Familie, in der neben den festen Ordnungen des Zusammenlebens auch Freiheits- und Gestaltungsspielräume für den Einzelnen gegeben waren. Dieses Individualprinzip übertrug er dann auf die Gesellschaft: Alle Erziehung ist für ihn Dienst an der Gesamtheit, der dieser zugute kom-

---

form mit Blick auf ihre Klientel, d.h. den vermeintlichen ‚Randsiedlern der Gesellschaft', die mehr und mehr zu einer bedrohlichen gesellschaftlichen Größe heranwuchsen und hier deshalb Handlungsbedarf produzierten. Vgl. a. Wolf Rainer Wendt, Geschichte der sozialen Arbeit von der Aufklärung bis zu den Alternativen, Stuttgart 1983, 15.

men soll. Die Lösung der Gemeinschaftsaufgaben kann nur gelingen, wenn sich ihnen der Einzelne nicht verschließt: „Das Leben im Rauhen Hause mit seinem Ineinandergreifen der Interessen der Familie, der Schule, der Arbeit und der Kirche ist [für Wichern] ein Abbild des großen Lebens überhaupt."[19] Hier lernen die Jugendlichen – modern gesprochen – soziales Lernen, d.h. sie agieren nicht vereinzelt, sondern als Glieder einer größeren Lebensgemeinschaft, der sie sich verpflichtet fühlen und für die sie solidarisch einstehen. *Zielpunkt* dieses sozialen Lernens war eine staatsloyale patriotische Gesinnung auf der Grundlage der bestehenden Monarchie und ihren vordemokratisch-obrigkeitsstaatlichen Maximen. D.h. nicht aktive *Teilhabe* an der Gestaltung des Ganzen stand auf der Agenda der Inneren Mission, sondern *Einordnung* in das Bestehende, das man vielfach bedroht sah durch Unglauben, Klassengegensätze und dem Streben nach individuellem Erfolg und Glück.

Im Hinblick auf das Verhältnis von Diakonie und Schule können wir festhalten, dass es der Inneren Mission des 19. Jahrhunderts nicht um *gegenwärtig aktuelle* Ansätze eines diakonisch-sozialen Lernens ging. Schüler und Lehrer sollten nicht an diakonische Aufgabenfelder herangeführt werden, um soziale Kompetenz zu erwerben und soziales Handeln aus christlicher Gesinnung in der Praxis zu erproben, vielmehr als Glieder der Kirche jederzeit für das sich als christlich verstehende Gemeinwesen und den christlichen Staat einzustehen. In diesen Dienst stellte die Innere Mission ihr globales Bildungs- und Erziehungsprogramm als dritte Säule neben soziale Fürsorge und Verkündigung bis zum Ende des Kaiserreichs.

Das mag von heutiger Warte aus konservativ oder gar reaktionär erscheinen. Wer so urteilt, übersieht meines Erachtens jedoch die jeweiligen politischen, sozialen und kulturellen Bedingtheiten diakonischen Handelns, das sich stets an diese anlehnt, sich freilich aber auch mit ihnen wandelt. Überspitzt formuliert könnte man behaupten, dass sich dieser Wandel primär auf zeitgebundene Politikvorstellungen der Diakonie bezogen hat, nicht aber auf ihr doppeltes Anliegen, soziale Hilfen *und* missionarische Dienste miteinander zu verbinden.

Der Weg von einem christlich inspirierten, vaterländisch-vordemokratischen Bildungs- und Erziehungsideal hin zur Bejahung einer offenen Gesellschaft, die sich dem Alleinanspruch des Christentums in Bezug auf die Setzung von Normen und Werten mehr und mehr entzieht, ist allerdings lang und beschwerlich gewesen. Erst in einem Jahrzehnte andauernden mühsamen Prozess sollten Innere Mission und verfasste Kirche lernen, dass sie in Kooperation wie im Konflikt mit anderen Werte bildenden und Normen setzenden Instanzen ein Ja zur pluralistisch verfassten Gesellschaft finden mussten und sich nicht mehr als exklusive Deutungsmacht in den grundsätzlichen Fragen nach dem Sinn des Lebens begreifen konnten. Allmählich aber begannen sie, ihre Botschaft als Angebot zu verstehen, mit dem sie zu anderen gesellschaftlichen Kräften in Konkurrenz zu treten hatten, wenn sie sich behaupten wollten. Das galt u.a. auch für den Bildungssektor und den Religionsunterricht in öffentlichen und konfessionellen Schulen.

---

19 Gerhard Teichmann, Johann Hinrich Wicherns pädagogische Ideen, Diss. phil. Erlangen (1912), 44. Folgendes hiernach.

1.2 Diakonie und Bildung

von Reinhard Turre

Raimund Hoenen zum 65. Geburtstag gewidmet

„Angst vor der leeren Mitte" titelte vor einigen Jahre das Wochenblatt DIE ZEIT.[1] Auf den schwindenden Wertekonsens in unserer pluralistischen Gesellschaft wurde hingewiesen. Die bange Frage wurde erhoben, was die in viele Interessensgruppen auseinanderfallende Gesellschaft eigentlich zusammen hält.

Die Debatte um die Präambel einer Europäischen Verfassung zeigt, dass wir es mit einem europäischen Problem zu tun haben. Worauf kann eine künftige Gesellschaft bauen, wenn umstritten ist, welche Werte in ihr Geltung haben sollen? Vor allem: Wie sollen Werte wie Menschenwürde, Freiheit, Gleichheit und Solidarität begründet werden? Reicht der Hinweis auf das geistliche und moralische Erbe? Muss nicht vielmehr der Glaube an Gott als die eigentliche Quelle von Vertrauen, Gerechtigkeit, Güte und Schönheit weiterhin proklamiert werden? Wenn die gesellschaftliche Übereinkunft über die verbindenden und verbindlichen Werte national und international schwindet, dann kommt dem Einzelnen ein größeres Gewicht zu. Er muss mit seiner Überzeugung und seinem Bekenntnis ersetzen, was nicht mehr als Gemeinsinn vorausgesetzt werden kann. Was bisher ohne Diskussion für die überwiegende Mehrheit galt, muss nun von jedem Einzelnen begründet und vertreten werden. Er muss dafür Bündnisgenossen finden, öffentlich streiten und Mehrheiten gewinnen. Auch die Politik ist darauf angewiesen, für Wahrheiten Mehrheiten zu gewinnen, weil ihre Voraussetzungen nicht mehr als sicher und allgemein anerkannt werden können. Die nicht abgeschlossenen ethischen Diskussionen über das Soziale, die am Beginn und am Ende des menschlichen Lebens, auch über die Funktion des Staates, die Menschenrechte und die Menschenpflichten wie auch über die Chancen und Risiken technischer Entwicklungen sind dafür Belege.

In dieser Situation ist die Verantwortung des Einzelnen neu gefordert. Er braucht die Bereitschaft und die Fähigkeit von sich aus auf sich zu nehmen, was ihm in einer statischen Gesellschaft einst durch andere Personen und Funktionen auferlegt wurde. Wo die Mitte verloren gegangen ist, muss neu ermittelt werden, was gut und böse, recht und unrecht, notwendig und nebensächlich ist. Dazu braucht es Wissen und Weisheit. Dazu braucht es Bildung.[2] Sie ist ein Geschenk, das eine Generation der nächsten macht (John Hennessy). Sie ist eine Investition in die Köpfe und Herzen, nicht in Steine, die leicht vorzeigbar sind. In ihr braucht man einen langen Atem, weil ihre Erfolge erst langfristig ablesbar sind.

Über das Verhältnis von Diakonie und Bildung soll hier Auskunft gegeben werden. Das soll in fünf Schritten geschehen: Wir sprechen zuerst von der Funktion der Bildung gegenüber dem Sozialen, werden zweitens auf den Wandel im Bildungsverständnis

---

1 Richard Herzinger, Angst vor der leeren Mitte, in: DIE ZEIT v. 30.08.2001, 7.
2 Vgl. hierzu die Rede des Bundespräsidenten Roman Herzog, Sprengt die Fesseln, in: DIE ZEIT v. 07.11.1997, 49 ff. Ferner: Johannes Rau, Wider den Nützlichkeitszwang der Bildung, in: FAZ v. 15.07.2000, Nr. 162, 7 und die kritische Betrachtung von Michael Naumann, Bildung – eine deutsche Utopie, in: DIE ZEIT v. 04.12.2003, 45.

eingehen. Drittens darf auf die seit jeher bestehende Verbindung von christlicher Bildung und kirchlicher Diakonie hingewiesen werden. Die Wirkung der Bildung auf die Helfer und die Hilfebedürftigen kann dann betrachtet werden. Schließlich sollen Eigenständigkeit und Hilfsbereitschaft als Ziel der Bildung in der Diakonie beschrieben werden. Die Einübung sozialen Verhaltens ist einem eigenen Beitrag über das soziale Lernen vorbehalten.

1. Die Funktion der Bildung

Der Mensch findet sich vor als Wesen, das der Hilfe, Begleitung und Förderung bedürftig ist. Keiner von uns hat sich selbst groß gezogen. Wir verdanken unser Leben der Annahme, der Aufmerksamkeit, der Zuwendung und Hilfe durch die uns vorangegangene Generation. Ihre Art des sozialen Verhaltens war der folgenden Generation gegenüber präventiv.

Soziale Beziehung überhaupt und ihre besondere Art prägen den Menschen. Geburt und Ernährung ist viel, Bildung aber ist mehr. Der gebildete Mensch sieht über seine unmittelbaren körperlichen Bedürfnisse hinaus. Er lässt den animalischen Egozentrismus hinter sich. Mit Goethe gesprochen: „Sich mitzuteilen ist Natur. Mitgeteiltes aufzunehmen, wie es gegeben wird, ist Bildung." Sie wird vermittelt durch Leitbilder und Vorbilder. Mit Recht ist deshalb der Leitbildentwicklung in der Diakonie der letzten Jahre viel Aufmerksamkeit gewidmet worden. Was der Mensch ist und tut, eignet er sich an, indem ihm Sachverhalte und Personen überzeugen. Leitbilder vermitteln überzeugende Sachverhalte, Personen prägen durch das persönliche Beispiel und Vorbild.

In den Leitbildern verständigen sich Mitarbeitende in der Diakonie. Sie beschreiben neu, was Mitte und Ziel ihres Arbeitens ist. In gemeinsamer Vereinbarung geben sie Auskunft auf folgende Fragen: Woher kommen wir? Was leitet uns? Was wollen wir? Wie gehen wir miteinander und mit anderen um? Was verpflichtet uns? In einer Gesellschaft mit einer leeren Mitte geben gemeinsam erarbeitete Leitbilder Auskunft über das, was das Leben erfüllt und das Arbeiten bestimmt. Sie können auch ehrlich benennen, was nicht geleistet wird und welche Grenzen eingehalten werden.

Vorbilder erinnern an gelebte Beispiele christlichen Lebens und Handelns. Erinnerungen an die Mütter und Väter der Diakonie dienen der Überprüfung der heutigen Arbeit und der Vergewisserung für den weiteren Weg. Menschen mit ihren Begabungen und ihren Grenzen, mit ihren Erfolgen und ihren Niederlagen können so der Orientierung dienen auch in heute veränderten Zeiten. An diesem Ort ist etwa an August Hermann Francke zu denken. Seine Stiftungen sind vorrangig eine Bildungsanstalt und eben dadurch ein soziales Werk, das der Integration und Ertüchtigung der Ausgegrenzten und Benachteiligten dient. Was er zur Verbesserung der Ausbildung tut, soll der besseren Bildung der Lehrer und Schüler dienen. Das Ziel aber ist mit seinen Worten: „Die Ehre Gottes muss in allen Dingen, aber absonderlich in Auferziehung und Unterweisung der Kinder als der Haupt-Zweck immer für Augen seyn, so wohl dem Praeceptori, als dem Untergebenen selbst."

Bildung ist nicht immer schon vorhanden. Sie wird gebildet durch Leitbilder und Vorbilder. Sie prägen ein, was Vorrang hat. Mit dem genius loci gesagt: die Ehre Gottes. Sie zuerst, die Erziehung und Unterweisung dazu vor allem, was auch noch folgen kann an Vermittlung des Wissens, zur Ertüchtigung des Menschen zu mündigem und eigenständigem Leben. Man darf an einer Theologischen Fakultät an diese Reihenfolge erinnern, nicht um Ansprüche zu formulieren, sondern sich selbst dem Anspruch zu unterstellen, der hier formuliert ist. Das ist der Bildung höchster Zweck: ‚Gott die Ehre' und von daher und dadurch dem Menschen zur Hilfe, was immer in der sozialen und diakonischen Arbeit getan werden kann. In der Bildung wird begründet und begrenzt, was notwendig in der sozialen Arbeit getan werden muss. Was aber in der Bildung versäumt wird, das kann nur sehr unzulänglich im Sozialen nachgearbeitet werden.

Die Krise sowohl des Bildungssystems wie des Sozialstaates hat eine wichtige Ursache darin, dass die Funktion der Bildung für das Soziale und die Bedeutung des Sozialen für die Bildung nicht mehr in einen Zusammenhang gebracht werden. Dann aber verliert die Bildung ihre Bedeutung für die Gestaltung des Sozialen. Das Soziale aber verselbständigt sich und verliert sein Maß und sein Ziel. In der heute diskutierten Reform beider Systeme muss der Zusammenhang wieder gewonnen werden. In der Bildung wird man sich dessen zu erinnern haben, was ihr eigentlicher Hauptzweck ist, damit sie sich nicht im ästhetischen Glasperlenspiel verliert: Sie soll Gott die Ehre geben und dem Menschen förderlich sein. So kann der Mensch seiner eigentlichen Bestimmung leben. Das Soziale aber kann nicht ersetzen, wozu nur die Bildung den Menschen führen kann: einen Grund für sein Leben zu finden, das rechte Maß einzuhalten und zuversichtlich zu bleiben, dass nicht er, sondern Gott selbst das Leben erneuern und vollenden wird. So wird auch das Soziale davon befreit, zur Ersatzreligion werden zu müssen.

Tatsächlich gibt es für den Wirklichkeitsverlust von Bildung und für die ins Unermessliche gestiegenen Ansprüche des Sozialen inzwischen unübersehbare Zeichen. Aus dem Bereich der Diakonie muss vor beiden gewarnt werden. Die Theologie wird in der Bildung nur weiter relevant bleiben, wenn sie dem nach Orientierung suchenden Menschen das biblische Menschenbild begreifbar und relevant vermittelt. Sie wird anleiten müssen zu Glauben und Verstehen. Sie wird einladen müssen zur Besinnung auf deren Grundlagen und zur Konzentration auf Wesentliches. Sie muss sich davor bewahren, theologisches ‚Kunstgewerbe und Orchideenpflege' zu betreiben.

Nur so kann auch das Soziale neu definiert werden. Nicht erst durch das Diktat der Ökonomie, sondern zuvor durch die Besinnung auf das, was der Mensch im Bereich des Sozialen leisten und was er sich leisten kann, muss das Soziale in unserem Land neu justiert werden. Der Sozialstaat ist selbst zum Sozialfall geworden, weil Menschen den Glauben und das Verständnis verloren haben, weil die Bildung ihre Funktion nicht zureichend wahrnimmt. Es wird heute mit Recht eine Neubestimmung gefordert darüber, was der Staat, was die Sozialsysteme und was der Bürger selbst leisten muss. Ohne Glauben und Verstehen, ohne eine Bildungsoffensive wird diese Neubestimmung wieder einmal nur zu Lasten der Schwachen, der nicht so Gebildeten gehen. Eine humane Gesellschaft wird sich daran erweisen müssen, wie gerade sie in die Lage versetzt wurde Mut zu gewinnen, sich auf ein Wesentliches zu konzentrieren und fähig zu bleiben, in der Leistungs- und Wettbewerbsgesellschaft zu bestehen.

Es gibt im Raum des Sozialen ein fundamentales Interesse, dass die Bildung ihrer Aufgabe gerecht wird. Nur dann werden die sozialen Systeme vor Überforderung bewahrt. Voraussetzung für die Bewahrung des sozialen Niveaus ist, dass unser Land den internationalen Wettbewerb der Wissensgesellschaften besteht. So gesehen wird man sagen können, durch die Bildung entscheidet sich die Antwort auf die soziale Frage des 21. Jahrhunderts. Es ist nicht mehr der materielle Besitz entscheidend, sondern der Fundus von Wissen und die Fähigkeit, es für die Gestaltung des Lebens einzusetzen. Der Zugang zur Bildung entscheidet über die Lebenschancen des Einzelnen. Wenn eine Gesellschaft diese möglichst vielen auf eine gerechte Weise eröffnet, dann wird sie selbst zukunftsfähig sein und die Kraft entwickeln, auch die Hilfebedürftigen zu schützen. Die Bildungsfrage ist die soziale Frage des 21. Jahrhunderts.

2. Die Bildung immer neu reformieren

Die Unzulänglichkeit von Bildung ist in der Geschichte immer wieder aufgedeckt worden. Im Raum der evangelischen Kirche darf man sich dessen erinnern, dass die Reformation mit einem neuen Bildungsprogramm verbunden war. Der Pietismus wollte nicht so sehr auf die Vermittlung von Lehrinhalten als vielmehr auf die Bildung der Herzen bauen. In der humanistischen Tradition verband man das antike Erbe mit dem Christentum. Seit dem 19. Jahrhundert beanspruchten immer neue Ideologien eine Veränderung des Bildungs- und Schulwesens. Im Osten haben wir mit den Spätwirkungen ideologischer Bevormundung bis heute zu tun. Die im Westen in den späten 60er Jahren gestartete Bildungsoffensive sollte von den ideologischen Fesseln befreien und mehr Chancengerechtigkeit für jedermann eröffnen. Das ist nur ansatzweise verwirklicht.

Nun hat die PISA-Studie jüngst auch dem deutschen Bildungswesen den Spiegel vorgehalten. Offenbar steht es hierzulande im europäischen Vergleich nicht zum Besten. Es werden Kompetenzen nicht nachhaltig genug angeeignet. Nicht ausreichend werden bei begabten Schülern Spitzenleistungen und bei schwächeren Schülern Durchschnittsleistungen erzielt. Die frühe Förderung lässt zu viele Möglichkeiten aus. Zu viel staatliche Bevormundung hindert Schulen und Hochschulen an eigenständiger Entfaltung. Pisa hat sich mit Bedacht auf sprachlich-literarische, mathematische und naturwissenschaftliche Grundkompetenzen konzentriert.

Dabei hat sich allgemein die Einsicht durchgesetzt, dass im wirtschaftlichen und sozialen Wettbewerb nur bestehen kann, wer den Rohstoff Wissen für die weitere Entwicklung optimal nutzbar macht. Erschwerend kommt hinzu, dass sich eben dieser Rohstoff in immer kürzeren Zeitabschnitten vermehrt. Die Halbwertzeit von einmal angeeignetem Wissen wird immer kürzer. Bei genauem Hinsehen leben wir in einer Datengesellschaft, die in einem noch nie dagewesenen Ausmaß Daten und Fakten gespeichert hat. Es ist noch nicht ausgemacht, ob daraus hierzulande eine Wissensgemeinschaft wird, in der es gelingt, ihr wirklich angewandtes Wissen zu verarbeiten und umzusetzen, was mit Fleiß und Computertechnik zusammen getragen worden ist. Prägend für die Kultur wird erst das verarbeitete und angewandte Wissen. Die Computer allein sind Intelligenz ohne Moral.

Der nicht so leicht in eine fremde Sprache zu übersetzende deutsche Begriff ‚Bildung' (eruditio) ist weiter als das verfügbare Datenmaterial. Wir sind auch in der Diakonie auf verarbeitetes Wissen, überprüfte und geordnete Daten, auf redliche Vermittler, urteilsfähige Lehrer und einfühlsame Erzieher angewiesen. Bildung ist offenbar in verschiedenen Bezügen zu entfalten: in Bezug auf die gesellschaftlichen Lebensverhältnisse jetzt und auf gerechtere Lebensverhältnisse künftig, auf die persönliche Mündigkeit und sittliche Selbstverantwortung, auf geschichtlich wirksame Traditionen und deren Interpretation und in Bezug auf das Sprach- und Ausdrucksvermögen.[3]

Bildung ist eine komplexe Größe, die aus unterschiedlichen Bemühungen hervorgeht. Sie kommt nicht aus ohne das Wissen von Fakten. Aber diese müssen geordnet und gewertet werden. Zusammenhänge müssen begriffen werden. Dazu muss ganzheitlich gedacht werden: rational, emotional und sozial. In der heute vorherrschenden Fülle kommt es darauf an, sich auf Wesentliches zu konzentrieren und sich nicht im Vielerlei zu verlieren.

Zu den objektiven Tatbeständen kommen subjektive Faktoren bei der Entfaltung und Reifung einer gebildeten Persönlichkeit. Es muss zur rechten Zeit angeboten und gut erreichbar sein, was der biografischen Entwicklung dienlich ist. Bildung ist ein Prozess. In verschiedenen Lebensstadien muss dies berücksichtigt werden.

Seit ihren Anfängen haben Bildungsanstalten der Diakonie auf ein differenziertes, der Entwicklung dienendes Angebot für Kinder und Jugendliche geachtet. Comenius in der Brüderunität, Pestalozzi in der Schweiz, Fröbel in Thüringen, Oberlin im Elsass, Francke in Halle, Falk in Weimar und Wichern in Hamburg bilden eine eindrückliche Ahnenreihe im Haus der Diakonie. Sie verbindet der Wille, Unterricht und Erziehung, Vermittlung von Wissen und von Werten, von Kenntnissen und Einstellungen aufeinander zu beziehen. Sie sind erfüllt von der Liebe zu den Heranwachsenden und von dem Willen, sie für ihr Leben gut auszustatten und bleibend zu prägen. Sie sind Beispiele für die ständige Reform des Bildungswesens auch im Raum der evangelischen Kirche, zuerst in Kindergärten und später in Schulen.

Wie in der Geschichte, so ist auch in der Gegenwart von neuem die Reform des Bildungswesens angesagt. Viele haben dabei nicht nur eine Vergrößerung des Finanzvolumens im Blick. Es muss gewiss widersprochen werden, wenn Kürzungen vor allem in dem Bereich der Bildung vorgenommen werden. Aber vorrangig muss über Inhalte und Strukturen gestritten und entschieden werden. Das geht in der alternden Gesellschaft über Kindertagesstätten und Schulen hinaus auch in den Bereich der Hochschulen, der Aus- und Weiterbildung sowie des lebenslangen Lernens. Auf allen Stufen sollten Lehrende und Lernende Wissen aneignen, zu eigenen Urteilen befähigt und zum wirksamen Handeln angeleitet werden. Es besteht zu Recht der Verdacht, dass die jüngst entfachte Debatte um Eliteuniversitäten diese eigentlich für alle Bildungseinrichtungen geltende Aufgabe aus dem Bewusstsein verdrängen soll.

Eine Reform heute wird in guter deutscher Bildungstradition die Mehrdimensionalität der Bildung beachten. In guter Weise ist darauf in der Denkschrift der Evangelischen Kirche in Deutschland zur Bildung „Maße des Menschlichen" hingewiesen worden.[4]

Die verschiedenen Aspekte einer zeitgemäßen Bildung werden bei den heute anstehenden Reformen bedacht werden müssen: ethische und soziale, religiöse und interkul-

---

3 So Ernst Nipkow, Bildung als Lebensbegleitung und Erneuerung, Gütersloh 1990, 32-36.
4 Maße des Menschlichen – Evangelische Perspektiven zur Bildung in der Wissens- und Lerngesellschaft. Eine Denkschrift, Gütersloh 2003.

turelle, ästhetische und medienkritische, ökologische und geschichtliche, zukunftsfähige und den Lebensphasen gerechte.[5] Bildung soll ja zugleich gegenwartstauglich und zukunftsfähig machen. Daher müssen all diese Aspekte bei einer Reform bedacht werden. Menschen, junge Menschen zumal, werden aus dem geschützten Raum von Elternhaus und Schule in eine Gesellschaft hinaus gestoßen, die von vielerlei Krisen gezeichnet ist: der Krise der Arbeitswelt und des Sozialstaates, der Verrechtlichung und Erstarrung. Zutiefst haben wir es mit einer Sinnkrise zu tun, aus der soziale und ökologische Probleme erwachsen. Arbeitslosigkeit, Suchtabhängigkeit, Gewaltbereitschaft und wachsende Armut auf der einen Seite und wachsender privater materieller Reichtum auf der anderen Seite sind die Folge.

Eine Bildungsreform muss darauf achten, dass zuerst die geistigen und geistlichen Ressourcen, dann auch die ökonomische und finanzielle Kraft für eine humanere und gerechtere Zukunft bereit gestellt werden. Soziale Aktionen werden bald ihre Kraft verlieren, wenn sich nicht zuvor durch Bildung Bewusstsein verändert, ethische Kriterien festgelegt werden und sich moralisches Verhalten eingestellt hat.

3. Die Aufgabe diakonischer Bildungsarbeit

Die Schule solle wieder pädagogisch und der Unterricht wieder erziehender sein, findet Hartmut von Hentig, einer unserer führenden Erziehungswissenschaftler.[6] Für die weitergehende Bildung kann dies nur heißen, dass Inhalte sorgsam ausgewählt werden und Methoden wirklich anleitend für das Leben sein müssen. Sinnorientierung und Wertklärung sind Bestandteile guter Erziehungsarbeit. Das gilt für alle Fachbereiche, in denen nicht nur Kenntnisse vermittelt werden sollten, sondern zu eigener Urteilsbildung und geprägter Einstellung angeleitet werden muss. Das gilt besonders für die Vorbereitung und Begleitung in den sozialen Diensten.[7]

Jede soziale Arbeit lebt von weltanschaulichen Voraussetzungen. Die Bildung in diesem Bereich muss bewusst machen, welche Werturteile und Überzeugungen den vermittelten Methoden und Inhalten zugrunde liegen. Ich widerspreche damit der These, wonach soziale Unternehmen von Wertegemeinschaften zu Dienstleistungsunternehmen geworden sind.[8] Denn auch in einem Dienstleistungsunternehmen muss ethisch reflektiert werden, was mit ‚Dienst', ‚Leistung' und ‚Unternehmen' gemeint ist. Darauf müssen auch heute Mitarbeitende vorbereitet und immer neu eingestellt werden.

Für ein diakonisches Unternehmen braucht es diakonisch bestimmte Aus- und Weiterbildung.[9] Dies gilt umso mehr, als wir in der modernen Gesellschaft weithin die Trennung von Kirche und Schule vollzogen haben. Aber auch dem weltanschaulich neutra-

---

5 Ebd., 15.
6 DIE ZEIT 1996, Nr. 32, 34.
7 Dazu ausführlich Reinhard Turre, Diakonik – Grundlegung und Gestaltung der Diakonie, Neukirchen 1991, 257 ff.
8 Thomas Rauschenbach u.a. (Hgg.), Von der Wertegemeinschaft zum Leistungsunternehmen, Frankfurt/M. 1995.
9 Hierzu Heinz Schmidt/Renate Zitt, ‚Fürs Leben lernen'. Diakonisch-soziale Lernprozesse und die Frage nach einem diakonischen Bildungsbegriff, in: Volker Hermann (Hg.), Diakonische Aussichten. Festschrift für Heinz Schmidt, Heidelberg 2003, 220-236 (DW-Info Nr. 35).

len Staat muss an der Weckung und Stärkung verantwortlichen Handelns gelegen sein, weil er selbst „von Voraussetzungen lebt, die er selbst nicht garantieren kann" (E.-W. Böckenförde). Zu dem Programm diakonischer Bildungsstätten gehören deshalb folgende Aspekte:

- Der christliche Glaube als Fundament diakonischen Handelns
- Das christliche Menschenverständnis als Maßstab diakonischer Arbeit
- Der Beitrag der Kirchen zu einer Kultur des Helfens
- Christliche Ethik zur Sensibilisierung einer verantwortlichen Haltung
- Hinführung zu geistlichem Leben und zu einer christlichen Dienstgemeinschaft

Das Programm der Bildungsstätten der Diakonie darf anknüpfen an die Vermittlung von Glaubensinhalten in der Kirche. Vielfache personelle und inhaltliche Verflechtungen zwischen den Angeboten der Kirche und der Diakonie sind dem Programm diakonischer Bildungsstätten dienlich. Dies gilt auch für das reichliche Material zum Religionsunterricht.[10] Es darf dabei an die kirchlichen Schulen, Akademien, an Erwachsenenbildung und pädagogische Zentren gedacht werden.

Von großer Bedeutung bleiben die Voraussetzungen, die Auszubildende aus ihren Familien, Schulen und ihrem sozialem Umfeld mitbringen. Die fortschreitende Säkularisierung hat dazu geführt, dass neu in die Diakonie kommende Mitarbeitende keine Kenntnis von Kirche und christlichem Glauben besitzen. Sie sind sich auch kaum ihrer tatsächlichen Vorprägung bewusst. Häufig bringen sie lediglich als Motivation mit, mit Menschen arbeiten zu wollen. Diakonischer Bildung kommt damit eine klärende, aufklärende und neu motivierende Aufgabe zu. Über Motivation und Intention diakonischer Arbeit muss aber klar Auskunft gegeben werden können, weil nur so Mitarbeitende die Belastungen aushalten und zu eigenständiger Mitwirkung auf Dauer bewegt werden können. Geklärte Motivation und realistische Intention sind Merkmale einer modernen diakonischen Arbeit. Beides braucht Persönlichkeiten, die sich von unklaren und unfreimachenden Voraussetzungen emanzipieren. Sie sollen zu eigenständigem und selbstbewusstem Urteilen und Handeln angeleitet werden. Sie brauchen aber auch die Fähigkeit zur Kommunikation und die Bereitschaft, sich in Gemeinschaften einzubringen, damit sie sich nicht als Solisten überfordern müssen. Der Wille zur Emanzipation und die Fähigkeit zur Integration sind zwei wichtige Koordinaten für die diakonische Bildung.

Die Verankerung der diakonischen Bildungsstätten in Einrichtungen der Diakonie ermöglicht eine gute Verbindung von Theorie und Praxis. Beides bleibt aufeinander bezogen: Erfahrung ohne Theorie ist blind, aber Theorie ohne Erfahrung ist tot. Den Einrichtungen sind ihre Aus- und Weiterbildungsstätten immer zugute gekommen. Von ihnen sind die Impulse ausgegangen, sich als lernende Unternehmen zu verstehen. Die Bildungsstätten sind davor bewahrt worden, zu Elfenbeintürmen zu werden. Die Nähe, manchmal auch die Wucht der praktischen Herausforderungen sind der Theorie und den

---

10 Identität und Verständigung. Standort und Perspektiven des Religionsunterrichts in der Pluralität. Eine Denkschrift der EKD, Gütersloh 1994.

Lerninhalten dienlich gewesen. Es muss also allen Bestrebungen widersprochen werden, diese sinnvolle Verbindung zu lösen. Gegen zwei Tendenzen aus jüngster Zeit wird man sich wehren müssen: Einerseits wird versucht, die Tätigkeit im sozialen Bereich Menschen ohne ausreichende Vorbildung anzuvertrauen. Das gilt besonders für die Altenhilfe. Andererseits gibt es eine ‚Vertheoretisierung' in Ausbildungsgängen, die doch vor allem für die praktische Arbeit vorbereiten sollen. Es soll ja solche Tendenzen auch in Theologischen Fakultäten geben. Im medizinischen Bereich ist dies neuerdings bei der Ausbildung zum Arzt und für die Krankenpflege zu beobachten.

Eine besondere Aufmerksamkeit wird weiter für die Bildung der sozial und geistig Schwachen aufgebracht werden müssen. Ihre Integration in die Gesellschaft ist seit jeher ein besonderes Anliegen diakonischer Arbeit. Wir denken an August Hermann Francke, Johann Hinrich Wichern, Gustav Werner, auch an die Bodelschwinghs in Bethel und an Paul Gerhard Braune in Lobetal. In den Schulen und Werkstätten für Behinderte geschieht eine von der Gesellschaft, besonders auch in Bildungskreisen kaum zureichend gewürdigte Arbeit. In ihr wird mit Respekt auch auf die Grenzen der Aus- und Weiterbildenden geachtet. Nicht die Überforderung hilft ihnen weiter, sondern nur die Förderung, die ihren tatsächlichen Begabungen entspricht. Man wird sich dabei von falschen Idealen trennen müssen. Für die Bildung lernt man in der Diakonie, dass der wirkliche Mensch mit seinen Möglichkeiten und Grenzen im Blick bleibt. Aus Überforderungen erwachsen Frustrationen und Störungen, die psychotherapeutisch behoben werden müssen. Die Pädagogik wird sich davor hüten müssen, der Psychiatrie zusätzliche Fälle zu bescheren.

4. Bildung für Helfer und Hilfebedürftige

Hilfe ist ein Beziehungsgeschehen. Helfer und Hilfebedürftige müssen zum Ausdruck bringen, was sie an Hilfe anbieten und in Anspruch nehmen wollen. Helfer müssen die tatsächlichen Bedürfnisse und den offenkundigen Bedarf bei ihrem Angebot berücksichtigen. Hilfebedürftige müssen die Möglichkeiten der Helfer erkennen und ihre Grenzen akzeptieren. Dies setzt auf beiden Seiten Lernfähigkeit und Lernbereitschaft voraus. Wegen der nicht offen gelegten Grenzen und der übersteigerten Erwartungen sind unsere sozialen Systeme kurz vor dem Kollaps.

Eigentlich dürfte die Politik nicht nur kurzfristig wirkende Regularien für die Kostendämpfung erlassen. Sie müsste den offenen und öffentlichen Diskurs über das Leistbare und über die durch soziale Angebote nicht zu befriedigenden Bedürfnisse führen. Statt einer offenbar nicht gerecht wirkenden Steuerung über die Finanzen brauchen wir die öffentliche Meinungsbildung über die Grenzen unserer sozialen Systeme. Nun aber soll die Ökonomie Fragen entscheiden, die doch eigentlich zuvor ethisch bedacht und dann verantwortlich politisch entschieden werden müssten.

Mit unserem Thema hat dies insofern zu tun, als es in der verschärften Situation darauf ankommt, die Bürger selbst sowie auch die freiwilligen und hauptamtlichen Mitarbeitenden über das Leistbare urteilsfähig zu machen.

Offenbar muss neu bestimmt werden, was der Staat und was die sozialen Sicherungssysteme leisten können und was der Bürger selbst bewältigen muss. Eine Inventur bei den Staatsleistungen und eine Überprüfung der erstattungsfähigen Kosten bei den Versicherungen ist fällig. Der Bürger aber muss aus einer ‚Vollkasko-Mentalität' heraus und zur neuen Einsicht gebracht werden, wofür er selbst einstehen muss. Dies aber ist nicht zuerst eine finanzielle Frage, sondern ein Bildungsproblem: Haben die Menschen gelernt, wo die Grenzen ihrer erfüllbaren Erwartungen liegen? Was darf anderen zugemutet werden, damit es nicht zur Beeinträchtigung ihrer Lebenschancen wird? Wann wird der Eigennutz zur Gefährdung des Gemeinwohls? Bildung soll dem Bürger Hilfe zur Selbsthilfe sein.

Aus dem biblischen Zeugnis, aber auch aus der Erklärung wissen wir, dass Belastungsfähigkeit auch eine geistliche Frage ist. Hat dies der moderne Mensch auf seinem Bildungsweg vermittelt bekommen? Eine Wende in der Sozialpolitik steht bevor. Der Bürger soll sich wieder stärker auf sich selbst besinnen. Er wird nur fähig, stärker seine eigenen Lasten zu tragen, wenn er Kraft in sich hat, die ihn unter Not, Krankheit, Armut und Leid nicht zerbrechen lassen. Lebenstüchtigkeit wird sich künftig nicht nur im schnellen Aneignen von Wissensstoff erweisen, sondern auch im beharrlichen Tragen und Ertragen, im selbständigen Anpacken und Überwinden. Bei einer Beteiligung der Hilfebedürftigen an den Bildungskonzeptionen würden Einsichten und Erfahrungen zum Tragen kommen, die bei einer nur intellektualistischen Betrachtung gar nicht in den Blick geraten. Mit Dietrich Bonhoeffer: „Wir müssen lernen, die Menschen weniger auf das, was sie tun und unterlassen, als auf das, was sie leiden, anzusehen."

Eine von den Diakonischen Werken und den Landeskirchen in Sachsen-Anhalt in Auftrag gegebene Studie weist im Ehrenamt eine überdurchschnittliche Zahl von Absolventen höherer Schulen aus.[11] Auch hier spielt offenbar der Stand der Bildung eine unübersehbare Rolle. Für die Erhaltung der Motivation, anderen zu helfen (93 %) und eine sinnvolle Tätigkeit auszuüben (85 %) werden zu Recht Fortbildungen für notwendig angesehen. Auch Supervision und Seelsorge hielten die befragten Freiwilligen für wünschenswert. Die Erwartungen gehen also über die traditionellen Bildungsangebote hinaus. Ehrenamtliche wollen ganzheitlich persönliche Begleitung und nicht nur intellektuelle Belehrung. Sie wollen informiert und beteiligt sein. Ihre Kompetenz im Sozialen eignen sie sich durch learning by doing an. Fortbildungsangebote für sie finden nach eigener Einschätzung in guter Atmosphäre statt und machen ihnen Spaß. Die Ergebnisse dieser Befragung enthalten wichtige Hinweise für die Bildungsangebote der Diakonie an die freiwilligen Helfer. Auf sie muss in künftigen Zeiten mehr gesetzt werden, nachdem die Professionalisierung sozialer Angebote an ihre Grenzen gestoßen ist.

Gleichwohl müssen auch die Bildungsangebote für die professionellen Hauptamtlichen auf die tatsächlich für sie gewachsenen Ansprüche ausgerichtet werden. Die aus Kostengründen in den letzten Jahren durchgesetzte Rationalisierung hat für die in der hauptamtlichen Arbeit Tätigen zu einer Verdichtung der Leistungsanforderungen geführt. Von ihnen wird ein hohes Maß an Beziehungsarbeit, Kooperationsfähigkeit und fachlicher Kompetenz erwartet. Außerdem müssen sie trainiert werden, auch persönlich mit den täglich wiederkehrenden Krisen bei den Hilfebedürftigen umzugehen. „Wichtig ist dabei die Entwicklung von Haltungen und Einstellungen, das Lernen und Aneignen

---

11 Ehrenamt in Kirche und Diakonie, Halle 2000.

von sozialer Kompetenz".[12] Es ist ersichtlich, dass die akademische Ausbildung diesem Anspruch nicht ausreichend gerecht werden kann. Soziale, praktische und theoretische Kompetenz können nur als ‚training on the job' erworben, erneuert und erhalten werden. Hintergrundwissen, Überblickswissen und spezielles Fachwissen werden den hauptamtlich Arbeitenden abverlangt. Hinzu kommt heute angesichts der Ökonomisierung der medizinischen und sozialen Bereiche, dass Leistungs-, Betriebswirtschafts- und Marketingkompetenz vorausgesetzt werden müssen. Wer heute in der sozialen Arbeit verantwortlich verwalten und gestalten will, braucht eine umfassende Bildung und Erfahrung. Sie sind nur durch ein lebenslanges Lernen zu erwerben und zu erhalten.

Auf die Einübung im sozialen Lernen ist an anderer Stelle einzugehen. Die Bereitschaft, überhaupt im sozialen Bereich tätig zu werden, muss in einer alternden Gesellschaft immer neu geweckt werden.[13]

5. Das Ziel: Eigenständigkeit und Hilfebereitschaft

Die Diakonie wird sich in der Wettbewerbsgesellschaft von heute nur bewähren können, wenn Mitarbeitende ein eigenes Profil zeigen und sich zu von anderen unterscheidbaren Angeboten zusammen finden. Dazu muss ihr Identitätsbewusstsein gestärkt, Beteiligung ermöglicht und Mitsprache eingeräumt werden. Dafür müssen die Angebote in Aus- und Weiterbildung befähigen.

Eigenständigkeit braucht Gewissheit und Sprachfähigkeit. Zu selbstbewusstem Leben und Arbeiten soll hingeführt werden. Mitarbeitende in der Diakonie sollen in die Lage versetzt werden, sich gegen Bevormundung wie gegen Anpassungsdruck zur Wehr zu setzen. Der christliche Glaube gibt die Freiheit auch gegenüber den heutigen Mächten und Gewalten und begründet den Freimut auch gegen die heute Starken und Rücksichtslosen. Die Gefährdungen der Menschen in der modernen Arbeitswelt sind längst auch in den sozialen Bereich eingezogen: die Instrumentalisierung der Arbeitskräfte, der Konkurrenz- und Leistungsdruck, die Bürokratisierung und Verrechtlichung. Ihnen gegenüber braucht es kundige und mutige Mitarbeiter, die es verstehen, die diakonische Sicht zu formulieren und wirksam zur Sprache zu bringen. Wie schwer das ist, wissen wir auch aus dem gesamtkirchlichen Bereich. Es ist ein weiter Weg von der Vermittlung von Kenntnissen zum öffentlichen Eintreten für diese und ein immer wieder gefährdetes Anliegen.

Alle Diakonie aber steht und fällt mit der Hilfebereitschaft von Christen und Nichtchristen. Für sie ist unverzichtbar, dass Menschen die Not des anderen sehen, seine Hilfebedürftigkeit wahrnehmen und dann auch wirklich handeln. Es muss unserer Gesellschaft eine Kultur des Helfens erhalten bleiben. Dazu wird eine umfassende und allseitige Bildung benötigt. Über die unmittelbare Begegnung mit der Not vermittelt sie geschichtliche Erfahrungen und einladende Modelle, die für das zukünftige Handeln dienlich sind. Sie lehrt auf komplexe Zusammenhänge zu achten und weckt die Vision

---

12 Soziale Dienste als Chance. Eine Studie der Kammer der EKD für soziale Ordnung (EKD-Texte 75), Hannover 2002, 24.
13 Vgl. hierzu meinen Beitrag, Der Bildungsauftrag von Schule und Diakonie, in: Schule und Diakonie, Dokumentation des DW 03/2000, 19-24.

für eine gerechtere Welt. Sie befähigt zu Phantasie und Kreativität. Sie bewahrt vor Resignation und kurzatmigem Aktionismus gemäß der Empfehlung an die Gestrandeten: „Lehre sie nicht das Holz für ein Rettungsboot zu bearbeiten, sondern wecke in ihnen die Sehnsucht nach der Weite des Meeres".

Der eigentliche Adressat für gute Bildung ist nicht nur der Verstand, sondern auch das Herz. Herzensbildung ist nötig wie eh und je. Wir brauchen auch künftig Menschen mit verstehenden Herzen und herzlichem Verstehen. So folgen wir der Empfehlung der Alten auch in moderner Zeit: „Weisheit erwerben ist besser als Gold und Einsicht erwerben edler als Silber" (Sprüche 16,16) .

1.3 Diakonie als Bildungsverantwortung. Aspekte für eine neue Akzentsetzung evangelischen Hilfehandelns

von Rainer Anselm

„Da etwa ein Vierteljahr die Armenbüchse in der Pfarrwohnung befestigt gewesen, gab eine gewisse Person auf einmal 4 Taler 16 Groschen hinein. Als ich dies in die Hände nahm, sagte ich mit Glaubensfreudigkeit: ‚Das ist ein ehrliches Kapital, davon muß man etwas Rechtes stiften; ich will eine Armenschule anfangen.' Ich besprach mich nicht darüber mit Fleisch und Blut, sondern fuhr im Glauben zu und machte noch desselbigen Tages Anstalt, daß für 2 Taler Bücher gekauft wurden, und bestellte einen armen Studenten, die armen Kinder täglich zwei Stunden zu unterrichten, dem ich wöchentlich 6 Groschen dafür zu geben versprach, in der Hoffnung, Gott werde indessen, da ein paar Taler auf diese Weise in acht Wochen ausgegeben würden, mehr bescheren."[1]

Diakonisches Handeln und Bildungsverantwortung gehören für August Hermann Francke unmittelbar zusammen. Das Nebeneinander von Armenschule und Waisenhaus auf dem Gelände der Francke'schen Stiftungen bringt das augenfällig zum Ausdruck. Francke war zu der Überzeugung gelangt, dass die Betreuung verwaister und verwahrloster Kinder allein nicht genügen könnte, sondern ihnen nur dann eine bessere Zukunft gelingen würde, wenn sie diese auf dem Fundament einer Schulbildung erbauen konnten.

Trotz dieser viel versprechenden Anfänge ist die Beziehung von Diakonie und Bildung keineswegs eine allgemein akzeptierte Erfolgsgeschichte. Das gilt nicht nur im Blick auf Franckes umstrittenes Wirken selbst, der bis in die Gegenwart von den einen als begnadeter Pädagoge gefeiert,[2] von anderen aber als Vertreter einer schwarzen Pädagogik verurteilt werden kann.[3] Die Beziehung von Diakonie und Bildungswesen ist vor allem deshalb problematisch, weil – schon seit den Anfängen im Halle'schen Pietismus – das Hilfehandeln nur unzureichend dagegen gesichert war, in eine bevormundende Betreuung umzuschlagen. Dies mochte unter den Bedingungen großer materieller Not leicht in Kauf zu nehmen sein, als es vornehmlich darum ging, Bedürftigen den Lebensunterhalt und damit die Möglichkeit zum Überleben zu gewähren. Da sich aber in der Gegenwart Armut und Bedürftigkeit immer mehr als ein Mangel an Partizipationsmöglichkeiten, nicht mehr so sehr als ein Mangel an materiellen Ressourcen

---

1 Zit. nach Friedrich Wilhelm Bautz, Art. Francke, August Hermann, in: BBKL 2 (1990), 85-90, 87.
2 So etwa Fritz Blättner, August Hermann Francke, in: Thüringer Erzieher. Unter Mitwirkung von Wilhelm Flitner, hg. von Günther Franz, Köln u.a. 1966, 73-87; Erich Beyreuther, August Hermann Francke. Zeuge des lebendigen Gottes, Marburg 1987.
3 Vgl. Andreas Gruschka, Bürgerliche Kälte und Pädagogik. Moral in Gesellschaft und Erziehung, Darmstadt 1994: „Aus der Sicht der ‚Schwarzen Pädagogik' erscheint der pietistische Pädagoge August Hermann Francke vor allem als prägender Vertreter einer ‚Erziehung als Rationalisierung des Sadismus' im Umgang mit Kindern [...] Und in der Tat liefert Francke ebenso wie alle anderen Pädagogen in der Konstitutionsphase der bürgerlichen Erziehung sehr deutliches Belegmaterial für diese These [...] Es gehört zu den beschämenden Verharmlosungen und Verdrängungsleistungen der historisch argumentierenden Pädagogik, wenn bis in unsere Zeit Erziehungshistoriker Francke anlasten, er hätte lediglich mit seinen Methoden übertrieben, ansonsten lasse sich an seine Pädagogik in positivem Sinne anknüpfen" (289. 293).

darstellen, gilt es genau darauf zu achten, in welcher Weise das Hilfehandeln solche Beteiligungsmöglichkeiten selbst fördert oder möglicherweise sogar verhindert und damit, entgegen der eigenen Intention, selbst zu stärkerer Armut führt. Vor diesem Hintergrund ist der Zusammenhang von Diakonie und Bildung erneut ins Blickfeld zu rücken und Bildungsverantwortung als diakonisches Handeln zu positionieren.

Mit diesem kurzen Problemüberblick sind zugleich auch die drei Teile meines Beitrags benannt. Ich werde zunächst das Bildungsprogramm aus der Gründerzeit institutionalisierter Diakonie kurz umreißen und dabei insbesondere auf die Transformation des vormodernen Bildungskonzeptes in ein aufgeklärt-modernes Verständnis von Bildung eingehen. In einem zweiten Schritt gehe ich der Frage nach, wie dieses Programm transformiert wird in die bis heute vorherrschende Konzeptionalisierung diakonischer Praxis im Rahmen sozialstaatlicher Handlungsformen, in deren Kontext die Verbindung von Diakonie und Bildungsgedanken zurücktritt – bis dahin, dass das Verhältnis beider zueinander als ein Entweder-Oder aufgefasst wurde. Demgegenüber möchte ich abschließend die These plausibel machen, dass unter den Bedingungen der Gegenwart dem Bereich der Bildung erneut eine Schlüsselfunktion für soziales und diakonisches Handeln zukommt: Die besondere Herausforderung für diakonisches Handeln besteht darin, auch den am Rand Stehenden möglichst gute Bildungschancen zu vermitteln und dabei dem Dilemma zu entgehen, Bildung zu vermitteln, ohne die zu Bildenden vom eigenen Vermittlungshandeln abhängig werden zu lassen.

I.

Wie der Halle'sche Pietismus insgesamt, so steht auch dessen Bildungsprogramm an der Schwelle zwischen mittelalterlichem und neuzeitlichen Denken, zwischen Alt- und Neuprotestantismus: Es weist in seinen didaktischen Ansätzen, etwa in seinem Bewusstsein für die gesellschaftliche Bedeutung von Bildung, für den Zusammenhang von Bildung und Qualifikation und damit für die Ausübung spezifischer, dem eigenen materiellen Wohl wie der gesellschaftlichen Entwicklung dienlicher Fertigkeiten, bereits in die Neuzeit. Gleichzeitig aber bleibt es auch stark im vormodernen Denken verortet. Denn das Bildungsprogramm bleibt eingezeichnet in ein geschlossenes Weltbild, wie es auch für die sog. altprotestantische Orthodoxie leitend war. Die Welt erscheint hier als ein vom Schöpfer gewolltes, geordnetes Ganzes, in dem ein jeder die ihm zukommende Aufgabe zu erfüllen hat. Da die Sündhaftigkeit des Menschen dazu führt, dass sich der Einzelne immer wieder von dieser Zielsetzung abwende oder sie erst gar nicht adäquat erkennen könne, müsse es, so lautet die pädagogische Folgerung aus dem zu Grunde liegenden theologischen Konzept, das Ziel erzieherischen Wirkens sein, den Menschen gemäß der Ordnung Gottes aus dem Stand der Natur – und damit aus der Verfallenheit an die Sünde – in den Stand der Gnade zu führen. Dieser Sichtweise korrespondiert es, dass Francke sittliche Missstände als Ausprägung der Sündhaftigkeit des Menschen interpretiert, der durch ein entsprechendes erzieherisches Wirken entgegen getreten werden müsse. Das Ziel der Erziehung ist es in dieser Perspektive, die Einpassung des Einzelnen in die göttliche Heilsordnung zu erreichen, die – wie es auch die lutherische Orthodoxie hervorgehoben hatte – in den vorgegebenen Ordnungen des Zusammenlebens, insbesondere in der ständischen Gliederung der Gesellschaft, bereits sichtbar ist. In diesem Sinne beinhaltet Franckes Erziehungsprogramm mit Sicherheit Elemente dessen, was Gerhard Oestreich als Konzept der Sozialdisziplinierung für das konfessionelle Zeitalter namhaft gemacht hat.[4]

Die Verortung des Halle'schen Pietismus an der Schwelle zwischen Mittelalter und Neuzeit lässt Deutung und Wertschätzung dieser Bewegung erwartungsgemäß kontrovers ausfallen. Die Beziehung zwischen dem pietistischen Bildungs- und Erziehungsideal zu den preußischen Bürgertugenden, zu Fleiß und Gehorsamkeit, Betriebsamkeit und Pünktlichkeit gehört dabei noch zu den positiven Einschätzungen. Kritischere Stimmen akzentuieren demgegenüber die Verbindung zwischen Pietismus und aufkommendem Merkantilimus sowie Rationalismus im Wirtschaftsleben, die auf gleichförmige und berechenbar arbeitende Menschen angewiesen waren. Schließlich wurde und wird auch immer wieder auf die Mitverantwortung für das, was unter den Stichworten ‚Untertanmentalität' und ‚deutscher Sonderweg' zu trauriger Berühmtheit wird, hingewiesen.

Inwieweit diese Kritik berechtigt ist, kann und soll an dieser Stelle nicht geklärt werden. Für den hier vorgetragenen Gedankengang ist vielmehr die grundsätzliche Frage von Interesse, wie sich der Zusammenhang zwischen dem theologischen Programm des Pietismus zu dessen sozialer und mentalitätsprägender Gestaltwerdung entwickelte. Dabei ist zunächst festzuhalten, dass Francke im Einklang mit den Reformatoren und der ihnen nachfolgenden Lehrbildung der Überzeugung war, dass die Überwindung der Sünde als der Wurzel aller Abwendungen und sittlichen Missstände allein durch das Wirken Gottes im Glauben erreicht werden könne. „Das Werck der Erziehung ist über alle Kräffte des natürlichen Menschen", heißt es bei Francke. „Es muß durch den Geist GOttes geführt werden, wo der im Hertzen wohnt und regiert, da wird allein der rechte Grund dazu geleget. So auch iemand gedencken wolte, daß er durch seine Sorgfalt und Fleiß, oder durch seine Klugheit und Verstand die Kinder recht erziehen wolte, so würde es ihm am wenigsten gelingen. Es richtets kein menschlicher Verstand aus, und auch die so GOtt fürchten, dürffens auff ihre eigene Kräffte nicht ankommen lassen."[5]

Die familiale wie die schulische Erziehung bilden damit lediglich die äußere Voraussetzung, das Gefäß für den eigentlichen Transformationsprozess des Menschen, der sich in dessen Inneren, nämlich durch seine im Glauben gewirkte Bekehrung abspielt. Bildung ist in diesem Verständnis die gottgewirkte Neuausrichtung der eigenen Persönlichkeit zum Ebenbild Gottes. Dieser Zusammenhang von Bildung und Gottebenbildlichkeit – vom Einbilden des Ideals der Vollkommenheit in den zunächst unvollkommenen, dann aber immer vollkommener werdenden Menschen – prägt sodann auch die Bildungsprogramme der Folgezeit. Er findet sich bei Alexander von Humboldt, aber auch bei Georg Wilhelm Friedrich Hegel, wenn dieser akzentuierte, dass der Mensch im Unterschied zum Tier nicht von Natur ist, was er sein soll. Darum sei es seine Pflicht,

---

4 Vgl. Gerhard Oestreich, Strukturprobleme des europäischen Absolutismus, in: ders., Geist und Gestalt des frühmodernen Staates. Ausgewählte Aufsätze, Berlin 1969, 179-197, sowie Winfried Schulze, Gerhard Oestreichs Begriff ‚Sozialdisziplinierung' in der frühen Neuzeit, in: ZHF 14. 1987, 265-302.
5 Zit. nach Karl Richter, A.H. Francke, Schriften über Erziehung und Unterricht, bearbeitet und mit Erläuterungen versehen, Leipzig o.J., 46.

„sein Einzelwesen zu seiner allgemeinen Natur zu erheben, sich zu bilden".[6] Im Blick auf die Religion kann Hegel sogar davon sprechen, dass der Bildungsprozess einer Wiedergeburt gleichkomme.[7]

Auch wenn dabei stets theoretisch bewusst blieb, dass diese Transformationsprozesse letztlich das Werk Gottes sind, gewinnt doch die Sensibilität für die auf Seiten des Menschen zu erbringenden Voraussetzungen an Bedeutung. So wie auch die altprotestantische Dogmatik immer stärker herausarbeitet, dass die ecclesia Jesu Christi trotz ihres Status als unsichtbarer, geistgewirkter Gemeinschaft letztlich unverzichtbar auf die *ecclesia particularis lutherana* als sichtbarer Gemeinschaft angewiesen bleibt, so gewinnt auch der Gedanke, dass es zum Erreichen innerer Bildung äußerer Strukturen bedürfe, an Bedeutung. Hier liegt der theologische Motivationsgrund für die enorme Aufbauleistung im pietistischen Bildungswesen begründet, aber auch die Anfälligkeit für diejenigen Auswüchse, die den Anlass für die andauernde Kritik an dieser Konzeption bilden. Der diakonische Auftrag der Kirche als ein Dienst am Einzelnen wird in dieser Perspektive dort konkret, wo Strukturen vorgegeben werden, die ein Überwinden der Eigenliebe und der Selbstsucht begünstigen und somit eine Transformation des Geistes in der Bekehrung ermöglichen. Die oft kritisierte Härte und der Rigorismus in Franckes Erziehungsprogramm haben hier ihre Ursprünge.

So sehr diese – aus heutiger Sicht geurteilt – Auswüchse ihre Grundlage in einer theologischen Grundüberzeugung hatten, so sehr aber bilden sie nur einen Teil der Folgewirkungen des pietistischen Bildungsprogramms ab. Sicherlich neigte gerade das Luthertum aufgrund seiner Betonung von Individualität und Sündhaftigkeit zu einer dem eigenen Konzept eigentlich inkompatiblen Überbetonung von Strukturen, die der Selbstsucht Einhalt gebieten sollten. Gleichzeitig aber bewirkten dieselben Lehrbildungen aber auch eine stärkere Individualisierung und, vor allem, die für die Moderne charakteristische Auffassung, die Umwelt nicht mehr nur als vorgegebenen Ordnungsrahmen zu verstehen, in den man sich einzuordnen habe, sondern den es allererst zu gestalten gelte.

Ernst Troeltsch hat in seinen ‚Soziallehren der christlichen Kirchen und Gruppen' herausgearbeitet, wie christliches Vorstellungsgut oft gegen seine eigene Intention mentalitäts- und kulturprägend wirkte. Die Bildungskonzeption des Pietismus, auch das Erziehungsprogramm Franckes, ist ein deutliches Beispiel dafür, – und zwar nicht nur im Blick auf die Beförderung einer charakteristischen, willfährigen Untertanmentalität. Vielmehr setzt der Pietismus insgesamt in seiner Fokussierung auf die innere Bekehrung und das dieser Bekehrung vorgelagerte Bildungsprogramm auch auf ein anderes, genau entgegengesetztes Verständnis von Individualität und Bildung aus sich heraus. Denn je mehr man sich mit sich selbst beschäftigte, umso mehr wurde man auch der faszinierenden Struktur menschlicher Subjektivität gewahr; sie erschien in immer höherem Maße in ihren Möglichkeiten attraktiv als in ihren Abgründen bedrohlich.[8] Analog da-

---

6 Georg Wilhelm Friedrich Hegel, Philosophische Propädeutik, SW Bd. 3, Stuttgart 1961, 82; vgl. auch seine Ausführungen in den Grundlinien einer Philosophie des Rechts, SW 7, Stuttgart 1964, 267-270.
7 Georg Wilhelm Friedrich Hegel, System der Philosophie, Vorrede zur zweiten Auflage (1827), SW 8, Stuttgart 1964, 18.
8 Vgl. Alois Hahn, Identität und Selbstthematisierung, in: ders. und Volker Kapp, Selbstthematisierung und Selbstzeugnis: Bekenntnis und Geständnis, Frankfurt/M. 1988.

zu wird nun Bildung nicht mehr als Einbildung der Gottebenbildlichkeit, sondern als Ausbildung verstanden, nämlich als Etablierung einer nach der Maßgabe menschlicher Vernunft gestalteten Lebenswelt. Was in der italienischen Renaissance bereits formuliert wurde, wird Allgemeingut der deutschen Aufklärung. Das Bildungsideal drängt nun zu einer Veränderung, vor allem aber nach einer Verbesserung der Lebensverhältnisse. Vernunft und Erfahrung, Tradition und Lehre sollen – so formuliert es Johann Gottfried Herder – dazu beitragen, die endgültige Gestalt des Menschen herauszuarbeiten aus dem tiefen, dunklen Marmor seiner vorfindlich-natürlichen Existenz. Vernunft – Bildung – Fortschritt, so lautet die Gleichung der Aufklärung. Sie findet ihren Niederschlag nicht nur im philosophischen Entwurf der Moderne, sondern vor allem auch in den dynamischen Entwicklungsprozessen der beginnenden Industrialisierung. Ihr Optimismus reicht bis hin zu jener Formel aus den Frühschriften von Karl Marx, am Ende dieser Entwicklung werde ein Mensch stehen, der nicht mehr „von der Gnade eines anderen lebt", sondern „sein Dasein sich selbst verdankt".[9] Bildung bedeutet in diesem Kontext nicht mehr die Einbildung einer bestimmten, vorgegebenen und vor allem einheitlichen und darin prästabilen Lebensauffassung und Wirklichkeitssicht, sondern wird geprägt vom Bemühen um die Gestaltung der Lebensumstände, bedeutet also die Ausbildung bestimmter Fertigkeiten, mit denen immer wieder die Grenzen der vorgegebenen Wirklichkeit überschritten werden können. Parallel dazu greift dann auch ein Verständnis von Erziehung Raum, das nicht mehr die Vermittlung eines solchen geschlossenen Weltbilds intendiert, sondern selbst dem nun als hypothetisch erkannten Charakter aller Erkenntnis folgt und damit zu einem experimentellen, prinzipiell ins Offene weisenden Lernen anleitet. „Die tatsächliche Welt ist nicht beschränkt",[10] lautet nach Roland Barthes das Credo dieser Zeit, und dementsprechend müssen auch die Bildungs- und Erziehungskonzepte von der Fiktion Abstand nehmen, Bildung als Ab- und Einbildung der einen Wirklichkeit zu verstehen.[11]

II.

In Marx' Votum deuten sich bereits die Herausforderungen an, die sich aus einem so gefassten Bildungsverständnis ergeben. In dem Augenblick nämlich, in dem sich Transformations- und Bildungsprozesse nicht mehr im Inneren des Einzelnen abspielen, sondern sich nach außen wenden und auf eine Veränderung der Lebensumstände abzielen, wird die praktische Realisierung der Transformationsvorstellungen zur Her-

---

9 Karl Marx, Privateigentum und Kommunismus, Ökonomisch-philosophische Manuskripte. Drittes Fragment, in: MEW Erg. Bd. Teil I, Berlin 1968, 544.
10 Roland Barthes, Bild, Verstand, Unverstand. (1964), in: Jean Lerond D'Alembert u.a.: Enzyklopädie. Eine Auswahl, hg. v. Günter Berger, Frankfurt/M. 1989, 30-49, 43.
11 So argumentiert etwa Joseph Priesterley 1765, dass sich die Erziehung der menschlichen Vielfalt anzupassen habe, statt lediglich die eine wahre Form finden zu wollen: „Education, taken in its extensive sense, is properly that which makes the man. One method of education, therefore, would only produce one kind of man; but the great excellence of human nature consists in the variety of which it is capable. Instead than of endeavouring, by uniform and fixed systems of education, to keep mankind always the same, let us give free scope to every thing which may bid fair for introducing more variety among us." In ders., An Essay on a Course of Liberal Education for Civil and Active Life (1765), Neudr. London 1992, 149.

ausforderung für den Einzelnen wie für die Gesellschaft. Das gilt insbesondere dann, wenn – im Umkehrschluss – Missstände nicht mehr allein mit der inneren Verderbtheit des sündigen Menschen erklärt werden können, sondern auch die umgekehrte Auffassung plausibel erscheint, nämlich dass die äußeren Umstände selbst schuld haben an den beklagten Fehlentwicklungen und damit die Veränderung der Rahmenbedingungen dieselbe Priorität bekommt wie die Veränderung der inneren Einstellung.

In dieser Konstellation kommt es bekanntlich zur Spaltung der aufklärerischen Bewegung, in Deutschland insbesondere nach der gescheiterten Revolution von 1848. Während der eine Flügel Aufklärung vorrangig als einen *geistigen* Emanzipationsprozess deutet und darum den Akzent zunächst auf Veränderung des Bewusstseins legt, rücken andere die Veränderung der realen Verhältnisse in den Mittelpunkt. Darin nehmen sie vor allem die Kritik auf, die Hegel bereits an Kant geübt hatte, wenn er ihm vorwarf, die Realisierung der eigenen Grundforderungen zu wenig in den Blick genommen zu haben. Insbesondere zu dieser Weiterführung aufklärerischen Gedankenguts verlieren Theologie und Diakonie die Verbindung. Nachdem gerade der Protestantismus und seine katechetische Tradition im 18. Jahrhundert Promotoren der Aufklärung gewesen waren, kommt es im Zuge der politischen Restauration auch zu einer Distanznahme der Theologie von den aufklärerischen Idealen. Dem wachsenden Selbstbewusstsein des neuzeitlichen Menschen begegnet die Theologie mit der Betonung der vorgegebenen Schöpfungsordnungen, in die sich der Einzelne einzufügen habe, – und diese Überzeugung strahlt auch hinein in die diakonischen Leitideale zur Mitte des 19. Jahrhunderts. So ist Wichern davon überzeugt, dass sowohl die revolutionären Bestrebungen als auch die soziale Not Ausdruck einer Entfremdung von der gottgegebenen Ordnung seien; dementsprechend ist auch sein Erziehungskonzept letztlich an dem schon von Francke bekannten Grundgedanken der Einpassung in die vorgegebene Ordnung orientiert. So fortschrittlich auch sein Konzept der familienorientierten Betreuung von notleidenden Kindern und Jugendlichen im Rauhen Haus anmutet, so sehr ist es doch vom Ideal der ständischen Gesellschaft bestimmt: ein Grundgedanke, der auch für die Etablierung der diakonischen Einrichtungen in der zweiten Hälfte des 19. Jahrhunderts leitend bleibt.

Vor diesem Hintergrund ist es nicht verwunderlich, dass die diakonische Praxis dem Bildungsgedanken des Einzelnen keineswegs die Bedeutung zumisst, die ihm für die Bemeisterung der mit der Modernisierung gegebenen Herausforderung eigentlich zugekommen wäre. Denn schon im Prozess der wirtschaftlichen Modernisierung im 19. Jahrhundert wären es Bildungskonzepte im Sinne eines offenen Lernens gewesen, die es dem Einzelnen ermöglicht hätten, die Schranken der eigenen sozialen Situation zu überwinden. Gleichzeitig wurde auch die Schlüsselfunktion eines solchen Bildungsbegriffs für die Realisierung, nicht nur die Postulierung von Selbstbestimmung, nicht adäquat wahrgenommen: Ein Konzept für die Bildungsverantwortung für breite Schichten kommt – trotz unbestreitbarer Verdienste, die sich gerade auch der Protestantismus im Bereich des Schul- und Bildungswesens erworben hat – über die Anfänge nicht hinaus, und noch Jahre später sind es vor allem die Sozialisten und Sozialdemokraten, die sich um Bildungsprogramme für Arbeiterinnen und Arbeiter bemühen.

Statt die Möglichkeiten zur Überwindung der stratifizierten Gesellschaftsordnung bereit zu stellen, hielt man Distanz zu entsprechenden, bildungsgestützten Emanzipationsprogrammen und stabilisierte darin gerade das Ideal der ständischen Ordnung. Dementsprechend bleiben die Sozialstaatskonzeptionen gerade im Luthertum lange Zeit dem patriarchalen Modell des Hausstandes verpflichtet, das sich seinerseits als Ausdrucksform des ständischen Ideals der ‚Harmonie durch Ungleichheit' versteht. So richtig es ist, das Engagement des sozialen Protestantismus nicht kleinzureden – aus welchen Motiven auch immer –, so richtig ist es doch auch, dass sich strukturverändernde Konzepte im Protestantismus erst spät durchsetzen. Am vielleicht deutlichsten zeigen sich jedoch die Inkonzinnitäten zwischen den Idealen der Aufklärung und der durch die Arbeit der Diakonie vorangetriebenen Etablierung des Sozialstaatsgedankens in der Art, in der das diakonische Handeln reagiert auf die Schwachstelle aufgeklärt-vernunftorientierter Gesellschafts- und Sozialtheorie, der Frage nämlich, ob sich die Theoriemuster auf eine empirische Wirklichkeit übertragen lassen oder letztlich ihre Plausibilität nur dadurch gewinnen, dass von allen Restriktionen der Empirie abgesehen wird. Auf den – gegen das auf dem Selbstbestimmungsgedanken gegründete Modell – gerichteten Einwand, wie man denn mit denen umgehen solle, die zu einer solchen selbstbestimmten, an der Vernunft ausgerichteten Lebensführung nicht in der Lage seien, reagierte man lange Zeit durch die Etablierung entsprechender Anstalten, die – ganz im Sinne auch von Franckes Erziehungsideal – den Klienten vorgaben, worin ihre Lebensführung bestehen sollte.[12] Könne man, so lautet die rhetorische Frage einer solchen paternalistischen Argumentation, das Konzept von Autonomie, Selbstbestimmung und Vernunftorientierung wirklich anstreben, wo doch die meisten Menschen gar nicht wüssten, was ihre eigentlichen Interessen und ihr eigentlicher Wille seien? Ist es darum nicht sachgerechter, andere stellvertretend entscheiden zu lassen? Ein solches Argumentationsmodell, das unter Verweis auf die insuffizienten oder zumindest wenig verlässlichen intellektuellen Fähigkeiten Einzelner bzw. auf die stellvertretende Wahrnehmung von deren Interessen setzt, bildet ohne Zweifel auch die konzeptionelle Grundlage für weite Teile des deutschen Sozialsystems, es bildet auch das Rückgrat des Anstaltsgedankens in der Diakonie – zum Teil bis heute. Gerade in der Altenpflege dominiert dieser Betreuungsaspekt nach wie vor.

Erst die gewachsene Sensibilität für die Selbstbestimmungsrechte konkreter Individuen hat hier zu einer ersten Neuorientierung und zu einer kritischeren Sicht etwa des Anstaltskonzeptes in der Diakonie, gerade in der Behinderten- und Altenarbeit geführt. Am deutlichsten kommen solche Neuansätze in dem charakteristischer Weise aus den emanzipativen Idealen der amerikanischen Bürgerrechtsbewegung hervorgegangenen Gedanken des ‚Empowerments' zum Ausdruck. Hier wird versucht, die verschleierten autoritären Elemente klassischen Hilfehandelns aufzudecken und ihnen entgegenzuwirken. Sicherlich zu Recht kritisiert Julian Rappaport, amerikanischer Vordenker des ‚Empowerment-Konzepts' schon 1985 die überkommenen Strukturen des traditionellen Wohlfahrtsstaates: „Während der ersten zwei Drittel dieses [sc. des 20.] Jahrhunderts errichteten die Sozialpolitiker einen Apparat, um Dienste für Bedürftige bereitzustellen, ohne dabei die Gefahr der Möglichkeit des Missbrauchs und des Verlustes von Rech-

---
12 Vgl. Michel Foucault, Wahnsinn und Gesellschaft. Eine Geschichte des Wahns im Zeitalter der Vernunft, Frankfurt 1973.

ten zu bedenken. In diesem Kontext standen die helfenden Berufe in vorderster Front ‚selbstloser' Versorgung der Armen, Behinderten und psychisch Kranken. Wer sich in Not befand, wurde mehr oder weniger wie ein Kind behandelt, dem geholfen werden und das von den Straßen ferngehalten werden musste".[13]

Mit der wohlstandsbedingten Chance größerer Transferzahlungen an die Bedürftigen, die mit der Verfeinerung der sozialstaatlichen Strukturen seit den 1960er Jahren zunehmen, ergeben sich Möglichkeiten, zumindest in einigen Bereichen, durch die Gewährung materieller Ressourcen die Verwirklichung des neuzeitlichen Ideals von Freiheit und Selbstbestimmung entscheidend zu verbessern. Aus heutiger Perspektive darf nicht übersehen werden, dass solche effizienten Umverteilungsmechanismen für eine breitere Masse erst sehr spät, nämlich erst in den 1950er- und 1960er Jahren, etabliert wurden: gerade auch durch den aus dem Gebot des Grundgesetzes, gleiche Lebensbedingungen in ganz Deutschland herzustellen, abgeleiteten Finanzausgleich zwischen den Ländern und Regionen. Dies ermöglicht es erst, zu einer Balance zwischen den ja auch durch das Grundgesetz garantierten aufklärerischen Freiheitsrechten und den dafür notwendigen Ressourcen zu gelangen. Noch einmal mit Julian Rappaport gesprochen: „Rechte ohne Ressourcen zu besitzen, ist ein grausamer Scherz". Die Kritik an ‚fürsorglicher Belagerung' darf nicht zu ‚wohlwollender Vernachlässigung' führen.[14] Dem entgegenzuwirken, ist die bleibende Aufgabe der Träger der sozialen Arbeit, wie etwa auch der diakonischen Praxis.

III.

Aber dennoch darf – und damit bin ich bei meinem letzten Gedankengang angekommen – sich das diakonische Engagement nicht allein auf das Ressourcenproblem konzentrieren, so unzweifelhaft wichtig diese Fragestellungen bleiben. Denn – und damit kehre ich auch wieder zu den Bildungsfragen zurück – die Bedeutung der Ressourcenverteilung tritt in zunehmendem Maße zurück hinter der Bedeutung, die dem Wissen für die Wahrnehmung individueller Rechte und damit auch der Realisierung der aufklärerischen Ideale zukommt. Diakonische Tätigkeit, verstanden als der in der Verpflichtung zur Nachfolge Jesu erwachsene Dienst am Nächsten, bedeutet in immer stärkerem Maße, sich um die Vermittlung von denjenigen Kenntnissen – mit dem Modewort der derzeitigen Bildungsdiskussion gesprochen – von denjenigen Kompetenzen zu bemühen, die für eine gelingende Lebensführung notwendig sind. Ich möchte darum nachdrücklich für eine dezidierte Ausweitung diakonischen Engagements im Bereich des Bildungssektors werben, dafür also, Bildung selbst als einen Dienst am Nächsten zu verstehen, um diesem ein Leben in Freiheit und Selbstbestimmung zu ermöglichen.

Anhand der aktuellen Probleme im Bereich der Medizin möchte ich das etwas ausführlicher verdeutlichen. Im Mittelpunkt der öffentlichen Debatte um die Gerechtigkeitsprobleme im Gesundheitswesen stehen zumeist Fragen der Verteilung materieller

---

13 Julian Rappaport, Ein Plädoyer für die Widersprüchlichkeit. Ein sozialpolitisches Konzept des ‚empowerment' anstelle präventiver Ansätze, in: Verhaltenstherapie und psychosoziale Praxis 17. 1985, 257-278, 265.
14 Ebd., 268.

Ressourcen, schön nachvollziehbar an der Kontroverse zwischen Kopfpauschalen oder Bürgerversicherung. Über der durch den demographischen und ökonomischen Strukturwandel induzierten Fokussierung auf die ressourcenbezogene Seite des Problems tritt leicht in den Hintergrund, dass es längst neue Knotenpunkte gibt, an denen das Spannungsfeld von individuellen Bedürfnissen und Systemzwängen im Gesundheitswesen deutlich wird und die die traditionellen Konfliktlinien und Verhaltensformen als obsolet erscheinen lassen. Erweiterte Handlungsmöglichkeiten der Medizin und immer stärker individualisierte Therapie lassen nämlich den Patienten eben nicht nur als Objekt der modernen Medizin erscheinen, vielmehr erfordern sie in immer höherem Maß ein spezifisches, situationsbezogenes Wissen auch auf der Seite des Patienten. Eigene Präferenzen müssen wahrgenommen und artikuliert werden, Entscheidungen gemeinsam mit dem Arzt getroffen werden. Nur wer als Patient über ausreichendes Wissen verfügt, für den kann das Medizinsystem die bestmögliche Unterstützung bei der Wiedergewinnung der durch die Krankheit eingeschränkten Autonomie ermöglichen. Dies gilt insbesondere auch deshalb, weil in einem differenzierten Medizinsystem die Kontakte zwischen Arzt und Patient immer kürzer werden, so dass der Patient in steigendem Maße für die Integration verschiedener Behandlungsperspektiven verantwortlich ist. Dem Patienten obliegt es zu bestimmen, was das für ihn Gute ist, eine Fragestellung, für die der ‚posthippokratische' Arzt nicht kompetent ist; ihm fehlt die Grundlage einer lang andauernden, gemeinsam geteilten Erfahrung, auf der eine solche stellvertretende Entscheidung über das für den Patienten Gute getroffen werden müsste.

Zwei weitere Gesichtspunkte können die wachsende Bedeutung, die dem Patienten und seiner Fähigkeit, sich krankheits- bzw. gesundheitsbezogenes Wissen anzueignen, in der modernen Medizin zukommt, weiter illustrieren: Die prädiktive Medizin liefert Ergebnisse, die vom Einzelnen eingeordnet und adäquat auf die eigene Lebensführung bezogen werden müssen. Die etwa aus dem Risiko, eine genetisch bedingte Erkrankung an mögliche Nachkommen weiterzugeben, resultierenden Entscheidungen lassen sich nicht an das Medizinsystem delegieren, sondern müssen von den jeweiligen Partnern selbst getroffen werden. Zudem kommt der individuellen Krankheitsvorsorge immer größere Bedeutung zu. Man kann diese Entwicklungen auf eine prägnante Formel bringen: Nicht mehr der Transfer von finanziellen Ressourcen, sondern von Wissen entscheidet maßgeblich über die Wahrung von Patientenautonomie und über das Wiedererlangen bzw. das Erhalten von Gesundheit. Dienst am Kranken kann sich damit nicht nur auf pflegerische und materielle Unterstützung beschränken, sondern muss schon früher ansetzen, nämlich dort, wo es gilt, die Grundlagen für diejenigen Wissensbestände zu legen, die Entscheidung und Orientierung im Falle einer Krankheit ermöglichen. Gesundheitspolitik wird damit zum Bestandteil von Bildungspolitik, deren Ziel die Gesundheitsmündigkeit des Einzelnen sein muss. Eine solche Gesundheitsmündigkeit bedeutet dabei nicht, alle medizinischen Belange selbst entscheiden zu können. Gesundheitsmündig zu sein heißt vielmehr, dass das „Verhältnis zu sich selbst und zu den medizinischen Institutionen sachgemäß ist".[15] Eine solches sachgemäßes Verhältnis liegt

---

15 Dietrich Rössler, Zwischen Krankheit und Gesundheit. Über die Beziehungen zwischen Arzt und Patient, in: Jürgen R. Bierich (Hg.), Arzt und Kranker. Ethische und humanitäre Fragen in der Medizin, Tübingen 1992, 11-22, 21.

nach Dietrich Rössler dann vor, wenn Gesundheit weder als ein Konsumgut noch als ein bei den Institutionen des Gesundheitswesens einklagbares Recht aufgefasst wird, sondern als die vom Einzelnen mit Hilfe der Medizin erlangte Kraft, mit Störungen zu leben.[16]

Aus der geschilderten Verschiebung ergeben sich neue Herausforderungen und Aufgabenfelder. Denn anders als finanzielle Ressourcen lässt sich Wissen nicht einfach umverteilen, ebenso wenig kann es nach dem Vorbild des Geldvermögens über Generationen akkumuliert werden kann. Das Projekt der Moderne kehrt damit zu seinen Anfängen zurück, zu dem von Immanuel Kant klassisch formulierten Appell: Sapere aude! Habe Mut, dich deines eigenen Verstandes zu bedienen. Mit der Rückkehr zu den Anfängen der Moderne aber kehren auch die schon früh erhobenen kritischen Anfragen an dieses Projekt wieder, die nichts an Aktualität verloren haben: Wie ist mit denen umzugehen, die über ein entsprechendes Wissen noch nicht oder nicht mehr verfügen oder es gar nicht erwerben können? Wie sieht Solidarität in einer Wissensgesellschaft aus? Diese Fragen stellen neue Herausforderungen dar, sowohl für den gesellschaftlich-ethischen Diskurs als auch für die Kirchen. Denn bislang haben sich die Kirchen ebenso wie der gesellschaftlich-ethische Diskurs eher auf die Fragen der Entschleunigung und Domestizierung des medizinischen Fortschritts und das Programm ökonomischer Solidarität konzentriert. Unter den gewandelten Bedingungen ist es jedoch notwendig, sich vorrangig mit der Ermöglichung individueller Bildung zu befassen, eben jenem Programm also, das schon die Aufklärungstheoretiker ihren Kritikern entgegengehalten haben – und doch nicht adäquat in die Tat umzusetzen vermochten.

So sehr das hier ins Auge gefasste Bildungsprogramm sich dem Leitbild des mündigen, selbstbestimmten Bürgers verpflichtet weiß, so sehr darf man nicht übersehen, dass auch hier dem Einzelnen durch die systemischen Rahmenbedingungen zahlreiche Lasten auferlegt werden und dass Freiheit und Abhängigkeit in Bildungsprozessen in einem dialektischen Wechselverhältnis stehen. Denn Bildungsprozesse haben stets eine strukturelle Asymmetrie zum Ausgangspunkt: Laien müssen sich das Wissen von Experten aneignen, müssen sich also in dem Interesse, eigene Mündigkeit zu erlangen, zunächst einem anderen unterstellen, über dessen tatsächliche Eignung als Experte die Laien zunächst keine Aussage treffen können. Vor jeder eigenständigen Beurteilung steht daher das Vertrauen in die Kompetenz eines anderen, ein Vertrauen, das auch leicht ausgenutzt und missbraucht werden kann. Bildungsprozesse, die auf die Selbstverantwortung und die Mündigkeit des Einzelnen zielen, haben darum das Vertrauen in die bildungsvermittelnden Institutionen zu ihrer unverzichtbaren Voraussetzung. Vertrauen ist zugleich der Schlüsselbegriff, wenn es darum geht, Solidarität in der Wissensgesellschaft zu beschreiben. Denn Vertrauen ist akzeptierte Abhängigkeit, das bewusste Unterstellen unter die Kompetenz eines anderen angesichts der Grenzen des eigenen Vermögens.

Ihre Verlässlichkeit als intermediäre Institutionen prädestinieren Kirche und Diakonie als Träger entsprechender Bildungsarbeit; gerade die im Bereich des Christentums etymologische Nähe von Bildung und Gottebenbildlichkeit ist vielleicht wichtig, weil sie ein Widerlager bietet gegen ein blindwütiges Wissen, das sich letztlich orientierungs-

---

16 Dietrich Rössler: Der Arzt zwischen Technik und Humanität, München 1977, 63.

los weiß oder abstrakte Bildungsmaßstäbe anlegt, die auf der Ebene der Empirie nicht mehr erreichbar sind oder vor denen, um einen Ausdruck Dorothee Sölles zu variieren, die Mehrzahl der Menschen als ‚bloße Nullen' dasteht. Diakonische Dimension des Bildungsbegriffs in dieser Perspektive heißt auch eine Individualisierung des Bildungskonzepts, das sich an den Bedürfnissen des Einzelnen ausrichtet. Dies an den konkreten Orten der Bildungsvermittlung, nicht zuletzt auch in den evangelischen Schulen, zu implementieren, ist in meinen Augen die evangelische Bildungsverantwortung der Zukunft.

1.4 Zukunftsperspektiven von Schule und Diakonie

von Heinz Schmidt

Die gesellschaftliche ‚Mitte', der Konsens über die verbindenden und verbindlichen Werte, ist verloren, so hat Reinhard Turre zu Beginn seines Vortrags richtig festgestellt. Deshalb müssen Verbindlichkeiten von jedem Einzelnen begründet und vertreten werden, und zwar in moralischer und rechtlicher Hinsicht ebenso wie hinsichtlich des sachlich Notwendigen in allen allgemein bedeutsamen Lebensbereichen. Dazu bedarf es einer Bildung, die Gott die Ehre gibt und den Menschen förderlich ist, also diakonische Bildung. Denn andernfalls werde das Soziale zum Selbstzweck mit den Zügen einer Ersatzreligion, verliere Maß und Ziel und verfalle schließlich dem Diktat der Ökonomie.

Der Verlust der Mitte ist ein klassischer Topos der Kritik der Moderne, ebenso wie individuelle Bildung, verstanden als Besinnung auf vorgesellschaftliche Lebensgrundlagen und auf die Bestimmung des Menschen, was ein klassischer Topos der Therapie ist. Gesellschaftstheoretisch sind diese Kritik und Therapie Reflexe einer funktionellen Differenzierung, durch die die vormoderne Gesellschaft ihr religiös-moralisches Zentrum, also ihre integrierende Mitte, verloren und jedes Individuum verschiedenen Zentren bzw. Systemen zugeordnet hat, wodurch die Integration des Ganzen, die Frage nach einer Mitte, dem individuellen Belieben anheim gestellt, mithin zur Frage nach individuellem Lebenssinn wurde. Die Einsicht in eine allgemeingültige Bestimmung des Menschen ist zu einem Akt individueller Bildung geworden, der bestenfalls über Diskurse Plausibilität erlangen kann.

Das Neben-, Mit- und Gegeneinander der sozialen Systeme hat aus der vormodernen monozentrischen Gesellschaft – dies ist natürlich eine extrem grobe und vereinfachende Sicht – eine polyzentrische Gesellschaft, also eine Gesellschaft mit vielen ‚Mitten' (Zentren) gemacht, in der die Personen sich – bildlich gesprochen – auf mehrere Zentren verteilen müssen bzw. von mehreren Zentren in Anspruch genommen werden, und das immer nur partiell. Nirgends wird die Gesamtintegration mehr geboten. Bildung, Erziehung ebenso wie Diakonie sind ihrerseits solche Zentren, die wieder mit anderen verknüpft bzw. diesen durch besondere Strukturen einander zugeordnet sind.

Bildung soll die Qualifikationen (Wissen, Fähigkeiten, Fertigkeiten) vermitteln, die eine erfolgreiche Lebensführung und gleichzeitig eine gesellschaftlich-kulturelle Weiterentwicklung versprechen. Diakonie ist Teil des Wohlfahrtsystems, das die Dienstleistungen sicherstellen soll, auf die Individuen angewiesen sind, die sich allein die Voraussetzungen für soziale Partizipation nicht (hinreichend) schaffen können. Das bloße Funktionieren beider Systeme bzw. Zentren ist u.a. davon abhängig, dass Sinn und Werte in ihnen kommuniziert und rezipiert werden. Bildung – unter den Bedingungen der Moderne – intendiert nicht nur eine irgendwie erfolgreiche Lebensführung, sondern eine individuell sinn- und wertvolle und in dieser Weise selbstbestimmte Lebensführung mit Anschluss an gesellschaftliche Kommunikationen. Diakonie bringt zunächst in dieses System sozialer Dienstleistungen eine spezifische Sinn- und Wertorientierung ein, die handlungsorientierend und strukturbildend wirken soll und als solche mit anderen Orientierungsmächten konkurriert. Analog verhält es sich im Bildungssystem mit den dort virulenten religiösen Traditionen und Institutionen. Für die Diakonie hat Reinhard

Turre – dem genius loci folgend – Gottes Ehre und damit auch Nächstenliebe als die Leitorientierungen benannt. In biblisch-theologischer Perspektive und im Blick auf die diakonische Praxis der Gegenwart könnte man diesen Dual zu einer Trias modifizieren und von (Gott-)Vertrauen, Recht und Erbarmen sprechen,[1] um sowohl die seelsorgerliche als auch die anwaltschaftliche Funktion der Diakonie stärker ins Spiel zu bringen. Diakonie versucht durch ihre Praxis, Lebens- und Gottvertrauen zu ermöglichen, das Recht der Benachteiligten auf unbehinderte gesellschaftliche Partizipation zu sichern und zu gewährleisten, dass jedem Bedürftigen mit Barmherzigkeit begegnet wird. Soll Diakonie im Bildungssystem eine Rolle spielen, geht es mithin nicht in erster Linie um curriculare Anteile an einem Diakonieunterricht oder um die Didaktik von Diakoniekursen oder um Ausmaß, Gestaltung und Vernetzung von diakonischen Praktika, sondern um den kommunikativen Stellenwert von Gottvertrauen, Recht und Erbarmen in den Interaktionen und Institutionen des Bildungssystems, insbesondere natürlich in der Schule.

Fragt man nach dem Ort solcher Kommunikation, lautet die unmittelbare und die offizielle Antwort: Religionsunterricht oder Ethik-/Philosophieunterricht, jedenfalls in den nicht-kirchlichen Schulen. Und damit sind auch schon die strukturellen Vorgaben bzw. Grenzen benannt, die zu einer Marginalisierung diakonischer Orientierung im Bildungswesen zumindest beitragen. Die Schule ist in Fächer aufgeteilt, die bestimmte Kommunikationen gleichzeitig institutionalisieren und limitieren. Religion und Ethik sind randständige Fächer. Diakonisch-soziale Praktika suchen diese Randständigkeit zu überwinden, indem sie Lernorte außerhalb der schulischen Strukturen etablieren, und versuchen diese fächerübergreifend zu vernetzen. Ist dadurch der kommunikative Erfolg für Gottvertrauen, Recht und Erbarmen zu steigern? Trotz der vielen positiven Berichte und empirischen Untersuchungen über diakonische Praktika ist diese Frage nicht zu beantworten. Sie dürfte empirisch auch kaum auszuloten sein.

Die schulische Fächerstruktur ist eine Folge der Wissenschafts- und Berufs- bzw. Ausbildungsorientierung des öffentlichen Schulwesens im 19. und 20. Jahrhundert. Über alltagsnotwendige Grundkompetenzen wie Rechnen, Schreiben, Lesen, Religion und Sittlichkeit hinaus sollte das Gymnasium auf ein wissenschaftliches Studium, die Realschule auf technische und kommerzielle Berufe, die Volks- und Hauptschule auf Handwerks- und Fabrikarbeit und einfache Dienstleistungen vorbereiten. Diese Struktur wurde auch durch die pädagogischen Reformbewegungen der 20er- und 60er/70er-Jahre des 20. Jahrhunderts im Prinzip nicht verändert, sondern nur differenziert sowie lebenspraktisch modifiziert und ergänzt (durch fächerübergreifenden Unterricht und durch Rückkopplung der Fachdidaktiken an gegenwärtige und zukünftige Lebens- und Arbeitssituationen). Die Wissenschaftsorientierung wurde – bis in die Grundschule hinein – noch verstärkt, wozu auch die Akademisierung der Lehrerbildung beigetragen hat. Neuerdings haben die ökonomischen Zwänge und Imperative den Schulentwicklungsprozess erfasst und für eine Effektivierung von Schulmanagement und Instrumentalisierung von Bildungsinhalten für erstrebenswerte Abschlüsse gesorgt. Lernanstrengungen, die sich

---

1 Im Anschluss an Michael Welker, Gottes Geist. Theologie des Heiligen Geistes, Neukirchen-Vluyn 1992, 110 ff. Welker spricht von Gotteserkenntnis, Recht und Erbarmen. Da Gotteserkenntnis zu Gottvertrauen führen sollte, ist hier letztere Formulierung gewählt.

in dieser Hinsicht nicht auszahlen, sind nicht geschätzt. Welche Karrieren setzen schon kommunikative Kompetenz in Gottvertrauen, Recht und Erbarmen voraus?

Die Frage nach möglichen gemeinsamen Zukunftsperspektiven für die öffentliche Schule und die Diakonie kann nur auf dem Hintergrund dessen beantwortet werden, was an Veränderungen im wissenschafts- und karriereorientierten Schulwesen gegenwärtig versucht wird und welche Sinn- und Wertperspektiven dabei ausschlaggebend sind. Denn Aussagen über die Zukunft stehen unter dem Vorbehalt ihrer prinzipiellen Verborgenheit. Wir können nur prognostizieren, was wir als im Gange befindlich heute erkennen oder was wir selbst – dieses verändernd – in Gang bringen wollen. In jedem Fall unterliegen wir den Grenzen selektiver Wahrnehmung und dem Risiko, dass unsere Maßnahmen und Intentionen in der Realität ganz andere Wirkungen haben als das, was wir prognostizieren.

Im Kontext der Globalisierungsdebatte und verstärkt durch die Ergebnisse der PISA-Studie sucht die *staatliche Bildungspolitik* – und zwar sowohl die der A- wie die der B-Länder – die Kompetenzen in den Bereichen Sprache, Mathematik und Naturwissenschaften anzuheben. Außerdem wird technische, besonders informationelle Kompetenz gefördert. Die Instrumente hierzu sind die Etablierung von Leistungsstandards bezogen auf alle Schulstufen, eine Verstärkung der Frühförderung in diesen Bereichen vor der Schulzeit und die Vermehrung von Ganztagsschulen, um besonders für die Kinder aus bildungsfernen Bevölkerungsgruppen eine kontinuierliche pädagogische Betreuung zu sichern. Die Leistungsstandards sollen insgesamt angehoben und für möglichst viele erreichbar werden, damit Deutschland im europäischen und internationalen Wettbewerb nun über Bildung und Wissen Standortvorteile zurückgewinnt, die aktuell verloren zu sein scheinen. Der Wettbewerb um die besten Köpfe fängt bei Kleinkindern an und setzt sich bis in die Universität und die berufliche Weiterbildung fort. Von Gottvertrauen, Recht und Erbarmen ist hier nicht die Rede, religiöse und ethische Bildung sind freilich als Orientierungs- und Stabilisierungshilfe erwünscht.

Die staatliche Bildungspolitik forciert außerdem den *Wettbewerb zwischen den Schulen*, die eigene Profile entwickeln und sich einem eigenen Qualitätsmanagement unterwerfen sollen. Evaluiert werden sollen sowohl die für alle geltenden Leistungs- und Bildungsstandards wie auch die besonderen profilbildenden Kompetenzen, die die Schule zu vermitteln verspricht. Hier haben auch die besonders von kirchlichen Schulen entwickelten diakonisch-sozialen Profile ihren Ort. Sie fügen sich deshalb gut in die staatliche Bildungspolitik ein, weil unter den Prämissen der ökonomischen und informationellen Globalisierung immer mehr Arbeitsplätze im produzierenden Gewerbe wegfallen werden, was nur durch eine Ausweitung des Dienstleistungssektors wenigstens teilweise ausgeglichen werden kann. Wir sollten unsere Augen nicht davor verschließen, dass diakonisch-soziale Bildung in der Wettbewerbsgesellschaft durchaus gefragt ist, weil sie zur Motivierung für die weniger profitablen, aber unentbehrlichen Dienstleistungsberufe und Freiwilligendienste gebraucht wird. Vom Wettbewerb zwischen den Schulen erhofft sich die staatliche Bildungspolitik eine Qualitätsverbesserung des schulischen Bildungsangebots, höhere Effizienz und Kostensenkung bei der Schulverwaltung (zumindest dann, wenn die Budgetverwaltung an die Einzelschule übertragen wird – wie schon bei den Universitäten).

Neben der staatlichen Bildungspolitik beeinflussen pädagogische Intentionen die Schule, besonders über die Lehrerbildung, aber auch über Curriculum- und Unterrichtsmaterialentwicklung. Das staatliche Interesse an einem Wettbewerb zwischen den Schulen trifft in der Pädagogik auf ein Interesse an einer *autonomen Schulentwicklung*. Leitende Wertvorstellungen sind hierbei Selbstbestimmung und Kooperation aller am Lernprozess Beteiligten. Lehrende und Lernende sollen gemeinsam Bildungsziele und -inhalte festlegen. Man erwartet davon sowohl einen Motivationsgewinn als auch eine bessere Berücksichtigung der je aktuellen Lernvoraussetzungen und damit eine effektivere individuelle Förderung. Die autonome Schule kann schneller und flexibler auf aktuelle Herausforderungen, Problemlagen, Lernchancen und individuelle Bedürfnisse reagieren als eine regierungsabhängige Lehrplanentwicklung. Freilich muss bei wachsender Schulautonomie die Gleichwertigkeit der schulischen Bildungsangebote in einem Kernbereich gesichert werden. Instrumente hierzu sind die schulübergreifende – vielleicht sogar bundeseinheitliche (!) – Festlegung eines Kerncurriculums und von fachspezifischen Bildungsstandards, um das für alle gewährleistete und von jedem zu erreichende Minimum zu sichern. Die Festlegung eines solchen Minimums entspricht sowohl den staatlichen Steuerungs- wie den pädagogischen Autonomieinteressen. Ob ‚diakonische Bildung' zum Kerncurriculum oder nur zu einem der möglichen Schulprofile gehören soll, ist dann politisch auszuhandeln.

Der intendierten Schulautonomie entspricht auf der *unterrichtsorganisatorischen Ebene* die Präferenz der Pädagogen für alle Formen kooperativen, selbst organisierten und selbstbestimmten Lernens (von selbst organisierter Gruppenarbeit über Projektlernen bis zur Freiarbeit). Auch hiervon erhofft man sich Motivations- und Effektivitätsgewinne. Beides ist freilich – trotz ermutigender Erfahrungen besonders im Grundschulbereich – umstritten. Die neuerdings verstärkte Orientierung des Lernens an überprüfbaren Leistungsstandards begünstigt eher ein kontrolliertes Lernen in kleinen Schritten. Andererseits kann die Begrenzung auf einen Kernbestand von Wissen und Fertigkeiten auch Freiräume für zeitaufwändigeres, selbstbestimmtes Lernen jenseits dieses Kernbestands eröffnen. Wie verhält sich diakonische Bildung zu dieser Ambivalenz der Lernformen und -methoden?

Die Diskrepanz und Ambivalenz hinsichtlich der Lernformen spiegelt sich auf der *bildungstheoretischen Ebene* in einem konkurrierenden Nebeneinander von funktionalem und ökonomisch erwünschtem Wissen und entsprechendem Können (= Kompetenzen) und von deutungs- und kulturbezogenen Einsichten und entsprechenden Haltungen. Erst kürzlich wurde auf dem Berliner Bildungskongress der EKD vor einer Vernachlässigung der orientierenden ethischen und religiösen Bildung zugunsten von einer stärkeren Funktionalisierung der Bildung gewarnt.[2] Hartmut von Hentig sah sich am 11. Mai 2004 in der Frankfurter Rundschau zu der Behauptung genötigt, dass wir in der „Nach-PISA-Situation ... die persönliche und die politische Bildung der praktischen, das ist der Wirtschaftsstandort-Deutschland-Bildung zum Opfer" bringen.[3] Als Gegenentwurf zur befürchteten ökonomischen Verzweckung von Bildung ist auch das „Diakonische Bildungsverständnis" zu verstehen, das Karl Ernst Nipkow 2003 auf dem

---

2 EKD-Bildungskongress Berlin am 3. Mai 2004.
3 FR vom 11. Mai 2004, 9.

Bildungskongress der Diakonischen Konferenz im Anschluss an die EKD-Denkschrift ‚Maße des Menschlichen' eindrucksvoll entwickelt hat. Danach enthält schon diese Bildungsdenkschrift „in ihrer Grundlinie und im Einzelnen mehrere Anschlussstellen für diakonisches Handeln" (S. 16) im Sinne des Leitbildes der Diakonie, das 1997 von der Diakonischen Konferenz angenommen wurde. Grund hierfür sind analoge Grundentscheidungen und Grundbegriffe in beiden Dokumenten. Der diakonischen Doppelperspektive des Leitbildes – individuelle Hilfe und politische Anwaltschaft für Benachteiligte – entspricht die Bildungsdenkschrift insofern, als sie ein bildungspolitisches Engagement für förderliche Rahmenbedingungen und leistungsfähige Einrichtungen zugunsten Benachteiligter (S. 6) fordert und zugleich die individuelle Lebensbegleitung als ganzheitliche Förderung (von Kindern im Elementarbereich) und als Hilfe zu einem „sich vertiefenden Verstehen des Lebensganzen" für ältere Menschen konzipiert. Wie im Leitbild die Tätigkeiten des Begleitens, Beratens, Pflegens, Heilens, Förderns und Stärkens zusammengehörende Aspekte des Helfens darstellen, so sind Geist, Leiblichkeit, Emotionalität und Spiritualität aufeinander bezogene Dimensionen menschlicher Bildung im Sinn der Denkschrift. Das konkretere inhaltliche Profil des Helfens wie des Bildens wird aus einer dialektischen Beziehung zwischen weltgesellschaftlichen Veränderungen und grundlegenden biblischen Vorstellungen („biblisches Weltbild" S. 12) gewonnen. Seine bezeichnenden Konturen sind (übrigens in Übereinstimmung mit vielen sonstigen diakoniewissenschaftlichen wie religionspädagogischen Texten):

- Verständigung und Versöhnung unter Wahrung kultureller und individueller Vielfalt gegen die medienvermittelten Vereinheitlichungstendenzen durch eine globalisierte Konsum- und Unterhaltungskultur;
- Erfahrung einer sinnvoll gefüllten und dadurch strukturierten Zeit, die Chancen für neue befreiende Anfänge eröffnet, gegen zunehmende Beschleunigung und damit verbundene Entwertung persönlichkeitsprägender Erfahrungen;
- Verantwortung für die Mitgeschöpfe und für die in Vergangenheit und Gegenwart erzeugten Lebensgüter gegen die beschleunigte Entwertung durch die technisch-wissenschaftliche Entwicklung;
- Verdankte Freiheit in solidarischer Sozialität gegen eine mit Beliebigkeit verbundene individualisierte Freiheitsillusion.

Diakonie und Bildung leben von den gleichen biblischen Perspektiven. Sie sind – nach den Aussagen ihrer heute grundlegenden Dokumente – Geschwistern vergleichbar, die, selbstständig geworden, in eigenen, jedoch teilweise sich überschneidenden Praxisfeldern tätig sind. Bildung ist im diakonischen Handeln auch dann impliziert, wenn sie nicht eigens intendiert ist. Sie soll „eine integrierende und normativ gehaltvolle übergreifende Kategorie" (S. 4) für diakonische Ausbildung wie für das „Begleiten, Beraten, Pflegen, Heilen, Trösten, Stärken und Fördern" (S. 2) sein, das in alltäglicher diakonischer Praxis geschieht und an dem zunehmend auch Jugendliche im Rahmen diakonischer Praktika teilhaben.

Kann diakonische Bildung im kategorialen Sinn auch für die schulischen Bildungsprozesse insgesamt einschließlich der ökonomischen funktional sein? Oder anders gefragt: Kann Diakonie auch in Bildung impliziert sein, wenn sie gar nicht intendiert ist, d.h. wenn Bildungsprozesse nicht primär mit diakonischen Motiven verbunden sind? Oder muss/soll diakonische genauso wie ethische und religiöse Bildung neben der funktionalen Bildung einen schulischen Sonderbereich darstellen, der komplementär die orientierenden Defizite funktionaler Bildung ausgleicht und kompensatorisch deren persönlichkeitsdeformierende Effekte abfedert?

Ein weiteres Auseinanderdriften eines funktionalen und eines ethisch-religiösen und diakonischen Bildungsbereichs würde die bestehenden Unzulänglichkeiten verschärfen. Bei fortschreitender Ökonomisierung würden Diakonie und Religion zu letztlich irrelevanten Randerscheinungen, mit denen man im Sinne einer Freizeitbeschäftigung etwas für sich und andere tun kann, während der harte Lebenswettbewerb ungestört weiterläuft. Im funktionalen Bereich ist der für Bildung konstitutive Anspruch auf Selbstbestimmung nicht zu realisieren. Denn hier herrschen die Sachzwänge, denen sich jede/r Lernende, der/die mithalten will, zu unterwerfen hat. Hier gibt es nur einen persönlichkeitsbezogenen Imperativ: Du musst erfolgreich sein und es auch immer zeigen. Etwas Ethik kann dabei nützlich sein. Sie begründet Verlässlichkeit und schafft Vertrauen, dass die wissenschaftliche und technische Entwicklung letztlich zu einem Zuwachs an Humanität führt und das Leben für alle erleichtert, Leiden eliminiert und Defektes ausschaltet oder repariert.

Versuchen wir den anderen Weg! Lassen Sie uns Bildung in der spätmodernen ökonomisierten Welt unter diakonischer Perspektive neu konzipieren und sehen, ob es gelingt, den absehbaren Herausforderungen der Zukunft in der Schule besser gerecht zu werden.

Bei diesem Versuch gehe ich von dem so genannten Heidelberger Memorandum aus dem Jahr 1998 aus,[4] in dem eine Gruppe engagierter Pädagogen und Politiker ihre Vorstellungen von einer zukunftsfähigen Bildung formuliert hat, die nicht einfach den beruflichen und ökonomischen Gegebenheiten Rechnung trägt, sondern – wie es dort heißt – den „Eigenwert von Bildung" wahren will. Das Memorandum ist deshalb als Ausgangspunkt unserer Überlegungen gut geeignet, weil es auf bemerkenswert konkrete analytische Feststellungen weitgehend formale Aufgaben und Zielsetzungen folgen lässt, deren inhaltliche Näherbestimmung offensichtlich schwer fiel. Meine These ist, dass die erforderliche inhaltliche Näherbestimmung aufgrund der Kategorie des Diakonischen möglich wird, die im Heidelberger Memorandum nicht beachtet wurde.

Neben der ökologischen Herausforderung sind es vor allem drei Veränderungen, denen das Bildungswesen gegenwärtig nur unzureichend Rechnung trägt. Die erste betrifft die Arbeit. Lakonisch stellt das Memorandum fest, dass es Erwerbsarbeit im herkömmlichen Sinne künftig nicht mehr für alle geben wird. Flexible Arbeitszeiten und „Zwischenphasen der beruflichen Tätigkeit", d.h. zeitweise Arbeitslosigkeit und die damit verbundene soziale Instabilität sind unvermeidlich. Daraus ergibt sich die Aufgabe einer „wechselseitigen Vermittlung von Arbeitswelt und Lernwelt", wie es sehr formal heißt. Außerdem müsse sich das Bildungswesen auf die Veränderung der Arbeitsweisen und die neuen Formen der Arbeitszeitgestaltung vorbereiten. Wie das geschehen soll, mit welchen Inhalten und Lernformen, bleibt offen. Hier ist an die oben erwähnten konkreteren inhaltlichen Bestimmungen des „Helfens wie des Bildens" zu erinnern, die

---

4 Abgedruckt in: Zukunftsfähige Bildung und Protestantismus, hgg. v. Hartmut Rupp/Christoph Theodor Scheilke/Heinz Schmidt, Stuttgart 2002, 241-247.

Nipkow vorgetragen hatte, die „Erfahrung einer gefüllten und dadurch strukturierten Zeit". Diese Erfahrung stellt sich selten bei der Erwerbsarbeit, wohl aber bei kulturellen Aktivitäten und der Begegnung mit anderen Menschen ein, besonders wenn diese mit Wertschätzungen und Erwartungen verbunden sind. Das bedeutet aber, dass Erwerbsarbeit, ökonomischer und beruflicher Erfolg ihren hohen Stellenwert für die persönliche Sinnfindung verlieren. Sie werden zum zeitweise benötigten Hilfsmittel für die individuelle und gesellschaftliche Reproduktion. Die Erwerbsarbeit wird als Sinnstifterin ersetzt durch (lebenslanges) Lernen, verstanden als kulturelle Tätigkeit mit und an anderen Menschen. Viel wichtiger ist es zu lernen, was unterschiedliche Menschen, auch hilfsbedürftige, brauchen, was sie bereichert und fördert, als was ein erfolgreicher Unternehmer wissen und können muss. Nicht Arbeit, sondern Lernen adelt, und zwar solches, das dem Menschen und dem Leben dient und deshalb die Lernenden selbst bereichert.

Die zweite Herausforderung sieht das Memorandum im dramatischen Komplexitätszuwachs des heute durch Forschung und Technologie produzierten Wissens, das den gesellschaftlichen Wandel vorantreibt, andererseits zu dessen Bewältigung erforderlich ist. Da dieses Wissen zudem unüberschaubar geworden ist, ist die Abhängigkeit von Einzelnen wie von Gruppen in konkreten Handlungssituationen von funktional präpariertem Wissen gewachsen. Diese Abhängigkeit wird verstärkt durch ein allgemeines Gefühl von Unsicherheit und Desorientierung. Gefordert werden Orientierungskriterien für „die Ordnung, die Verknüpfung und das Management von Wissen" (S. 243). Niemand wird dem widersprechen. Aber woher sollen diese Orientierungskriterien kommen? Das Memorandum empfiehlt „ein inhaltliches Basiswissen, das von Grundlagen etwa der Philosophie, Religion, Biologie, Technik u.a. über Alltagswissen bis zu Kenntnissen aktueller Probleme reicht" (S. 245). Niemand wird der Forderung nach elementarem wissenschaftsbezogenem Wissen widersprechen. Aber dessen Umfang und Inhalt ist ja innerhalb der Wissenschaften gerade kontrovers wegen der Pluralität der theoretischen Ansätze und der Theorieabhängigkeit der Forschungsergebnisse, d.h. des produzierten Wissens.

Ermöglicht die diakonische Perspektive Orientierungskriterien im Labyrinth des Wissens? Sie ist auf „Verständigung und Versöhnung unter Wahrung kultureller und individueller Vielfalt gegen die medienvermittelten Vereinheitlichungstendenzen durch eine globalisierte Konsum- und Unterhaltungskultur" (s.o. S. 6) gerichtet. Verständigung und Versöhnung angesichts von hochkomplexer Pluralität setzt Reduktionen auf modellhaftes Wissen voraus, das seinerseits den menschlichen Orientierungs- und Verständigungsbedürfnissen dient.[5]

---

5 Solches Wissen kann sich mit einem Grundmuster kollektiven Gedächtnisses verbinden, durch das eine funktionalisierungsresistente Identitätskonstruktion unterstützt wird. Vgl. Jan Assmann, Das kulturelle Gedächtnis, München 1992, der die folgenden vier Grundmuster beschreibt:
   1. Die ägyptische Schrift-Bildkultur, die im Tempel mit seinem Schriftschmuck ihre „ikonische Kulturgrammatik" als harmonische Ordnung von Welt, Staat und Leben kodifiziert. Schrift, Kunst, Riten und Lebensform bilden zusammen den Kodex, in dem sich die Maat, die solidarische Beziehung allen Seins, manifestiert.
   2. Die jüdische Religion als kulturelle Opposition, die in der Fremde den Glauben an den einen Gott als verbindliches Bekenntnis durchsetzt und ihre gesamten Erinnerungen und Lebensordnungen in die-

Ich skizziere im Folgenden vier identitätsrelevante Bildungsdimensionen,[6] die mir zur Strukturierung modellhaften Wissens aus der diakonischen Versöhnungs- und Verständigungsperspektive geeignet erscheinen. In der ersten Dimension geht es um *kommunikativ erzeugten und vermittelten Sinn*. Sinn wird in jedem Lernprozess bereits vorausgesetzt. Eine bewusste und reflektierte Aneignung bedarf aber der Repräsentation von Sinn, d.h. die Sinnvermittlung impliziert eine bildlich-ästhetische Komponente. In die Muttersprache und die Fremdsprachen sind Bilder eingelagert, die ihrerseits alltagsweltlichen Sinn repräsentieren. Eine Einbeziehung der entsprechenden kulturellen und künstlerischen Entwicklung in den Sprachunterricht würde geschichtlich realisierte Sinngestalten der Auseinandersetzung zugänglich machen und gleichzeitig zur ethischen Reflexion anregen. Schrift-Bild, bildende Kunst, Architektur und Lebensformen gehören zusammen. Sie können die Bezugsgröße einer pragmatisch-weisheitlichen Moral bilden, die das lebensweltlich Bewährte vor politischer und ökonomischer Funktionalisierung bewahrt. Gegenüber der mediengesteuerten Bilderflut und willkürlichen Kollagentechnik, welche die Bilder ihrer sprachlichen und damit sinnstiftenden Kontexte beraubt, fördert eine Rückbindung des Bildes an sprachliche Kommunikation die Ausdrucksfähigkeit und eine kritische Reflexion dessen, was dem Bewusstsein als normal und als normativ vermittelt wurde.

In der zweiten Dimension geht es um den *Aufbau und die Erhaltung von lebenstragendem Vertrauen* als Bedingung von Persönlichkeitsentwicklung überhaupt. Die jüdisch-christliche Religion vermittelt ein solches Vertrauen, das auf Erinnerung und Verheißung beruht und so die jeweilige Gegenwart relativiert. In den Fächern Religion und Ethik wird es kommuniziert und reflektiert. Angesichts der Bedeutung des Judentums für die Kulturgeschichte Europas und die (Schuld-)Geschichte des Christentums ist eine gründliche Auseinandersetzung mit der jüdischen Religionsgeschichte ohnehin geboten, auch im Fach Ethik, wenn dieses den allgemein bildenden Beitrag des Religionsunterrichts wirklich ‚ersetzen' soll. Freilich genügt die zur Zeit dominierende bibeldidaktische Fokussierung auf den Zusammenhang von Glaube und Erfahrung (im existenziellen Sinn) nicht. Sie muss durch eine kulturgeschichtliche Sicht ergänzt werden, welche die Entstehung der religiösen Tradition aus der Krise in der Fremde als Oppo-

---

    ses Bekenntnis integriert, wodurch eine kontrapräsentische Erinnerung möglich wird, die im Tenach ihre kanonische Form erhält.
3. Die mesopotamische Geschichtsdeutung, die die politischen und individuellen Ereignisse als Abfolge von Schuld, Strafe und Rettung im Kontext rechtlich geordneter Lebensverhältnisse (= iustitia connectiva) interpretiert und damit in der zeitlichen und der sozialen Dimension Sinn und Ordnung herstellt.
4. Das griechische wissenschaftliche Denken, das aus dem Zusammentreffen von klassischer Tradition (Homer) mit sich verändernden Lebensverhältnissen als Argumentationskultur erwächst, in der sich spätere Autoren gegenüber dem herkömmlichen Wissen durch Neuheit und Eigenständigkeit legitimieren müssen, so dass eine kritische Intertextualität entsteht.

    Ich habe an anderer Stelle vorgeschlagen, diese vier Konfigurationen als Grundlage einer sinnorientierten Didaktik zu verwenden: Heinz Schmidt, Bildung ohne Christentum, in: Wilfried Härle u.a. (Hgg.), Das ist christlich. Nachdenken über das Wesen des Christentums, Gütersloh 2000, 170 ff.
6 Diese vier Bildungsdimensionen entsprechen vier elementaren Formen der Lebensbewältigung nach Wilfried Härle, Religion als Horizont und Element der Bildung, in: Bildung, Welt, Verantwortung. Festschrift 50 Jahre Evang. Studienwerk Villigst, hg. v. M. Faßler, 95-178.

sition verständlich macht und damit ihre ‚kontrapräsentische' Leistung[7] verdeutlicht. Es bedarf kaum der Erwähnung, dass die jüdische und die christliche Religion zwar das eindrucksvollste, aber nicht das einzig mögliche Beispiel solcher Identitätsbildung darstellen. Weniger komplex und damit didaktisch elementarer sind z.b. Erzählungen von einem entsprechenden Verhalten oder von Lebensschicksalen religiöser Menschen aus ganz verschiedenen Kulturen.

In einer dritten Dimension geht es um *ethische Orientierung,* um Regeln, Normen und Werte des Zusammenlebens. Das Alte Testament teilt mit einigen altorientalischen Kulturen (z. B. der mesopotamischen) ein Verständnis von Gerechtigkeit, nach dem Schuld, Strafe und Rettung geschichtlich zusammenhängen, d.h. dass geschichtliches Handeln durch den Geschichtsverlauf selbst ethisch beurteilt wird. Dieser Typ der Geschichtsdeutung findet sich innerhalb und außerhalb der Hochreligionen bis heute. Wenn von der Schuld eines Herrschers, einer Regierung, eines Volkes oder einer Religion gesprochen wird, ist ein Tun-Ergehens-Zusammenhang virulent, wie auch immer zeitlich zerdehnt und auf mehr oder weniger abstrakte Instanzen bezogen. Die Frage nach einer Moral der Geschichte, nach der Möglichkeit geschichtlicher Gerechtigkeit wird keine Geschichtswissenschaft eliminieren können. Ihr genuiner Platz ist der Geschichtsunterricht, der verschiedene Ausgestaltungen des gerechtigkeitsbezogenen Geschichtsdenkens exemplarisch und epochenspezifisch verständlich machen kann. Die Begründungsfragen der Ethik sind darüber hinaus in verschiedenen Schulfächern virulent, in Religion und Philosophie, aber auch im Literatur-, Politik- und Biologieunterricht.

Die abendländische Wissenschaftsgeschichte entwickelte sich seit ihren griechischen Anfängen in ständiger Auseinandersetzung mit gewachsenem und vorhandenem Wissen mit dem Ziel, *über Erkenntnisgewinn die Verfügungsmöglichkeiten zu erweitern.* Um diese Auseinandersetzung geht es in der vierten Bildungsdimension, wobei dem Prozess der Ausdifferenzierung der Naturwissenschaft aus der Philosophie und den Erkenntnisleistungen der Mathematik besondere Bedeutung zukommt. Gleichzeitig ist von Anfang an der Verantwortungshorizont virulent. Wo Naturwissenschaft die Lebensstrukturen verändert, sind die Folgen unkontrollierbar. Wissenschaftlicher Fortschritt wird die Grenze des vorhandenen Wissens überschreiten müssen; doch ist zu entscheiden, was in die menschliche Verfügungsgewalt gegeben werden kann, ohne dass die ganze Schöpfung aufs Spiel gesetzt wird. Der Unterricht sollte – dem Weg des griechischen Denkens folgend – vorhandenes Wissen zu eigenen Beobachtungen in Beziehung setzen und dabei zunächst mit einer ungefächerten Naturlehre beginnen, die schrittweise auf die Ausdifferenzierung der naturwissenschaftlichen Hauptrichtungen hinführt. Auch in den höheren Schuljahren, in denen diese dann als Fächer vertreten sind, sollte im fächerübergreifenden Unterricht die Vernetzung der verschiedenen Forschungszugänge in einem gemeinsamen Verantwortungshorizont im Vordergrund stehen. Verantwortungsvolle wissenschaftliche Forschung wäre die hiermit angestrebte Identitätsperspektive.

---

7   Vgl. Jan Assmann (Anm. 5) zur jüdischen Religion.

Sie werden den Eindruck haben, dass ich mich mit diesen bildungstheoretischen Überlegungen doch sehr weit von der Realität diakonisch-sozialen Lernens entfernt habe. Das möchte ich zunächst nicht in Abrede stellen. Sicher sind die Erfahrungen und Fragen von Jugendlichen in diakonischen Praktika sehr viel alltagsnäher und unmittelbarer mit der eigenen Lebensführung verbunden. Das ist auch gut so, weil es die Offenheit für neue Erfahrungen und die Bereitschaft zu identitätsorientierter Reflexion fördert. Darüber hinaus ist diakonische Bildung Persönlichkeitsbildung, intendiert also bestimme Haltungen, die oben durch Verständigung und Versöhnung zusammenfassend bezeichnet wurden. Solche Haltungen sind im Einzelnen weder messbar noch evaluierbar. Man kann sie nur über Gespräche mit den Einzelnen, d.h. diskursiv erschließen. Dabei sind Vorstellungen von Sinn und Norm genauso impliziert wie die Grundbedürfnisse des Vertrauens und Verfügens bzw. Könnens. Wenn es nicht gelingt, diese zu erkennen und reflektierend zu bearbeiten, wird es bei nur kurzfristig wirksamen emotionalen Eindrücken bleiben. Einer solchen Reflexion dienen die vorbereitenden, begleitenden und nachbereitenden Gespräche bei den diakonischen Praktika. Sie erlauben es, die jeweils virulenten Bedürfnisse, Vorstellungen und Sachverhalte zu klären, wenn die entsprechenden Kategorien zur Verfügung stehen. Deshalb müssen die skizzierten – oder ähnlich – elementare Dimensionen der (Identitäts-)Bildung erschlossen werden, natürlich nicht in den Begleitkursen zu den Praktika, sondern im gesamten schulischen Bildungsprozess.

Ähnlich verhält es sich hinsichtlich des konkreten Wissens, das bei diakonisch-sozialem Handeln vorausgesetzt oder erlernt werden muss. Wenn das Praktikum sich in individueller Hilfe- oder Dienstleistung erschöpft, bleibt diese im Bereich des funktional Erforderlichen und wird bestenfalls mit Anerkennungs- und Dankbarkeitserfahrungen belohnt. Was aber, wenn die Hilfeempfänger anmaßend, widerborstig oder aggressiv sind? Angemessenes Verhalten setzt Wissen voraus, und zwar sozio-strukturelles, politisches, juristisches, psychologisches und theologisches. Das Praktikum bietet die Möglichkeit, die Relevanz solchen Wissens zu erkennen, wenn es entsprechend begleitet und durch weiterführende Lernprozesse ergänzt wird. Aber auch dieses Wissen bedarf der Ordnung und Deutung. Verhalten, Haltungen und Wissen verdichten sich zu Kompetenzen unterschiedlicher Komplexität, wie Sprachkompetenzen, interkulturelle und interreligiöse Kompetenz, soziale, ökonomische, psychologisch-therapeutische, technische und informationelle Kompetenzen, die alle im heutigen Bildungswesen eine Rolle spielen, aber nie von einer Person alle erworben werden können. Hier ist der Ort spezialisierter professioneller Kompetenz, die den skizzierten Bildungsdimensionen zugeordnet werden sollte.

Die dritte große Herausforderung für die Schule – nach Arbeitsverständnis und Wissenskomplexität – betrifft die Politik, genauer die ‚Demokratie als Lebensform'. Von ihr wird im Heidelberger Memorandum gesagt, dass sie durch wachsende Ungleichheit, den Verlust an Solidarität und den Mangel an wirtschaftlicher Stabilität gefährdet sei. Sie werde immer noch zu sehr nur als Staatsform und zu wenig als Gestaltungsprinzip aller Lebensbereiche verstanden. Außerdem werden eine zunehmende Anonymisierung und eine gesteigerte Komplexität sozialer Verläufe beklagt. Demokratisches Denken und Handeln soll in der Schule und anderen Lernorten eingeübt werden, besonders was die

Sicherung der Vielfalt von Lebensweisen und Kulturen sowie die Mitgestaltung der Zivilgesellschaft betrifft.

Auffällig ist an diesen Formulierungen wieder ihre Allgemeinheit und Formelhaftigkeit. Demgegenüber legt die schon erwähnte diakonisch-bildungstheoretische Zielvorstellung einer „Verständigung und Versöhnung unter Wahrung kultureller Vielfalt" nahe, dass die Sicherung von Vielfalt von Verständigungs- und Versöhnungsprozessen abhängt. Dazu bedarf es der Begegnung und des konkreten Miteinanders in den Schulen und in ihrem regionalen Umfeld. Damit verbunden muss die inhaltliche Auseinandersetzung mit den Menschen und ihren Lebensformen sein, die aus unterschiedlichen Gründen hier zu Lande eine Heimat suchen. Ein Arbeitsbereich der Diakonie – Migration und Flucht – wird damit zum Gegenstand des Unterrichts, nicht in erster Linie des Religionsunterrichts, der Religionen in ihrem Selbstverständnis behandelt, sondern des Sozialkundeunterrichts bzw. des politischen Unterrichts, weil dort aktuelle Verständigungsprobleme behandelt werden sollten. Auch der Musik- und der Kunstunterricht können aus diesem Gegenstand neue Inhalte gewinnen.

Die geforderte Mitgestaltung der Zivilgesellschaft erhält erst durch die diakonische Wertvorstellung einer „verdankten Freiheit in solidarischer Sozialität gegen eine mit Beliebigkeit verbundene individualisierte Freiheitsillusion" (s.o. K.E. Nipkow) eine pädagogisch virulente Zielperspektive. Die Einübung verdankter Freiheit in solidarischer Sozialität beginnt im alltäglichen Zusammenleben in den Lerngruppen und im schulischen Alltag. Lehrende nehmen sich nicht mehr Freiheiten als sie den Lernenden einräumen wollen. Sie unterstützen und ermutigen Kollegen und Schüler/innen, ihre Freiheiten wahrzunehmen und produktiv für andere zu nutzen. Das geschieht durch Beratung bei individuellen Schwierigkeiten, Beistand bei der Formulierung und Vertretung von Wünschen und Interessen Schwächerer, Berücksichtigung unterschiedlicher Lernmöglichkeiten und Lernwege, Unterstützung in konkreten Lernschwierigkeiten durch Mitschüler/innen. Innerhalb der Lerngruppen könnten Mentoren- bzw. Lernpatenschaften aufgebaut werden.

Zivilgesellschaftliche Strukturen im Schulleben existieren bereits in Form von Arbeitsgemeinschaften, in denen besondere Interessen gepflegt (z.B. Foto-AG, Zeitungs-AG, Computer-AG, Koch-AG) und Anfänger gefördert werden. Solche Arbeitsgemeinschaften können sich deutlicher als einladende Solidargemeinschaften profilieren, indem sie ihre Produkte und Projekte einem gemeinschaftlichen oder gesellschaftlichen Zweck zur Verfügung stellen. Zu ergänzen wäre dies durch Freiwilligenbörsen, in denen besondere Kompetenzen als Dienstleistungen für andere gegen deren Dienstleistungen getauscht werden (z.B. Hilfe in Französisch gegen Hilfe in Mathe bei Gleichaltrigen; Nachhilfe gegen Fahrradpflege usw.). Durch ähnliche Angebote kann sich die Schule mit ihrem Einzugsgebiet vernetzen. Eltern, Kinder und Lehrer machen gemeinsam Angebote an kontakt- oder unterstützungsbedürftige Menschen in der schulischen Umgebung. Ältere Grundschüler spielen mit Kindergartenkindern, ältere Sekundarschüler organisieren Hilfs- und Besorgungsdienste für ältere Menschen, die nicht mehr voll handlungsfähig sind. Ein freiwilliges und unentgeltliches Engagement sollte für jeden Lehrenden und Lernenden selbstverständlich sein.

Schließlich dient der Grundsatz ‚verdankte Freiheit in solidarischer Sozialität' als Selektions- und Interpretationskriterium für Unterrichtsinhalte. Als Summe der paulinischen Rechtfertigungslehre und von Luthers Freiheitsschrift bildet er eine inhaltliche Grundlage des Religionsunterrichts, die ihre Fruchtbarkeit auch an ethischen, sozialen und religionswissenschaftlichen Inhalten erweisen kann. Im Ethikunterricht ist dieser Grundsatz ein Orientierungsangebot für die Lösung konkreter Verhaltensprobleme, aber auch ein kontrovers beurteiltes Prinzip der Lebensführung. Im Geschichts-, Literatur- und Politikunterricht kann es an den unterschiedlichsten Inhalten thematisiert und veranschaulicht werden. Und selbst im naturwissenschaftlichen Unterricht kann es modellhaft und metaphorisch die Struktur natürlicher Ordnungen verdeutlichen. Was spricht dagegen, der säkularistischen Semantik des evolutionären Grundprinzips Zufall und Notwendigkeit eine schöpfungstheologische Semantik von verdankter Freiheit in solidarischer Sozialität an die Seite zu stellen?

Ich habe versucht, diakonische Bildung als eine allgemeine bildungstheoretische Perspektive zu konturieren und Konsequenzen für die Inhalte, Formen und die Organisation zukünftigen Lernens zu formulieren. Manches davon wird Ihnen illusionär erscheinen, zumal wenn Sie – wie auch ich – die Schule als ein funktionales System betrachten, das sich immer mehr der Ökonomisierung der gesellschaftlichen Entwicklung unterwirft. Ich komme damit zum Schluss auf meine Eingangsbemerkungen zurück. Mit der Diakonie kommt eine spezifische Sinn- und Wertorientierung in das Bildungssystem, die mit anderen dort virulenten Leitorientierungen konkurriert. Diese Sinn- und Wertorientierung bietet der Schule der Zukunft die Chance einer nicht-funktionalisierten Bildung, die dennoch den Bedürfnissen der Gesellschaft entspricht, d.h. hinreichend funktionale Elemente enthält. Denn auch um Menschen zu helfen – sei es in direkter Begegnung, sei es durch die Gestaltung von sozialen und rechtlichen Strukturen –, braucht man eine Grundkompetenz in den Kultur- und Naturwissenschaften, man braucht ökonomisches, politisches und sozio-strukturelles Wissen, man muss mit Computern umgehen und gut rechnen können, was der Alltag in diakonischen Einrichtungen zu Genüge bestätigt. Alle diese einzelnen Komponenten sind in diakonischer Bildung einem Ziel zugeordnet, das im Leitbild des Diakonischen Werks in dem Motto zusammengefasst ist: „Wir leisten Hilfe und verschaffen Gehör." Das heißt: dass wir „Not, Leid und Schwäche als Teil des Lebens ins Gesicht schauen", uns anrühren lassen und nicht abwenden und dafür sorgen, dass die ‚Würde des Menschen' nicht auf etablierte Bürgerinnen und Bürger beschränkt, sondern für alle gewährleistet wird. Dass diese Wertorientierung den Schulalltag bestimmen wird, kann niemand garantieren. Die Chancen dafür stehen jedoch nicht schlecht, wenn die diakonischen Werte von genügend Menschen nachhaltig vertreten, gelehrt und gelebt werden. Die meisten Pädagogen suchen nach einer Bildungsperspektive, nach Zielen, Inhalten und Lernformen, die nicht ökonomistisch und konsumistisch funktionalisiert sind. Sie wollen eine Schule, die zu einer kritischen Haltung gegenüber den herrschenden Trends befähigt. Sie wollen den Lernenden Freiheit in Solidarität erschließen, auch wenn viele von ihnen nicht mehr wissen oder für nicht erwähnenswert halten, dass diese Werte christlichen Ursprungs sind. Auch wenn ihnen die religiöse Grundlage verschlossen ist, akzeptieren sie in der Regel, dass Freiheit immer verdankte Freiheit ist und daher nur ‚in Solidarität' gelebt werden kann und soll.

Die Chancen für die diakonische Sinn- und Wertorientierung stehen also nicht schlecht. Denn auch nichtchristliche Lehrende und Erziehende wissen oder fühlen, dass sie um der Freiheit willen auf eine der Diakonie entsprechende Wertorientierung mit dazu passenden Lern-, Handlungs- und Lebensformen angewiesen sind. Ohne eine solche Perspektive müsste die allgemein bildende Schule sich selbst aufgeben. Eine arbeitsplatzspezifische Ausbildung mit ständiger Umschulung würde genügen. Den Rest besorgt dann die massenmediale Unterhaltungsindustrie von alleine. Die Situation der Diakonie im Bildungsbereich ist daher durchaus vergleichbar mit der im Bereich der sozialen Dienstleistungen. Hier wie dort ist die diakonische Wertorientierung fundamental und sinnstiftend auch für die, die den religiösen Grundlagen fern stehen. Deshalb engagieren sich auch säkularisierte Menschen in der Regel gerne in der Diakonie. Warum sollte es in der Schule in Zukunft nicht ähnlich sein?

1.5 Ergänzende Beiträge aus der Praxis

1.5.1 Diakonische Schule – Anspruch und Wirklichkeit. Gedankengänge am Beispiel des Ev. Schulzentrums Michelbach

von Kurt Hertweck

Im Rahmen des Antragspapiers von November 1995 an das Kultusministerium Baden-Württemberg zur Einführung des Diakonieprofils am Ev. Schulzentrum Michelbach heißt es:
Diakonie ist eine unverzichtbare und unübersehbare Lebensäußerung der Christen seit den Tagen der Urgemeinde. Aus der Geschichte der Kirche ist sie nicht wegzudenken und hat heute Gestalt gefunden in vielen diakonischen Einrichtungen. Das diakonische Handeln und dessen Reflexion soll aber nun auch breiteren unterrichtlichen und lebenspraktischen Raum erhalten, denn die Diakonie wird als eine genuine Aufgabe christlichen Lebens gerade innerhalb einer kirchlichen Schule verstanden.

In diesen Worten ist bereits angelegt, was die Entwicklung und Umsetzung des Faches Diakonie für den schulischen Alltag bedeuten kann: Eine diakonische Schule ist mehr als eine Schule mit einem diakonischen Profil. Vielmehr muss das diakonische Profil über das rein Unterrichtliche hinaus wirken und in der Schulkonzeption insgesamt seinen Niederschlag finden als eine Lebensäußerung im christlichen Selbstverständnis.

Ich werde das Folgende deshalb dreifach untergliedern: Teil 1: Das Diakonieprofil in Michelbach, Teil 2: Die innerschulische Diakonie in Michelbach, Teil 3: Die diakonische Schule – eine Schule im permanenten Aufbruch.

Teil 1: Das Diakonieprofil in Michelbach

1. Vorgeschichte – Ausgangspunkt der Überlegungen in Michelbach war das Jahr 1994, um aus fast 15 Jahren Erfahrung mit einem Diakoniepraktikum Konsequenzen zu ziehen. Im Mittelpunkt der Diskussion stand damals die Beobachtung, dass fast alle Schülerinnen und Schüler der 11. Klassen von ihren verschiedenen Einsatzorten nach 14 Tagen in diakonischen Einrichtungen zurück kamen mit dem festen Vorsatz, sich weiter mit dem Thema ‚Hilfe für Menschen in Not' zu befassen und aktiv zu bleiben. Leider blieb das in der Regel bei einem gut gemeinten Vorsatz. Zum anderen veränderte sich seit Jahren zunächst recht unmerklich die Zusammensetzung der Schülerschaft im Internat. Viele Schüler kamen mit ihren biographischen Verwerfungen an Schule und Internat, auf die unsere Schule pädagogisch reagieren musste. Wir suchten nach Möglichkeiten, bei denen die Schüler sich in praktischem Handeln neu erleben und neu annehmen konnten. Gedacht war an die Profile Musik und Diakonie. Der Grundgedanke, wie er sich später im *Michelbacher Modell* ausdrücken sollte, war entstanden.

2. Die Erziehungsziele des Faches Diakonie – Die Ausgangsfrage lautete, wie die Persönlichkeit der Schüler gestärkt werden konnte. Ursprünglich stand die Idee im Mittelpunkt, in Michelbach eine Doppelqualifikation anzubieten, die aus einem berufspraktischen Teil bestand (einer berufsqualifizierenden Ausbildung in der Grundpflege) und

aus einem schulischen Abschluss der allgemeinen Hochschulreife. Dies ist damals an den Bedenken der beteiligten Einrichtungen gescheitert. Daraus entwickelte sich nach einem Jahr der Diskussion mit etwa zehn diakonischen Einrichtungen aus dem Raum Schwäbisch Hall das nun vorliegende schulische Profil ‚Diakonie'. Wichtige Kriterien der Einführung waren: *Stärkung der Schülerpersönlichkeit, Verpflichtungscharakter, Praktika*. Das Fach Religion/Diakonie wurde 1995 vom Kultusministerium als Kernfach anerkannt. Dazu wurden die Fächer Religion und Diakonie zusammengelegt mit einem zeitlichen Umfang von nun fünf Unterrichtsstunden in der Woche. Die Gewichtung der beiden Fächer beruhte auf 40 bzw. 60 %. Das Schulprofil war gemäß der anderen Schulprofile auf drei Jahre, d.h. in den Klassen 9-11 (9-jähriges Gymnasium), angelegt. In der Kursstufe kann es inzwischen als Profil- bzw. Neigungsfach belegt werden.

Das Curriculum hat in Klasse 9 als Schwerpunktthema *Zusammensein mit Menschen mit Behinderungen*. In Klasse 10 folgen *staatliche Sozialarbeit und kirchliche Diakonie*: Obdachlosigkeit, Pflegeheime, Nachbarschaftshilfe, Sozialstaatlichkeit. Klasse 11 greift den Gedanken der *ökumenischen Diakonie und Gesellschaftsdiakonie* auf. Die Praxisanteile des Faches belaufen sich auf ungefähr 40% der gesamten Unterrichtszeit. Durch die enge Zusammenarbeit mit Gemeinde, Kirchengemeinde, diakonischen Einrichtungen des Umlandes, persönlichen Patenschaften der Schüler mit Menschen der Umgebung, die auf Hilfe angewiesen bzw. diese gerne annehmen, entsteht eine *Schule der Nachbarschaft*, die ganz besonders von den persönlichen Kontakten und den Praktika lebt. Der Unterricht greift reformpädagogische Ansätze auf. Er ist projektbezogen, die Schüler sind sehr stark als Einzelpersonen vor allem in den Praktika gefordert; über ihre Erfahrungen und Lernfortschritte informieren sie die anderen Schüler und gestalten dadurch den Unterricht mit. Das individualisierte Lernen wird gefördert. Der Unterricht bezieht in besonderem Maße die Kollegen der Partnereinrichtungen mit ein. Das Lehrerbild ändert sich. Der Diakonielehrer selber wird damit zum Lernenden mit seinen Schülern. Berufsorientierende Elemente sind immer mit eingebunden. Die Schüler werden stark in der Verantwortung für ihren eigenen Lernfortschritt gefordert. Sie übernehmen mit ihrem Verhalten und ihrem Einsatz auch Verantwortung für das Ansehen und die Akzeptanz der Schule an den verschiedenen Partnereinrichtungen. Da auch das Diakonieprofil nicht schon von ‚Sozialhelden' ausgehen kann, sondern auch dort das Prinzip Hoffnung gilt, wird der Weg immer zugleich auch das Ziel sein müssen. Diakonie wurde auf Grund seines sehr spezifischen methodischen und curricularen Ansatzes zum Leitfach der Schule.

3. Das Leitfach ‚Diakonie' in Michelbach – Der sehr hohe moralisch erzieherische Ansatz des Profilfaches Religion/Diakonie kann nicht isoliert stehen, sondern erstreckt sich auf alle schulischen Bereiche und erzwingt auch dort konzeptionelle Überlegungen. Ein Versuch, diese zu konkretisieren, wurde mit der Formulierung des Leitbildes des Ev. Schulzentrums Michelbach im Jahre 2002 gemacht. Dabei wurden sieben Leitziele genannt, die sich als *innerschulische Diakonie* bemerkbar machen müssen.

a) Christliche Orientierung geben und religiöse Kompetenz gewinnen – *Die Ausgestaltung des geistlichen Profils*
b) Qualifizierte Schulabschlüsse ermöglichen, für die Zukunft vorbereiten – *Der Unterricht: Fordern und Fördern*
c) Schülerinnen und Schüler in ihrer Individualität fördern – *Stärkung der Persönlichkeitsbildung, Stärkung der Eigenverantwortlichkeit*
d) Soziale Fähigkeiten (Sozialkompetenz) erwerben – *Verantwortung für den Mitmenschen übernehmen lernen*
e) Verantwortung für die Schöpfung übernehmen – *Das ökologische Lernen konkret im Schulalltag umsetzen*
f) In demokratisches Handeln einüben – *Demokratische Schulstrukturen erarbeiten und umsetzen*
g) Mit allen am Schulleben Beteiligten zusammen arbeiten – *Eine Schulatmosphäre des Miteinanders pflegen*

Die Umsetzung dieser Leitziele heißt auch, die *innerschulische Diakonie* zu konkretisieren.

Teil 2: Die innerschulische Diakonie

Die Formulierung der sieben Punkte, wie sie oben dargestellt sind, können immer nur Leitbild, aber nie die Beschreibung eines erreichten Zustandes sein. Eine diakonische Schule wird sich immer bewusst sein müssen, dass sie eine unvollständige Schule ist, die sich an bestimmten Kriterien messen lässt, aber sich immer auch ihrer eigenen Unvollkommenheit stellt. Trotzdem beinhalten sie einen steten Impuls zur Herausforderung an die eigene Arbeit und ihre Notwendigkeit zur Veränderung.

1. Die Ausgestaltung des geistlichen Profils – In den oben angesprochenen Leitlinien des Leitbildes der Schule heißt es: *Wir – Lehrer und Mitarbeiter, Schüler und Eltern – wollen den Reichtum christlicher Tradition und Kultur lebendig erhalten, für uns selbst und die Zukunft unserer Gesellschaft fruchtbar machen.* Damit sind inhaltliche und formale Aspekte angesprochen. Erziehung heißt immer auch Begleitung. Dies gilt ganz besonders für die christliche Erziehung. Das konkrete Vorleben der Erzieher ist sicher die zentrale Ausgangslage jeder christlichen Erziehung. Der Fachunterricht muss immer auch die christliche Dimension im Auge behalten. Es muss etwas von einem würdevollen, fürsorglichen Umgang untereinander spürbar bleiben. Daneben sind konkrete Vorgaben wichtig. Durch Andachten, Gottesdienste, Tischgebete und einen gemeinsamen Tages- bzw. Wochenbeginn muss auch ein christlicher Lebensentwurf erkennbar werden. Religionsunterricht ist nicht fakultativ. Diakonie als Profilfach stärkt das Gewicht des Religionsunterrichts.

2. Der Unterricht: Fordern und Fördern – Der Unterricht, wie er an unseren Schulen verstanden wird, muss davon ausgehen, dass er sich dem Spagat stellt, die Schüler zur Leistung herauszufordern ohne sie zu demütigen und zu entmutigen durch Anforderungen, die ihrem Leistungsvermögen nicht gerecht werden. Auf der anderen Seite muss darauf geachtet werden, dass die Schüler die Chance erhalten, ihrem Leistungsniveau gemäß gefördert zu werden. Die Schule wird sich deshalb aufmerksam mit dem indi-

vidualisierten Lernen auseinandersetzen, um den unterschiedlichen Begabungen in den Klassen besser gerecht werden zu können, den Schwachen wie den Starken. Neben den bewussten Herausforderungen an die Schüler darf deshalb nie vergessen werden, dass diese immer dort ‚abgeholt' werden müssen, wo sie sich befinden. Dabei darf ihre Leistungsbereitschaft nicht vernachlässigt werden. Neben der Anerkennung für gezeigte gute Leistungen darf nicht vergessen werden, dass zur Leistungsbereitschaft auch Ermutigung und Motivation gehören. Die Notengebung und die Versetzungspraxis verdienen hier besondere Aufmerksamkeit.

3. Stärkung der Eigenverantwortlichkeit und Verantwortung für die Mitschüler übernehmen – Unsere Jugend wächst heute mehrheitlich auf, ohne ‚gebraucht' zu werden. Damit verlieren sie die Chance, für sich oder für andere Verantwortung zu lernen. An dieser Stelle wurde das Profilfach Diakonie angedacht. Gleichzeitig muss die Schule darauf bedacht sein, Aufgabenfelder und Unterrichtsformen zu finden, die die Schüler selber in die Verantwortung nehmen. Eine wichtige Rolle spielen dabei die Schülermentoren. Sie kommen in verschiedenen Bereichen der Schule zum Einsatz: als Streitschlichter, als Lernmentoren in den Lernwerkstätten Mathematik und Fremdsprachen, als Leiter in Schülerworkshops im Rahmen der Freizeitgestaltung der Ganztagesschule, als Betreuer in Arbeitsgemeinschaften, als Paten in und außerhalb der Schule, als Mentoren im Internatsalltag. Die Schüler werden im Rahmen einer Schulveranstaltung für diese Tätigkeiten geehrt und ausgezeichnet. Für bestimmte Tätigkeiten, die besonders zeitaufwändig sind, erhalten sie auch ein Taschengeld. Im Unterricht sind Lernformen wichtig, die sie zu eigenem Arbeiten und Präsentieren des Erarbeiteten anhalten.

4. Das ökologische Lernen im Schulalltag umsetzen – Eine diakonische Schule wird sich daran messen lassen müssen, inwieweit es ihr gelingt, den Gedanken des nachhaltigen Umgangs mit den knappen Ressourcen im Bewusstsein der Schulgemeinde zu verankern. Die Schule hat dazu einer Gruppe Kollegen das Schuldach zur Verfügung gestellt, um dort auf eigene Rechnung eine Photovoltaikanlage zu installieren. Über ein Display soll den Schülern deutlich gemacht werden, wie groß die Produktion an alternativer Energie ist und welche Einsparungen an CO_2 entstanden sind. Gleichwohl bleibt an unserer Schule noch viel zu tun. Von einem verantwortlichen Denken für den Erhalt der Schöpfung ist bisher noch wenig erkennbar. Konzepte in dieser Richtung beschränkten sich bislang nur auf theoretische Reflexionen, ohne dass es gelungen wäre, diese Ansätze in das Bewusstsein und in konkretes Handeln zu übertragen. Angedacht wurde bisher eine Schulaktion zur Installierung eines Blockheizkraftwerkes. Dies könnte so finanziert werden, dass die Schüler in Internat und Schule durch ihr Verhalten dazu beitragen, dass der Energieverbrauch sich reduziert. Mit den eingesparten Mitteln wäre ggf. ein Anteil des BHKWs zu bezahlen. Schule und Eltern könnten mit jeweils eigenen Teilen in die Finanzierung eingebunden werden. Der mit der Photovoltaikanlage bestehende Ansatz ließe sich damit vielleicht zu einem Energiegesamtkonzept erweitern. Ferner ergäbe sich die Chance, die Müllreduzierung und -sortierung durch Schüleraktionen zu optimieren.

5. Demokratische Strukturen an der Schule erarbeiten und umsetzen – Wir können uns auch nach christlichem Verständnis auf die Menschenrechte beziehen: die Würde des Menschen, seine angeborenen Freiheitsrechte, die Eigenverantwortlichkeit, die Chan-

cengleichheit, sein Recht auf ein erfülltes Leben. Dass diese Rechte eingebunden sind in eine christliche Verantwortung für Mitmensch und göttliche Schöpfung, kann nur dadurch erfahren werden, dass die Schüler mit ernsthaftem demokratischem Handeln vertraut gemacht und nicht lediglich auf eine ‚Spielwiese' verwiesen werden. Sich diesem Spagat zwischen Scheinfreiheiten und echten Entscheidungsrechten für die Schüler im Erziehungsgeschehen einer Schule zu stellen, ist eine zentrale und äußerst anstrengende Aufgabe gerade auch für eine Schule, die sich auf diakonische Werte bezieht. Am Ev. Schulzentrum Michelbach wurde deshalb die Drittelparität für Schüler, Eltern und Lehrer in der Schul- bzw. Internatskonferenz eingeführt. Trotz aller berechtigten Kritik hat sich diese Struktur bewährt. Den Schülern werden dabei gleichberechtigte Teilnahmerechte bei allen Grundsatzentscheidungen und disziplinarischen Maßnahmen eingeräumt. Damit wird eine wichtige Akzeptanz für die Beschlüsse der Schule, auch und gerade für unpopuläre Entscheidungen, erreicht. Zum anderen ist die spezifische Sichtweise der Schüler nicht selten für die Beschlüsse eine wichtige informative Ergänzung. Die damit verbundene Erfahrung für die beteiligten Schüler, sich in größeren Entscheidungsgremien formgerecht zu beteiligen und Verantwortung zu übernehmen, kann gar nicht überschätzt werden. Schülervollversammlungen, Initiativrechte, paritätische Besetzung von Disziplinarausschüssen usw. müssen ihren berechtigten Platz im schulischen Alltag behalten.

7. Eine Schulatmosphäre des Miteinanders pflegen – Eine diakonische Schule wird sich auch daran messen lassen müssen, inwieweit es ihr gelingt, alle hier tätigen Gruppen zusammenzuführen und in die Verantwortung für die gemeinsame Aufgabe ‚Schule' einzubinden. Die Schulverfassung wird nur den formalen Aspekt der Beteiligung der einzelnen Gruppen definieren können. Wie gelingt es aber, die Beschäftigten in Küche, Hauswirtschaft und Verwaltung mit einzubeziehen? Welche Identifikation mit der Schule zeigen die Eltern? Kann man erkennen, dass ein besonderer Umgangston an der Schule herrscht? Werden die Schüler in allen Belangen auch als eigenständige, mit eigener Würde ausgestattete Menschen wahrgenommen? Achten die Schüler, Mitarbeiter und Kollegen die Grundregeln höflicher Umgangsformen untereinander?

Teil 3: Die diakonische Schule – eine Schule im permanenten Aufbruch

Annette Scheunpflug schreibt in der Zeitschrift Klasse, Nr. 1/2004 über „Globales Lernen in ‚schrumpfender Zeit' ". Sie spricht dabei 4 Kriterien an, die für sie besonders wichtig sind:[1]
    1. Wissen und Qualifikation mit menschlichem Antlitz
    2. Gerechtigkeit und Frieden als globale Herausforderung
    3. Erfüllte Zeit in einer beschleunigten Zeit
    4. Gemeinsames Leben im Sinne einer umfassenden Fürsorge

1. Wissen und Qualifikation mit menschlichem Antlitz – Wissen erhält dabei ganz in der Tradition des evangelischen Bildungsverständnisses eine zentrale Bedeutung. Die

---

1 Annette Scheunpflug, Globales Lernen in ‚schrumpfender Zeit', in: Klasse, Die evangelische Schule, 1. 2004, H. 1.

modernen Informationstechnologien können dazu führen, dass es durch eine Informationsflut zu Orientierungslosigkeit unter den Menschen kommt. Ohne ganz besondere Anstrengungen in der Wissensaufarbeitung und Wissensvermittlung droht das Bildungsniveau im internationalen Vergleich zu sinken. Eine intensive Förderung muss allen Schülergruppen und deren unterschiedlichen Leistungsniveaus zu Gute kommen. Gleichzeitig verweist die Erlanger Pädagogikprofessorin auf die Denkschrift der EKD aus dem Jahre 2003 hin, in der die ‚Maße des Menschlichen' eingefordert werden. Bildung muss demnach dem Menschen dabei helfen, sein Leben selbständig gestalten zu können. Damit wird die Würde des Menschen mit seiner selbstverantworteten Mündigkeit ins Bild eines evangelischen Bildungsverständnisses gebracht und einem auf die ökonomische Verwertbarkeit begrenzten Bildungsbegriff gegenüber gestellt. Diese Ausrichtung muss im schulischen Alltag durch eigenverantwortliche Tätigkeiten der Schüler umgesetzt und erfahrbar werden.

An unseren Schulen sind es die Wahlkurse der Profilfächer, Diakonie, Musik, und NaTuR, die Einübung in Ehrenämter wie der Schülermentorentätigkeiten und die selbstverantworteten Freizeitaktivitäten. Hartmut von Hentig fasst diesen Ansatz zusammen: Die Sachen klären, die Personen stärken. Die Schule soll den einzelnen Schülern gerecht werden. Lernmethoden, Leistungsanforderungen, Benotung, Schulsysteme orientieren sich an dem Grundansatz, dass der einzelne Mensch nicht verloren geht, sondern die ihm gemäße Förderung erhält. Achtung des Selbstwertgefühls der Schüler, Förderung ihrer Leistungsbereitschaft, Respekt vor der Unterschiedlichkeit der Schüler, Chancengerechtigkeit.

2. Gerechtigkeit und Frieden als globale Herausforderung – Das Leben in einer globalisierten Weltgesellschaft fordert nach Annette Scheunpflug Antworten im Lichte eines evangelischen Bildungsverständnisses heraus. Es kann nicht die einseitig an ökonomischen Interessen ausgerichtete neoliberale Ausrichtung sein, sondern Kirche als weltweite Kirche steht im Kontext einer ‚anderen Globalisierung'. Deren Werte müssten sich an den biblischen Werten von Bewahrung der Schöpfung, Gerechtigkeit und Frieden orientieren. Grundlage einer solchen Herausforderung könnten nur die Menschenrechte mit ihren freiheitlichen und sozialen Rechten sein. Soziale Ungerechtigkeit im nationalen und internationalen Zusammenhang muss in einem solchen globalen Lernen zum Thema gemacht werden. In diesem Sinne hat auch Margot Käßmann in einem Interview mit der Gewerkschaft Erziehung und Wissenschaft gefordert, dass ‚gute Bildung nicht nur Lernkompetenz und Fachwissen, sondern auch soziale und emotionale Kompetenz bedeutet'.

3. Erfüllte Zeit in einer beschleunigten Zeit – Durch die neuen Informationstechnologien wird nach Scheunpflug die lokale und persönliche Kommunikation weltweit und rasant beschleunigt. Die jeweils gelebte Zeit droht dadurch an Verbindlichkeit, Emotionalität und Spiritualität zu verlieren. Eine geschichtslose Zeit überfordert dadurch den Menschen in seiner Suche nach Orientierung und Bindung. Eine Schulkultur der Entschleunigung, der Strukturierung des Alltags, der Rhythmisierung der Zeit könnte dem entgegenwirken und muss Eingang in den schulischen Alltag finden. Damit erhalten

Schulen, die über ein größeres Zeitkontingent verfügen, wie zum Beispiel die integrierten Ganztagesschulen und Internate, eine besondere pädagogische Bedeutung.

4. Gemeinsames Leben im Sinne einer umfassenden Fürsorge (Diakonie) – Annette Scheunpflug bezieht sich dezidiert auf einen Aufsatz von Christoph Wulf und greift dessen Gedanken des „Umgangs mit Heterogenität" auf.[2] Die veränderten Lebensgewohnheiten der Menschen, ihre sehr unterschiedliche kulturelle, soziale und ethnische Prägung, führen zu einer weiter zunehmenden Unterschiedlichkeit der Schülerinnen und Schüler. Evangelische Schulen müssen sich gerade mit dieser Entwicklung offensiv auseinandersetzen. Vielfalt darf nicht länger als eine Belastung der schulischen Arbeit gesehen werden, sondern als eine Herausforderung und Chance. Die PISA-Studie hat gerade auf die Benachteiligten im deutschen Bildungssystem hingewiesen: die Kinder der Hauptschulen und die Kinder mit einem Migrationshintergrund. Vor allem stellt sich in diesem Zusammenhang die Frage nach dem hohen Anteil des ‚Sitzenbleibens' in Deutschland: Wie gehen gerade evangelische Schulen mit den Risikogruppen um? Vor diesem Hintergrund erhält die Frage nach der Schulkultur, der Schulorganisation und der Unterrichtsrealität eine neue Bedeutung. Evangelische Schulen mit einem ‚integrativen diakonischen Bildungsverständnis' sind Schulen ‚des Mitgefühls, der Barmherzigkeit und der Hilfsbereitschaft'. Die Frage nach einer Schule für alle muss die Frage einer inneren wie auch einer äußeren Schulreform vorbehaltslos neu diskutieren.

Schlussbemerkungen

Schulen unter dem Evangelium sind zugleich diakonische Schulen. Damit stehen sie mitten in einer sich zunehmend globalisierenden Welt. Die Antworten, die sie zu geben haben, werden politische Implikationen nicht vermeiden können bzw. dürfen politische Fragen nicht ausklammern. Sie unterliegen zwar der staatlichen Gesetzgebung und ihren Vorgaben, die sie aber in ihrem Grundverständnis beeinflussen müssen. Die Diskussion darüber, welche Weiterungen damit verbunden sind, hat eben erst begonnen. Die evangelischen Schulen mit ihrer Ausrichtung auf den diakonischen Aspekt der Bildung haben einen breiteren Ansatz gegenüber bildungspolitischen Konsequenzen, als er in vielen schulpolitischen Programmen zu erkennen ist. Bischof Wolfgang Huber, der Ratsvorsitzende der EKD, spricht von ‚Orientierungswissen' in Abgrenzung zum ‚Verfügungswissen'. Dazu gehört nach seiner Ansicht: die moralische Kompetenz, Gut von Böse unterscheiden zu können; die Bereitschaft zum Engagement der Menschen und zur Übernahme von Ehrenämtern; ein mündiger Bürger; die Bereitschaft zur unmittelbaren Hilfeleistung (Diakonie).

Die Frage nach einem Orientierungswissen in einer zunehmend komplexen und hedonistischen Welt wird zu einer gesellschaftlichen Überlebensfrage. Dieser Frage werden sich evangelische Schulen, diakonische Schulen, in besonderem Maße stellen müssen.

---

2 C. Wulf /C. Merkel (Hgg.), Globalisierung und kulturelle Vielfalt. Das Andere und die Notwendigkeit anthropologischer Reflexion, Münster 2002.

1.5.2 Diakonisches Lernen in der Evangelischen Grundschule Gotha

von Cornelia Schäfer

Adele Geras verwendet für ihre Zeilen Psalm 91:
Wünsche für dein Leben
Ich wünsche dir Licht, das hinter den Bergen aufstrahlt und deinen Himmel erleuchtet.
Möge jeder Morgen neu von Liebe erfüllt sein
und Sonnenschein deinem Gesicht Glanz und Wärme geben.
Möge dein Weg sich weit vor dir öffnen,
dass du ihm wie auf Vogelschwingen – so leicht – folgen kannst.

Mit Hilfe ihrer Zeilen möchte ich Sie ein Stück mit auf den Weg nehmen – auf den Weg in unsere Schule – die Evangelische Grundschule Gotha – eine Schule, in der 178 Kinder, ab August 192, ihre Eltern, 15 Lehrerinnen, 10 Erzieherinnen, unser Hausmann-Meister, 1 Sekretärin und 2 Küchenfrauen leben – zu Hause sind.
Eine Schule in Thüringen, die, wie kann es anders sein, durch eine Elterninitiative gegründet wurde und mit viel Glück und Unterstützung der Schulstiftung die Evangelische Landeskirche in Thüringen als Trägerin gewinnen konnte.
Nun sind wir 10 Jahre alt, schon einmal umgezogen vom ersten Quartier, dem Friedhofshäuschen, in einen Plattenbau in Gotha-West – umgeben von Plattenbauten. Die nun Stück für Stück im neuen Glanz erstrahlen, nur bei uns bröselt's noch an allen Ecken und Enden – sind die Kinder da, dann merkt man davon nichts – da strahlt und glänzt es überall.
Deshalb sitzen wir, wie man so schön sagt, auf gepackten Koffern und Kisten – bildlich gesprochen – in 4 Wochen soll der Umzug vorbei sein und unser aufgeregtes Kribbeln im Bauch hoffentlich auch.
Dann wissen wir auch, wie es geht, wenn wir in einem Jahr den Rückweg antreten, in ein neues Haus an alter Stelle, dank der Landeskirche und den Bundesmitteln, die uns aus dem Projekt für Ganztagsschulen zur Verfügung gestellt wurden.
Seit acht Jahren lebe ich nun schon da, eigentlich müssten auch Sie dort sein..., erfahren und lernen an und in der pädagogischen Situation.
Denn ohne das Leben dort zu erspüren, zu erfahren, fehlt alledem ein Stück Lebendigkeit.
Sie haben alle Ihre eigenen Bilder von Schule und Ihre Erfahrungen.
Ich werde mir alle Mühe geben, Sie mit unserem Schulkonzept vertraut zu machen und mit unserem Verständnis von ‚Diakonischem Lernen'.
Doch besuchen sollten Sie uns schon.
Nun ist meine Redezeit auch 20 Minuten lang – nach der ‚Freinet'-Pädagogik sollte ein Lehrer nach 10 Minuten dem Reden Taten folgen lassen.
Nun tun Sie etwas, lassen Sie sich auf uns ein.
Möge jeder Morgen neu von Liebe erfüllt sein
und Sonnenschein deinem Gesicht Glanz und Wärme geben.

1.5.2 Diakonisches Lernen in der Evangelischen Grundschule Gotha

Am Morgen in der Schule, ein Gang durch alle Gruppen – 20 Hände und Ohren braucht man da manchmal und sooo ein großes Herz.
Mal schnell die Regenjacke vom Vortag mitsuchen, die Wechselschuhe im Frühhort, die Ranzenregale mit bestücken, Pauls riesige Radieschen bestaunen und würdigen, auch mal den einen oder anderen Wackelzahn, begrüßen, dem Geburtstagskind oder -kindern gratulieren, Luise auffangen, die neugierig auf Erkundungstour ist, Lisa an die Hand nehmen und in den Kursraum bringen, schauen, ob Horst schon da ist und seine Sorgen aufnehmen, wenn er wieder die Wut im Bauch hat, weil ihn seine Brüder morgens geärgert haben – merken! Unbedingt heute noch einmal mit ihm reden, damit die Wut nicht an anderen Kindern ausgelassen wird, reagieren, wenn es heißt „Hallo, Frau Schäfer, – meine Mutti hat heute Hochzeitstag!" – Und der Vati?
Zuhören, wenn Victor konfus ist, weil Mutti im Krankenhaus liegt, trösten, lachen, schnell mal noch eine Essenabmeldung und eine Anfrage der einen oder anderen Mutter beantworten.
Die eigenen Sorgen und Probleme sind vor der Tür geblieben oder schnell vergessen.
Grundschule – werden Sie denken, was Puschen suchen und Regenjacke anbelangt, stimme ich Ihnen zu – doch alles andere ist ein Teil unserer Schulkultur.
Für den anderen da sein, ihn ernst nehmen, Geburtstagskinder würdigen, jedes Kind beim Namen kennen und einiges über seine Lebensumstände wissen, seine Entwicklung in den Blick nehmen, Erfolge würdigen, es bestärken, um auch Schwächen überwinden zu können.
Jedem Kind das Gefühl geben, wichtig zu sein, dass man sich über jedes Kind, auf jedes Kind freut.
Mögen zärtliche Blicke
deinen Lebensweg begleiten
und ein Lächeln, das deine erwidern,
wann immer du zurück schaust.
Eine wichtige Aufgabe für mich ist es dabei immer wieder daran zu denken: Was für jedes Kind gut ist, brauchen auch die Erwachsenen.
Das vergisst man manchmal – schön, dass du da bist! Toll, wie ihr arbeitet!
Denn ohne ein gutes Team, ohne meine Kolleginnen geht es nicht. Funktioniert unsere Schule nicht.
Möge kraftvoller Schutz dir zuteil werden, wenn Gefahren dich schrecken.
Stark genug, dich darunter zu bergen.
Kinder stark machen in der Schule?
Unterschiede sind normal.
Es ist normal verschieden zu sein.
Wir lernen in altersgemischten Gruppe, in denen Kinder mit und ohne Behinderungen lernen.
Sie heißen Stammgruppen.
Das ist eine Struktur aus dem pädagogischen Konzept des Jena-Plans von Peter Petersen.
Die Struktur der Stammgruppe – eine pädagogische Vorordnung – verlangt unseren Kindern eine Menge sozialer Leistungen ab.

Wie kann es sonst gelingen soziales Lernen zu initiieren, wie gelingt es Wir-Kompetenz zu erwerben?

In der Pädagogik stehen uns dazu zwei Wege zur Verfügung, einer über Instruktion und Belehrung, ein anderer über direkte Erfahrungen der Bedeutung moralischer Werte, im Zusammenleben, im natürlichen Umgang mit anderen.

Sicher sind immer beide Wege sinnvoll, sie müssen im Zusammenhang beachtet werden.

Doch ist es nicht so, dass all das, was ohne besondere Mühe im Alltag gelernt werden kann, in der Erziehung berücksichtigt, aber nicht vordergründig inszeniert zu werden braucht.

Wo kann dies besser als in der Stammgruppe gelernt und probiert werden?

In ihr besteht eine natürliche Ordnung, der Familie ähnlich.

Die Altersunterschiede ermöglichen Situationen des Sich-helfen-lassens ohne Herablassung und Erniedrigung.

Der Ältere hat schon Erfahrungen und kann den Jüngeren daran teilhaben lassen.

Doch nicht immer ist es der Ältere, der hilft, jeder kann seine Stärken einbringen zum Wohle der gesamten Gruppe.

Nicht nur im Bildungsbereich hat die Stammgruppe besondere Chancen, sondern auch und besonders im sozialen Miteinander, in der Verantwortung für die Gemeinschaft.

Die Kinder sind für alles zuständig, was in ihrer Stammgruppe passiert.

Sie stellen zu Beginn des Jahres ihre Gruppenregeln auf und sorgen für deren Einhaltung. Dabei gilt es die Schulregeln zu beachten, dass Konflikte nicht mit Körpereinsatz oder Gewalt zu lösen sind, sondern nur im Gespräch.

Sie tragen Verantwortung für die Ordnung und Sauberkeit der Bereiche, denn ein sorgloser Umgang mit den Sachen schadet der ganzen Gruppe und stört deren Abläufe.

Dass dies nicht immer reibungslos vonstatten geht, manchmal die Bequemlichkeit siegt, manchmal aber auch Verletzungen geschehen, ist zwar traurig, doch auch ein Zeichen dafür, dass Menschen eben unvollkommen sind und vergesslich.

Sie brauchen im Prozess ihrer Entwicklung Erinnerungen.

Dabei ist immer wieder die Art und Weise wichtig, wie wir auf die Kinder zugehen.

Nicht hoffnungslos für das Kind „Ach du lernst es ja doch nie ..."

Wie bildet man Stammgruppen mit neuen Kindern?

Wahllos – durch Verteilen der Namen?

Das können wir so nicht verantworten.

Die Neuen – die Zwerge – sind wichtig.

Deshalb besuchen sie uns bereits ab dem Jahr vor ihrer Einschulung einmal im Monat, sind Gast in allen Stammgruppen und werden sicher im Umgang mit Schule, lernen sich kennen.

Arbeiten mit den Großen an Projekten, mit uns an Sprache, Motorik und mathematischen Problemen.

Geben uns die Chance, sie zu beobachten und individuell zu fördern; Gespräche mit den Kindergärtnerinnen und Eltern gibt es dabei auch; und zwanglos, in der Kaffeerunde der wartenden Mütter und Väter, hat sich dann auch schnell mal das eine oder andere Unterstützungssystem für Schulweg und Freizeit entwickelt. Die Zwerge – gerne hätten

wir einen Teil, wenigstens so 20 ungefähr, ganz bei uns – endlich mal eine Stammgruppe von drei Jahrgängen ... Doch das ist noch eine von unseren Visionen.
Wir besuchen sie auch in den Kindergärten und beobachten sie in ihrer gewohnten Umgebung. Mit unseren beiden evangelischen Kindergärten in Gotha gibt es eine enge Zusammenarbeit und auch gemeinsame pädagogische Konferenzen.
Möge der Regen sich zu Bächen und Flüssen sammeln,
deren sprudelndes Plätschern deine Seele erfreut.
Ich wünsche dir Stärke und Mut die Steine aus deinem Weg zu räumen.
Möge ein hoher Turm daraus wachsen, den du voll Freude besteigen kannst.
Und wenn du fällst, mögen viele Arme sich dir entgegenstrecken,
um dich liebevoll aufzufangen.
Die Arbeit – eine Bildungsgrundform – braucht eine weitere Struktur, pädagogische Vorordnung: nämlich die Lernumgebung, die Gestaltung der Räume.
Es gibt Gruppentische, Einzelrückzugsmöglichkeiten, Regale, in denen Arbeitsmittel frei zugänglich sind, Bücher in Leseecken, Ausstellungsecken, Zugänge zur Natur – das grüne Klassenzimmer und den Schulgarten –, Kinderküche, Schulbücherei, Computerraum und Arbeitsplätze in den Gruppen, Theaterraum mit Kulissen, Kostümen, Sammlungen von allerlei Gerät für szenisches Gestalten, Musikinstrumente, den Stille-/Andachtsraum und Werkräume.
So wird Lernen zur Erfahrung und zur Auseinandersetzung mit den Sachen.
Zur Lernzeit an unserer Schule gehört also mehr als der Unterricht.
Dieser wiederum beginnt mit der Gleitzeit.
Auf dem vorhin begonnenen Weg durch die Schule findet man in dieser Zeit in den Stammgruppen unterschiedliche Aktivitäten vor.
Kinder, die lesen, konkrete Gleitzeitaufgaben erledigen, noch am Wochenplan arbeiten, im Gesprächskreis sitzen, auch Gymnastik nach Musik kann man da erleben.
Danach beginnt in allen Gruppen der Kursunterricht, er findet im Jahrgang statt, in den Kulturtechniken Sprache, Mathematik und Religion.
Da die Kurszeiten parallel liegen, kann ein Kind des 1. Jahrganges auch im 2. Jahrgang lernen oder der 2. im 3. und der 3. im 4. Kurs.
Nicht immer ist ein Überspringen eines Jahrgangs möglich, es gibt das Lernen im höheren Jahrgang in einzelnen Bereichen, während des Wochenplanes oder nur in Mathematik oder Deutsch.
So ist neben der quantitativen Differenzierung durch Zusatzaufgaben auch eine qualitative Förderung, das Ausprobieren der Kenntnisse in anderen Zusammenhängen, möglich.
Was nach oben orientiert funktioniert, kann auch in umgekehrter Folge ermöglicht werden, um noch einmal zu üben, sicher zu werden und zu vertiefen.
Verantwortung für den Lernprozess tragen heißt für uns auch Kindern unterschiedliche, für ihre Entwicklung nötige Lernimpulse zu geben und ihnen damit die Möglichkeit zu eröffnen, ihren eigenen Lernweg zu gehen.
Dabei müssen wir den Kindern auch die nötige Zeit geben und Wahlmöglichkeiten für selbständige Entscheidungen.

Wir gehen in unserer Schule von einer Pädagogik aus, die nicht an den Defiziten der Kinder ansetzt, sondern ihre Stärken, ihre Potenziale nutzt und sie bei deren Entfaltung unterstützt.
Das ist nicht durch Lehrerzentrierung im Unterricht möglich.
Wir sind Vorordner des Prozesses, Berater und Begleiter, werden angefragt, wenn wir gebraucht werden.
Im Kurs unserer Integrationsgruppen wird lernzieldifferenziert gearbeitet.
Dabei gibt es das Unterstützungssystem der Kinder untereinander und der Grundschulpädagogin und der Sonderpädagogin.
In der Stammgruppe beginnt nach dem gemeinsamen Frühstück der Projektunterricht, eine von uns als besonders wichtig erachtete Arbeitsform.
Else Petersen sagt: „Wir müssen uns, wenn wir einen lebendigen Unterricht geben wollen, in erster Linie befreien von der irrigen Ansicht, dass wir Denken lehren können. Es ist ein Verstoß gegen kindliche Lebensgesetze, Kindern der Unterstufe Begriffe durch Worte erklären zu wollen. Das Denken der Kleinen muss wachsen am Tun mit den Dingen."
Ein lehrbuch- oder arbeitsblattorientierter Sachunterricht kann dieses nicht leisten.
Man kann Vorgänge, Dinge, Ereignisse in ihrer Betrachtungsweise nicht vereinzeln, sie nicht losgelöst von ihren Zusammenhängen betrachten, denn so kommen sie nicht vor im wirklichen Leben.
Auch haben sie eine christliche Dimension.
Um unseren Kindern die Möglichkeit zu geben intensiv zu forschen, zu experimentieren, zu prüfen und Erfahrungen in der Auseinandersetzung mit den Sachen zu machen, haben wir für diese Arbeitsform Stunden von Sachkunde, Deutsch, Religion, Kunst, Musik, Werken und Schulgarten und Ergänzungsstunden zusammengefasst und dadurch in der Schulwoche eine Arbeitszeit von 9 Unterrichtsstunden erhalten.
Wie wird nun gelernt in diesem Projektunterricht?
Ausgehend von einem Sachthema erhalten die Kinder die Möglichkeit ihr Vorwissen einzubringen.
Lehrer unterschätzen oft, mit welchen Vorerfahrungen die Kinder bereits in die Schule kommen.
Man geht dahin, wo die ‚Sache' naturgemäß stattfindet.
Arbeitet man an einem Naturthema, geht man in diese, besucht Menschen, Einrichtungen im Rahmen der Möglichkeiten oder man holt sich das Leben in den Unterricht, lädt sich Experten ein, den Geigenbauer, den Blechblasinstrumentenbauer, die Weberin, die Buchbinderin, die Musiker des Orchesters unserer Stadt und viele andere mehr.
Danach werden die Fragen, die den Kindern unter den Nägeln brennen, formuliert, verschriftlicht, geordnet und systematisiert.
Die Arbeitsgruppen werden gebildet, die sich mit der Beantwortung ihrer Fragen beschäftigen. Jetzt wird geforscht, untersucht, begründet ...
Auch werden die Themen auf ihren christlichen Sinngehalt geprüft und eingeordnet.
Lieder, Geschichten, Kunstgestaltung und Theaterstücke gehören dazu, je nach Aufgabenstellung.

Doch immer im Hintergrund wissend: Ich – wir als Gruppe müssen am Ende der Projektarbeit unseren Mitschülern präsentieren, was wir gelernt haben, warum wir das getan haben, wie wir etwas herausgefunden haben.
Denn: Nicht alle Kinder der Gruppe haben zur gleichen Zeit das Gleiche getan.
Auch innerhalb der Lerngruppe gibt es unterschiedliche Tätigkeiten, Aufgaben; man lernt voneinander, miteinander, hilft sich gegenseitig, bringt seine Stärken ein, überwindet auch die Schwächen im Laufe der Zeit.
Uns als Lehrerinnen obliegt die Aufgabe des Beraters, Organisators und Begleiters des Gesamtunterrichtes.
Wir haben uns anfangs die Frage gestellt, ob es uns gelingt, durch diese Art des Unterrichts auch alle Lernziele der Grundschule erreichen zu können? Sind auch oft danach gefragt worden.
Für die staatliche Anerkennung mussten wir es sehr genau nachweisen. Deshalb haben wir die Lernziele der Jahrgänge 1/2 und 3/4 jeweils für 2 Jahre in einen Projektplan eingeordnet und Schwerpunkte gesetzt.
Es bleiben aber noch genug Freiräume für Ideen und Situationen, die sich aus der Interessenlage der Kinder ergeben. Diese ‚Freien Projekte' sind die begehrtesten bei unseren Mädchen und Jungen. Die Projektpläne kommen jährlich auf den Prüfstand und werden entsprechend der Erfahrungen, die im Laufe des Jahres gemacht wurden, neu gewichtet.
Doch der Plan ist nur eine Vorordnung, Struktur, das Wichtigste bei dieser Arbeitsweise ist, dass die Kinder das Lernen lernen.
Sie betrachten die Sachen in ihrer Komplexität, ordnen sie in Zusammenhänge ein, lernen sich selbst Informationen zu besorgen, Vergleiche anzustellen, Wichtiges zu notieren, Skizzen, Zeichnungen anzufertigen, Präsentationen zu erarbeiten, Vorträge vorzubereiten und vor allen Kindern der Gruppe zu halten.
Einmal im Monat stellen die Gruppen vor allen Kindern der Schule ihnen wichtige Projekte vor.
Natürlich gibt es auch Schulprojekte. Projekte, bei denen alle Kinder unserer Schule zur gleichen Zeit ein gemeinsames Thema bearbeiten.
Das sind unsere christlichen Feste, die Adventszeit, Weihnachten, die Fastenzeit, Ostern, Pfingsten, die Vorbereitung des Weltgebetstages, das Bibelprojekt, das Musikprojekt u.v.m.
Die Vorgehensweise in dieser Projektarbeit ist vom Thema abhängig und lässt uns auch Freiräume.
Möge stets jemand an deiner Seite sein, der die Worte des Lebens sagt;
der in dein Lachen einstimmt und deine Lieder kennt.
Eine wichtige Basisaktivität ist die Feier. Gemeinsame Feiern gibt es viele: die Montagsmorgenfeier, Feiern in den Stammgruppen, gemeinsame Gottesdienste, die Freitagsfeier, das Kinderfest, das Sommerfest.
Feier als Bildungsgrundform?
Wie lernt man in einer Feier?
Den Platz der Feiern ordnen wir im Jahresplan vor, – doch für den Inhalt und die Gestaltung ist die feierverantwortliche Stammgruppe zuständig.

Sie hat die Aufgabe, in allen anderen Gruppen Beiträge einzufordern und deren Reihenfolge festzulegen, die Zwischenansagen zu gestalten, den Geburtstagskindern noch einmal vor allen zu gratulieren, ihnen unsere Schulglückwunschkarte zu überreichen und das Geburtstagslied auszuwählen.
Gibt es keine Beiträge aus den Gruppen, muss sie die Feier mit eigenen Beiträgen gestalten.
Feier ist Arbeit, viel Arbeit – denke ich nur an die letzten Feierbeiträge, das selbstgeschriebene und einstudierte Märchenstück der ‚Waschbären', den Auftritt des Chores mit einem Teil des Schuleinführungsprogramms, den Auftritt der Trommelgruppe, die selbstgeschriebenen Geschichten der ‚Geckos' und ihre Projektvorstellung.
Feier ist Arbeit und deren Würdigung.
Ein wichtiger Ort für Feiern ist die Versöhnungskirche, die Kirche im Wohngebiet, mit deren Gemeinde wir eng zusammenarbeiten.
Kolleginnen unserer Schule halten dort auch den Kindergottesdienst.
Unsere Schule ist ein Bündel von Lerngelegenheiten.
Dazu gehören die Auftritte unseres Chores im Krankenhaus und der gemeinsame Auftritt mit dem Seniorenchor.
Der Besuch unserer ‚Delfine' im Pflegeheim, die Patenschaft der ‚Geckos' mit der 1. Klasse der Schule für Geistig Behinderte in Gotha, aber auch die Ferienpatenschaft der Kinder zu den schwer- und mehrfachbehinderten Jugendlichen der Villa Regenbogen.
Sie sind in den Ferien meist dort, weil die Familien überfordert oder nicht vorhanden sind.
Es geht nicht um Hilfe im Alltag, aber um gemeinsames Tun, Freude bringen, Zeit für Gespräche.
Gespräch – auch eine unserer Bildungsgrundformen.
Lernen und Auseinandersetzung findet genauso in den vielen Nachmittagsaktivitäten statt, wie dem Chor, der Modernen Kunst, in Englisch, dem Italienischkurs, in Kunst, bei Experimenten, der Holzwerkstatt, dem Balltraining und beim Fußball usw.
Gibt es im Zusammenleben mit anderen Gruppen Sorgen, treten die Schülersprecher in Erscheinung, sie tragen diese in ihrer Versammlung vor und suchen nach Möglichkeiten der Veränderung.
Jetzt habe ich viel berichtet von uns, und mir ist aufgefallen: von unseren Kindern mit Behinderungen vordergründig nichts – das ist, denke ich bezeichnend für unsere Gemeinschaft.
Sie sind mit uns in der Schule, unter uns beim Lernen und Leben darin.
Doch wir Erwachsenen lernen wahnsinnig viel von ihnen, wir lernen, dass sie genauso behandelt werden wollen wie jedes andere Kind auch, dass sie die gleichen Hörnchen haben wie Peter und Paul, dass Lesen und Schreiben lernen genauso wichtig ist für sie wie für jeden anderen Lernanfänger, sie lernen eben nur anders, auch mit mehr Zeit, dass ich im Kunstunterricht kein besonderer Schauspieler sein muss für Tim, der gehörlos ist, nur deutlich zu ihm gewandt sprechen muss, vielleicht das eine oder andere Bild mehr mitbringen muss, etwas mehr zum Begreifen und Probieren, doch das brauchen Martin, Christoph und Luise ohne Behinderung auch.

Ich habe von Lisa gelernt, als ich sie am Sonntag im Park traf mit ihrer großen Freundin Chiara aus dem 4. Jahrgang, dass ich keine Angst vor Hunden haben brauche – sie hat es selbst mit Chiaras Hund gelernt und mir genau gezeigt, wie ich damit umgehen muss. Es klappt, ich habe es ausprobiert, und Lisa ist stolz, dass sie es mir beigebracht hat.
Die Kinder sind also unsere Lehrmeister.
Diakonisches Lernen in der Schule ist für uns das tägliche Erinnern, der tägliche Umgang miteinander, die Übernahme von Verantwortung füreinander, ein Leben in Beziehung zu Gott und unseren Mitmenschen, denn der Mensch ist unvollkommen und braucht im Prozess seiner Entwicklung Erinnerungen.
Tägliche Erinnerungen!
Und am Ende des Tages hülle die weiche Decke der Liebe dich zärtlich ein.
Sie umfange deine Träume, schenke dir Wärme und eine ruhige Nacht.
Die Eltern – ein wichtiger Pfeiler unserer Arbeit – ohne sie geht vieles bei uns nicht – sie schreiben die Elternzeitung, organisieren Angebote, führen das monatliche Elterngebet durch, planen und gestalten im Förderverein den neuen Spielplatz, machen auch Theater – richtiges Theater – fast professionell zum Sommerfest, Planen die Fortführung unseres Schulkonzeptes in Kooperation mit weiterführenden Schulen, haben die Vision einer eigenen weiterführenden Schule für Kinder mit und ohne Behinderungen, helfen bei allen Gelegenheiten.
Beim Gang durch die Schule finden Sie sie auch im Unterricht als Lernpartner oder als Experten im Projektunterricht.
Die vielen Mosaiksteinchen von uns allen haben ein wunderbares Gesamtkunstwerk ergeben und es ist gar nicht wichtig, ob das eine glänzt wie Edelsteine oder ob es goldig schimmert, dass es mal fünf oder mal 100 waren, die man dazu legte, es ist das gesamte Kunstwerk wichtig, und es ist wichtig, dass es immer Menschen gibt, die es pflegen und hüten und weiter daran arbeiten und Steinchen hinzufügen.

Mögest du warme Worte an einem kalten Abend haben,
Vollmond in einer dunklen Nacht
und eine sanfte Straße auf dem Weg nach Hause.
Gott bewahrt dich vor Gefahren.
Du brauchst keine Angst haben.
Seine Engel schützen dich, wohin du auch gehst.

1.5.3 Schule aus der Perspektive des Diakonischen Werkes der EKD

von Silke Köser

1. „Habe alles, bekomme mehr" *oder* **Die Notwendigkeit diakonisch-sozialen Lernens**

Unter der Überschrift *Habe alles, bekomme mehr* publizierte die ZEIT am 19. Mai 2004 einen Artikel über das Konsumverhalten von Kindern und über Konsum als eine der wichtigsten Quellen des Selbstwertes von Heranwachsenden. Markenkleidung, Computer, Handies etc. sind in der Jugendkultur längst zu Insignien geworden, die über ‚in' oder ‚out' entscheiden. Glaubt man neueren Studien, dann bewerten 70% der Kinder und Jugendlichen das Aussehen höher als den Charakter eines Menschen und geben der Mode eine annähernd gleiche Bedeutung für ihr Leben wie ihrer eigenen Familie.[1]

Das Hamburger Künstlerpaar Judith Wilske und André Erlen hat die Bedeutung des Konsums für Kinder in einem Kinderbuch mit dem Titel *Mein erstes Shopping Buch* satirisch umgesetzt.[2] Unter den Kapitelüberschriften „Shopping", „Werbung", „Geld", „Marke" ‚erklärt' dieses Buch die Grundregeln des Konsums und gibt u.a. gezielte ‚Tipps', wie Kinder mehr Taschengeld bekommen können. So wird für die Frage „Wie bekomme ich mehr Geld?" folgende Argumentationshilfe angeboten: „Willst Du mehr shoppen, müssen deine Eltern dein Taschengeld erhöhen. Dafür brauchst du gute Argumente:

1. Shopping ist wichtig für deine Persönlichkeitsentwicklung.
2. Deine Wünsche sind genauso wichtig wie die deiner Eltern.
3. Wenn du nicht mehr Taschengeld bekommst, dann wärst du gezwungen zu stehlen.
4. Mehr Taschengeld = mehr Kaufkraft = mehr Arbeit und gesicherte Arbeitsplätze auch für deine Eltern!
[...] Merke! Es ist besser, viel Geld zu haben, denn: Viel Geld, viel einkaufen, viel Spass!"[3]

Dem Kontext des konsumkritischen Hamburger Kunstprojektes entrissen, entwickelte sich dieses Buch schnell zu einem Verkaufsschlager, wurde aber genauso rasch auf den Index für jugendgefährdende Schriften gesetzt. Die Bundesprüfstelle für jugendgefährdende Schriften begründete ihre Position damit, dass hier nicht nur zu Straftaten aufgerufen wird („Wenn du nicht mehr Taschengeld bekommst, dann wärst du gezwungen zu stehlen."[4]), sondern auch mit dem Umstand, dass dieses Buch Kinder und Jugendliche „sozialethisch desorientiere" und die „Vermittlung jeglicher sozialer Kompetenz verhindere". Interessanterweise nahm die Bundesprüfstelle bei der Begründung der Relevanz von sozialer Kompetenz für die Gestaltung von Gesellschaft vage Zuflucht zu den Grundsätzen des Ethikunterrichts und erteilte damit indirekt der Schule

---

1 Götz Hamann, Habe alles, bekomme mehr, in: Die Zeit, 19. Mai 2004, 19 f.
2 Vgl. Judith Wilske/André Erlen, Mein erstes Shopping Buch – ein Buch zum Lesen, Vorlesen, Lernen und Einkaufen. Für alle kleinen Einkäufer ab 3 Jahren, Köln 2002.
3 Ebd.
4 Ebd.

den primären Auftrag zur Vermittlung von sozialer Kompetenz, ethischer Orientierung und Persönlichkeitsbildung.[5]

Sowohl der Verkaufserfolg der Publikation als auch das Urteil der Bundesprüfstelle verweisen auf den Umstand, dass Persönlichkeitsbildung und die Vermittlung sozialer Kompetenz sowie ethischer Orientierung zwar als grundlegende Bildungs- und Erziehungsaufgaben betrachtet werden. Aber über den Ort, an dem dieses geschehen soll, herrscht Uneinigkeit. Eine Unsicherheit, die zu Lasten von Kindern und Jugendlichen geht.

Bereits in der 1998 erschienenen Diakonie-Denkschrift *Herz und Mund und Tat und Leben* wird daher unter der Kapitelüberschrift „Diakonisches Lernen anstoßen – die Bildungsaufgabe wahrnehmen" darauf verwiesen, dass „soziale Erfahrungen heute für immer mehr Menschen nicht von allein zustande kommen" und daher „neue gesellschaftliche Orte, neue soziale Lernarrangements" gebraucht werden, „in denen Formen der Solidarität gelernt und erfahren werden."[6] Die Diakonie leistet ihren Beitrag zum diakonisch-sozialen Lernen und damit zu einer christlich motivierten und profilierten ethischen Orientierung und Persönlichkeitsbildung, indem sie als kirchliches Werk das Freiwillige Soziale Jahr (FSJ), integrative Kindergärten und Schulen sowie christlich profilierte berufsbildende Schulen im Bereich der Erziehung und Pflege anbietet. Der Zusammenarbeit mit den allgemein bildenden Schulen gilt gerade angesichts der oben skizzierten gesellschaftlichen Entwicklungen und der Veränderungen im Sozialbereich, welche die 1998 diagnostizierten Befunde und gestellten Forderungen verstärken, besondere Aufmerksamkeit.

Viele Schulen – und hier haben die evangelischen Schulen eine wichtige Vorreiterrolle – nehmen sich dieses Auftrages in jüngster Zeit verstärkt an und machen diakonischsoziales Lernen zu einem festen Bestandteil ihres Schulprofils. Ihrem Engagement ist es mit zu verdanken, dass die Diakonie in Bezug auf die allgemein bildenden Schulen ihre eigene „Bildungsvergessenheit" bemerkt,[7] so der Wiener Religionspädagoge Gottfried Adam, und ihren Kurs geändert hat. Auch aus diesem Grund führt das Diakonische Werk der EKD seit 1998 Bildungsforen durch, die Themen diakonisch-sozialen Lernens aufgreifen und Vernetzungsarbeit nicht nur zwischen den interessierten Schulen, sondern auch zwischen Schulen und Einrichtungen leisten wollen.[8]

---

5 Vgl. die Entscheidung der Bundesprüfstelle für jugendgefährdende Schriften Nr. 5033 vom 02.01.2000, Bundesanzeiger Nr. 225 vom 31.11.2000.
6 Vgl. Kirchenamt der EKD (Hg.), Herz und Mund und Tat und Leben. Grundlagen, Aufgaben und Zukunftsperspektiven der Diakonie, Gütersloh ²1998, 61 f.
7 Vgl. Gottfried Adam, Bildung als Dimension von Diakonie und Diakoniewissenschaft, in: Friedrich Schweitzer (Hg.), Der Bildungsauftrag des Protestantismus, Gütersloh 2002, 124-142.
8 Zur Übersicht über Inhalte und Verlauf der Bildungsforen seit 1998 vgl. Uwe Mletzko, Bildungsforen in der Diakonie. Zeitschrift für Pädagogik und Theologie, Themenheft Bildung und Diakonie 54. 2002, H. 1, 44-51.

2. Bildung als diakonischer Auftrag *oder* Der diakonische Grundgedanke und seine Relevanz für evangelische Schulen

Der australische Theologe John N. Collins hat das tradierte Verständnis von Diakonie als einen von Jesus her begründeten sog. ‚niedrigen' Dienst der Christen an Armen und Hilfebedürftigen einer kritischen Revision und Ergänzung unterzogen. Unter Einbezug außerbiblischer zeitgenössischer Quellen kann er zeigen, dass dem griech. Begriff *diakonein* mit seinen Dimensionen der Verkündigung, des Handelns und des Dienens auch die Bedeutung des ‚Dazwischengehens', bzw. der ‚Vermittlung' zu Grunde liegt. Mit dem Begriff *diakonos* ist demnach nicht nur ein barmherziger Helfer, sondern auch eine Art „Vermittler, Sprecher, Kurier oder Agent" gemeint. Den *diakonos* des Neuen Testaments bezeichnet Collins demzufolge als „relational figure", der im Auftrag eines anderen eine Botschaft überbringt oder im Auftrag eines anderen handelt. Wichtig ist dabei, dass eine Handlung nicht *nur für* einen anderen, sondern primär *im Namen* eines anderen getan wird. Im Neuen Testament geschieht *diakonein* in der Beauftragung durch Gott.[9] Das lenkt den Fokus unserer Aufmerksamkeit zunächst vom konkreten helfenden bzw. anwaltschaftlichen Handeln auf die Motivation der Handelnden oder wie Hans-Jürgen Benedict es formuliert: „Christen sind zunächst Beauftragte und dann in der Konsequenz der Ausführung dieses Auftrags auch hilfreich sozial Handelnde und Dienende."[10] Diese Perspektive von Collins erscheint für eine Qualifizierung des diakonischen Profils evangelischer Schulen nicht nur hinsichtlich der Motivation und der Betonung des Verkündigungsaspektes interessant. Es ist besonders seine Auffassung eines intermediären Charakters[11] von Diakonie, die bei der Frage nach den praktischen Ausgestaltungen eines diakonischen Schulprofils hilfreich sein kann. Folgt man dem skandinavischen Theologen und Diakoniewissenschaftler Kjell Nordstokke, der in Anlehnung an John Collins den Auftrag der Diakonie in der „Wahrnehmung von Leidens- und Krisensituationen der Welt unter dem Aspekt der aktiven Liebe Gottes für seine Schöpfung" sieht,[12] spielt der diakonische Grundgedanke für evangelische Schulen in zweifacher Hinsicht eine Rolle. Zum einen können evangelische Schulen im Horizont des Evangeliums konkrete Hilfestellung für ihre Schülerinnen und Schüler bei der Bewältigung individueller und gesellschaftlicher Krisen leisten, indem sie selbst als Vermittlerin bzw. Agentin zwischen Lebenswelten und -formen der ihnen anvertrauten Schüler und anderen relevanten Lebensbereichen auftreten. Damit wenden sie sich gegen das Auseinanderdriften von schulischem und außerschulischem Lernen und verhindern die Fragmentierung von Lebensbereichen. Zum anderen können sie in der Vermittlung von Motivation für Diakonie als jenen Akt des ‚Dazwischengehens', der christliches Leben in der Gesellschaft prägt, tätig werden.

---

9 Vgl. John N. Collins, Diakonia. Re-Interpreting the Ancient Sources, New York–Oxford 1990.
10 Hans-Jürgen Benedict, Die größere Diakonie: Versuch einer Neubestimmung im Anschluss an John N. Collins, in: Volker Herrmann/Rainer Merz/Heinz Schmidt (Hgg.), Diakonische Konturen, Theologie im Kontext sozialer Arbeit, Heidelberg 2003, 131.
11 Vgl. auch Wolfgang Hubers analoge Positionsbestimmung der verfassten Kirche: ders., Kirche in der Zeitenwende. Gesellschaftlicher Wandel und Erneuerung der Kirche, Gütersloh 1998.
12 Nach Benedict, Die größere Diakonie, 133.

Vor dem Hintergrund ihres christlichen Bildungsverständnisses, das (1) weit über ein eindimensionales Verständnis von Bildung hinsichtlich der Fragen nach Verwertbarkeit hinausgeht und (2) für Grund- und Grenzfragen des menschlichen Lebens sensibilisieren will, ermöglichen evangelische Schulen ihren Schülerinnen und Schülern im Rahmen von Sozialpraktika, diakonischen Projekten oder Aktionen Lernerfahrungen, die sie befähigen, die Zukunftsherausforderungen und zukünftigen Schlüsselprobleme der Gesellschaft zu bewältigen. Die Gestaltung einer Kultur des Sozialen hat dabei einen zentralen Stellenwert.

Obwohl diese Zukunftsaufgabe angesichts der zahlreichen Reformen im Gesundheits- und Sozialbereich ganz offensichtlich erscheint, ist das soziale Lernen eine vernachlässigte Dimension der neuen nationalen Bildungsdebatte und muss sich immer wieder gegen die Dominanz der Diskurse um Bildungsstandards, internationale Wettbewerbsfähigkeit etc. behaupten. In bestehenden Bildungskonzepten scheint diese Dimension kaum integriert, obwohl soziale Teilhabe als Basis einer lebendigen Gemeinschaft zwingend sozialer Bildung bedarf.

Ein menschenfreundliches Zusammenleben in christlicher Perspektive erfordert Diakonie als kommunikativen und sozialen Akt des ‚Brückenbauens', der unterschiedlichste Menschen miteinander verbindet, die Augen für den anderen und sich selbst öffnet und damit anwaltschaftliches und helfendes Handeln erst ermöglicht.

Und – so Benedict – „wenn schließlich in der Praxis Gesellschaft im Horizont Gottes gestaltet wird, so ist das Kommunikation des Evangeliums."[13] Evangelische Schulen mit diakonischem Profil können durch eben jenen Akt des ‚Brückenbauens' und der beauftragten Vermittlung sichtbar machen, dass es Gott als eine Macht der Barmherzigkeit gibt. Sie können selbst für gesellschaftliche und schulische Chancenungleichheit und Leidenssituationen sensibel werden und in der Folge auch im Horizont des Evangeliums anwaltschaftlich und helfend für ihre Schülerinnen und Schüler handeln. Sie lassen sich für die Wahrnehmung von Chancenungleichheit sowie zu helfendem Handeln, anwaltschaftlichem Beistand und dem dazu nötigen Engagement motivieren – oder wie Bertold Brecht es formuliert: „Ich halte nichts von Mitleid, das sich nur in Hilfsbereitschaft und nicht auch in Zorn verwandelt."[14]

Damit rückt auch der hilfebedürftige und notleidende Mensch wieder in den Mittelpunkt diakonischen Handelns: Denn es geht beim diakonisch-sozialen Lernen nicht nur darum, die Erfahrung zu vermitteln, dass Leben auch anders gestaltet sein kann, dass Verlust, Scheitern und das Imperfekte dazu gehören, sondern für den Wert dieser Lebensweisen zu sensibilisieren und die Tragweite eines Begriffes wie Gottebenbildlichkeit erfahrbar werden zu lassen.

Mit dem Wissen um ihre Beauftragung sind evangelische Schulen außerdem in der Lage, ‚quer' zu den Zwängen von gesellschaftlicher Reproduktion und Fortschritt zu denken. Das heißt, sie können sich trotz ihres traditionell hohen fachlichen Bildungsanspruchs von einem auf ‚Verwertbarkeit' ausgerichteten Bildungsverständnis lösen und sind in der Lage, diese Freiheit auch an ihre Schülerinnen und Schüler zu vermitteln.

---

13 Ebd.
14 Bertold Brecht, Lektüre für Minuten, Frankfurt a.M. 1998.

3. Diakonisch-soziales Lernen in der Schule als Agent der Diakonie

Schulen und ihr Engagement für diakonisch-soziales Lernen werden auf diese Weise zu einem wichtigen Garanten für den Fortbestand der Diakonie im Zusammenspiel der Freien Wohlfahrtspflege und privater Anbieter. Denn es bedarf dazu der Menschen, die sich mit eben jenen Zielen diakonischen Handelns identifizieren sowie vermeintliche gesellschaftliche Zwänge erkennen und ihnen vor dem Hintergrund eigener sozialer Erfahrungen entgegen treten. Auf der Basis eigener Erfahrungen mit Kindern, Alten, kranken und behinderten Menschen sowie Menschen, die jene unterstützen und ihnen helfen, erhalten gesellschaftliche Diskussionen um Sterbehilfe, Bioethik oder den Rahmen einer medizinischen und psychologischen Grundversorgung ein anderes Gewicht: Die Themen verlieren ihren Nachrichtencharakter und werden zu Geschichten von Menschen, denen man bereits begegnet ist. Die Diakonie braucht Jugendliche mit solchen Erfahrungen als Agenten und Brückenbauer, die sich ihre Sachen zu Eigen machen und dafür die Stimme erheben. Ob sich diese Identifikation in einem späteren ehrenamtlichen Engagement, in einer beruflichen Tätigkeit auf einem der diakonisch-sozialen Handlungsfelder oder der ideellen Unterstützung bzw. der Teilnahme am Diskurs niederschlägt, ist dabei zweitrangig.

4. Aufgaben der Diakonie und Zusammenarbeit von Schule und Diakonie

Das große Engagement evangelischer Schulen in diesem Bereich und das wachsende Interesse staatlicher Schulen an Formen diakonisch-sozialen Lernens sind für das Diakonische Werk der EKD demzufolge von großer Bedeutung. Aus diesem Grund ist es daher zunächst wichtig, gemeinsam mit der seit Frühjahr 2003 bestehenden *Wissenschaftlichen Arbeitsstelle Evangelische Schule* und engagierten Lehrerinnen und Lehrern aus Schulen und Hochschulen die Definitionsfrage weiter zu vertiefen; also zu klären, was diakonisch-soziales Lernen in der Erweiterung des sozialen Lernens bedeutet und wie diakonisches Handeln sich in diesem Kontext beschreiben lässt. Weiterhin gilt es, die dringend erforderliche Curriculumentwicklung zu begleiten und zu unterstützen.[15]

Ein weiterer Aufgabenschwerpunkt liegt in der Gewinnung staatlicher Schulen für Formen des diakonisch-sozialen Lernens. Erfahrungen an Hauptschulen belegen, dass es gerade jene Schülerinnen und Schüler sind, die häufig das Signal bekommen, dass sie nicht gebraucht werden, die aus diesen Begegnungen einen besonderen Gewinn für sich schöpfen: Die Doppelerfahrung des Gebraucht- und Angewiesenseins, die Möglichkeit Vorurteile abzubauen und die Chance zu erleben, Fähigkeiten und Kompetenzen jenseits schulischer Anforderungen zu besitzen, erhält hier eine besondere Relevanz. Diakonische Einrichtungen sollten sich hier langfristig nicht nur als kompetente Partner für evangelische und staatliche Schulen, sondern auch für Initiativen aus den Bereichen Bürgerschaftliches Engagement, Civic Education und Service Learning etablieren.[16] Im

---

15 Beide Themen wurden auf dem 6. Bildungsforum im Herbst 2004 vertieft, das dieses Mal gemeinsam vom Diakonischen Werk der EKD und der Wissenschaftlichen Arbeitsstelle durchgeführt wurde.
16 Das US-amerikanische Modell des Service-Learning erfährt gerade in jüngster Zeit in Deutschland eine verstärkte Aufmerksamkeit. Vgl. z.B. Anna Sliwka, (Hg.), Durch Verantwortung lernen. Service Learning: Etwas für andere tun, Weinheim 2004.

Kontext eines sich immer stärker verändernden Wohlfahrtsstaates und veränderter Bedingungen der Refinanzierung sind solche Maßnahmen auch notwendig, um den eigenen ‚Nachwuchs' z.b. im Bereich von Pflege und Erziehung zu sichern sowie Ehrenamtliche, die, so Diakonie-Präsident Jürgen Gohde, „ebenso anspruchsvoll wie einsatzbereit sind", zu gewinnen.[17]

Zum Abschluss meines Beitrages sei noch einmal auf das eingangs erwähnte ‚Kinderbuch' verwiesen. Es schließt mit den 10 goldenen Shopping-Regeln für Kinder und Jugendliche:[18]

1. Einkaufen ist wichtig!
2. Lasse dich durch nichts abbringen: deine Wünsche zählen!
3. Nimm immer genügend Geld mit!
4. Meide Geschäfte mit unfreundlichen Verkäufern!
5. Wenn etwas gefällt, kaufe es!
6. Wenn du zweifelst, kaufe trotzdem!
7. Trage nichts Gebrauchtes. Kaufe selbst!
8. Lehne gebastelte Geschenke ab!
9. Kaufe das, was deine Freunde sich nicht leisten können!
10. Bestehe darauf, dass du auch am Sonntag einkaufen darfst.

Die Autoren haben diese Regeln in satirischer Absicht und im Sinne einer paradoxen Intervention aufgestellt. Dahinter steht die Analyse einer gesellschaftlichen Situation, die Kinder und Jugendliche in ihrem Sozialverhalten mehr oder minder stark prägt. Die Teilhabe am Markt ist für viele aus durchaus verständlichen Gründen zu einem wichtigen Bereich sozialen Lebens geworden. Nicht zuletzt deshalb, weil die Teilhabe an vielen anderen Segmenten gesellschaftlichen Miteinanders eingeschränkt ist. Daher bedarf es auch weiterhin gemeinsamer Anstrengungen von Schule und Diakonie im Bereich des diakonisch-sozialen Lernens, um Jugendlichen andere soziale Erfahrungsräume zu öffnen und ihnen somit den notwendigen „Zusammenhang von Lernen, Wissen, Können, Wertbewusstsein, Einstellungen und Handlungsfähigkeit im Horizont sinnstiftender Deutungen des Lebens" zu vermitteln, wie die aktuelle EKD-Bildungsdenkschrift *Maße des Menschlichen* formuliert.[19]

Schule und Diakonie müssen sich in diesem Bereich als Beauftragte verstehen, die im Horizont des Evangeliums junge Menschen erziehen und ausbilden und sie vor dem Hintergrund eines christlichen Menschenbildes bilden, d.h. ihnen das Brückenbauen in andere Lebenswelten ermöglichen, Chancen der Identitätsbildung eröffnen, Wahrnehmung und Sensibilität schulen und Jugendliche dazu motivieren, selbst im Horizont Gottes als Brückenbauer tätig zu werden.

---

17 Differenziert Ausbilden. Interview mit Diakonie-Präsident Jürgen Gohde zu Möglichkeiten, freiwillige soziale Arbeit zu fördern, in: Diakonie Report 1/2004, 12 f.
18 Wilske/Erlen, Mein erstes Shopping Buch.
19 Kirchenamt der EKD (Hg.), Maße des Menschlichen. Evangelische Perspektiven zur Bildung in der Wissens- und Lerngesellschaft, Gütersloh 2003, 90.

2 Diakonische Bildung und soziales Lernen

2.1 Diakonisch-soziales Lernen – Eine gemeinsame Herausforderung für Schulen und diakonische Einrichtungen

von Jürgen Gohde

Eine Ausgabe der Zeitschrift Publik-Forum hatte im vergangenen Jahr als Themenschwerpunkt *Schule neu denken!*[1] Sie reiht sich damit in die Riege derjenigen ein, die im Gefolge von PISA I und II, IGLU und TIMSS einerseits herausfinden wollen, woran die deutsche Schule krankt, und andererseits den Reformprozess vorantreiben möchten. Der Erziehungswissenschaftler Hartmut von Hentig geht daher hier mit dem deutschen Schulsystem gewohnt hart ins Gericht, wenn er formuliert: „Auch heute sind unsere Schulen nicht ein Lebens- und Erfahrungsraum, nicht *a place for kids to grow up*, nicht die *polis*, an deren Idealen, Aufgaben und Problemen die jungen Menschen lernen und sich bewähren, sondern Bewahranstalten, Treibhaus, Schonraum, Sortieranstalt oder Sozialstation etc."[2] Er bemängelt, dass Schule zu wenig Lebens- und Erfahrungsraum ist und sich der gesellschaftlichen Lebenswirklichkeit nicht öffnet. Die positiven Schul- und Unterrichtsbeispiele, die diesem Verdikt von Hentigs an die Seite gestellt werden, demonstrieren, dass dieses Urteil vielleicht in der Breite Gültigkeit haben mag, aber die positiven Ausnahmen immer mehr werden. Sie verweisen darauf, dass gute Schulen sich öffnen, Teilhabe ermöglichen und soziales Lernen institutionalisieren, – Dimensionen, die für diakonische Bildung und diakonisch-soziales Lernen konstitutiv sind. Unter dem Titel *Schulprojekt Mitgefühl* wird in dieser Ausgabe u.a. das katholische Modell sozialen Lernens *Compassion* vorgestellt. Es entspricht aber einer guten protestantischen Tradition, dass es auf evangelischer Seite kein einheitliches Modell sozialen Lernens gibt, sondern auch auf diesem Gebiet eine interessante Vielfalt von Modellen und Entwürfen ko-existiert, die von einander lernen und einander Anregung und Korrektiv sind.

In diesem Sinne sind auch die Bemühungen des Arbeitskreises ‚Diakonisches Lernen' zu verstehen, eine gemeinsame Verständigung darüber zu erzielen, in welchem Bildungshorizont diakonisch-soziales Lernen verankert werden kann, welche Bildungsaspekte hier im Vordergrund stehen und welche Ziele, Kriterien oder sogar Standards damit verbunden sind – als Anregung und Einladung zu konstruktiver Kritik und Weiterarbeit.

Diakonisch-soziales Lernen im Horizont evangelischer Bildung

In seinem Entwurf einer gemeinsamen Position hat der Arbeitskreis ‚Diakonisches Lernen' einleitend formuliert: „Diakonisch-soziales Lernen ist als Ausdruck und Konkreti-

---
1 Publik-Forum Nr. 19 v. 8. Oktober 2004.
2 Ebd, 15.

on einer Bildung in evangelischer Verantwortung zu verstehen. Es greift einen spezifischen Aspekt evangelischen Bildungsverständnisses auf, welches den ‚Zusammenhang von Lernen, Wissen, Können, Wertbewusstsein, Haltungen sowie Handlungsfähigkeit im Horizont sinnstiftender Deutungen des Lebens zur Grundlage von Bildungsprozessen macht'."[3]

Damit wird nicht nur auf die aktuelle EKD-Bildungsdenkschrift *Maße des Menschlichen* Bezug genommen, sondern implizit bereits auf das theologische Fundament diakonischer Bildung und diakonisch-sozialen Lernens verwiesen. Wenn hier von „Haltungen und Handlungsfähigkeit im Horizont sinnstiftender Deutungen des Lebens" die Rede ist, dann klingt sowohl das Bewusstsein über die Gottebenbildlichkeit des Menschen als auch seine Beziehungsfähigkeit zu Gott, den Mitmenschen und sich selbst bereits mit an. In diesem Sinne lässt sich diakonisch-soziales Lernen als Persönlichkeitsbildung verstehen, die dazu beiträgt, Kinder und Jugendliche in ihrer Identitätsfindung zu unterstützen, und damit auch einen Beitrag zu einer diakonisch geprägten Gesellschaft leistet. Dass es dabei um mehr als den Erwerb von kognitiven Fähigkeiten und Wissen geht, erscheint hinreichend plausibel, aber es stellt sich die Frage, wie „die lebendige Vielfalt aller Fähigkeiten und Erfahrungen", von der im Entwurf des Arbeitskreises die Rede ist, vermittelt werden kann? Wie können Lernprozesse konkretisiert werden, die „den Menschen zu einem Leben befähigen, das ihn seine Individualität und Persönlichkeit, wie sie von Gott gemeint ist, ausbilden und entfalten lässt, das ihm ein Leben in Beziehung zu Gott, den Mitmenschen und zu sich selbst ermöglicht und ihn sowohl sprach- und deutungsfähig als auch handlungs- und verantwortungsfähig macht"?

Ich freue mich daher besonders, dass so viele Expertinnen und Experten aus Schulen, Fort- und Weiterbildungsinstitutionen und diakonischen Landesverbänden zu dieser Tagung gekommen sind,[4] um gemeinsam an der Konkretisierung und Umsetzung dieser Aufgabenstellung zu arbeiten und über Aspekte der Initiierung, Begleitung und Evaluation solcher Lernprozesse nachzudenken.

Die Diakonie unterstützt diese Anstrengungen und ist qua Auftrag zu einem Engagement für das diakonisch-soziale Lernen verpflichtet, weil Bildung eine „sozialethische Herausforderung ist und dem Aufbau rücksichtsvoller Beziehungen in einer Solidargemeinschaft zu dienen hat".[5] Um die Akzeptanz einer Solidargemeinschaft zu stärken und eigene Erfahrungen der Stärken und Grenzen bei Jugendlichen zu fördern, ist sie jedoch auf Schulen sowohl in kirchlicher als auch staatlicher Trägerschaft sowie Kirchengemeinden als institutionelle Partner angewiesen, da nur mit ihnen gemeinsam sinnvolle Lernarrangements entwickelt werden können.

---

3 Positionspapier des Arbeitskreises ‚Diakonisches Lernen' des DW EKD und der Wissenschaftlichen Arbeitsstelle Evangelische Schule, veröffentlicht auf dem 6. Bildungsforum (Johannes-Stift Berlin-Spandau) im Oktober 2004; s. dazu Kap. 2.2.4.
4 Vortrag auf dem 6. Bildungsforum der Diakonie 2004 im Ev. Johannestift Berlin-Spandau.
5 Kirchenamt der EKD, Maße des Menschlichen – Evangelische Perspektiven zur Bildung in der Wissens- und Lerngesellschaft. Eine Denkschrift, Gütersloh 2003, 91.

Ein diakonisches Schulprofil als Bildungschance

Diakonisch-soziales Lernen, das sich als Teil von Bildung in dem zu Anfang skizzierten umfassenden Sinne versteht, ist eine Ressource für die Gestaltung einer gerechten Gesellschaft, in der Teilhabe nicht nur als Teilhabe am Konsum verstanden wird, sondern als Möglichkeit, Leben in Solidarität und Gerechtigkeit zu gestalten. Die Ausgestaltung eines diakonisch-sozialen Schulprofils kann dazu beitragen, dass die Idee einer gerechten und solidarischen Gesellschaft mit einer neuen Generation wächst, dass die soziale Dimension gesellschaftlichen Lebens Akteurinnen und Akteure – z.b. in Form von professionellem, aber auch freiwilligem Engagement – sowie Anwälte gewinnt, die vor dem Hintergrund eigener Erfahrungen sprechen können. Wichtige Bestandteile eines diakonisch geprägten Schulprofils, das sich einerseits der Förderung einer „Kultur des Mitgefühls und der Hilfsbereitschaft"[6] verpflichtet weiß und damit auch die Persönlichkeitsbildung fördern möchte, sind einerseits die Stärkung der Sozialkompetenz und andererseits die Reflexion der christlich- ethischen Dimension. Dabei geht es um das Zusammenspiel der Ausgestaltung einer Schulkultur am Lernort Schule und der Kooperation mit außerschulischen Lernorten wie z.B diakonischen Einrichtungen.

Sozialkompetenz stärken

Bei der Frage nach dem spezifischen Profil evangelischer Schulen wurde in der Vergangenheit vielfach auf die besondere Qualität der fachlichen Bildung und Ausbildung hingewiesen. Aber alle guten Schulen – egal ob in evangelischer oder staatlicher Trägerschaft – zeichnen sich durch diese besondere Qualität aus. Dafür bedarf es bestimmter Maßnahmen der Qualitätssicherung, der Fortbildung und Evaluierung, die an guten staatlichen Schulen ebenso selbstverständlich sind wie an guten evangelischen Schulen. Sie sind gewissermaßen das notwendige Fundament, auf dem eine Schule ihr diakonisches Profil aufbauen kann. Um Fachwissen und Handlungskompetenz erfolgreich zu vermitteln und zu verknüpfen, muss Schule den Erwerb von personalen und sozialen Kompetenzen jedoch genauso hochrangig ansiedeln. Dazu gehört, dass sie in den unterschiedlichsten Unterrichtsformen das Vertrauen der Schülerinnen und Schüler in ihre eigene Kompetenz, neues Wissen zu erwerben, Fremdes zu erkunden und handlungsfähig zu sein, fördert.

Der diakonische Grundgedanke evangelischer Schule impliziert, dass in diesen Schulen die Unterschiedlichkeit sozialer Wirklichkeit gelebt und gelernt wird. Dafür ist Sozialkompetenz in unterschiedlichsten Formen notwendig, die aber nur in der Praxis erlernt werden kann. Für jemanden einzutreten, jemanden in seiner Andersartigkeit zu respektieren und einem anderen zu helfen, sind Handlungen, die zwar theoretisch eingefordert werden können, die aber nicht diskursiv herstellbar sind. Zu einer umfassenden Sozialkompetenz im diakonischen Sinne gehört die Wahrnehmung der Situation des Gegenübers, Sensibilität, Empathiefähigkeit und die Auseinandersetzung mit verschiedenen Lebensformen und Lebensentwürfen. Dazu zählt letztendlich auch die Fähigkeit sich selbst und sein Gegenüber in der jeweiligen Lebenssituation mit allen vorhandenen Stärken und Schwächen zu akzeptieren. Damit sind aber eben jene Fähigkeiten benannt, die für einen gelingenden Identitätsbildungsprozess grundlegend sind.

---

6 Ebd.

Die hier beispielhaft genannten Kompetenzen lassen sich nicht durch ‚Besprechen' im Unterricht lernen. Hier bedarf es stattdessen konkreter Erfahrungen inner- und außerhalb von Schule. Für den Unterricht und die Schulkultur bedeutet das z.B die Stärkung sozialer Lernformen, die in die genannten Fähigkeiten einüben. Dass die Vermittlung einer grundlegenden Sozial- und Lebensführungskompetenz im Rahmen diakonischer Bildung kein zusätzliches Bildungsziel, sondern zentraler Bildungsauftrag ist, belegt auch die scheinbar nicht zu schließende Lücke zwischen den tausenden von jungen Menschen, die eine Lehrstelle suchen, und den freien Ausbildungsplätzen in Handwerk und Industrie. Dieser Zustand hat sicherlich mehrere Gründe. Mangelnde Sozialkompetenz – die an dieser Stelle nicht mit einem Defizit an Benehmen oder Manieren verwechselt werden sollte – ist jedoch eine Ursache, warum Betriebe Jugendliche als Auszubildende nicht einstellen. In Wirtschaft und Industrie setzt man bereits seit längerer Zeit aus Gründen der wirtschaftlichen Effizienz auf Gruppenarbeit und Projektstrukturen, während schulisches Lernen immer noch vielfach die Qualitäten der sich ‚durchbeißenden Einzelkämpfer' schult.

Being somebody, not nobody! – Die Würde der Schülerinnen und Schüler achten
In Schulen mit diakonischem Profil müssen sowohl Kinder, Jugendliche und junge Erwachsene als auch Lehrerinnen und Lehrer fühlen, dass sie „somebody, not nobody" sind, wie es der Philosoph Isaiah Berlin formuliert hat. Sie müssen spüren, dass die Anerkennung der Würde jedes einzelnen Menschen und die christliche Anthropologie keine isolierten Themen des Religions- und Ethikunterrichts sind, sondern Grundlage der Schulkultur und eines gelingenden Alltags. In der konkreten Umsetzung kann dieser Anspruch viele Gesichter haben.

Für das Unterrichtsgeschehen leitet sich daraus zunächst eine Gesprächskultur ab, die es allen ermöglicht, angstfrei und offen zu kommunizieren, die von gegenseitigem Respekt, gegenseitiger Achtung und Sensibilität für den anderen geprägt ist. Darüber hinaus lässt sich aus einem diakonischen Schulprofil auch ein Anspruch individueller Förderung ableiten. Dafür müssen Unterrichtsformen gefunden werden, die es ermöglichen, dass Schüler und Schülerinnen ihrem individuellen Lerntempo folgen, bei auftretenden Schwierigkeiten von Lehrern und Mitschülern Hilfestellung erhalten können und ihre Begabungen erkannt und gefördert werden. Dazu bedarf es wiederum einer Atmosphäre, in der weder ‚Nicht-können' oder ‚Nicht-wissen' mit Versagen gleichgesetzt wird, noch besondere Begabungen als Stigma empfunden werden. „Being somebody, not nobody" heißt auch, dass Schule die sozialen Bedürfnisse von Schülern und Lehrern ernst nehmen muss und ihre Schulkultur dementsprechend gestaltet. In vielen Schulen werden Ansätze der ‚demokratischen Schule' schon praktiziert. Schülerinnen und Schüler haben dort bei relevanten Entscheidungen für das Leben in der Schule und den Unterricht eine Stimme und tragen für die getroffen Vereinbarungen ihren Teil der Verantwortung. Formen demokratischen Handelns werden in Situationen mit Alltagsrelevanz eingeübt und nicht nur in künstlichen ‚Als-ob-Situationen' von untergeordnetem Interesse. Der Erziehungswissenschaftler und Leiter des Deutschen Jugendinstitutes, Thomas Rauschenbach, der den artifiziellen Charakter von schulischem Lernen bemängelt, hat die Notwendigkeit solcher demokratischer Schulstrukturen und ihrer Öffnung zu anderen Lernorten in einem schönen Bild beschrieben. Er hat Schulen mit einem Trainingslager verglichen, in dem Schülerinnen und Schüler je nach Schulform bis zu 9 Jahren für eine Art ‚Olympia' trainieren, aber keine ‚echte Wettkampferfahrung' sammeln können. Er hält es daher für nicht verwunderlich, wenn der eine oder andere Schüler während des Trainings das Ziel aus den Augen verliert und keine Motivation zum Lernen aufbringt. Erst recht, wenn Jugendliche trotz erreichter Qualifikation durch schlechte Chancen auf dem Arbeitsmarkt und persönliche Probleme noch kurz vor dem ‚Wettkampf' ausgeschlossen werden und nur unzureichende Zukunftsaussichten haben.[7]

Lernen am anderen Ort als Ausdruck des diakonischen Grundgedankens

In der Diskussion um Schulentwicklungsprozesse spielen die Stichworte ‚Öffnung der Schule' und ‚Lernen am anderen Ort' aktuell eine wichtige Rolle. Hier liegt m.E. eine besondere Chance für evangelische Schulen, ihr christliches Bildungsverständnis zu manifestieren und den diakonischen Grundgedanken zur Basis ihrer Schulprofile zu machen. Staatlichen Schulen bietet sich die Chance, diakonische und andere soziale Einrichtungen als relevante gesellschaftliche Akteure kennen zu lernen und ihre Schülerinnen und Schüler mit Formen und Motivationen sozialen Handelns vertraut zu machen.

Zum diakonischen Profil einer Schule gehört somit ein diakonisch-soziales Lernen, das den Schülern nicht nur die Feinheiten und Defizite bestehender Sozialsysteme und Betreuungsstrukturen vermitteln möchte, sondern relevante Erfahrungen ermöglicht. Im Sinne einer Ressourcenorientierung muss es darum gehen, dass Schüler und Schülerinnen im Kontakt erkennen, was sie *selbst* in der Begegnung mit behinderten, kranken und alten Menschen gewinnen. Ein Unterricht, der z.B über die gesellschaftlichen Benachteiligungen behinderter Menschen informiert und dessen Ziel es ist, für die Probleme anderer Menschen zu sensibilisieren, hat seine Berechtigung. Liebe, Mitgefühl und die Motivation, selbst zu handeln, sind aber nur beschränkt diskursiv vermittelbar, sondern entstehen durch Nähe und Identifikation. Ein Praktikum in einer Einrichtungen, in der behinderte und nicht-behinderte Menschen leben und arbeiten, kann im Rahmen informeller Bildung zu positiven Lernerfahrungen führen, die im Unterricht nicht möglich sind. Ein chinesisches Sprichwort fasst diese Einsicht prägnant zusammen. Es lautet:

Was du mir nennst, das vergesse ich.
Was du mir zeigst, das behalte ich.
Woran du mich teilhaben lässt, das begreife ich.

Damit ist ein wesentlicher Kernpunkt diakonisch-sozialen Lernens und seine Verortung in einem umfassenderen evangelischen Bildungsverständnis markiert. *Teilhabe* im Kontext diakonisch-sozialen Lernens findet immer auf kognitiver, affektiv-handlungsorientierter und spirituell-geistlicher Ebene statt. Nur die Teilhabe ermöglicht es damit, die diakonische Dimension sozialen Handelns erfahrbar zu machen. Dazu gehören individuelle Grenzerfahrungen, die Sensibilisierung für ethische Fragestellungen, die Offenheit für letzte Fragen und die Auseinandersetzung mit der Motivation christlichen Hilfehan-

---

7 Vortrag von Prof. Thomas Rauschenbach „Bildung und soziales Lernen" auf einer Veranstaltung des baden-württembergischen Kultusministeriums, Stuttgart, 18. Februar 2004.

delns – der Liebe Gottes, die sich in der Liebe Jesu zu den Menschen zeigt, in seinem Dienst an Kranken, Schwachen und Ausgegrenzten.

Ganztagsschulen als besondere Chance, außerschulische Lernorte zu integrieren
Für viele allgemein bildenden Schulen stellt sich derzeit eine besondere Aufgabe und Chance bei der Erstellung ihrer Schulprofile in der Umstrukturierung zur Ganztagsschule. Die Einbeziehung von diakonischen und anderen sozialen Diensten, Einrichtungen der Jugendhilfe, von Institutionen des bürgerschaftlichen Engagements sowie der kirchlichen und kommunalen Jugendarbeit werden laut gefordert und einige Bundesländer, wie z.b. Rheinland-Pfalz, haben erste positive Erfahrungen in diesem Bereich sammeln können. Die Ergebnisse der Modellprojekte belegen, dass durch die Kooperation mit externen Partnern und außerschulischen Lernorten die Schule als Ganzes sich ändert. Eine solche Zusammenarbeit wird aber letztlich nur dann Sinn machen und sich als nachhaltig erweisen, wenn sie nicht als Additum zu bestehenden Unterrichtsformen betrachtet wird, sondern wenn ein integriertes ganztägiges Bildungskonzept entwickelt wird. Denn bei der Ganztagsschule geht es bekanntlich um mehr als um eine zusätzliche nachmittägliche ‚Freizeitgestaltung'. Sie bietet vielfältige neue Chancen, soziales Lernen in und außerhalb der Schule zu ermöglichen. Denn einerseits kann nun durch die Einbeziehung der Jugendhilfe und der außerschulischen Jugendarbeit auch informelles Lernen in der Peer-Group ermöglicht werden, andererseits besteht oft schulorganisatorisch erstmals die Chance, an anderen Lernorten der Region – wie z.B Vereinen, Krankenhäusern, Einrichtungen für behinderte Menschen und Obdachlose – im Rahmen von Schule Erfahrungen zu sammeln und mit schulischem Lernen zu verbinden.

Schulisches Lernen gewinnt für Schülerinnen und Schüler durch diese lebensweltliche Rückbindung an notwendiger Ernsthaftigkeit. Lern- und Lebenswelt erscheinen in einem solchen Kontext als zwei Bereiche, die zwar organisatorisch zwangsläufig verschieden sind, die aber nicht mehr in einer unverbundenen Abfolge stehen. Durch die Kooperation mit außerschulischen Partnern wird Schule außerdem permanent gefordert, den ‚Gebrauchswert' ihrer Bildungsziele zu überprüfen. Sie muss sich also fragen lassen, ob sie die Entwicklung einer allgemeinen Lebensführungskompetenz mit all ihren kognitiven, personalen und sozialen Dimensionen wirklich fördert.

Neben den zahlreichen Initiativen im Bereich des diakonisch-sozialen Lernens bzw. der Umsetzung des katholischen *Compassion-Modells* starten in Deutschland derzeit die ersten Schulversuche, in denen das Modell des *Service learning* getestet wird. Ziel ist es, Jugendliche bereits während ihrer Schulzeit bei der Lösung von realen Problemen mitarbeiten zu lassen, ihnen Aufgaben in Schule und kommunaler Gemeinde zu übertragen und dabei mit Experten und Partnern außerhalb der Schule zusammenzuarbeiten. Dahinter steht der Wunsch, bei Schülerinnen und Schülern die individuelle Fähigkeit auszubilden, zwischen Individualität und Sozialität zu balancieren und ihnen die Kompetenz zu vermitteln, sich selbst in ein tätiges Verhältnis zur sozialen Welt zu setzen. Anders formuliert: Es geht darum, ihnen dabei zu helfen, das rechte Maß zwischen dem Wunsch ein ‚Ichling' und der Notwendigkeit ein ‚Wirling' zu sein, zu finden. Inwiefern dieses staatlich geförderte Modell Anschlussmöglichkeiten für diakonisch-soziales Lernen bieten kann, wird im Laufe der Tagung zu prüfen sein.

Es erscheint aber sinnvoll, diakonisch-soziales Lernen analog zum *Service-Learning* hinsichtlich seiner Ziele und Kriterien zu analysieren. Grundlegend ist dabei die Frage, was Kinder und Jugendliche eigentlich wissen, können und was sie erfahren haben müssen, um ihre eigene Zukunft zu gestalten. Dass dies nicht zu Lasten kognitiver Leistungen gehen muss, belegen neuere Forschungsergebnisse. Sie verweisen darauf, dass die Integration des sozialen Lernens und die damit verbundene Öffnung der Schule positive Effekte auf die Kooperationsbereitschaft und ethisches Denken haben, dass die Fähigkeit der Problemlösung verbessert wird, sie zu einer stärkeren Identifikation mit der jeweiligen Schule und ihrem Leitbild anregen und sogar zu besseren Schülerleistungen führen können, da eine höhere Lernmotivation auch zu höheren kognitiven Leistungen führt.[8]

Die Schule der Zukunft ist – gemeinsam mit ihren außerschulischen Lernpartnern – vor die Aufgabe gestellt, wie sie solche Prozesse des sozialen Lernens initiieren und fördern kann, – also: wie sie ‚gelernte Solidarität' zur Bildungsaufgabe machen kann. Die Wege zu diesem Ziel sind vielfältig. Es dürfte aber Konsens sein, dass eine Schule, die primär im 45-Minuten-Takt der geschlossenen Klassenzimmer denkt, in der die kognitive Dimension dominiert und die ihren Schülern nur sporadische Einblicke in die Welt außerhalb von Schule ermöglicht, an dieser Aufgabe scheitern muss. Vielleicht wäre langfristig in Deutschland sogar ein Modell wie im amerikanischen Santa Fe möglich; dort *lernen* die Schülerinnen und Schüler während eines ganzen Schuljahrs täglich in der Zeit von 11.30-15.30 Uhr in 60 verschiedenen regionalen sozialen Einrichtungen.

Die Idee, die sowohl hinter den Modellen des diakonisch-sozialen Lernens als auch des *Service Learning* steht, ist so einfach wie bestechend: Solidarität, der Kit der Gesellschaft, entsteht nicht dadurch, dass Schüler primär mit ihresgleichen kommunizieren, also mit Jugendlichen und jungen Erwachsenen aus ihrer Schicht, mit ähnlicher Bildung, gleicher Ethnie und Religion, sondern entwickelt sich erst dann, wenn Jugendliche sich mit ganz unterschiedlichen Menschen in konkreten und realen Situationen auseinandersetzen. In der amerikanischen Pädagogik wird dieser Effekt ‚bridging' – Brückenbauen – genannt, in christlicher Perspektive kann dieses Handeln als diakonisch bezeichnet werden. Hier zeigt sich nämlich eben jenes Verhalten, das der australische Theologe und Diakoniewissenschaftler John Collins als „kommunikatives und soziales Dazwischengehen" bezeichnet und als Urform diakonischen Handelns benennt. Bildung findet demnach hier im besten Sinne eines evangelischen Bildungsverständnisses als Selbstentfaltung im Horizont des anderen statt.[9]

Angesichts ihres diakonischen Profils gilt es für alle Schulen, Selektion im Bildungswesen zu verhindern und Abschlüsse und Qualifikationen möglichst vielen Jugendlichen und jungen Erwachsenen zugänglich zu machen – unabhängig von dem Bildungshintergrund ihrer Herkunftsfamilien. Denn die PISA-Ergebnisse haben nicht nur gezeigt, dass

---

8 Vgl. die Charts zum Vortrag von Dr. Anne Sliwka, Service Learning. Verantwortung lernen in Schule und Gemeinde, Berlin, 11. Februar 2004.

9 Vgl. Karl-Ernst Nipkow, ‚Ganzheitliche Bildung' zwischen dem Ich und dem anderen, in: Volker Drehsen u.a. (Hgg.), Der ‚ganze Mensch'. Perspektiven lebensgeschichtlicher Individualität. Berlin 1997, 407-430.

das deutsche Bildungssystem zu wenig ‚output-orientiert' ist, wie in den aktuellen bildungspolitischen Diskussionen der Umstand beschrieben wird, dass die gesetzten Bildungsziele häufig nicht erreicht werden, sondern dass Schule zur sozialen Selektion – und damit zu einem Auseinanderbrechen von Lebenswelten – beiträgt. Das diakonische Profil evangelischer Schule kann auch hier in Form des ‚Brückenbauens' und des ‚Dazwischengehens' seinen Ausdruck finden, indem diakonisch profilierte Schulen es sich zur vorrangigen Aufgabe machen, solche soziale Selektion zu verhindern und sich auch in dieser Hinsicht öffnen.

Evangelische Schulen, die dem diakonischen Grundgedanken verpflichtet sind, müssen sich als Beauftragte verstehen, die im Horizont des Evangeliums junge Menschen fachlich ausbilden und sie vor dem Hintergrund eines christlichen Menschbildes bilden, d.h. ihnen das Brückenbauen in andere Lebenswelten ermöglichen, Chancen der Identitätsbildung eröffnen, Wahrnehmung und Sensibilität schulen und ihre Schülerinnen und Schüler dazu motivieren, selbst im Horizont Gottes als Brückenbauer tätig zu werden. Dazu bedarf es einer lernenden Schule, die sich und ihre Arbeit immer wieder überprüft, einer motivierenden Schule, in der Lernen kein Selbstzweck ist, einer offenen Schule, die die Welt in die Schule holt und mit den Schülern in die Welt zieht, und einer profilierten Schule, die weiß, dass sie im Horizont des Evangeliums erzieht, bildet und ausbildet.

Herausforderungen an diakonische Einrichtungen und Dienste

Damit diakonisch-soziales Lernen zu einem breit angelegten und langfristigen Erfolgsmodell im Bildungsbereich werden kann, bedarf es nicht nur der oben skizzierten schulischen Anstrengungen, sondern auch die diakonischen Einrichtungen und Dienste selbst müssen ‚fit' für die Schule werden. Diakonische Einrichtungen und Dienste müssen sich der Herausforderung stellen, ihre Türen für Jugendliche zu öffnen, sie als Lernende an ihrer Arbeit teilhaben zu lassen und sich ihrer Fragen, Sorgen und Befürchtungen angesichts dieser neuen Erfahrung annehmen. Hinsichtlich einer immer noch zunehmenden Personalknappheit und der finanziellen Situation vieler Einrichtungen müssen diese dabei unterstützt werden. Einrichtungen und Diensten müssen erkennen, dass trotz und gerade wegen ihrer oftmals schwierigen Situation die Betreuung von Schülerpraktikantinnen und -praktikanten kein ‚Luxus', sondern grundlegender Bestandteil ihres diakonischen Auftrags und Leitungsaufgabe ist. Hinsichtlich des pädagogischen und didaktischen Fundaments sind sie dabei auf die Expertinnen und Experten aus Schule und anderen Bildungseinrichtungen angewiesen. Sozialpraktika werden voraussichtlich zukünftig eine stärkere Verankerung in den Lehrplänen und Richtlinien einzelner Bundesländer bekommen.[10] Das bedeutet für die Einrichtungen eine größere Zahl von Praktikantinnen und Praktikanten, die adäquat betreut werden müssen. Dazu sind Konzepte notwendig, die das kirchlich-diakonische Selbstverständnis der Einrichtungen ebenso reflektieren wie die Voraussetzungen und Wünsche der Schülerinnen und Schüler, bestehende Bildungskonzepte der Schulen, Möglichkeiten und Grenzen

---

10 Baden-Württemberg hat bereits für das Schuljahr 2004/2005 ein verpflichtendes Sozialpraktikum im Rahmen der Klasse 8 der Realschule eingeführt.

der Teilhabe von Jugendlichen am konkreten Arbeitsalltag sowie Kommunikationsformen zwischen Mitarbeitenden und Praktikanten. Um Rückschläge, Misserfolge und Überforderungen auf beiden Seiten zu verhindern, erscheint die Entwicklung solcher unterstützenden Konzepte z.B in Form von Arbeitshilfen zur Vorbereitung, Durchführung und Auswertung der Praktika dringend erforderlich. Hinsichtlich der hoffentlich weiter steigenden Nachfrage nach Praktikumsplätzen im Bereich der Diakonie muss auch überlegt werden, welche Formen von gemeindenaher Diakonie sich als außerschulische Lernorte eignen. In die aktuellen verbandspolitischen Bestrebungen der Diakonie zur Stärkung des diakonischen Gemeindeaufbaus werden daher Überlegungen, wie Jugendliche im Rahmen von Praktika und Projekten in die Aktivitäten einer diakonischen Gemeinde einbezogen werden können, von Beginn an eine Rolle spielen.

Aktuelle sozial- und bildungspolitische Entwicklungen verpflichten Diakonie und Kirche mit ihren Bildungseinrichtungen und sozialen Dienstleistungen, sich diesen Herausforderungen gemeinsam zu stellen, und eröffnen neue Möglichkeiten einer engen Kooperation.

2.2 Diakonische Bildung und diakonisch-soziales Lernen. Theoretische Grundlegung und Begriffsklärung – Kollegialer Besuch einer Baustelle

von Jürgen Frank

1. Ankommen und Warmlaufen

Wer sich in das Positionspapier des Arbeitskreises ‚Diakonisches Lernen' Schritt für Schritt hineinliest, betritt eine Baustelle. Mit dieser Wahrnehmung tritt man den Autorinnen und Autoren nicht zu nahe. Denn in dem Begleitschreiben, das mir meinen inhaltlichen Ort und Auftrag zuwies im Zusammenhang dieser Tagung,[1] hieß es: „Diakonische Bildung und diakonisch-soziales Lernen – hinter diese Überschrift des Positionspapiers gehört ein Gedankenstrich, denn dieses Papier will noch nicht ‚fertig' abgeschlossen sein, sondern versteht sich eher als Orientierungspunkt in einem gemeinsamen Klärungsprozess. Es will auffordern zum kritischen Überdenken, zum vertieften Nachdenken und zum konstruktiven Weiterdenken. Seine Formulierungen", so heißt es weiter, „sind Ergebnisse von Diskussionen und aus ganz unterschiedlichen Positionen erwachsen. Man merkt ihnen daher auch den Kompromisscharakter und eine gewisse Vorläufigkeit an, zugleich wird damit der Aufforderungscharakter für eine eigene Positionierung betont." Es hat einen eigenen Reiz, erproben zu dürfen, ob die eigenen Erfahrungen und die eigenen Konzepte mit dem vorliegenden Entwurf kompatibel sind. Und was bei üblichen Bauvorhaben eine Katastrophe wäre, ist in diesem Falle höchst willkommen: Bauplanänderungen, selbst der Abriss teilweise hochgezogener Mauern, die intensive Prüfung des bereits verbauten Materials und selbst die Enttarnung mildtätigen Grüns, mit dem Architekten bisweilen Konstruktionsschwächen verschleiern. Kurzum: Niemand muss sich sorgen, Verwirrung zu stiften, wenn sie oder er den Kompromissen auf die Spur kommt und so manchen Farbmix aus unterschiedlichen theoretischen Herkünften ‚Probeanstrich' nennt, was es ja oft auch ist.

2. Erste Orientierung und erste Handgriffe

Nichts ist inspirierender als der Besuch kollegialer Baustellen, zumal wenn die Bauherrinnen und Bauherren so freundlich zur Mitarbeit einladen. Entsprechend habe ich mich zu benehmen. Es geht also weniger um die Konfrontation mit konträren Ansichten, sondern eher um ein Nachfragen, Klären und ggf. Präzisieren im Blick auf evangelische Schule. Und nicht nur sie ist ja im Blick, die evangelische Schule. Das Konzept der diakonischen Bildung soll doch auch adaptierbar sein für staatliche Schulen. Adaptierbar auch für staatliche Schulen – allerdings: Ein evangelisches Bildungsverständnis wird als Fundament ausgewiesen. Und um gleich zu Beginn den Irrtum auszuschließen, es handle sich um einen ausschließlich für kirchliche Nutzer zugänglichen Bau: Er soll benutzbar sein auch für jene, die unter nicht evangelischen Dächern unterrichten. Deshalb wird das evangelisch fundierte Bildungsverständnis sofort und von Anfang an präzisiert: Evangelisches Bildungsverständnis meint Bildung in evangelischer

---
[1] 6. Bildungsforum (Johannes-Stift Berlin-Spandau) im Oktober 2004.

Verantwortung. Evangelische Bildungsverantwortung meint bis in die Stellungnahmen des Ratsvorsitzenden hinein stets Bildungsverantwortung in der Gesellschaft: „Der enge Zusammenhang zwischen guter Bildung und Berufschancen und der ebenso enge Zusammenhang zwischen Berufstätigkeit und Teilhabe am gesellschaftlichen Leben macht das Bildungsthema nicht nur für die Gesellschaft, sondern in einer spezifischen Weise auch für die Kirche brisant. Denn es rührt an die für eine christliche Kirche grundlegende Überzeugung von der gleichen Würde und Freiheit der Menschen, mit der die Forderung an einen gleichen Zugang zu gesellschaftlicher Teilhabe unlöslich verknüpft ist." Nicht zu übersehen sei, so Bischof Huber, dass in der aktuellen Bildungsdiskussion den spezifischen Themen evangelischer Bildungsverantwortung oft nur eine marginale Bedeutung zuerkannt werde. Die Fragen nach der religiösen und ethischen Bildung, nach Orientierungswissen für die Gestaltung des individuellen und gesellschaftlichen Lebens, nach Glaubenswissen als der Grundlage für die Wahrnehmung Gottes, der Welt und seiner selbst würden zu selten gestellt.

Für evangelische Schulen bietet diakonisch-soziales Lernen offensichtlich besondere Chancen zur Profilschärfung. Nicht zufällig findet es in vielen ihrer Schulkonzepte, Leitbilder und Schulprogrammen Erwähnung. Seine Umsetzung, die Intensität und Form ist dabei vielfältig. Manche Schulen haben bereits eindrückliche Vorgaben entwickelt und bemerkenswerte Ergebnisse erzielt. Andere stehen am Anfang einer solchen Entwicklung. Wieder andere sind sozusagen ‚noch mitten drin' und suchen nach Wegen und Impulsen. Sie stehen vor der Aufgabe, aus verschiedenen, zum Teil aus ganz unterschiedlichen Traditionen und Plausibilitätszusammenhängen stammenden Einzelelementen ein überzeugendes Ganzes zu machen, das dann die Schule prägen soll. Aber dazu muss es konsensfähig sein. Und das liegt nicht auf der Hand. Es lässt sich vor allem nicht im Handstreich implantieren, wobei das deutsche Wort ‚Aufpfropfen' die Sache gar nicht schlecht beschreibt.

Die Frage, die mich darum durchgehend beschäftigt, ist diese: Ist das hier formulierte Verständnis diakonischer Bildung und diakonisch-sozialen Lernens tragfähig für die Umsetzung in den schulischen Alltag überhaupt? Oder ist der Anspruch einzugrenzen auf den Raum evangelischer Schulen? Aber auch hier: Können wir tatsächlich davon ausgehen, dass in evangelischen Schulen die Akzeptanz für diakonische Bildung als „Ausdruck und Konkretion einer Bildung in evangelischer Verantwortung" schlicht vorausgesetzt werden kann, und zwar wenn man sich auf die Realität bezieht und nicht auf das schriftlich fixierte evangelische oder gar diakonische Profil? Dass hier Vorsicht geboten ist, legt uns der Text gleich zu Anfang nahe, wenn es von dem hier anzustoßenden Bildungsprozess heißt: „Er ist auf Freiheit angewiesen und geschieht im Wechselspiel von Individuum und Welt."[2]

---

2 Diakonische Bildung und diakonisch-soziales Lernen, Positionspapier des Arbeitskreises ‚Diakonisches Lernen' des DW EKD und der Wissenschaftlichen Arbeitsstelle Evangelische Schule für das 6. Bildungsforum ‚Diakonisch-soziales Lernen', Berlin, Oktober 2004, abgedruckt in diesem Band, Kap. 2.2.4.

3. Antriebsmomente diakonischer Bildung

a. Die doppelte Rolltreppe
Bleiben wir bei der Vorstellung des zu errichtenden Gebäudes und fragen wir nach dem, was uns von den theoretischen Fundamenten auf die Arbeitsebene bringt, also Auftrieb oder Antrieb gibt. Mit Arbeitsebene meine ich die Ebene, auf der diakonisches Lernen dann tatsächlich geschieht, den Raum der Schule selbst und für das diakonische Lernen erschlossene Handlungsfelder. Diakonisch-soziales Lernen – nimmt man diesen Begriff wieder auseinander und stellt die Teile nebeneinander, dann wird deutlich, dass es sich um zwei parallel konstruierte Rolltreppen handelt, die uns auf die Arbeitsebene bringen können. Das diakonische Lernen zieht seine Antriebskraft, seine „Begründung und Motivation", wie es im Text heißt, aus der christlich-ethischen Dimension. Das soziale Lernen zieht seine Antriebskraft aus der konsensfähigen Einsicht, dass seit Griechengedenken das gute Leben nicht für sich allein zu haben ist, sondern nur, wenn der Dreiklang stimmt: Was ist das gute Leben? Was ist der gute Mensch? Was ist die gute Gemeinschaft/*Polis*? Zwei Treppen nach oben, darin allerdings verwandt, dass sie auf eine Fläche führen, auf der es bereits institutionalisierte Schnittmengen in Form von Arbeits- oder Handlungsfeldern gibt, auf denen Menschen das gleiche tun, nur verschieden angetrieben. Schematisch und exemplarisch gesprochen: der Kindergarten und die Pflegestation der Kirchengemeinde einerseits, die Arbeiterwohlfahrt andererseits.

Wem die griechische Ausgangslage beim Gemeinwohl für dieses Denken zu weit entfernt liegt von der Gegenwart und dem trotz des Kantgedenkjahres im vergangenen Jahr der kategorische Imperativ nicht aktuell genug erscheint, der mag diesen Dreiklang, wenn auch in spezifischer Verkürzung, in den Empfehlungen des ‚Forum Bildung' aus dem Jahre 2001 wiedererkennen. Bildung habe eine dreifache Zieldimension, so kann man lesen: „Bildung bietet persönliche Orientierung in einer immer komplexer werdenden Welt, Bildung ermöglicht Teilhabe und die Gestaltung des persönlichen und gesellschaftlichen Lebens und Bildung ist der Schlüssel zum Arbeitsmarkt und Grundlage für wirtschaftliche Entwicklung." Und dies ist doch, was auch uns interessiert: Teilhabe und Gestaltung nicht nur des persönlichen, sondern auch des gesellschaftlichen Lebens. Nehmen Sie die im Konsens auf höchster politischer Ebene gefundene Variante des sozialen Lernens. Das ist das Gewitzte dieser Doppeltreppe, dass über diesen Aufgang alle nach oben kommen können. Wer keinen Trieb fühlt, der aus seinem Glauben kommt, lässt sich durch die vernunftgesteuerte Orientierung am Gemeinwohl motivieren. Realistisch und auch theologisch sachgemäß betrachtet ist es im Leben so, dass man von Zeit zu Zeit die eine wählt und ein anderes Mal die andere. Wir leben in Gemeinschaft, auch wenn der Glaube blass wird. Darum ist diese Doppelkonstruktion auch höchst geeignet für die Konstruktion evangelischer Schulen. Der Glaube trägt von Zeit zu Zeit. Als Einzeltreppe wäre er als Zugang zur Handlungsebene schlicht instabil. Wer diese Treppe nehmen will, der muss aus dem Geist geboren sein, und der, so kann man bei Johannes lesen, ist wie der Wind. „Er bläst, wo er will, und du hörst sein Sausen wohl; aber du weißt nicht, woher er kommt und wohin er fährt. So ist es bei jedem, der aus dem Geist geboren ist." Es ist diese Freiheit und diese Unverfügbarkeit des Glaubens – und damit auch die Unverfügbarkeit der Antriebskraft zum diakonischen Handeln –, die den Prozess diakonischer Bildung auf Freiheit angewiesen sein lässt, wie es das Positionspapier formuliert. Es ist ja auch so, dass man auf diese Doppeltreppe gut vorbereitet wird durch das Plakat am Anfang des Positionspapiers, das über dem Eingang hängen könnte. Evangelischerseits hat man mögliche Facetten eines Bildungsverständnisses aus der Denkschrift ‚Maße des Menschlichen' importiert: „Zusammenhang von Lernen, Wissen, Können, Wertbewusstsein, Haltungen (Einstellungen), Handlungsfähigkeit im Horizont sinnstiftender Deutungen des Lebens." Dies Verständnis steht in ausreichend verwandtschaftlicher Harmonie mit dem, was seit Humboldt als Bildungsverständnis durch viele gegenwärtige Bildungskonzepte durchscheint und nach wie vor auf große Zustimmung rechnen kann auf bildungspolitischem Felde. „Bildung sei die Anregung aller Kräfte eines Menschen, damit diese sich über die Aneignung der Welt in wechselseitiger Ver- und Beschränkung harmonisch-proportionierlich entfalten und zu einer sich selbst bestimmenden Individualität oder Persönlichkeit führen, die in ihrer Idealität und Einzigartigkeit die Menschheit bereichere."

b. Das Menschenbild
Eine weitere Triebkraft: die Inspiration und die Konkurrenz der Menschenbilder. Im gesellschaftlichen Raum konkurrieren unterschiedliche Bildungskonzepte hinsichtlich ihrer Zielsetzungen und ihrer anthropologischen Grundlagen. Sie implizieren Menschenbilder, die in unterschiedlichen Traditionen wurzeln. Auch dort, wo die den Bildungsprozess beeinflussenden Menschenbilder nicht begründet und entfaltet werden, sind sie in den Annahmen und Vorstellungen darüber wirksam, was der Mensch sei, was er sein kann und was er sein soll. Allerdings ist gegenwärtig der Mangel an einer tiefer reichenden anthropologischen Reflexion unübersehbar.

In Konkurrenz, in Abgrenzung aber auch im Einklang mit anderen anthropologischen Entwürfen muss ein evangelisches Bildungskonzept offen legen, welches Menschenbild ihm zugrunde liegt. In der aktuellen Bildungsdiskussion sind für die evangelischen Schulen die in der biblischen und reformatorischen Tradition herausgearbeiteten Aspekte zum Bildungsbegriff und die Orientierung am biblisch-christlichen Menschenbild unaufgebbar. Für die gegenwärtig zu bewältigenden bildungspolitischen und im weitesten Sinne pädagogischen Aufgaben lassen sich allerdings weder aus biblischen Grundaussagen noch aus theologischen Glaubenslehren direkte Ableitungen gewinnen. Die Grundzüge des biblischen und reformatorischen Menschenbildes sind deshalb für die jeweiligen Problemlagen zu konkretisieren, leisten sie doch die unverzichtbare Grenzziehung zwischen dem, was alles erreichbar, und dem, was verantwortbar ist.

Die Bibel ist gekennzeichnet durch einen spannungsvollen und nüchternen Blick auf den Menschen. Einerseits spricht sie davon, dass er „wenig niedriger gemacht ist als Gott" (Ps 8). Darin liegen große Möglichkeiten. Andererseits betont sie die Selbsterkenntnis: „Herr, sei mir gnädig, denn ich bin schwach" (Ps 6): Der Mensch ist nicht nur zum Guten, sondern auch zum abgrundtief Bösen fähig. Es ist diese Spannung zwischen Vermögen und Unvermögen, die die biblischen Aussagen über den Menschen kennzeichnen. Diese Spannung zum Ausgangspunkt bildungstheoretischer Überlegungen zu machen, sichert vor überfordernder Idealisierung ebenso wie vor entmündigender Formung. Die Antwort Gottes auf die Spannung zwischen Vermögen und Unvermögen, zwischen ‚Gut und Böse' in der menschlichen Natur ist die erneuerte Schöpfung und die vergebende Liebe in Jesus Christus. Aus der näheren Bestimmung, dass Jesus Christus „das Ebenbild des unsichtbaren Gottes ist" (Kol 1, 15), ergeben sich tragfähige, wenn auch nicht erschöpfende Antworten auf die Frage nach dem, was den Menschen ausmacht und was seine Bestimmung ist. In Jesus Christus kommt diese Gottebenbildlichkeit neu zum Ausdruck. Das besondere Merkmal der Gottesbeziehung ist das Vertrauen in die von Gott zugesagte Annahme des Menschen trotz seines Versagens und trotz seines vergeblichen Bemühens, aus eigener Kraft die Fixierung auf sich selbst zu überwinden, ‚allein aus Glauben' und ‚allein aus Gnade'. Der Mensch weiß sich von Gott bejaht, unabhängig von dem Maß der ihm möglichen Bildung, von seiner Leistung, aber auch angesichts seines Schuldigwerdens gegenüber Gott, anderen Menschen und sich selbst. Die biblische Rede von der Gottebenbildlichkeit des Menschen darf aber nicht so verstanden werden, als handle es sich hierbei um bestimmte unverlierbare Eigenschaften des Menschen. Vielmehr verweist die biblische Rede vom Menschen darauf, dass seine Gottebenbildlichkeit durch die Art seiner Beziehungen bestimmt ist, und zwar seine Beziehung sowohl zu Gott als auch zu seinen Mitmenschen. Das evangelische Bildungsverständnis unterscheidet den Menschen als ‚Subjekt' vom Menschen als ‚Person'. Seine Subjektwerdung vollzieht jeder Mensch, auch durch lebenslange Bildung. ‚Person' ist der Mensch aufgrund seiner unveräußerlichen Menschenwürde. Bildungsprozesse, die Ausdruck kirchlicher Bildungsverantwortung sind, richten sich insbesondere darauf, Voraussetzungen und Strukturen zu schaffen, in denen die christliche Botschaft verstehbar und erlebbar werden kann, wenngleich der Rechtfertigungsglaube selbst ein unverfügbares Geschenk ist.

c. Chancengerechtigkeit. Diakonisch-soziales Lernen unter dem Begriff der Gerechtigkeit – Gerechtigkeit ermöglichende Strukturen – es gibt kein wahres Leben im falschen
Eine Schule sollte in ihrer Organisationsform nicht im Widerspruch zu ihrem Anspruch stehen. Ein wunder Punkt unseres Schulsystems ist, dass es Chancen ungerecht verteilt. Ein Schulsystem, das wie ein Hackbrett konstruiert ist, mit treffsicher abschneidender Wirkung, brutalisiert Bildungsbiographien. 40 % aller Jugendlichen mit 15 Jahren haben Ausleseerfahrungen hinter sich. Förderräume werden zu Trainingsarenen um Plätze in den oberen Rängen mit der Folge einer Militarisierung von Bildungsprozessen. Wenn Chancengerechtigkeit eine Systemleistung ist, leistet sich das gegenwärtige System mit seiner Selektionsmechanik den kühlen Charme ökonomischer Lieblosigkeit. Seit 30 Jahren steht der Cartoon mit den verschiedenen Tieren – sie sollen alle auf den Baum hinauf – für den Begriff der Chancengleichheit. Da stehen sie, der Elefant, der Fisch im Glas, der Affe und der Seehund, und werden aufgefordert: „Zum Ziel einer gerechten Auslese: Klettert auf den Baum!" Und so wenig der Elefant mittlerweile den Gipfel erklommen hat, so wenig besucht das durch seine Familiensituation benachteiligte Kind heute das Gymnasium. Das ist die Quintessenz nicht nur der PISA-Untersuchungen. Hans Traxler hat vor drei Jahren seinen Klassiker mit den Tieren neu gezeichnet. Und denjenigen, die sich bisher nur an der hübschen Idee freuten, dass da ein Elefant und ein Fisch das Klettern lernen sollten, ist die Sache näher auf den Leib gerückt. Da stehen sie nun, wie im richtigen Leben: der Brillenträger mit dem Geigenkasten neben dem Sportsfreak, mit Seil und Wurfanker gut ausgestattet, das knöchellang verschleierte Mädchen steht neben der übergewichtigen Couchpotatoe, und neben dem Skater mit der Baseballkappe hockt

der Rollstuhlfahrer. Und wiederum – der Chancengleichheit wegen –: Klettert alle auf den Baum! Zu wenig hat sich im letzten Vierteljahrhundert geändert. Zu viel hat sich verändert. Zu den alten Ungleichheiten sind neue Benachteiligungen hinzugekommen. Offenbar entfaltet Gedankenarbeit allein, selbst in Gestalt von Denkschriften und Positionspapieren massenhaft vielfältig publiziert, nicht die Antriebskräfte, die für einen Wandel hier vonnöten sind. Es ist für unsere Frage nach den Antriebmomenten diakonischer Bildung die Region zu beleuchten, in der noch andere Kräfte als Gedankenkräfte aufzuspüren sind. Wünscht man sich Bewegung in der Bildungslandschaft, sind Triebkräfte zu entfesseln. Und dass sich ‚evangelisch' auf Freiheit und Entfesselung gut reimt, wer wollte das bestreiten? Und da von Trieben nur wenig im Kopf zu finden ist, gehe ich auf die Suche im ganzen Menschen. Antriebsmomente rechnen damit, dass nicht nur der Kopf, sondern der ganze Mensch in Bewegung gerät. Da sind wir doch ganz bei unserer Sache: Ganzheitliche Gerechtigkeitserfahrung ist darauf aus, um der Gerechtigkeit willen neue Erfahrungen von Chancengerechtigkeit zu eröffnen. Das wäre die Bewegung, die wir brauchen!

Evangelische Schulen müssen sich gerade unter dem Vorzeichen des diakonischen Profils darauf einstellen, dass das Thema ihnen unumgehbar vor den Füßen liegt und sie es aufnehmen müssen, wenn sie evangelische Schulen sein und bleiben wollen. Wer sich als Christ hier taub stellt, wenn die Ungerechtigkeit zum Himmel schreit, beschädigt sich selbst in seinem Kern. Von Anfang an siedelte die Hoffnung auf mehr Gerechtigkeit im Kern des alten und des neuen Testaments. Wer hier verstummt oder nur blasse Worte redet, der erbleicht im Stile der getünchten Gräber, die schon zu Jesu Zeiten kein attraktiver Blickfang waren.

Wenn ich nach evangelischen Antriebsmomenten frage, ist ganz im Bilde unserer Doppeltreppe damit gerechnet, dass es auch andere Antriebmomente gibt. Das überrascht nicht. Es sind ja nicht nur Christen, die leiden, wenn Unrecht herrscht. Gerechtigkeit gilt als erste Tugend sozialer Institutionen. Vereinfacht gesagt und stark schematisiert, sind es vor allem zwei Traditionen, die das Gerechtigkeitsdenken unseres Kulturraums prägen. Die eine wurzelt bei den Griechen, die andere im biblischen Gerechtigkeitsverständnis. Aristoteles und die Propheten, vielfältig verflochten mit Paulus und Thomas von Aquin, aufgenommen und zugespitzt von Kardinal Cajetan auf der einen und den Reformatoren auf der anderen Seite. Beide Traditionen stehen so sehr in einem Verhältnis wechselseitiger Beeinflussung, dass sie kaum unterscheidbar sind. Sie könnten Pate stehen bei der Kreuzung von ‚diakonisch' und ‚sozial'.

Gerechtigkeit nach Griechenart verbürgt dem Bürger die Stellung, die seiner Tüchtigkeit und seinen Verdiensten angemessen ist. Man bekommt, was man verdient. Ich konzentriere mich auf jene Wurzeln biblisch-reformatorischer Tradition, aus denen heute Kraft für die Gestaltung evangelischer Schulen zu ziehen ist. Doch Kraft zieht man nicht nur aus Wurzeln. Man wird auch gut trainiert durch Konkurrenz und Abwehr. Es ist unvermeidlich, dass wir darauf blicken, welche Gerechtigkeitsauffassung gegenwärtig dominiert, die es abzuwehren gilt. Gegenwärtig dominant ist ein Verständnis von Gerechtigkeit, das durch die *Vorherrschaft des Marktmodells* geprägt ist. Die Gerechtigkeit am Markt ist eine Tauschgerechtigkeit. Die Marktmechanik steuert die Beziehungsdynamik. Es ist die Selbststeuerung des Marktes, im Wechselspiel von Nachfrage und

Angebot, was am ehesten Gerechtigkeit zu verbürgen scheint. Doch wird nicht der Prozess des Aushandelns durch die Maßstäbe der Durchsetzungsmacht bestimmt und nicht durch Maßstäbe der Gerechtigkeit? Es sind marktkonforme Aushandlungsprozesse um den Wert dessen, was da getauscht wird und was denn etwas wertvoller sein mag für das gesellschaftliche Leben: die Arbeit des Ingenieurs oder der Grundschullehrerin, die Arbeit der Krankenschwester oder die des Fußballprofis, die Arbeit des Altenpflegers oder die des Managers. Die Entlohnung der menschlichen Arbeit wird nach dem Marktmodell konzipiert. Auch der Kaufpreis menschlicher Leistung richtet sich nach dem Wechselspiel von Angebot und Nachfrage. Das mag ökonomisch funktionieren. Ob es gerecht ist, ist eine andere Frage. Wie soll der Marktmechanismus die Gerechtigkeit fördern? Am Markt ist es die so genannte unsichtbare Hand, die alles lenkt. Jeder bekommt, was er verdient – in des Wortes doppelter Bedeutung.

Aber wer um alles in der Welt Hilfe, Heilung, Brot und Kleidung braucht, ja auch Gemeinschaft, Liebe, der wird durch Mangel erpressbar. Seine Würde steht auf dem Spiel. Wo Armut und Ausgrenzung herrschen, verbürgt der Markt nicht Gerechtigkeit, sondern verstärkt das Ungleichgewicht von Macht und Ohnmacht. Dies ist der Punkt, durch Marktmacht oder andere Mächte herbeigeführt, der die Propheten aller Zeiten auf den Plan ruft. Die Idee der sozialen Gerechtigkeit als Grundthema der christlichen Ethik wurzelt im Protest der klassischen Propheten. Es ist flammende Rede im Prophetenmantel. Die im 7. und 8. Jahrhundert ausgebildeten Gerechtigkeitsvorstellungen hatten handgreifliche Missstände vor Augen: Du sollst die Fremden nicht bedrücken, die Witwen nicht übervorteilen, die Grenzsteine der verwaisten Unmündigen nicht verrücken und dergleichen mehr. Es waren Missstände des sozialen Lebens, die offensichtlich unvereinbar waren mit dem Willen Gottes, der dieses Volk doch wollte – wie ein Bräutigam die Braut – und der es auserwählte und der treu war. Diese eigene Erfahrung war nicht zu überspringen, wenn es darum ging zu ordnen, wie man miteinander leben soll. Der Anspruch galt nicht nur den eigenen Volksgenossen. Wer über sich den Sternenhimmel sah und ihn betrachtete mit Abrahams Augen, der wusste, was ihn treiben sollte. Die eigene Erfahrung sollte Maßstab sein für gerechtes Handeln – weltweit. „Du sollst ein Segen sein!" Das war anspruchvoll, das war konkret gemeint. Das war nicht erbaulich domestiziert, wie es in unseren liturgischen Kontexten oft so zärtlich handauflegend daherkommt. Ebenso wie das vor Augen liegende Unrecht konkret war, waren die Gerechtigkeitsvorstellungen konkret. Sie lieferten für die Missstände entsprechend handgreifliche Verhaltensregeln, um sie abzustellen.

Die Welt, in der wir uns heute bewegen, ist komplizierter. Die soziale Ausdifferenzierung und der komplexe Zustand unserer Gesellschaft würden einen Prophetenmantelträger, wenn denn jemand diesen Gestus imitieren wollte, heute zum Kostümhelden machen. Die Gehalte jener alttestamentlichen Gerechtigkeitsforderungen lassen sich nur noch über die Hürden zahlreicher Vermittlungsschritte nehmen. Doch das wäre erst die Stufe der Gedankenarbeit. Es bleiben noch die Hürden der gesellschaftlichen Realisierungschancen. Dort hilft kein Machtwort aus der Welt der Religion. Der Weltenwechsel ist nicht nur sprachlich zu verkraften! Die Herstellung von Gerechtigkeit heute vollzieht sich unter den Bedingungen staatlicher Gewaltenteilung. Sie ist angewiesen auf demokratische Formen der politischen Willensbildung. Was uns bewegt im Raum der

Kirche nicht weniger als unter dem Dach evangelischer Schulen, muss anderen nicht plausibel sein. Wir haben die Verkehrsform des gesellschaftlich-politischen Lebens zu beachten und Widerstände und Gegenreden zu berücksichtigen, welche die Propheten auf den übersichtlichen Wegen ihrer Gesellschaftsordnung noch im Durchmarsch nehmen konnten. Dass man sie dafür liebte und die Ohren für sie offen waren, wer wollte das behaupten?

Es ist das hervorstechendste Merkmal der Gerechtigkeitsvorstellungen auf dem Boden biblisch-christlicher Tradition, dass sie parteiisch sind, dass sie Partei nehmen für die Schwachen. In ihnen verbindet sich der Anspruch des gleichen Rechts für alle – ohne Ansehen der Person – mit dem Aufbegehren aus der Perspektive der Unterlegenen und Unterdrückten. Diesen Vorstellungen liegen Erfahrungen zugrunde. Sowohl im neuen als auch im alten Testament war es die Erfahrung, dass Gott es ist, der die Initiative ergreift, um Beziehungen herzustellen. Es ist die Erfahrung der nachgehenden Suche Gottes, der gerecht ist und Gerechtigkeit herstellt, indem er die Beziehungen wieder herstellt. Das unterscheidet Jona von Kassandra. Kassandra kann nur sehen und klagen. Das Schicksal hängt wie mit schweren Ketten vom Himmel, rollt ab nach eigenen Gesetzen, nimmt mechanisch seinen Lauf. Was bleibt, ist Klagen. Ganz anders Jona. Auch wenn es ihn überraschte und zunächst zutiefst frustrierte: Ninive kleidet sich in Sack und Asche und kehrt um. Das ist der Wiedereinstieg ins Beziehungsleben mit seinem Gott. Das ist Gerechtigkeit, die Chancen gibt, weil sie das Leben will. Der Zorn und die Trauer über ungelebtes Leben, das der Gemeinschaft und der Welt verloren geht, die unermüdliche Suche nach den Schafen auf weiten Hirtenwegen, – alles dies ist zu entziffern als Hereinholen in die Gemeinschaft und als Erscheinungsweisen einer Liebe, die Chancen geben will. Die Erfahrung steht am Anfang, sie ist Erfahrung mit Haut und Haaren und geht auch durch den Magen und macht satt. Das kann nicht ohne Folgen bleiben, für Chancengerechtigkeit im Miteinander – oder doch?

Chancengerechtigkeit herzustellen: Das ist die hohe Tugend der Gerechtigkeit, Merkmal der Gesellschaft nach Griechenart. Das ist edel und zugleich ein Schwachpunkt, weil Tugend nicht genetisch programmiert ist. Offensichtlich hat die Erfahrung erfahrener Gerechtigkeit nur kurze Halbwertzeiten. Darum ist Gottes Gerechtmachen immer auf dem Weg – hat sozusagen teleologische Struktur, bleibt vollendungsoffen. Wer hierzu keinen eigenen Zugang besitzt, zu der Freiheit und der Kraft, die in der Gottesbeziehung wurzelt, wer nur die nachgereichten Formeln in den Händen hält und Rechtfertigung nur als Lehre buchstabiert und nicht als Sprachgestalt und Denkbewegung, die gelebtes Leben nachvollzieht, der schwächelt umständehalber, wenn er andere aufnehmen soll in das Leben von Kirche und Gesellschaft.

Nüchtern betrachtet ist Ungleichheit nicht aufzuheben zwischen den Menschen. Schaffte man – und sei es nur gedanklich – gleiche Ausgangslagen und gleiche Startchancen, insbesondere in materieller Hinsicht, würde es sich zeigen, dass nach kurzer Zeit die individuellen Verschiedenheiten wieder hervortreten. Wie ein später Nachhall hierzu klingt ein Passus der Erklärung „Mut zur Erziehung", die unter anderen Golo Mann und Hermann Lübbe 1978 in Bonn unterzeichnet haben. „Wir wenden uns gegen den Irrtum", heißt es, „mit der Gleichheit der Bildungschancen fördere man die Gleichheit derer, die sich in Wahrnehmung dieser Chancen bilden wollen. In Wahrheit setzt

Chancengleichheit stets ungleich verteilte Möglichkeiten ihrer Nutzung frei, und diese Ungleichheit, die sich folge realisierter Chancengleichheit erst herstellt, bedarf politischer und moralischer Anerkennung."

Dies anzuerkennen ist den Konstrukteuren evangelischer Schulen, wie das Positionspapier sie sieht, kein Problem. Verschiedenheit ist als Individualität eher zu kultivieren und nicht zu egalisieren. Worauf es ankäme, wäre es die Hindernisse zu minimieren, die einer Chancengerechtigkeit entgegenstehen, die die Gestalt haben würde als Beziehung gelingender Wechselseitigkeit; und dies im Gang der Generationen nicht minder als im Leben der Schule und der Gesellschaft. „Das Ziel der Gerechtigkeit ist nicht einfach Gleichheit für alle – das war eine sozialistische Verkürzung. Vielmehr ist das Ziel, ein möglichst hohes Maß gleicher Freiheiten zu vermitteln. Nicht Chancengleichheit in dem Sinne, dass alle das Gleiche erhalten sollen, sondern Chancengerechtigkeit, die jeden Menschen nach seinen Möglichkeiten berücksichtigt. Undifferenzierte Chancengleichheit sieht einfach alle als Gleiche an, obwohl der Einzelne je unterschiedliche Bedingungen und Möglichkeiten hat und somit je Unterschiedliches braucht, um eine gerechte Chance zu erhalten." Wie schafft man Chancengerechtigkeit bei ungleichen Teilhabevoraussetzungen? Vor allem: Was bewegt wen, was treibt wen, was ist der Antrieb dies zu wollen? Es sind die Starken, zu denen zu reden ist, das sind jene, die potenzielle Chancengeber sind. Triebkraft wäre der Schmerz, der jene um derer Willen umtreibt, die sich in hilfloser Lage befinden. Es sind die Liebe und der Schmerz, die Lust und der Frust, die Bewegung in die Szene bringen. Die Lösung liegt nicht in der Umverteilung. Umverteilte Güter beflügeln noch lange nicht gelebte und gelungene Wechselseitigkeit, die Höchstform realisierter Chancengerechtigkeit. Wer verhindert, dass nach der Umverteilung jeder bei sich selber bleibt? Mögen sich auch die Bearbeitungsformen und die Ansprüche an den Grad der Differenziertheit gewandelt haben. Die Kombination von Zorn und ordentlich vorgetragenen Gedanken ist offenbar überzeitlich. Es ist dieser elementare Protest: So soll es nicht sein! Und die ebenfalls elementare Forderung: So soll es sein!

Als Schülerinnen und Schüler einer neu gebildeten Klasse von Hauptschülern zu Beginn des Schuljahres gefragt wurden, was sie denn am besten könnten, war die Antwort: „Wir sind doch hier, weil wir nichts können." Solche Sätze sind Spiegelungen erfahrenen Wertverlustes. Hier sind diejenigen verloren gegangen, die nicht verloren gehen dürfen, wenn es gerecht zugeht in Kirche und Gesellschaft.

Es ist der durchgehende Zug, dass es bei der Gerechtigkeit um ein Beziehungsgeschehen geht, von dem niemand ausgeschlossen werden darf. Die Achse der biblischen Gerechtigkeitsvorstellung, um die sich alles dreht, ist die Hoffnung auf Beziehungen gelingender Wechselseitigkeit. Die mancherorts übliche Redeweise von der Hauptschule als Restschule schlägt einem solchen Denken alle integrierende Wechselseitigkeit ins Gesicht. Der Verweigerung jeweils neuer Chancen zu jeweils neuen Wachstumsphasen, dieser systemischen Verhinderung von Liebe, stemmen sich die Triebkräfte des Evangeliums entgegen. Es gilt nicht nur zu vergeben sieben mal siebzig mal. Es gilt auch die Chancengerechtigkeit als Teilhabegerechtigkeit und als Befähigungsgerechtigkeit sieben mal siebzig mal, was nach Jesu Denkart heißt: im Grunde immer, immer wieder. Max Frisch beschrieb das in seinen Tagebüchern als die Bereitschaft, einen Menschen in der Schwebe des Lebendigen zu halten. „So wie das All, wie Gottes unerschöpfliche Geräumigkeit, schrankenlos, alles Möglichen voll, aller Geheimnisse voll, unfassbar ist der Mensch, den man liebt – Nur die Liebe erträgt ihn so." Aber immerhin erträgt sie ihn – als Antriebmoment, evangeliumsgesättigt. „Wir wissen", notiert Max Frisch, „dass jeder Mensch, wenn man ihn liebt, sich wie verwandelt fühlt, wie entfaltet, und dass auch dem Liebenden sich alles entfaltet, das Nächste, das lange Bekannte." Als Antriebskraft gelingender Wechselseitigkeit ist die Liebe unerschöpflich darauf aus, Teilhabe herzustellen, die Ausgegrenzten hereinzuholen, die Verlorenen eben nicht verloren zu geben. So ist sie unterwegs, als Triebkraft der Gerechtigkeit, schon lange, durch die Zeiten, durch die Welten. Wir sind ihr nachgegangen, in Gedankenschritten, doch das hat vorbereitenden Charakter. Gedankenschritte sind doch nur der abstrakte Vorglanz von dem, was als Möglichkeit uns winkt, als Chancengeber selbst Gerechtigkeit zu schaffen, an welcher Stelle im Bildungswesen wir auch stehen.

2.3 Vorbemerkungen zum Positionspapier

von Uta Hallwirth

Das folgende Positionspapier ist Ergebnis eines Diskussionsprozesses, der 2003/04 im *Arbeitskreis Diakonisches Lernen* geführt wurde. Mit diesem Gremium wollten das Diakonische Werk der EKD und die ‚Wissenschaftliche Arbeitsstelle Evangelische Schule'[1] auf die zunehmende Bedeutung eingehen, die diakonisch-soziales Lernen in den vergangenen Jahren gewonnen hat. So weist eine steigende Zahl evangelischer Schulen ein diakonisches Profil in ihren Schulprogrammen aus oder ist an entsprechenden Konzepten interessiert. Auch die Resonanz auf den Wettbewerb der Barbara-Schadeberg-Stiftung zum diakonischen Lernen unterstreicht die Bedeutung, die dieser Ansatz gerade für evangelische Schulen gewonnen hat. Ferner gab und gibt es im Bereich des staatlichen Schulwesens ein wachsendes Interesse an diakonisch-sozialen Praktika und Ansätzen zum sozialen Lernen. Nicht zuletzt bedeutet diese Entwicklung, dass diakonische Einrichtungen zunehmend mit Praktikumsanfragen von Schulen rechnen müssen, weshalb zu überlegen ist, wie man mit den daraus entstehenden Anforderungen angemessen umgehen kann. Zugleich werden im Zusammenhang mit diakonisch-sozialem Lernen die Begriffe sehr unterschiedlich verwendet. Es scheint relativ unbestimmt, was unter diakonischem Lernen eigentlich zu verstehen ist, wie es zum sozialen Lernen abgegrenzt werden muss und wie ein entsprechendes Bildungsverständnis formuliert werden sollte. Daher schien es an der Zeit, eine theoretische Grundlegung und Interpretation diakonisch-sozialen Lernens zu versuchen und dabei insbesondere den Blick auf die Umsetzung an evangelischen Schulen zu richten. Unter Beteiligung von Vertretern Theologischer Fakultäten und Expertinnen und Experten aus dem evangelischen Schulwesen wurden grundlegende Fragen einer diakonischen Bildung diskutiert; auch wurde nach Zielen, Kriterien und Möglichkeiten diakonisch-sozialen Lernens in der Schule gefragt. Aus diesem Prozess entstand ein Text, der unter dem Titel „Diakonische Bildung und diakonisch-soziales Lernen" auf dem 6. Bildungsforum ‚Diakonisch-soziales Lernen. Profilbildung und Curriculumentwicklung' im Oktober 2004 in Berlin zur Diskussion gestellt wurde. Das Papier gibt eine Interpretation zum diakonischen Bildungsbegriff, leitet davon Anforderungen an ein diakonisch-soziales Lernen in der Schule ab und formuliert Konsequenzen für das schulische Curriculum.

Mit diesem Positionspapier soll kein Endpunkt gesetzt, sondern eine weiterführende Diskussion eröffnet werden. Ziel ist es, in Theorie und Praxis die Weiterentwicklung diakonischer Profile an den Schulen zu befördern.

Mitglieder des Arbeitskreises
Prof. Dr. Gottfried Adam, Universität Wien
Pfr. Reinhart Gronbach, Leiter des Ev. Lichtenstern-Gymnasiums, Sachsenheim
OKR' Dr. Uta Hallwirth, Wiss. Arbeitsstelle Evangelische Schule, Hannover
Prof. Dr. Helmut Hanisch, Universität Leipzig
OStD' i.K. Christel Ruth Kaiser, Melanchthon-Schule Steinatal, Willingshausen/Hess.

---
[1] Die *Wissenschaftliche Arbeitsstelle Evangelische Schule* ist eine gemeinsame Einrichtung der EKD und der Barbara-Schadeberg-Stiftung am Comenius-Institut und wurde 2003 gegründet.

Dr. Silke Köser, DW EKD, Berlin
Cornelia Schäfer, Evangelische Grundschule, Gotha
Prof. Dr. Heinz Schmidt, DWI, Universität Heidelberg,
OStR' i.R. Dr. Britta von Schubert, Heidelberg
Susanna Spahmann, Evangelisches Schulzentrum, Michelbach/Württ.

2.4 Positionspapier ‚Diakonische Bildung und diakonisch-soziales Lernen'

Arbeitskreis Diakonisches Lernen

1. Bildung in evangelischer Verantwortung

Diakonisch-soziales Lernen ist als Ausdruck und Konkretion einer Bildung in evangelischer Verantwortung zu verstehen.[1] Es greift einen spezifischen Aspekt evangelischen Bildungsverständnisses auf, welches den „Zusammenhang von Lernen, Wissen, Können, Wertbewusstsein, Haltungen (Einstellungen), Handlungsfähigkeit im Horizont sinnstiftender Deutungen des Lebens" (EKD Denkschrift ‚Maße des Menschlichen') zur Grundlage von Bildungsprozessen macht. Dieses Bildungsverständnis wurzelt theologisch u.a. im Bewusstsein der Gottebenbildlichkeit des Menschen und rückt dessen Personalität in ihrer spannungsreichen Existenz in den Mittelpunkt. Bildung in evangelischer Perspektive ist somit am ganzen Menschen orientiert und geht weit über den Erwerb von kognitiven Fähigkeiten und Wissen hinaus. Vielmehr schließt sie die lebendige Vielfalt aller Fähigkeiten und Erfahrungen ein, die den Menschen zu einem Leben befähigen, das ihn seine Individualität und Persönlichkeit, wie sie von Gott gemeint ist, ausbilden und entfalten lässt, das ihm ein Leben in Beziehung zu Gott, den Mitmenschen und zu sich selbst ermöglicht und ihn sowohl sprach-und deutungsfähig als auch handlungs-und verantwortungsfähig macht. Bildung unter dieser Perspektive ist vor allem Persönlichkeitsbildung. In ihrem Mittelpunkt steht der lebenslange Prozess der Bildung, welcher der Begegnung mit dem Anderen und/oder einem Ereignis bedarf. Dieser Prozess ist auf Freiheit angewiesen und geschieht im Wechselspiel von Individuum und Welt.

2. Diakonische Bildung als Persönlichkeitsbildung

In den Konturen einer diakonischen Bildung als Persönlichkeitsbildung geht es um persönliche Erfahrungen in konkreten Lebensbereichen sowie um die im gemeinsamen Handeln gewonnene Erfahrung und deren Reflexion und Einbettung in eine bewusste Orientierung an biblisch-christlichen Aussagen. Dabei konstituiert sie sich inhaltlich durch den Zusammenhang von Wort und Tat, von Lehre und Handeln, von Verkündigung des Reiches Gottes und der Zuwendung zum Nächsten. Diakonische Bildung fokussiert diesen Ansatz der Persönlichkeitsbildung in besonderer Weise und wird sich dabei ebenso an der Botschaft von der Menschenfreundlichkeit Gottes, insbesondere am Gebot der Nächstenliebe, wie an der Entwicklung von Solidarität und bürgerschaftlichem Engagement orientieren.

3. Diakonische Bildung im schulischen Lernprozess

Diese diakonische Bildung gilt es theoretisch und praktisch zum Bestandteil innerschulischer Curricula evangelischer Schulen zu machen und so deren Profilbildung

---

1 Positionspapier des Arbeitskreises ‚diakonisches Lernen' des DW EKD und der Wissenschaftlichen Arbeitsstelle Evangelische Schule für das 6. Bildungsforum ‚Diakonisch-soziales Lernen', Berlin, Oktober 2004.

zu befördern. Ein solches Verständnis von Bildung erfordert einen Lernbegriff, der in Theorie und Praxis verankert werden muss und einer ganzheitlichen Orientierung von Bildung und ihrer spezifischen diakonischen Implikationen in besonderem Maße entspricht. Nicht nur für evangelische Schulen erscheint der Ansatz diakonischer Bildung als tragfähiges Konzept zur Weiterentwicklung schulischer Bildungsprozesse. Die Förderung einer „Kultur des Mitgefühls und der Hilfsbereitschaft" (EKD Denkschrift ‚Maße des Menschlichen') sowie die besonderen Chancen der Persönlichkeitsbildung, die diesem Ansatz inhärent sind, sind auch für staatliche Schulen wichtige Bildungsziele. Hier ist jedoch darauf zu achten, in welchem Kontext das christliche Profil diakonischer Bildung seinen Platz in Schule und Unterricht hat. Der Religionsunterricht bietet sich dafür an, das besondere christliche Profil sozialer Arbeit, welches die Diakonie kennzeichnet, vorzustellen und sich mit den kognitiven, affektiv-handlungsorientierten und geistlichen Dimensionen von diakonischem Handeln zu beschäftigen. Andere Fächer, wie z.B. der Geschichtsunterricht oder der Sozialkundeunterricht haben ebenfalls die Möglichkeit, das spezifisch Christliche diakonischer Arbeit zu thematisieren, werden dies aber zumeist in Form eines informierenden Unterrichts tun und auch alternative Motivationen anwaltschaftlichen und helfenden Handelns aufzeigen.

4. Diakonisch-soziales Lernen

Vor dem Hintergrund des oben skizzierten Bildungsverständnisses wird deutlich, dass diakonisches Lernen eng mit dem sozialen Lernen verwandt ist. Da diakonisches Lernen jedoch in seiner Begründung und Motivation die christlich-ethische Dimension mit einschließt, unterscheidet es sich in diesem Punkt vom sozialen Lernen. Diese Überlegung rechtfertigt es, im folgenden vom Begriff des *diakonisch-sozialen Lernens* auszugehen. Dieser Doppelbegriff lässt sich auch dadurch unterstützen, dass die diakonisch-sozialen Handlungsfelder zentrale Orte sind, an denen diakonisch-soziales Lernen stattfindet bzw. die Auseinandersetzung mit den unterschiedlichen Formen und Ausprägungen diakonisch-sozialer Handlungsbereiche auch wesentlicher Inhalt diakonisch-sozialen Lernens ist. Zugleich gilt auch hier die Öffnung zu anderen sozialen Handlungsbereichen als legitime Erweiterungsmöglichkeit.

4.1. Ziele und Kriterien diakonisch-sozialen Lernens
Diakonisch-soziales Lernen findet auf drei Ebenen statt: (a) der affektiv-handlungsorientierten, (b) der kognitiven und (c) der spirituellen Ebene. Es bedarf der konkreten Erfahrung und der Reflexion, d.h. diakonische Praxis muss als Erfahrung reflektiert werden. Damit sind auch die Ziele diakonisch-sozialen Lernens angedeutet, die sich auf 5 Punkte konzentrieren lassen.

1. Diakonisch-soziales Lernen zielt darauf ab, jungen Menschen die Entwicklung einer Persönlichkeit zu ermöglichen, für die folgende Erfahrungen konstitutiv sind:

- gebraucht zu werden und auf Hilfe angewiesen zu sein,
- neue Perspektiven zu gewinnen und auf diese Weise Vorurteile abzubauen,
- Fähigkeiten und Kompetenzen jenseits schulischer Anforderungen zu besitzen und dadurch

- ‚Mensch-Sein' im ganzheitlichen Sinne zu erleben,
- aber dabei die Erfahrung zu machen, an eigene Grenzen zu stoßen und Anforderungen und eigenen Erwartungen nicht gerecht werden zu können.

2. Persönlichkeitsbildung in einem evangelisch verantworteten Bildungsverständnis will im diakonisch-sozialen Lernen die theologische Dimension des ‚Diakonischen' erfassen, d.h. das Bewusstsein, dass die Liebe Gottes sich in der Liebe Jesu zu den Menschen zeigt, in seinem Dienst an Kranken, Schwachen und Ausgegrenzten und seinem Eintreten für sie. Das impliziert eine Sensibilisierung für ethische Fragestellungen und Offenheit für letzte Fragen.

3. Daran anknüpfend will diakonisch-soziales Lernen die Erfahrung christlichen Glaubens im sozialen Lebensalltag ermöglichen.

4. Es will die soziale Sensibilität und Bereitschaft zu sozialer Verantwortung bei jungen Menschen wecken und bestärken sowie die Akzeptanz einer Solidargemeinschaft fördern, indem das soziale Engagement als Bindeglied der Gesellschaft in seiner Bedeutung sowie die dafür notwendigen Voraussetzungen bewusst gemacht werden.

5. Dazu gehört letztlich auch, Schülerinnen und Schülern die diakonischen-sozialen Handlungsfelder in ihren Zielen und Formen nahe zu bringen und Impulse für berufliches und ehrenamtliches Engagement zu geben.

4.2. Diakonisch-soziales Lernen in seiner schulpraktischen Umsetzung

Entsprechend weist diakonisch-soziales Lernen bestimmte Kriterien auf, damit diese Verbindung gelingen kann. Zum einen geht es dabei um Strukturelemente diakonisch-sozialen Lernens, zum anderen um die Verankerung im Schulentwicklungsprozess. Letztere belegt, dass diakonisch-soziales Lernen mehr ist als ein singulärer Prozess, der primär an das Fach Religionsunterricht zu binden ist. Diakonisch-soziales Lernen sollte im gesamten Schulkonzept zum Tragen kommen und in den einzelnen Klassenstufen in seinen Basiselementen verankert werden. Es wird im Schulentwicklungsprozess immer wieder durchdacht und diskutiert und in Konsequenzen für den Schul- und Unterrichtsalltag umgesetzt werden müssen. Konzeptionell und im Blick auf das Schulprofil wird damit vor allem die Öffnung von Schule, das Lernen am anderen Ort und das Prinzip fächerübergreifenden und -verbindenden Unterrichtens eine zentrale Rolle spielen.

Die *Durchführung der Praktika* bedarf einer sachkundigen und selbsterfahrungsorientierten Anleitung und Begleitung. Die Frage der Verortung der notwendigen *Reflexion* ist dagegen offen und wird kontrovers beurteilt. Zentral ist, dass Reflexion geschieht, dass sie angemessen strukturiert und nachhaltig verankert wird. Insofern erscheint sie strukturell als ein schulischer Lernprozess, aber damit ist sie nicht notwendig an den Ort Schule und ausschließlich an schulische Begleitpersonen gebunden. Vielmehr wäre gerade in der Reflexionsphase die Kooperation von Lehrkraft und Mitarbeitenden in den Einrichtungen wünschenswert. Eine zentrale lerntheoretische Ansatzmöglichkeit, auch im Sinne des Einbezugs des schulentwickelnden Ansatzes, ist das Konzept des *situated learning*. Dieses Konzept schließt die Notwendigkeit einer geschulten Wahrnehmungsfähigkeit ebenso ein wie die Förderung der Kommunikation. Dabei ist die intensive Wahrnehmungsfähigkeit im allgemeinen wie im spezifisch diakonisch-sozialen Lernbereich zu fördern. Lernen im Sinne des *situated learning* geschieht zunächst als bewusste Beobachtung und Wahrnehmung im Praxisfeld. Diese Erfahrungen werden zu zentralen Anstößen für eine Weiterentwicklung des Selbstbildes (diakonisch-soziales Lernen als Entwicklung eines Selbstkonzepts). Durch Gespräche mit Mitarbeitern und Mitarbeiterinnen über ihre berufliche Motivation, ihre Probleme und ihre Zweifel bekommt die Erfahrung ihre Stringenz im Blick auf Handlungs- wie Wertorientierung.

Weitergeführt wird dieser Gedanke, wenn man das System Schule unter reformpädagogischen Gesichtspunkten in den Blick nimmt und definiert. Diakonisch-soziales Lernen ist dann z.b. mit einem Verständnis von Schule als Teil ihres jeweiligen Stadtteils gekoppelt bzw. mit dem sozialräumlichen Prinzip verbunden und versteht sich als Orientierung im sozialen Raum. Dies entspricht der oben schon erwähnten konsequenten Öffnung von Schule, die bei evangelischen Schulen in der Öffnung zur Kirchengemeinde oder zur evangelischen Jugendarbeit, z.B. im Zusammenhang mit der Weiterentwicklung von Ganztagsangeboten, schon ihre Entsprechung findet. Diakonisch-soziales Lernen erhält seinen besonderen Wert für schulische Bildung durch seine Einbindung in reale Situationen und den Kontakt mit Menschen in unterschiedlichsten Lebensaltern und -lagen. Damit legt es den lebens-und praxisfernen Charakter ab, den man schulischem Lernen oft anlastet. Natürlich stellt ein solcher Ansatz diakonisch-sozialen Lernens besondere Anforderungen an Schulen und Einrichtungen sowie an deren Zusammenarbeit. Zudem ist genau an der Nahtstelle von Praxis und Theorie eine Unterscheidung nach Schularten wichtig. Lernen durch Erfahrung und Reflexion in ausgesuchten Praxisfeldern ist angewiesen auf die Fähigkeit zur angemessenen Verbalisierung und erfordert somit nicht nur ein differenziertes Wahrnehmungsvermögen, sondern vor allem auch Sprech- und Sprachkompetenz. Zugleich lässt die Orientierung an dem Aspekt des Erzählens wichtige Spielräume für eine unterschiedliche Akzentuierung in den verschiedenen Schularten zu. All das weist darauf hin, dass Lehrkräfte spezifisches Wissen und ausgewiesene Kompetenzen besitzen sollten, um diese Anforderungen umsetzen zu können. Von daher sollten ihnen auch entsprechende Fortbildungsmöglichkeiten zu angemessenen Bedingungen zur Verfügung stehen.

5. Fazit

Diakonisch-soziales Lernen könnte danach von folgenden Strukturelementen bestimmt sein:

- Beobachtung und Erfahrung im Praxisfeld (community of practise), Analyse dieses Feldes in unterschiedlichen Bezugspunkten, angeleitete Reflexion dieser Erfahrungen
- Auseinandersetzung mit den verschiedenen Praxisfeldern, ihren Strukturen und Systemen wie mit den Motiven der in diesen Systemen Handelnden (Mitarbeitenden und Klienten)
- Einbezug der christlich-spirituellen Komponente
- Entwicklung von Handlungsperspektiven
- Präsentation und Austausch über das Gelernte, auch im Gegenüber mit den Erfahrungen und Bewertungen anderer.

3 Perspektiven diakonisch-sozialen Lernens

3.1 Theologische Aspekte des Begriffes ‚Diakonie'

von Helmut Hanisch

Wenn es um Fragen des diakonisch-sozialen Lernens geht, dann ist es immer wieder neu erforderlich, sich der theologischen Grundlagen dessen zu vergewissern, was unter ‚Diakonie' aufgrund der biblischen Tradition zu verstehen ist, um darauf aufbauend diakonisches Handeln und in diesem Zusammenhang auch diakonisch-soziales Lernen näher bestimmen zu können. Dass diese begriffliche Orientierung notwendig ist, hängt nicht zuletzt damit zusammen, dass seit einigen Jahren der Diakoniebegriff zum Gegenstand engagierter wissenschaftlicher Auseinandersetzung geworden ist. Vor diesem Hintergrund erscheint es lohnend, einleitend kurz auf diese Kontroverse einzugehen (I.). Im Anschluss daran wollen wir auf theologische Aspekte des Diakoniebegriffs zu sprechen kommen (II.). In einem abschließenden Kapitel soll uns die Frage beschäftigen, welche Motive aus theologischer Sicht letztlich zu diakonischem Handeln Anlass geben (III.).

I. ‚Diakonie' kontrovers

Wenn es darum geht, sich Klarheit über die theologische Bedeutung des Begriffes ‚Diakonie' zu verschaffen, dann ist es naheliegend, die griechische Wortgruppe näher ins Auge zu fassen, der das Lehnwort ‚Diakonie' zuzuordnen ist. Dabei stoßen wir auf „diakonein", „diakonia" und „diakonos". In der Tradition der neutestamentlichen Forschung, die im Hinblick auf den Diakoniebegriff von Wilhelm Brandt[1] und Hermann Wolfgang Beyer[2] maßgebliche Impulse erhielt, war es bis vor kurzem üblich, „diakonein" zunächst mit „bei Tisch aufwarten" zu übersetzen. Da das Wort „diakonein" im Kontext des Neuen Testaments jedoch nicht nur im Zusammenhang mit Gastmahlen vorkommt, wurde es allgemein mit „dienen" und die entsprechenden zwei weiteren Worte der Wortgruppe mit „Dienst" bzw. „Diener" übersetzt.[3]

Historisch gesehen hat dieses Verständnis der Diakonie vor allem durch den „aufopferungsvollen Dienst der Kaiserswerther Diakonissen und die Fürsorge für die Kranken

---

[1] Wilhelm Brandt, Dienst und Dienen im Neuen Testament (Neutestamentliche Forschungen 2,5), Gütersloh 1931.
[2] Vgl. Hermann Wolfgang Beyer, Artikel diakoneo, diakonia, diakonos, in: ThWNT II, Stuttgart 1935, 81-93.
[3] Vgl. Otto Merk, Aspekte zur diakonischen Relevanz von „Gerechtigkeit", „Barmherzigkeit" und „Liebe", in Gerhard K. Schäfer/Theodor Strohm (Hgg.), Diakonie – biblische Grundlagen und Orientierungen. Ein Arbeitsbuch zur theologischen Verständigung über den diakonischen Auftrag, Heidelberg ³1998, 144-158. 146.

in Bethel"[4] seine inhaltliche Füllung erhalten und wurde bis in die Gegenwart hinein bestimmend. Um es noch deutlicher zu sagen: Der beispielhafte Einsatz der ersten Diakonissen im 19. Jahrhundert hat die Vorstellung dessen, was Diakonie ist, nachhaltig geprägt. Seit jener Zeit assoziieren wir mit „Diakonie" unterschiedliche „niedrige" Dienste zum Wohle derer, die sich nicht selber helfen können, seien sie zu schwach, zu arm, zu krank, zu einsam oder zu verloren. Damit verbinden wir zugleich die Vorstellung, dass dies im Namen Jesu Christi geschieht, der nach Lk 22, 27 im Zusammenhang mit der Frage, wer der Größte sei, die Jünger auffordert, die herkömmlichen üblichen sozialen Machtverhältnisse auf den Kopf zu stellen und seinem Beispiel zu folgen, das darin besteht, dass er sich *wie* ein Diener verhalte. Direkter als im Lukasevangelium lesen wir in Mk 10, 45, dass Jesus gekommen sei, nicht damit er sich dienen lasse, sondern dass er diene. Dieser Dienst schließt sogar seine Lebenshingabe ein „als Lösegeld für viele", wie es wörtlich bei Markus heißt. Zur Kenntnis zu nehmen ist nun, dass in der neueren neutestamentlichen Forschung die Gleichsetzung des Begriffs „Diakonie" mit „Dienen" von dem australischen Theologen John N. Collins[5] nachdrücklich in Frage gestellt wird. Dabei vertritt er die These, dass „diakonein", „diakonia" und „diakonos" in der griechisch sprechenden Welt im zeitlichen Umfeld des Neuen Testaments eine andere Wortbedeutung hatte, die Anlass gibt, die bisherigen Übersetzungen und die damit verbundenen theologischen Deutungen in Frage zu stellen. Worum geht es dabei im Einzelnen? Collins arbeitet aufgrund von nichtchristlichen antiken griechischen Texten heraus, dass „diakonein" in den sprachlichen Kontexten von „Botschaft", „Tätigkeit" und „Aufwarten" vorkommt.[6] Bei der näheren Analyse dieser Bereiche gelangt er zu der Erkenntnis, dass in allen drei Fällen „diakonein" benutzt wird im Sinne von *Dazwischengehen* oder *Vermittlung*. Entsprechend ist dann der „diakonos" der *Vermittler*, der *Überbringer*, der *Agent*, das *Medium* oder der *Diener*. Damit ist zugleich zum Ausdruck gebracht, dass im Gegensatz zur traditionellen neutestamentlichen Forschung die Grundbedeutung des Wortes „diakonein" keineswegs mit „bei Tisch dienen" gleichzusetzen ist, sondern mit „Dazwischengehen"; „diakonos" ist demnach derjenige, der beim Gastmahl zwischen Küche und Tisch hin und her geht oder in anderen Kontexten, wie wir gesehen haben, die Aufgabe des Vermittlers, des Mediums oder des Agenten übernimmt.

In diesem Zusammenhang bedarf ein weiterer Aspekt der Hervorhebung. Keineswegs ist nach Collins das „Dazwischengehen" an den sozialen Status einer Person gebunden, sondern ihm kommt deskriptive Bedeutung zu. Es soll die Art und Weise der Tätigkeit beschreiben.[7] Vor diesem Hintergrund erscheint es sachlich unrichtig, „diakonein" mit einem wie auch immer gearteten „niedrigen" Dienst zu verbinden, wie es in der Tradition der Diakonie üblich ist. Wörtlich heißt es im Anschluss an Collins bei Benedict dazu: „Diakonein" drückt „niemals die Idee aus, im Dienst von einem Mitmenschen zu sein, um ihm eine Wohltat zu erweisen. Eine Handlung wird nicht für einen anderen, sondern

---

4 Hans-Jürgen Benedict, Die größere Diakonie: Versuch einer Neubestimmung im Anschluss an John N. Collins, in: Volker Hermann/Rainer Merz/Heinz Schmidt (Hg.), Diakonische Konturen. Theologie im Kontext sozialer Arbeit, Heidelberg 2003, 127-135. 127.
5 John N. Collins, Diakonia. Re-Interpreting the Ancient Sources, New York–Oxford 1990.
6 Ebd. 77 ff.
7 Vgl. Hans-Jürgen Benedict, Die größere Diakonie, 129.

im Namen eines anderen getan."[8] Erläuternd haben wir hinzuzufügen, dass das „Dazwischengehen" oder die „Vermittlung", für die im Griechischen das Wort „diakonein" gebraucht wird, selbst hoch gestellte Persönlichkeiten übernehmen können, etwa wenn ein Priester im Namen Gottes bestimmte Botschaften verkündigt oder ein hoher Militär im Auftrag seines Herrschers handelt. In beiden Fällen erweisen sich die handelnden Personen als „diakonoi". Zusammenfassend können wir festhalten, dass es Collins aufgrund der semantischen Analyse von antiken griechischen Quellen ablehnt, „diakonein" mit „dienen" gleichzusetzen. Er versteht darunter vielmehr das Verrichten einer vermittelnden Tätigkeit im Auftrag einer bestimmten Person, ohne damit eine karikative Dienstleistung zu verbinden.

Die Forschungsergebnisse von Collins sind nicht ohne Widerspruch geblieben. Exemplarisch sei an dieser Stelle auf Ismo Dundenberg verwiesen, der sich in einer differenzierten Stellungnahme mit den Thesen des australischen Theologen auseinandersetzt. Bei grundsätzlicher Wertschätzung der Arbeit von Collins weist er vor allem auf die Schwierigkeiten hin, die sich aufgrund der von Collins herangezogenen Quellen ergeben. Sie erlauben es nach seiner Meinung nicht, zu eindeutigen Schlussfolgerungen zu gelangen, wobei er u.a. auf die mangelnde Trennschärfe der von Collins vorgenommenen Unterscheidung von „diakonein" als „jemandem einen Dienst erweisen" (traditionelles Verständnis) und „etwas für jemanden leisten" (neues Verständnis von Collins) hinweist.[9] Für Dundenberg liegen beide Bedeutungen oft so nahe beieinander, „dass es kaum sinnvoll erscheint, zwischen ihnen wählen zu müssen."[10] Darüber hinaus lassen die herangezogenen Texte durchaus unterschiedliche Interpretationen zu. Daneben hebt Dundenberg hervor, dass das Wort „diakonos" in den griechischen Quellen keineswegs durchweg nur im Sinne von „Vermittler" oder „Bote" benutzt wird, wie es Collins darstellt, sondern durchaus auch im Sinne von „Diener".

Trotz Dundenbergs Kritik, die in dem Vorwurf besteht, dass Collins, „ein und dieselbe ‚richtige' Bedeutung in allen möglichen Zusammenhängen anzuwenden" versucht,[11] entdeckt er bei ihm eine Reihe weiterführender Gedanken. Dazu rechnet er die Erkenntnis, dass „diakonia" keineswegs nur auf „niedrige" Aufgaben hinweise und „diakonos" mit einem „niedrigen" sozialen Status verknüpft sei. Weiterhin sei es nicht mehr glaubhaft, wovon traditionell ausgegangen worden ist, „bei Tisch aufwarten" für die Grundbedeutung des Verbs „diakonein" zu halten und es in griechischen Texten mit Wohltätigkeit zu verbinden.[12]

Aus dem Gesagten gilt es resümierend zur Kenntnis zu nehmen, dass das lange Zeit als selbstverständlich geltende Verständnis von „diakonia" „als eine wohltätige, liebende und persönliche Fürsorge für die anderen" nur einen Teilaspekt von dem darstellt, was in antiken Quellen unter ‚Diakonie' verstanden wird.[13] Diese Einsichten gilt es festzu-

---

8 Ebd.
9 Vgl. Ismo Dundenberg, Vermittlung statt karitativer Tätigkeit. Überlegungen zu John N. Collins' Interpretation, in: Diakonische Konturen, 171-183. 176.
10 Ebd.
11 Ebd., 182.
12 Ebd., 183.
13 Ebd.

halten, wenn es darum geht, den Begriff ‚Diakonie' differenziert zu entfalten. Zugleich aber ist zu betonen, dass dieser ‚Teilaspekt' in der Geschichte der christlichen Tradition eine zentrale Rolle spielt und als unverzichtbar anzusehen ist. Worum es sich dabei im Einzelnen handelt, soll uns nun im folgenden Kapitel beschäftigen.

II. Theologische Aspekte des Diakoniebegriffs

Im Folgenden wollen wir unsere Aufmerksamkeit weniger auf die ursprüngliche Wortbedeutung von „diakonein" lenken, sondern inhaltlich danach fragen, was theologisch damit gemeint ist, wenn wir heute im Rückgriff auf das Neue Testament von ‚Diakonie' reden. Das Verständnis von ‚Diakonie' lässt sich nicht aus einzelnen neutestamentlichen Texten herleiten, sondern ergibt sich aus dem ganzen Evangelium, das den Weg und das Werk Jesu Christi beschreibt. Erkennbar wird dies vor allem daran, dass Jesus nicht nur lehrt, sondern zugleich handelt. Inhaltlich geht es dabei um die Verkündigung der Herrschaft Gottes, auf deren Anbruch er durch sein Handeln beispielhaft hinweist. Entsprechend heißt es bei Reinhold Turre: „Der zentrale Inhalt seiner Verkündigung, der Anbruch der Gottesherrschaft wird nicht nur durch das Wort bezeugt, sondern durch sein Helfen, Heilen und Retten verdeutlicht."[14] Indem sich Jesus uneingeschränkt den Randständigen der Gesellschaft zuwendet und sich ihrer erbarmt, weist er damit zugleich zeichenhaft auf die mit ihm beginnende Gottesherrschaft hin. So sind Jesu Verkündigung und sein Handeln unmittelbar aufeinander bezogen. Dies lässt sich mit den Worten von Wilhelm Brandt auf die einfache Formel bringen: „Ohne Taten bliebe das Wort leer, ohne das Wort wären die Taten stumm."

Vor diesem Hintergrund ist es ein grobes Missverständnis, dem man heute oft begegnen kann, das barmherzige Handeln Jesu losgelöst von seiner Verkündigung zu verstehen und in ihm ein bloßes Vorbild zu sehen, das viel Gutes getan hat. Das bedeutet zugleich, dass diakonisches Handeln nicht mit sozialem Lernen gleichgesetzt werden kann. Nebenbei sei bemerkt, dass diesem Irrtum nicht selten junge Menschen erliegen.[15] Offensichtlich ist dies nicht zuletzt auch ein Ergebnis theologisch wenig qualifizierter religiöser Unterweisung. Theologisch falsch ist es in ähnlicher Weise, wenn der Verkündigung des Wortes gegenüber dem Handeln Jesu der Vorrang gegeben wird, wie sich dies bei manchen christlichen Gemeinden findet. Der Dienst Jesu erschöpft sich jedoch nicht in der Verkündigung der Gottesherrschaft und der auf sie bezogenen zeichenhaften Zuwendung zu einzelnen Leidenden, die ihm gegenübertreten. In radikaler Weise zeigt sich der Dienst Christi in seinem Leiden, Sterben und Auferstehen. Entsprechend heißt es bei Turre: „Dadurch ist er zum Diener aller geworden, die der Befreiung von Not und Tod bedürfen."[16] Das entscheidende Motiv, das dem Dienst Christi zugrunde liegt und in seiner Selbsthingabe gipfelt, ist die uneingeschränkte Liebe Gottes zu den Menschen, die sie aus den Verstrickungen des Lebens befreit und mit Gott versöhnt. Die versöhnende Liebe Gottes zu den Menschen ist das Fundament, das den

---

14 Reinhold Turre, Diakonik. Grundlegung und Gestaltung der Diakonie, Neukirchen-Vluyn 1991, 2.
15 Vgl. Helmut Hanisch/Siegfried Hoppe-Graff, Ganz normal und doch König. Jesus Christus im Religions- und Ethikunterricht, Stuttgart 2002.
16 Reinhold Turre, Diakonik, 3.

Dienst Jesu Christi begründet. Dabei geht es nicht nur um die Sorge dessen, was zum Leben gehört, sondern es geht um das Leben selbst. Voraussetzung der Diakonie Christi ist die grenzenlose Barmherzigkeit Gottes zu den Menschen. Sie offenbart sich in der Einheit der Verkündigung vom Reich Gottes und dem ihr korrespondierenden Handeln Jesu als Zeichen der beginnenden Gottesherrschaft. Und sie gipfelt im Kreuz und in der Auferstehung Jesu als dem konsequenten Ja Gottes zum Leben.

Noch ein weiterer Gedanke ist in diesem Zusammenhang bedeutsam: Indem sich Jesus Christus zum Anwalt der Liebe Gottes macht, wird zugleich seine Größe und Herrschaft erkennbar. Indem er Kranke heilt, Hungrige speist, Tote auferweckt, erweist er sich als Herr über das Böse schlechthin, das den Tod einschließt. Der im Dienst dem Menschen Zugewandte offenbart damit seine Größe und Herrlichkeit.

Hier nun lässt sich unschwer zeigen, dass dieser „Dienst" im Anschluss an Collins als „Handlung im Namen eines anderen" gedeutet werden kann. Jesus handelt im Auftrag Gottes. Er ist gleichsam das Medium, durch das die Barmherzigkeit Gottes Gestalt annimmt und fassbar wird. Dies ist die eine Seite der Medaille. Indem Jesus im Namen Gottes als Vermittler handelt, handelt er jedoch zugleich für die, denen die Barmherzigkeit Gottes in besonderer Weise gilt, weil sie ihrer bedürfen. Daran wird erkennbar, dass es mitunter eine Verkürzung darstellt, sich der ausschließlichen Deutung von „diakonein" als „Handeln im Auftrag von" anzuschließen, ohne dabei den Inhalt und das Ziel der vermittelnden Tätigkeit mit in Betracht zu ziehen. Und Inhalt und Ziel können sich grundlegend unterscheiden, je nachdem worin die Vermittlungsaufgabe besteht, wobei im Gegensatz zu Collins keineswegs auszuschließen ist, dass das „Handeln im Auftrag von" mit dem „Handeln für jemanden" zusammenfallen kann.

Was bedeutet nun Diakonie, die wie wir gehört haben, die Selbsthingabe Jesu Christi einschließt, für diejenigen, die ihm nachfolgen? Antworten auf diese Frage finden wir, wenn wir uns einzelnen Bibelstellen des Neuen Testaments zuwenden. Im Evangelium des Markus heißt es vergleichbar mit anderen Stellen der Evangelien: „Und er setzte sich und rief die Zwölf und sprach zu ihnen: Wenn jemand will der Erste sein, der soll der Letzte sein von allen und aller Diener" (Mk 9, 35). Die Größe Christi, von der wir oben sprachen, offenbart sich in seinem Dienen. Die gleiche Dialektik gilt nun auch für seine Jünger. Sie erweisen ihre Größe ebenfalls im Dienst untereinander, aber auch an den gesellschaftlich gesehen „Niedrigen" und „Letzten". Dies verdeutlicht Jesus beispielhaft an einem Kind, das er mit folgenden Worten in die Mitte der Jünger stellt: „Wer ein solches Kind in meinem Namen aufnimmt, der nimmt mich auf; und wer mich aufnimmt, der nimmt nicht mich auf, sondern den, der mich gesandt hat" (Mk 9, 37). Aus diesen Worten ist zu entnehmen, wie ernst seine Aufforderung zu diesem Dienst gemeint ist. Er identifiziert sich mit dem Kind und verweist dabei zugleich auf Gott.

Ein ähnlicher Gedanke findet sich im Gleichnis vom Weltgericht (Mt 25, 31 ff.). In diesem bekannten Text begegnet uns ein König, der mit dem Menschensohn als dem Richter am Ende der Tage gleichzusetzen ist. Er hält Gericht und fällt das Urteil über die Menschen nach dem Maßstab seiner barmherzigen Liebestaten, die er vollbracht hat. Diejenigen nun, die bei Gericht bestehen, erfahren von Jesus, dass sie ihn, als er hungerte, speisten, als er durstig war, ihm zu trinken gaben, als er fremd war, ihn aufnahmen, als er nackt war, ihn kleideten, als er krank war, ihn besuchten und als er gefangen war, zu ihm kamen.

Diese Mitteilung aus dem Munde des Weltenrichters überrascht sie, denn sie haben Jesus in all diesen genannten Situationen weder wahrgenommen noch gesehen. Verstehen können sie die Worte Jesu erst in dem Augenblick, in dem er sich an die Seite der geringsten Brüder stellt und die vor Gericht Stehenden wissen lässt: „Was ihr getan habt einem von diesem meinen geringsten Brüdern, das habt ihr mir getan" (Mt 25, 40). Ähnlich überrascht sind die, die erfahren müssen, dass sie Jesus nicht speisten, als er hungerte, ihm nicht zu trinken gaben, als er Durst hatte, ihn nicht aufnahmen, als er ein Fremder war, ihn nicht kleideten, als er nackt war, und von ihnen nicht besucht wurde, als er krank und im Gefängnis war, denn sie unterließen es, sich um die Geringsten zu kümmern, mit denen sich Jesus identifiziert (Mt 25, 45). Weil sie die entsprechenden Liebeswerke nicht verrichteten und damit Jesus ablehnten, werden sie nun im Gericht von ihm verstoßen. An diesem Gleichnis wird unmissverständlich deutlich, dass die Nachfolge Jesu Christi in dem Dienst an den geringsten Brüdern und – wie heute zu ergänzen ist – den geringsten Schwestern besteht. Dabei ist hervorzuheben, dass es den Handelnden nicht bewusst war, dass sie dies gleichsam für Jesus taten. Aufgrund dieser Beobachtung legt sich die Schlussfolgerung nahe, dass das diakonische Handeln nicht auf Geheiß oder gar unter Zwang oder Druck geschieht, sondern mit großer Selbstverständlichkeit dem Doppelgebot der Liebe folgt, das in der jüdischen Tradition seine Wurzeln hat. In der Version des Lukas lautet es: „Du sollst den Herrn, deinen Gott lieben von ganzen Herzen, von ganzer Seele, von allen Kräften und von ganzem Gemüte, und deinen Nächsten wie dich selbst" (Lk 10, 27). Bemerkenswert ist es, dass dieses Gebot im Neuen Testament gegenüber der jüdischen Tradition eine eigentümliche Zuspitzung erfährt. Sie besteht darin, dass unter dem „Nächsten" nicht – wie auch immer bestimmte – „Nahestehende" zu verstehen sind, sondern dass alle, die Hilfe brauchen, als Nächste bestimmt werden.[17]

Deutlich wird dies an der Beispielerzählung vom barmherzigen Samariter. Hier wird die Frage, wer denn der Nächste sei, von einem Schriftgelehrten explizit aufgeworfen. Jesus antwortet auf diese Frage nicht mit einer Erklärung oder Begriffsbestimmung, indem er definiert, was unter dem „Nächsten" zu verstehen sei, sondern er erzählt eine Geschichte von einem Mann, der unter die Räuber gefallen ist und von einem Samariter völlig uneigennützig versorgt wird. Die Antwort ergibt sich aus dieser Geschichte, die der Schriftgelehrte selbst zu finden hat. Hätte sich der Samariter von dem traditionellen Selbstverständnis dessen leiten lassen, was unter „Nächster" zu verstehen ist, dann hätte er dem Überfallenen sicherlich nicht geholfen, da er weder zu seiner Volksgruppe gehörte noch in irgendeiner Weise mit ihm verwandt oder wenigstens bekannt war. Der Samariter handelt aus der Sicht der damaligen Zeit völlig unkonventionell und überraschend. Es lässt sich nicht von der Tradition bestimmen, indem er fragt, ob der Überfallene sein Nächster sei und er ihm deshalb helfen müsse, sondern er geht von der Situation aus, in welcher der zum Nächsten wird, der der helfenden Barmherzigkeit bedarf.

---

17 Vgl. Gerd Theissen/Annette Merz, Der historische Jesus, Göttingen, ²1997, 345 u. 349.

Vor dem Hintergrund der genannten Perikopen ist folgender Gedanke theologisch bedeutsam: Wenn sich Jesus mit den geringsten Brüdern und Schwestern sowie mit den notleidenden Nächsten identifiziert, dann fallen die Liebe zu Gott und die Liebe zum Nächsten zusammen. Unter dieser Voraussetzung gibt es keine Gottesliebe losgelöst von der Liebe zum Nächsten. Oder anders ausgedrückt: Wer Gott liebt, der kann nicht anders als seinen Nächsten lieben. Umgekehrt gilt aber auch, dass diejenigen, die ihre Nächsten lieben, Gott lieben, wenn ihnen bewusst ist, dass es Jesus ist, der ihnen in den Ärmsten und Geringsten gegenübertritt.

Zusammenfassend können wir an dieser Stelle festhalten, dass ‚Diakonie' in der liebevollen Zuwendung zu denjenigen besteht, die der Hilfe und Unterstützung bedürfen. Diese Zuwendung ist nicht Ausdruck sozial verantwortlichen Handelns, sondern hat seine Wurzeln in der Bereitschaft zur Nachfolge Jesu Christi. Sie orientiert sich an dessen Liebeswerken, die uneingeschränkt denen gelten, die der Hilfe bedürfen. Diese Liebeswerke selbst erscheinen als Dienst an Jesus Christus, weil er sich mit denen identifiziert, die auf die Barmherzigkeit anderer angewiesen sind. Daneben dürfen wir aber nicht aus den Augen verlieren, dass die Liebeswerke Teil der Verkündigung des Reiches Gottes sind, wie wir oben andeuteten. Hier ist es sinnvoll, noch einmal auf Collins zu sprechen zu kommen. Wenn „diakonein" von ihm als „vermitteln" verstanden wird, dann lässt sich dieses Verständnis durchaus auf die Verkündigung vom Reich Gottes beziehen. Christen sind demnach diejenigen, die aufgerufen sind als „Vermittler" oder „Agenten" oder als „Medien" die Botschaft Jesu weiterzugeben. Zugleich sind sie aber auch Diener im herkömmlichen Sinn des Diakonieverständnisses, weil die Herrschaft Gottes gerade darin besteht, dessen Barmherzigkeit in die Tat umzusetzen, was in „niederen" Diensten zum Ausdruck kommt. Das diakonische Handeln lässt sich aufgrund dieser Überlegung durchaus mit den Forschungsergebnissen Collins vereinbaren. Vor diesem Hintergrund können wir zusammenfassend hervorheben, dass die semantischen Befunde von Collins – diakonia als Vermittlung – den Zusammenhang der Verkündigung der Herrschaft Gottes und des diakonischen Handelns keineswegs in Frage stellen, sondern nachhaltig bekräftigen.

Anschaulich fassbar wird dieser Zusammenhang in den frühen christlichen Gemeinden. Grundlage ihres diakonischen Selbstverständnisses ist der Glaube an die heilsame Zuwendung Gottes im Christusgeschehen, die in der Verkündigung vergegenwärtigt wird und in dem damit verbundenen „Willen zur Nachfolge des Christus Jesus auf seinem Weg des Dienstes an denen der Hilfe Bedürftigen."[18] Dieser ‚Doppeldienst', in dem die Diakonia Christi aufgenommen wird, beschreibt Lukas in der Apostelgeschichte mit den bekannten Worten: „Sie blieben aber beständig in der Lehre der Apostel und in der Gemeinschaft im Brotbrechen und im Gebet" (Apg 2, 42). Was darunter zu verstehen ist, wird in dem nachfolgenden Text deutlich: Die Christen waren im Tempel, verkauften ihre Güter und ihre Habe, unterstützten die Hilfsbedürftigen, brachen das Brot in den Häusern und aßen gemeinsam (Apg 2, 45 ff.). Das Leben der Gemeinde orientiert sich am Christus, dem Diakonos. Die Verkündigung des Gekreuzigten und Auferstan-

---

18 Traugott Holtz, Christus Diakonos. Zur christologischen Begründung der Diakonie in der nachösterlichen Gemeinde, in: G. K. Schäfer/Th. Strohm, Diakonie – biblische Grundlagen und Orientierungen, Heidelberg [2]1994, 127-144. 141.

denen und die barmherzige Zuwendung zu den Bedürftigen in der Gemeinde bilden eine Einheit. Jesu heilsbringende Botschaft von der Herrschaft Gottes materialisiert sich gleichsam im Leben der Gemeinde. Damit ist jedoch keineswegs gesagt, dass sich die Hilfe nur auf die Bedürftigen in der Gemeinde konzentriert. Dennoch wird der Gemeinde offensichtlich eine Vorrangstellung eingeräumt, was nicht zuletzt aus den Worten des Paulus abzuleiten ist: „Darum, so lange wir noch Zeit haben, lasset uns Gutes tun an jedermann, allermeist aber an des Glaubens Genossen" (Gal 6, 10). Pieter Abbing rechtfertigt diese Einstellung mit dem Hinweis darauf, dass eine Gemeinde zunächst in sich selbst eine Liebesgemeinschaft sein muss, „weil sonst ihre nach außen gerichtete Liebe unglaubwürdig wäre und nicht wirksam organisiert werden könnte."[19] Diese Einsicht gilt als ständige Mahnung und Herausforderung heutiger Gemeinden, indem sie dazu auffordert, Rechenschaft darüber abzulegen, ob sie ‚Liebesgemeinschaften' darstellen, die mit ihrem diakonischen Handeln nach innen und nach außen glaubwürdig erscheinen.

III. Motive diakonischen Handelns

Abschließend wollen wir der Frage nachgehen, wie es zu dieser Liebe kommt, die nach Paulus darin besteht, jedermann Gutes zu tun. Mit anderen Worten: Welches theologische Motiv gibt es für Christen, diakonisch zu handeln? Aufgrund der vorangegangenen Erörterung liegt die Antwort nahe: Es ist das Vorbild Christi als dem „diakonos", der diejenigen, die ihm nachfolgen, zur Nachahmung herausfordert. Doch wie kommt es zu der Nachfolge und den daraus resultierenden Handlungen?

Die Antwort auf diese Frage finden wir bei Martin Luther. Für ihn gibt es keine andere Quelle ‚guter Werke' als den Glauben an Jesus Christus. Wörtlich heißt es bei ihm: „Das erste und höchste, alleredelste gute Werk ist der Glaube an Christus ... "[20] Dieses Werk ist die Grundlage aller anderen Werke des Menschen, von der sie ihr Gutsein empfangen. Mit anderen Worten: Nur unter der Voraussetzung des Glaubens als dem „Werkmeister und Hauptmann in allen Werken"[21] ist es möglich, gute Werke zu verrichten. Doch was ist dies für ein Glaube, und worin besteht er? Nach Luther zeichnet er sich dadurch aus, dass sich der Mensch darauf verlässt, dass es Gott gut mit ihm meint und ihm vorbehaltlos seine Gnade und Barmherzigkeit schenkt. Das bedeutet jedoch keineswegs, dass dem Menschen Anfechtungen und Leiden erspart blieben, die ihn sogar in Todesnot bringen können. Wenn in solchen kritischen Situationen der Mensch trotz allem an dem Glaube festhält, dass „Gott uns gnädig und wohlgesonnen ist", dann zeigt sich darin „das höchste Werk, das von und durch ein Geschöpf getan werden kann".[22] Grund für dieses Festhalten am Glauben ist die Liebe des Menschen zu Gott, die durch die Erfahrung des gnädigen und wohlgesonnen Gottes immer wieder neue Nahrung erhält. Luther kommentiert dies mit folgenden Worten: „Darum aber liebe ich ihn wiederum und werde

---

19 Pieter J. R. Abbing, Theologische Grundprobleme der Diakonie, in: TRE VIII, [1993], 646.
20 Martin Luther, Von den guten Werken. 1520, in: Die reformatorischen Grundschriften. Gottes Werke und Menschenwerke, München 1983, 49-149. 54.
21 Ebd., 65.
22 Ebd., 59.

bewegt, ihm von Herzen zu vertrauen und alles Gute von ihm zu erwarten."[23] Im Lichte dieses Glaubens sind alle Werke des Menschen gut, weil sie Gott gefallen. Dem widerspricht auch nicht die Tatsache, dass der Mensch ein Sünder ist und im Grunde „sein ganzes Leben und Wirken nur eine verdammungswürdige Sünde ist vor dem Gericht Gottes."[24] Denn er kann „die Gnade, Gunst, Huld und Barmherzigkeit Gottes" erwarten. Luther stellt in diesem Zusammenhang resümierend fest: „Sieh also: Aus Barmherzigkeit und Gnade Gottes und nicht aus ihrer eigenen Natur sind die Werke ohne Schuld, vergeben und gut – um des Glaubens willen, der sich auf diese Barmherzigkeit verlässt. So müssen wir uns also unserer Werke halber fürchten, aber der Gnade Gottes halber können wir uns trösten ..."[25] Schließlich ist die Frage zu stellen, woher der Glaube als „Werkmeister und Hauptmann" aller Werke kommt. Die Antwort Luthers besteht in dem Verweis auf das Versöhnungswerk Christi. Durch den Tod Christi erfährt der Mensch die unermessliche Liebe Gottes, deren er sich bewusst und gewiss wird, wenn er sich das Bild Christi vor Augen hält, in dem die Barmherzigkeit Gottes offenkundig wird. Wörtlich heißt es in diesem Zusammenhang: „Und aus diesem Bild seiner Gnade mußt du den Glauben und die Zuversicht schöpfen zur Vergebung aller Sünden ... In diesem Glauben, wenn du siehst, daß dir Gott hold ist, daß er seinen Sohn für dich dahingibt, muß dein Herz süß und Gott wiederum hold werden und so die Zuversicht aus lauter Gunst und Liebe Gottes gegenüber dir, und deiner gegenüber Gott hervorwachsen."[26]

Der so beschriebene Glaube ist das entscheidende Motiv der guten Werke des Menschen. Zwar entfaltet Luther diese Überlegungen im Zusammenhang mit den Zehn Geboten, sie lassen sich aber unschwer auf das diakonische Handeln übertragen. Im Anschluss an Luther können wir festhalten, dass die wahre Grundlage diakonischen Handelns im Glauben besteht, so wie wir ihn eben beschrieben haben. Tröstlich ist dabei der Gedanke, dass der Mensch bei der Verfolgung diakonischen Handelns keinen rigiden Gesetzesnormen unterliegt oder sich zwanghaft unter Leistungsdruck setzen muss. Das Gegenteil ist der Fall: Der Glaube an Jesus Christus und das Vertrauen darauf, dass alles, was wir tun, Gott gefällt, weil er uns wohl gesonnen ist, befreit uns dazu, uns im Kleinen und im Großen für diejenigen zu engagieren, die unserer Hilfe bedürfen. Dies ist für den glaubenden Menschen keine Last, sondern Ausdruck seiner Liebe zu Gott, dem er lauter und umsonst dient und sich damit begnügt, ihm zu gefallen.[27] Pädagogisch gesehen gilt es, diesen Glauben zu thematisieren und zu erläutern, um vor diesem Hintergrund verdeutlichen zu können, worin das ‚gute Werk' diakonischen Handelns besteht. Dass auch ohne diesen Glauben anderen – aus welchen Motiven heraus aus immer – geholfen werden kann, das war Luther bereits bewusst, aber für die Christen gilt unmissverständlich, dass diakonisches Handeln seinen Wert darin hat, dass es aus Liebe zu Gott geschieht, der sich mit dem Nächsten identifiziert.

---

23 Ebd., 61.
24 Ebd., 69.
25 Ebd.
26 Ebd., 73.
27 Ebd., 58.

3.2 Diakonisch-soziale Bildung und Diakoniewissenschaft. Europäische und ökumenische Perspektiven

von Renate Zitt

Zur diakonisch-sozialen und diakoniewissenschaftlichen Bildung leisten entsprechende Einrichtungen, Hochschulen und Fachhochschulen in kirchlicher und diakonischer Trägerschaft, die für soziale und pflegerische Berufe ausbilden, sowie diakonie- und caritaswissenschaftliche Schwerpunkte an Universitäten, Hochschulen und sonstigen Ausbildungsstätten einen zentralen Beitrag. Sie versuchen, theologische und ethische Perspektiven mit solchen sozial- und humanwissenschaftlicher Herkunft zu verknüpfen und auf die jeweiligen sozialen Herausforderungen zu beziehen. Sie üben ein, das soziale Handeln der Kirchen und ihrer sozialen Institutionen, die sich aus dem Traditionshintergrund und der Erinnerungskultur des Christentums verstehen, im gesellschaftlichen Kontext zu reflektieren, zu begründen und zu gestalten. Entscheidend ist dabei immer, dass dieses Ringen um Perspektiven der Diakonie in Vergangenheit, Gegenwart und Zukunft im Hinblick auf die Gesellschaft keinen exklusiven, abgrenzenden Charakter hat, sondern auf Bündnispartnerinnen und -partner gerichtet ist, denen an der menschenwürdigen, gerechten und sozialen Gestaltung des Gemeinwesens und seinen sozialen Aufgaben liegt. Für diakonisch-soziale Bildung und Diakoniewissenschaft spielen auch europäische und ökumenische Horizonte eine zentrale Rolle.

Diese Zusammenhänge sollen im vorliegenden Beitrag in exemplarischen Linien vorgestellt werde. In einem ersten Schritt gilt es, die Annäherung an das reiche Bedeutungsspektrum von Diakonie darzustellen. Im zweiten Schritt werden diakoniewissenschaftliche Positionen im europäischen und ökumenischen Kontext aufgezeigt. Im dritten Schritt folgen exemplarische europäische und ökumenische Konsultationen und Dokumente und ihre Impulse. Im vierten Schritt beschreibe ich aus der Sicht meiner Tätigkeit an der Evangelischen Fachhochschule Darmstadt die Aufgabe diakonisch-sozialer Bildung im Hinblick auf soziale und pflegerische Berufe an Hochschulen in kirchlicher und diakonischer Trägerschaft. Im fünften Schritt sind aktuelle Entwicklungen im Rahmen der europäischen Studiengangsentwicklungen im Zusammenhang mit der Diakoniewissenschaft vorzustellen. Dabei richte ich den Fokus auf das Entwicklungsprojekt eines europäischen Masterstudiengangs Diakoniewissenschaft. Im sechsten Schritt bündeln zusammenfassende Thesen die Aufgabenbeschreibungen diakonisch-sozialer und diakonisch-wissenschaftlicher Bildung in Europa und der Ökumene, denn beide Bezugsgrößen sind nicht irgendwo weit weg, sondern beziehen sich immer wieder auf uns zurück.

1. Annäherungen an Diakonie

Der Begriff ‚Diakonie' ist schillernd; grundsätzlich verweist er auf das biblisch fundierte Ethos der Liebe und Gerechtigkeit im Dienst der Versöhnung.[1] Diakonie meint unterschiedlichste Formen und Institutionen diakonisch-sozialen Handelns, berufliche

---

1 Vgl. hierzu Heinz Schmidt, Gerechtigkeit und Liebe im Dienst der Versöhnung. Zum Ethos diakonischen Handelns und Lernens, in: Norbert Collmar/Christian Rose (Hgg.), Das Soziale lernen – das So-

Felder und kirchliche Ämter, z.B. von Diakonissen und Diakonen. Speziell im deutschen Kontext bezeichnet Diakonie einen großen gewachsenen Wohlfahrtsverband als Teil des Sozialstaats (mit über 400.000 professionellen Mitarbeiterinnen und Mitarbeitern).[2] Diakonie zielt auf eine weltweit verbundene Barmherzigkeits- und Gerechtigkeitsdiakonie.[3] Sie hat eine persönliche Dimension, eine Beziehungsdimension, eine soziale Handlungsdimension und eine strukturelle Dimension. In internationaler und ökumenischer Perspektive betont der norwegische Diakoniewissenschaftler Kjell Nordstokke in Aufnahme der Diakonie-Interpretation des Australiers J.N. Collins: „Diakonia is a visible expression of the church's nature, manifested in the way of being church. But always expressed by activ doing, in favour of persons in need, and especially those at the margin of human existence."[4]

Geschichtlich ist zu sagen: Diakonie gab es immer,[5] und sie erfuhr ganz unterschiedliche Ausprägungsformen, z.B. in Hospitälern, Klöstern, Gemeinschaften, Vereinen, großen Einrichten etc. Diakonie als Kultur helfenden Handelns hat jeweils Anteil an den Entwicklungen und Ausdifferenzierungen in den unterschiedlichen gesellschaftlichen und kulturellen Kontexten. Diakonie kann insofern das Handeln des Einzelnen im Sinne von Nächstenliebe und Gerechtigkeit sein. Sie kann soziales Handeln wie z.B. Pflegen, Betreuen, Erziehen, Befähigen, Unterstützen, Hilfe organisieren und vieles mehr meinen. Sie ist aber auch eine Form und Struktur des Miteinander-Lebens und Miteinander-Umgehens. Im idealen Sinne ist Diakonie wesentliche Dimension der Gemeinde- und Kirchenstruktur.[6]

Diakonie lebt von der Lebens- und Liebesgeschichte Gottes mit den Menschen[7] und ihrer Verwirklichung unter ihnen. Sie wirkt auch als strukturelle und gesellschaftliche Diakonie.[8] Zu ihr gehört unabdingbar der ökumenische Horizont.

Die Bedeutungsvielfalt von Diakonie spiegelt sich in ihrer biblisch-theologischen Vielfalt wider. Im Alten Testament erweist sich Gott – besonders in den Psalmen, in der

---

ziale tun. Spurensuche zwischen Diakonie, Religionspädagogik und Sozialer Arbeit, Neukirchen-Vluyn 2003, 27-38.

2 Die Diakonie als freier Wohlfahrtsverband bildet hier das lockere organisatorische Dach über unzählige diakonische Einrichtungen. Vgl. Evangelische Kirche in Deutschland (Hg.), Herz und Mund und Tat und Leben. Grundlagen, Aufgaben und Zukunftsperspektiven der Diakonie. Eine evangelische Denkschrift, im Auftr. des Rates der Evangelischen Kirche in Deutschland, hg. vom Kirchenamt der EKD, Gütersloh 1998.

3 Von orthodoxen Theologen wurde dies als Mikro- und als Makrodiakonie und als Liturgie nach der Liturgie bezeichnet.

4 http://www.cec-kek.org/English/diaconalforum.htm, zit. nach Jürgen Gohde, Die Aufgaben der Diakonie im zukünftigen Europa, in: Michael Schibilsky/Renate Zitt (Hgg.), Theologie und Diakonie, Gütersloh 2004, 58.

5 Vgl. hierzu Gottfried Hammann, Die Geschichte der christlichen Diakonie. Praktizierte Nächstenliebe von der Antike bis zur Reformationszeit, Göttingen 2003.

6 So hat es etwa Paul Philippi in seinen Buch ‚Christozentrische Diakonie' (Stuttgart 1963) beschrieben.

7 Vgl. dazu Wolfgang Drechsel, Lebensgeschichte und Lebens-Geschichten. Zugänge zur Seelsorge aus biographischer Perspektive, Gütersloh 2002.

8 Nach J.H. Wicherns Terminologie in seinem Gutachten über Diakonie und Diakonat von 1856 sind dies „die freie Diakonie", „die kirchliche Diakonie" und „die bürgerliche Diakonie". Nach dem evangelischen Sozialethiker Heinz-Dietrich Wendland tritt dazu noch die Dimensionen der „gesellschaftlichen" bzw. „strukturellen" Diakonie hinzu.

prophetischen Tradition und in Rechtstraditionen – als derjenige, der dem Armen, der Witwe, der Waise und dem Elenden und Bedürftigen Recht schafft und den Fremdling beschützt.[9] Diese Eigenschaften stellen in den Psalmen sogar eine Gottesprädikation, also eine Eigenschaft Gottes dar. Das menschliche Handeln entspricht danach der heilvollen Ordnung und Gerechtigkeit (dem „Schalom", „Mischpat" und „Zedaka") Gottes. In diesem Sinn liegt die Betonung auf dem befreienden und liebenden Handeln Gottes, um damit seine Gerechtigkeit zu Gunsten der Armen und Elenden zur Geltung zu bringen. Die Verehrung Gottes und soziale Verantwortung gehören zusammen. Es gibt Schutzbestimmungen für Witwen, Waisen, Alte, Verschuldete, Fremde und Versklavte, Tagelöhner, außerdem entsprechende Wirtschaftsgesetze.[10] Im Neuen Testament wird Diakonie zu einem zentralen Begriff, der unter der theologischen Dimension der „Diakonie der Versöhnung" (2. Kor 5, 18 ff.) sowohl Christologie (Mk 10, 42 ff.), Gemeindestruktur (Lk 22, 27), universale Ethik (Mt 25, 31 ff.) und helfendes Handeln (Lk 10) zu vereinen vermag. Auch die Ämter (Apg 6) und Aufgaben des Wortes und des Handelns werden unter der Diakonie der Versöhnung gebündelt. Zusammengefasst ausgedrückt ist dies im 5. Kapitel des 2. Korintherbriefs, in dem vom Dienst der Versöhnung und vom Wort der Versöhnung gesprochen wird.[11] Der Dienst und die Hilfe am fernen Nächsten erscheint als beispielhafte Erfüllung des Doppelgebots der Liebe, so im 10. Kapitel des Lukasevangeliums im Gleichnis vom Barmherzigen Samariter. Im Gleichnis von den Werken der Barmherzigkeit im 25. Kapitel des Matthäusevangeliums erscheint Christus einerseits als der Weltenrichter, aber andererseits auch als derjenige, der in den Geringsten präsent ist. Dietrich Bonhoeffer hat diese doppelte Präsenz Christi betont: Es geht hier um ganz menschliche Taten für die Hungernden, die Dürstenden, die Aufnahme von Fremden, Kleidung für die, die keine haben, Besuch der Gefangenen und der Kranken etc. Im 10. Kapitel des Markus-Evangeliums bezeichnet sich Jesus Christus in seiner Sendung als ‚Dienender': „Denn auch der Menschensohn ist nicht gekommen, um sich dienen zu lassen, sondern um zu dienen und sein Leben zu geben als Lösegeld für die vielen." Bei der Einsetzung des Abendmahls Matthäus 20 und Lukas 22 heißt es: „Ich aber bin unter euch der Dienende." Diakonie weist hier auf eine ihrer Ursprungsbedeutungen: den Dienst an den Tischen. In diesem Sinne wäscht Jesus seinen Jüngern im 13. Kapitel des Johannesevangeliums die Füße. Dienst wird auch als wesentliche Form des Miteinanders in der Gemeinde bestimmt: „Wer groß sein will unter euch, der soll euer Diener sein." (Mk 10, 42 f.) Dieses Verhalten entspricht der Gemeinschaft mit Christus.[12] Paulus betont im 3. Kapitel des Galaterbriefs: „Hier ist nicht Jude noch Grieche,

---

9 Z.B. Psalm 82: In der Götterversammlung erweist sich Gott als der, der Recht den Armen schafft, den Waisen, den Elenden und Bedürftigen; Ps. 146: Gottesprädikationen: Er schafft Recht den Gewaltleidenden, speist Hungrige, macht Gefangene frei und liebt die Gerechten; vgl. auch Dtn 10, 16 ff. bzgl. der „Gerim" (Fremden); Jes 58: „Brich dem Hungrigen dein Brot, und die im Elend obdachlos sind, führe in dein Haus, wenn du einen nackt siehst, dann kleide ihn." Dann wird Gerechtigkeit verheißen.

10 Vgl. u.a. Ex 20, 20, Dtn 10, 16 ff., Jes 58, Ps 82 u. 146.

11 2. Kor. 5, 18 ff.: „Aber das alles kommt von Gott, der uns durch Christus mit sich selbst versöhnt hat und uns den Dienst anvertraut hat, der die Versöhnung predigt. Denn Gott versöhnte in Christus die Welt mit sich selber und rechnete ihnen ihre Sünden nicht an und hat unter uns das Wort der Versöhnung aufgerichtet. So sind wir nun Botschafter an Christi Statt."

12 Mk 10, 42 f.: Ihr wisst, die als Herrscher gelten, halten ihre Völker nieder, und ihre Mächtigen tun ihnen Gewalt an. Aber so ist es nicht unter euch; sondern wer groß sein will unter euch, der soll euer

hier ist nicht Sklave noch Freier, hier ist nicht Mann noch Frau; denn ihr seid allesamt einer in Christus Jesus." Die Nivellierung bzw. Umkehr der sozialen Stellung der Einzelnen in der christlichen Gemeinde war für die Verbreitung und Wirkung des Christentums von zentraler Bedeutung. Gottes Gerechtigkeit und Barmherzigkeit, sein Liebeshandeln und sein universales Versöhnungshandeln in Jesus Christus ist der Grund und Horizont der Diakonie. In der Auslegungsgeschichte ist der griechische Begriff Diakonie daher mit einem reichen Spektrum von Dimensionen und Bedeutungen verknüpft.[13]

2. Diakoniewissenschaftliche Perspektiven im ökumenischen und europäischen Horizont

Im Hinblick auf die Diakonie hat Diakoniewissenschaft eine Forschungs-, eine Bildungs- und eine Ausbildungsaufgabe für ihre Praxis und ihre Theorie. Sie bemüht sich dabei um Kooperation verschiedener Wissenschaften,[14] um z.B. human- und sozialwissenschaftliche, theologische und historische, soziologische und psychologische und gesellschaftstheoretische Perspektiven auf diakonisch-sozialen Feldern zu erarbeiten.[15]

Schon Ende des 19. Jahrhunderts forderte Theodor Schäfer die Einrichtung eines neuen Faches ‚Diakonik' als jüngstem Zweig am Baum der theologischen Wissenschaft. 1927 wurde an der Berliner Theologischen Fakultät das ‚Institut für die Wissenschaft der Inneren Mission und Sozialethik' gegründet, das im Nationalsozialismus wieder geschlossen wurde. Diakoniewissenschaft als Begriff ist mit der Gründung des Diakoniewissenschaftlichen Instituts an der Universität Heidelberg im Jahre 1954 verbunden. Diakoniewissenschaft fragt in unterschiedlichsten Kontexten danach, was Leben gelingen lässt, was Leben in den Grenzen und Brüchen aushalten lässt und welche Bedingungen dazu nötig bzw. zu verändern sind, um Lebensperspektiven zu stärken und zu gewinnen.[16]

Diener sein; und wer unter euch der Erste sein will, der soll aller Knecht sein." Phil 2, 5 f.: „Seid untereinander so gesinnt, wie es der Gemeinschaft mit Christus entspricht" (Kenosis). Die 4. These der Barmer Theologischen Erklärung drückt es so aus, dass die verschiedenen Ämter in der Kirche keine Herrschaft der einen über die anderen begründen, „sondern die Ausübung des der ganzen Gemeinde anvertrauten und befohlenen Dienstes".

13 Hans-Jürgen Benedict, Die größere Diakonie. Versuch einer Neubestimmung in Anschluss an J.N. Collins, in: Wege zum Menschen, 53. 2001, 349-358.

14 Vgl. hierzu Martin Lechner, Theologie in der Sozialen Arbeit. Begründung und Konzeption einer Theologie an Fachhochschulen für Soziale Arbeit, München 2000.

15 Der Systematische Theologe und Ethiker Rainer Anselm sieht die Aufgabe der Diakoniewissenschaft darin, im Horizont der christlichen Botschaft und der christlichen Traditionskontexte die Praxis der Diakonie reflexiv zu begleiten. Vgl. ders., Diakonie als Wissenschaft. Überlegungen zum besonderen Charakter einer jungen theologischen Disziplin, in: ZEE 45. 2001, 8-16. Die Aufgabe der Diakoniewissenschaft liegt nach Anselm in einer beschreibenden und normativen Dimension „zwischen" den Disziplinen, um im Horizont der christlichen Botschaft und der christlichen Traditionskontexte die Praxis der Diakonie reflexiv zu begleiten, wissenschaftliche Selbstaufklärung des diakonischen Praxis des Christentums zu betreiben, kulturwissenschaftlich-hermeneutisch vorzugehen, sich als Praxistheorie zu verstehen, Professionalisierung zu begleiten, die Sprachfähigkeit nach innen (für organisationsorientierte Kommunikations- und Entscheidungsprozesse) und außen (für die Dialogfähigkeit mit anderen, verwandten Disziplinen) zu verbessern.

16 Hier liegen starke Affinitäten zur Definition von Ethik als „Theorie menschlicher Lebensführung" (Trutz Rendtorff) und der Diakoniewissenschaft als „dialogischer Disziplin" (Michael Schibilsky). Allerdings

Diakoniewissenschaft kann im Sinne von Michael Schibilsky als „Lebensbegleitung und Lebenskunst" verstanden werden, die als „gute Theologie" „im Alltag und bei der Biographie der Menschen" ansetzt.[17] Sie ist geprägt von „ihrer Liebe zum gelebten Leben, zu den gelingenden und auch zu den misslingenden Seiten einer Lebensgeschichte."[18] Sie ist auf den Alltag und die Menschen bezogen und damit auch auf die wirtschaftlichen, politischen und religiösen Konstellationen und Strukturen. Diakoniewissenschaft geht dabei mit der Wirklichkeit in einer bestimmten Perspektive um: der Perspektive von Gottes Lebens- und Liebesgeschichte mit den Menschen.[19]

Aus den Lehr- und Forschungsschwerpunkten des Heidelberger Diakoniewissenschaftlichen Instituts der letzten 50 Jahre lassen sich auch zentrale Schwerpunkte der Diakoniewissenschaft – auch in europäischer und ökumenischer Perspektive – beschreiben: Theologie und Praxis der Diakonie im Bezugsfeld sozialstaatlicher Entwicklungen und in den Handlungsfeldern der diakonisch-sozialen Arbeit; Untersuchungen zu den biblischen Überlieferungen und außerbiblischen religiösen Traditionen; historische und zeitgeschichtliche Erschließung und Aufarbeitung der Diakonie im Kontext kirchlich-theologischer Überlieferung und gesellschaftlicher Entwicklungen; diakonisch-soziale Verantwortung der Kirchen im europäischen Einigungsprozess und in der Ökumene sowie in der Förderung des interkonfessionellen und interreligiösen Dialogs; Diakonie und Gesellschaft, Sozialstruktur und Ökonomie; Diakonie und Bildung, ökumenisches und interkulturelles Lernen; Seelsorge und Ethik; Management und Organisation.[20]

Vor allem in den 1980er und 1990er Jahren sind viele weitere Institute für Diakonie- und Caritaswissenschaft, entsprechende Schwerpunkte, Aufbau- und Weiterbildungsstudiengänge an Hochschulen sowie Initiativen in diakonischen Einrichtungen, Fachhochschulen und Universitäten in Europa – in unterschiedlichen kirchlichen und theologischen Traditionen – entstanden.[21]

Der weltweite, ökumenische Horizont ist für Diakonie und Diakoniewissenschaft wesentlich. Im Hinblick auf den ökumenischen Horizont der Diakonie und der Diakoniewissenschaft betonte schon Johann Hinrich Wichern 1856 in seinem Gutachten zur Diakonie und zum Diakonat für die Frage nach der Diakonie: „Der Standort bei der

---

kommt der biblisch geprägte Traditionshorizont bei der Frage nach dem ‚guten' Leben insofern in den Blick, als Tradition und Situation in einem komplexen Prozess auf der Suche nach dem ‚Sachgerechten' und dem ‚Menschengerechten' im Horizont von Glaube, Hoffnung und Liebe (Arthur Rich, Wirtschaftsethik) aufeinander zu beziehen sind.

17 Vgl. hierzu Michael Schibilsky, Lebensbegleitung und Lebenskunst. Gute Theologie muss im Alltag und bei der Biographie der Menschen ansetzen, in: Zeitzeichen. Evangelische Kommentare zu Religion und Gesellschaft 4. 2003, 38-40.
18 Ebd., 39 f.
19 Vgl. hierzu Wolfgang Drechsel, Lebensgeschichte und Lebens-Geschichten. Zugänge zur Seelsorge aus biographischer Perspektive, Gütersloh 2002.
20 Vgl. hierzu Volker Herrmann (Hg.), 50 Jahre Diakoniewissenschaftliches Institut. Ergebnisse und Aufgaben der Diakoniewissenschaft, Heidelberg 2005, 176 f.
21 Z.B. in Deutschland, in Finnland, in Estland, in Griechenland, in Lettland, in den Niederlanden, in Polen, in Österreich, in Rumänien, in Russland, in Ungarn, in Schweden, in der Schweiz. Vgl. hierzu insgesamt: Theodor Strohm/Arnd Götzelmann/Annette Leis, Neuere Entwicklungen in der diakoniewissenschaftlichen Ausbildung und Forschung in Europa, in: DWI-Info, Nr. 31, Heidelberg 1997/98, 7-17 und DWI-Info, Nr. 32, Heidelberg 1991.

Beantwortung dieser Frage muß jegliche Beschränkung des Gesichtskreises von sich ausschließen; er ist für mich ein ökumenischer. Jede Beantwortung geht fehl, die diesen Standpunkt verläßt. Die rechte Antwort muß in die Tiefen der Gottheit zurück, um in die Tiefen der Menschheit, in die Tiefen ihrer Nöte und in die Tiefen der ihr gebotenen Hilfe einzudringen."[22] Bereits auf dem Wittenberger Kirchentag von 1848 hatte Wichern als Hoffnungszeichen auf den Gedanken „eines großen Bundes der rettenden Liebe über Europa" hingewiesen.[23]

Den maßgeblichen Impuls für den ökumenischen Forschungs- und Verständigungsprozess für Diakonie und Diakoniewissenschaft sehen Theodor Strohm[24] und andere[25] in der „Universal Christian Conference of Life and Work" 1925 in Stockholm, die von Erzbischof Nathan Söderblom – unter den schrecklichen Eindrücken des 1. Weltkriegs – nach einer fast zehnjährigen Vorbereitungszeit einberufen wurde. Diese Konferenz kann als die erste gemeinsame Diakonieversammlung der Kirchen bezeichnet werden. Söderbloms These lautete: „Was die Welt braucht, ist Diakonie". Durch die Schrecken und das Grauen des Nationalsozialismus kam der Neuaufbruch von Stockholm ins Stocken. Erst mit der Gründung des Ökumenischen Rates der Kirchen bei der Ersten Ökumenischen Vollversammlung der Kirchen 1948 in Amsterdam konnte dieser Prozess wieder aufgenommen werden. Intensiv wurde und wird seitdem die Frage nach der Haushalterschaft (‚stewardship') in der verantwortlichen Gesellschaft (‚responsible society') diskutiert. Im selben Jahr verkündete eine Resolution der Generalversammlung der Vereinten Nationen auch die „Allgemeine Erklärung der Menschenrechte". Die Vollversammlung in Amsterdam erklärte 1948 die „Zwischenkirchliche Hilfe und den Flüchtlingsdienst" zur zentralen Aufgabe der Ökumene und institutionalisierte sie als „Division for Interchurch Aid and Refugee Service" (DICARS), seit 1971 „Commission for Interchurch Aid, Refugees and World-Service" (CICARWS). Aus dieser Linie stammen Ökumenische Schlüsselkriterien des Dienstes der Kirchen, über die es 1982 im Ökumenischen Rat der Kirchen zu einem Konsens zum „Gegenwärtigen Verständnis der Diakonie"[26] gekommen ist. Diese ökumenischen Schlüsselkriterien besagen:

---

22 J.H. Wichern, Einleitende Bemerkungen zum Gutachten über die Diakonie und den Diakonat, in: J.H. Wichern, Sämtliche Werke, hg.v. Peter Meinhold, Bd. III/1, Berlin/Hamburg 1968, 128 f.
23 J.H. Wichern, Rede auf dem Wittenberger Kirchentag 1848, in: ebd., Bd. I, 166. Wichern beschwor außerdem – quasi in der Geburtsstunde der organisierten Diakonie in Deutschland – die europäischen Vorbilder für die Innere Mission in Deutschland und betonte: „Sie hat freilich von Frankreich und England noch viel zu lernen, und namentlich auch von der römisch-katholischen Kirche."
24 Vgl. hierzu Theodor Strohm, Die Diakoniewissenschaft in den nordischen Ländern aus deutscher Perspektive – künftige Wege der Zusammenarbeit, in: DWI-INFO Nr. 34: Diakoniewissenschaftliche Perspektiven, Heidelberg 2001/2002, 8-14; ders., Diakonie in Europa. Probleme und Perspektiven, in: Lernort Gemeinde 21. 2003, 24-28; ders. (Hg.), Diakonie an der Schwelle zum neuen Jahrtausend. Ökumenische Beiträge zur weltweiten und interdisziplinären Verständigung, Heidelberg 2000.
25 Vgl. hierzu auch Jürgen Gohde, Die Bedeutung der Diakoniewissenschaft für die internationale ökumenische Zusammenarbeit, in: DWI-Info Nr. 34. Diakoniewissenschaftliche Perspektiven, Heidelberg 2001/2002, 44-47.
26 Die 1982 in Genf durchgeführte Konsultation der CICARWS (Kommission für zwischenkirchliche Hilfe, Flüchtlings- und Weltdienst) zum „Gegenwärtigen Verständnis der Diakonie" hielt in ihrem abschließenden Statement diese 8 Schlüsselbegriffe der Diakonie fest, die als Leitlinien für das Nachdenken über die vielfältige Gestaltung und den Zusammenhang der diakonischen Praxis dienen können. Vgl. hierzu

Diakonie ist

- *wesentlich (essentiell)* für das Leben und Wesen der Kirche;
- *vor Ort (lokal) präsent*: Diakonie setzt da an, wo Not ist, bei den Menschen mit ihren unmittelbaren Bedürfnissen;
- *weltweit und ökumenisch orientiert (global)* in internationaler Solidarität;
- *präventiv ausgerichtet,* um die Ursachen für Ungerechtigkeit und Leben beeinträchtigende Entwicklungen gemeinsam mit den Betroffenen in den Blick zu nehmen und anzugehen;
- *umfassend*: Das Bemühen um Ganzheitlichkeit, Solidarität und Gerechtigkeit klammert die politischen Aspekte ein;
- *humanitär über die Glaubensgemeinschaft hinaus*: Diakonie vollzieht sich im Zusammenwirken mit allen, die sich um die Menschheit und die Natur sorgen;
- *wechselseitig*: Diakonie ist bestimmt durch Leben in Beziehung, durch befähigendes gegenseitiges Geben und Nehmen;
- *befreiend*: Diakonie lebt aus der Freiheit und fördert Partizipation.

3. Exemplarische europäische und ökumenische Konsultationen und Dokumente

In Zusammenarbeit mit dem Lutherischen Weltbund führte das Diakoniewissenschaftliche Institut in den 1980er Jahren einen Konsultationsprozess über Theologie und Praxis der Diakonie in den lutherischen Kirchen durch. Die Ergebnisse wurden 1990 bei der Vollversammlung des Lutherischen Weltbundes in Curitiba präsentiert.[27] Konsens war hier: Der weitere Prozess sollte zugunsten einer ökumenischen Verständigung ausgeweitet werden. Deshalb führte das Diakoniewissenschaftliche Institut in den kommenden Jahren intensive Kooperationsprozesse mit Vertreterinnen und Vertretern aller europäischen Kirchen durch und bezog Expertinnen und Experten für Problemstellungen und europäische Sozialpolitik mit ein. Damit wurde auch der Tatsache Rechung getragen, dass Diakonie und (katholische) Caritas gleichermaßen auf ökumenische und interdisziplinäre Zusammenarbeit mit enger Verbindung zu den Human- und Sozialwissenschaften angewiesen und angelegt sind. In den 1990er Jahren fanden dazu mehrere Tagungen, Konsultationen und Studienseminare statt und wurden in Publikationen dokumentiert.[28]

Einen Markstein in der Entwicklung in den 1990er Jahren bildet die Konsultation vom 13.-18.10.1994 in Bratislava/Slowakei. Sie wurde von der Konferenz Europäischer Kirchen (KEK) einberufen und in Zusammenarbeit mit der Programmeinheit IV im

---

Martin Robra, KOINONIA-DIAKONIA. Schlüsselbegriffe ökumenischer Diakonie, in: ZEE 38. 1994, 280-299.

27 Vgl. hierzu Paul Philippi/Theodor Strohm (Hgg.), Theologie der Diakonie. Lernprozesse im Spannungsfeld von lutherischer Überlieferung und gesellschaftlich-politischen Umbrüchen. Ein europäischer Forschungsaustausch, Heidelberg 1989.

28 Theodor Strohm (Hg.), Diakonie in Europa. Ein internationaler und ökumenischer Forschungsaustausch, Heidelberg 1997; Johannes Degen/Theodor Strohm (Hgg.), Diakonie und europäischer Binnenmarkt. Dokumentation einer wissenschaftlichen Arbeitstagung in der Heidelberger Akademie der Wissenschaften, 4.-7. März 1992, Heidelberg 1992.

Ökumenischen Rat der Kirchen sowie von Eurodiakonia und dem Europäischen Verband für Diakonie vorbereitet.[29] Dabei nahmen Vertreterinnen und Vertreter aus europäischen Kirchen aus 26 Ländern teil und repräsentierten die diakonische Verpflichtung in vielfältigen Handlungsbereichen. Die „Bratislava-Erklärung – auf dem Weg zu einer Vision von Diakonie in Europa" wurde verstanden als „eine Einladung zur Teilnahme an dem Prozeß des Handelns und Nachdenkens".[30] Betont wird hier: „Die Diakonie muss Teil einer Bewegung sein, die Europa ein Zielbewußtsein gibt, das über das Wirtschaftswachstum hinausgeht ... Unsere Zukunftsvision für Europa ist gekennzeichnet durch Offenheit gegenüber der übrigen Welt und durch die Beseitigung von tiefgreifenden wirtschaftlichen Spaltungen, Rassismus und Diskriminierung und durch die Schaffung gleichberechtigter Chancen und Behandlung von Menschengruppen, die zur Zeit ausgeschlossen werden. Es ist eine Vision tragfähiger Gemeinschaften, die sich durch Nachbarschaftsgeist, Miteinanderteilen und Sorge um den Menschen und die Umwelt auszeichnen. Diakonie ist dazu berufen, in Zusammenarbeit mit anderen zur Verwirklichung dieser Vision beizutragen."[31] Strategisch werden für die ökumenische Zusammenarbeit u.a. runde Tische zur Reflexion, zum geistlichen Austausch und zur Koordinierung angeregt, weiterhin Lern- und Austauschmöglichkeiten, Austausch zwischen Basis- und Selbsthilfeinitiativen, interregionaler Austausch von örtlichen Gruppen, die Entwicklung von Ausbildungsstrategien von diakonischen Mitarbeiterinnen und Mitarbeitern, Förderung der Grundrechte und der Menschenrechte in jedem Land sowie übergreifende und weltweite Kooperation für fairen Handel, Lebens- und Arbeitsbedingungen. Pfarrerin Sylvia Michel, die damalige Präsidentin des Europäischen Verbandes der Diakonie/EURODIAKONIA, hat 1996 betont, dass sich die christlichen Kirchen auf ihre Kräfte im Dienste der Versöhnung besinnen sollten. Sie stellt fest, dass die Bratislava-Erklärung von 1994 mit ihrem „Weg zu einer Vision von Diakonie in Europa" einen Meilenstein darstelle. Es sei an der Zeit, Theologie und Diakonie miteinander zu versöhnen. Man müsse eingestehen, dass die Kirchen – auch mit ihren konfessionellen Spaltungen – Teil des Problems in Europa seien. Über Versöhnung sei ihrer Ansicht nach sehr konkret zu reden, und besonders die Initiativen an der Basis müssten sichtbar gemacht werden.[32]

Seit der Einladung von Bratislava zur Teilnahme an einem Prozess des Handelns und des Nachdenkens haben weitere wichtige diakoniewissenschaftliche Konsultationen, Konferenzen und Studienseminare im europäischen, ökumenischen und interdiszi-

---

29 Letzterer ist ein nach französischem Recht formierter Verein mit Sitz in Straßburg. Er steht in der Tradition des „Life and Work"-Prozesses und der Larnaca-Konsultation von 1986 mit dem Thema „Diakonie 2000". Auf der Jahresversammlung 2000 beschlossen die Delegierten aus 44 Kirchen, diakonischen Werken und sozialen Nichtregierungsorganisationen aus 22 Ländern, ihre Mitglieder mit Projekten und Dienstleistungen zu unterstützen. Diakonie solle sich in einem säkularen Umfeld für Solidarität, Gerechtigkeit und Barmherzigkeit einsetzen und an der Gestaltung einer sozialen Kultur mitwirken.
30 Vgl. hierzu: Die Bratislava-Erklärung – Auf dem Weg zu einer Vision von Diakonie in Europa. Eine Einladung zur Teilnahme an dem Prozeß des Handelns und Nachdenkens (Konferenz Europäischer Kirchen, 1994), abgedruckt in: Theodor Strohm (Hg.), Diakonie an der Schwelle zum neuen Jahrtausend. Ökumenische Beiträge zur weltweiten und interdisziplinären Verständigung, Heidelberg 2000, 542-547.
31 Ebd.
32 Vgl. hierzu Theodor Strohm (Hg.), Diakonie in Europa. Ein internationaler und ökumenischer Forschungsaustausch, Heidelberg 1997, 42 f.

plinären Horizont stattgefunden. Im Sommer 1996 wurde in der Orthodoxen Akademie in Kreta ein europäisches diakoniewissenschaftliches Studienseminar unter dem Thema „Diakonie der Versöhnung. Auf dem Weg zu einer Ökumenischen Verständigung in Europa" durchgeführt. Das internationale, interdisziplinäre und ökumenische Symposium zum Thema „Weisheit, Kraft und Inspiration der Diakonie" vom 14.-17. März 1996 in Lahti/Finnland wurde vom Diakonischen Institut in Lahti und der finnischen lutherischen Kirche in Zusammenarbeit mit dem Institut für Caritas und Christliche Sozialarbeit an der Universität Freiburg und dem Diakoniewissenschaftlichen Institut Heidelberg getragen. Die Diakonie in Finnland ergriff außerdem die Initiative für einen Internationalen Diakoniekongress unter dem Thema „Spirit – Light – Charity", der vom 23.-27. September 1998 wiederum in Lahti stattfand und von denselben Organisationen getragen wurde.[33]

In diesen ökumenischen und interdisziplinären Kongressen für Diakonie aus diakoniewissenschaftlicher Perspektive wurde der Blick auf die Zusammenarbeit der Kirchen in Diakonie und Caritas gelenkt und damit auch auf wichtige Elemente des 1925 begonnenen Stockholm-Prozesses sowie der ökumenischen Entwicklungen und der Initiativen von KEK, Eurodiakonia-Europäischer Verband für Diakonie, dem Rat europäischer Bischofskonferenzen (CCEE) und der europäischen Versammlungen im Rahmen des Konziliaren Prozesses für Frieden, Gerechtigkeit und Bewahrung der Schöpfung. Außerdem konnte ein weiterer wesentlicher Markstein gesetzt werden: die Entwicklung und Unterzeichnung der „Charta Oecumenica – Leitlinien für die wachsende Zusammenarbeit unter den Kirchen in Europa", die am 22. April 2001 vom Präsidenten der Konferenz Europäischer Kirchen, Metropolit Jeremie Caligiorgis, und dem Präsidenten des Rates der Europäischen Bischofskonferenzen, Kardinal Miloslav Vlk, unterzeichnet wurde. Die Empfehlung ihrer Entwicklung ging 1997 von der zweiten Europäischen Ökumenischen Versammlung in Graz aus, die unter dem Motto stand: „Versöhnung – Gabe Gottes und Quelle neuen Lebens". In der Charta Oecumenica wird zwar nicht explizit die Zusammenarbeit zwischen Diakonie und Caritas ausgeführt, aber die Verpflichtung zur Kooperation bildet ein immer wieder hervorgehobenes wichtiges Element. „Mit dem Evangelium" soll in einer pluralen Kultur „für die Würde der menschlichen Person als Ebenbild Gottes" eingetreten werden und die Kirchen sollen „gemeinsam dazu beitragen, Völker und Kulturen zu versöhnen."[34] Die Ökumenische Charta wird „als gemeinsame Verpflichtung zum Dialog und zur Zusammenarbeit" angenommen, die „auf allen Ebenen des kirchlichen Lebens eine ökumenische Kultur des Dialogs und der Zusammenarbeit fördern" will.[35] Unter der Überschrift „Unsere gemeinsame Verantwortung für Europa ... mitgestalten" heißt es u.a.: „Aufgrund unseres christlichen Glaubens setzen wir uns für ein soziales und humanes Europa ein, in dem die Menschenrechte und Grundwerte des Friedens, der Gerechtigkeit, der Freiheit, der Toleranz, der Partizipation und

---

33 Publiziert sind die Beiträge der vorgenannten Konferenzen in: Theodor Strohm (Hg.), Diakonie an der Schwelle zum neuen Jahrtausend. Ökumenische Beiträge zur weltweiten und interdisziplinären Verständigung, Heidelberg 2000.
34 Charta Oecumenica. Leitlinien für die wachsende Zusammenarbeit unter den Kirchen in Europa, Straßburg, 22.04.2001. (Einleitung)
35 Ebd.

Solidarität zur Geltung kommen. Als Kirchen und als internationale Gemeinschaften müssen wir der Gefahr entgegentreten, dass Europa sich zu einem integrierten Westen und einem desintegrierten Osten entwickelt. Auch das Nord-Süd-Gefälle ist zu beachten. Zugleich ist jeder Eurozentrismus zu vermeiden und die Verantwortung Europas für die ganze Menschheit zu stärken, besonders für die Armen in der ganzen Welt."[36] Unter „Völker und Kulturen versöhnen" wird die „Aufgabe der Kirchen" betont, „miteinander den Dienst der Versöhnung auch für Völker und Kulturen wahrzunehmen. Wir wissen, dass der Friede zwischen den Kirchen dafür eine ebenso wichtige Voraussetzung ist ... Wir verurteilen jede Form von Gewalt gegen Menschen, besonders gegen Frauen und Kinder. Zur Versöhnung gehört es, die soziale Gerechtigkeit in und unter allen Völkern zu fördern, vor allem die Kluft zwischen Arm und Reich sowie die Arbeitslosigkeit zu überwinden. Gemeinsam wollen wir dazu beitragen, dass Migranten und Migrantinnen, Flüchtlinge und Asylsuchende in Europa menschenwürdig aufgenommen werden."[37] Damit die Charta Oecumenica an der Basis vor Ort ankommt, muss sie in diakonisch-sozialen, kirchlichen und gesellschaftlichen Zusammenhängen diskutiert, konkretisiert und mit Leben gefüllt werden. Dazu gehört auch, Projekte und Perspektiven vor Ort in diakonisch-sozialer Hinsicht zu entwickeln, anzuregen und gleichzeitig nach dem Gemeinsamen in der Gesellschaft im Sinne der Charta Oecumenica zu fragen.[38]

4. Aspekte zur Aufgabe diakonisch-sozialer Bildung an Hochschulen in kirchlicher und diakonischer Trägerschaft

Aspekte diakonisch-sozialer Bildung und der Diakoniewissenschaft sollen im Folgenden exemplarisch an meinem Arbeitsfeld als Professorin an der Evangelischen Fachhochschule in Darmstadt deutlich gemacht werden. Damit ist diese Perspektive zweifellos eine kontextuelle – nämlich die Perspektive der Hochschule – und bedingt die Frage, wie heute angemessen für die diakonisch-sozialen Herausforderungen in europäischer und internationaler Sicht ausgebildet werden kann.

Wenn man mit Studierenden oder Auszubildenden für soziale und pflegerische Berufe arbeitet, ist es immer faszinierend zu sehen, mit welchem kreativen und engagierten Potenzial sie sich für eine humane Welt einsetzen wollen. Hier haben die Kirchen und die Diakonie meines Erachtens eine immense Verantwortung als Bildungsträger für diakonisch-soziale Berufe.[39] Diakonie und Diakoniewissenschaft können und müssen in

---

36 Ebd.
37 Ebd.
38 Für die Diakonie plädiert Jürgen Gohde im europäischen Zusammenhang für „entsprechende Strukturen sowohl auf der praktischen als auch auf der Verbandsebene ... Netzwerke nationaler und internationaler Kooperationen über Europa hinweg. Sie müssten das europäische Gesellschafts- und Sozialmodell mitgestalten, zivilgesellschaftliche Partizipationsmodelle aufbauen und strukturell verankerte politische Beteiligungsstrukturen z.B. auf nationaler Ebene in Gesetzgebungsverfahren ermöglichen, Zusammenarbeit zwischen Kirchen und Verbänden fördern und den Prozess der Vereinigung Europas voranbringen." Vgl. Jürgen Gohde, Die Aufgaben der Diakonie im zukünftigen Europa, in: Michael Schibilsky/Renate Zitt (Hg.), Theologie und Diakonie, Gütersloh 2004, 62.
39 Seit dem 19. Jahrhundert steht die Bildungs- und Ausbildungsaufgabe im Mittelpunkt der diakonischen Einrichtungen; man denke beispielsweise an die Rettungshäuser, die sowohl für die Bildung der Zöglinge wie ihrer Ausbilder (in Beuggen bei Zeller etwa die Armenschullehrer, bei Wichern die Dia-

europäischer Perspektive Modelle und Vernetzungen beitragen, denn „die Bildungsfrage wird auf den verschiedenen Ebenen zur sozialen Frage des 21. Jahrhunderts."[40] In Lehrveranstaltungen des Studiengangs ‚Soziale Arbeit' mit einem gemeindepädagogischen und diakonischen Schwerpunkt denken Studierende über Fragen der Gemeindediakonie und der Sozialraumorientierung nach, wie ökumenische Kriterien der Diakonie aussehen, wie diakonische Fragen mit Fragen der Charta Oecumenica verknüpft werden und welche Perspektiven sich daraus vor Ort ergeben können. Die Studierenden sind vom ökumenischen Gedanken fasziniert. Sie sehen einen weiten Raum für ihren Glauben – und falls sie das zuvor noch nicht getan haben – lernen sie in einem weiteren Horizont zu denken. Sie verstehen sich in ihrem Wirken ja nicht nur an Christen, sondern an alle Menschen gewiesen. Das ist für sie – im Rahmen der Gottesebenbildlichkeit und Menschenwürde – selbstverständlich. Sie reflektieren auf diesem Hintergrund ethische Aspekte von Hilfekonzepten und Konzepten der Sozialen Arbeit, pädagogische Möglichkeiten und Perspektiven, solidaritätsstiftende Projekte im Gemeinwesen und in den Kirchengemeinden, sozialraumorientierte Netzwerke, in die sich die Menschen einbringen können. Und sie lernen, wie viel christliche und andere religiöse Traditionen mit sozialer Arbeit zu tun haben.

Diakonisch-soziale und auch diakoniewissenschaftliche Bildungsprozesse richten sich nicht nur an Christinnen und Christen, sondern wirken – wie es zum Wesen der Diakonie gehört – darüber hinaus. So studieren an der EFH Darmstadt mit ihren Hochschulstandorten in Darmstadt und Hephata/Treysa ca. 1.000 junge Menschen, die unterschiedlichen Religionen und Konfessionen angehören, zum Teil auch gar keiner Religion oder Konfession, die aber interessiert danach fragen, woraus die Motivation von Christinnen und Christen und von der Kirche resultiert, sich im sozialen Bereich zu engagieren, für soziale und pflegerische Berufe auszubilden, und die sich dezidiert für eine Hochschule in diakonischer und kirchlicher Trägerschaft entschieden haben. Die europäische und weltweite Perspektive ist für die Studierenden übrigens ganz selbstverständlich. Zum Teil haben sie selbst einen Migrationshintergrund, zum Teil wollen sie längst einen europäisch ausgerichteten Studiengang besuchen (in Darmstadt beispielsweise den Studiengang ‚Inclusive Education/Integrative Heilpädagogik', der gemeinsam mit der Diakoniehochschule in Finnland und der Universität Budapest angeboten wird) oder ein Semester oder eine Praktikumsphase im Ausland zu verbringen. Dabei ist aber keine exklusiv europäische Perspektive intendiert. Unsere heutigen Studierenden und Auszubildenden besitzen einen europäischen und weltweiten Horizont, sie studieren Soziale Arbeit beispielsweise in Russland, in Polen, in den USA, aber auch in Neuseeland oder Australien. Sie machen in Praktika und Auslandssemestern entscheidende Erfahrungen für sich persönlich, wissenschaftlich und im Hinblick auf ihre berufliche Entwicklung. Zentral dabei ist: Kooperationsstrukturen zwischen Hochschulen und Ausbildungsstätten im europäischen Raum sind zweifellos eine der ganz großen Errungenschaften des europäischen Einigungsprozesses. Die einschlägigen Instrumente der EU

---

kone) sorgten. Ähnliches fand in den Diakonissenmutterhäusern statt, die für die Kinderpflege- und Kindererziehung und für die Krankenpflege sowohl Raum boten als auch dafür bildeten und ausbildeten.

40 Jürgen Gohde, 64.

fördern die Mobilität der Studierenden und der Dozentinnen und Dozenten sowie die Zusammenarbeit bei curricularen Entwicklungen im europäischen Horizont.

5. Das Projekt eines europäischen ‚Masterstudiengangs Diakoniewissenschaft'

Seit einigen Jahren haben sich – wie bereits dargelegt – Diplom-Aufbau- und Weiterbildungsstudiengänge für Diakonie- und Caritaswissenschaft immer stärker entwickelt und erfahren eine europäische, ökumenische und weltweite Dimension.[41] Die damit implizierten Entwicklungen für Diakonie, Theologie, Kirche, Hochschulen und Ausbildungseinrichtungen sind noch nicht abzuschätzen. Man kann aber sagen, dass europaweit seit den 1990er Jahren Diakonie- und Caritaswissenschaft in Forschung und Ausbildung eine sprunghafte Verbreitung erfahren haben. Ihre Aufbau- und Weiterbildungsstudiengänge bauen auf grundständige Studiengänge unterschiedlicher Fachrichtungen auf, z.b. der Theologie, der Pädagogik, der Pflegewissenschaft, der Sozialwissenschaften, der Sozialen Arbeit und vieler anderer mehr. Die diakoniewissenschaftlichen Institute kooperieren in den unterschiedlichsten Wissenschafts-, Forschungs- und Ausbildungszusammenhängen auf europäischer Ebene. Die Studiengänge der Diakoniewissenschaft sind – so weit ich es übersehen kann – bislang alle als Aufbaustudiengänge organisiert, in denen ganz unterschiedliche Berufsgruppen interdisziplinär zusammenarbeiten.

In Europa stehen derzeit alle Hochschulen und Universitäten infolge des Bologna-Prozesses in der Bildungspolitik vor der Aufgabe, ihre Studiengänge neu zu strukturieren, in einen ersten berufsqualifizierenden Bachelor (BA) und einen entweder sofort darauf aufbauenden konsekutiven Master (MA). So erfolgt das derzeit etwa für die theologischen Studiengänge, wobei die Kirchen immer wieder betonen, dass nur der Master-Abschluss die Berufsqualifizierung für den Pfarrberuf darstellt. Masterstudiengänge, die mit unterschiedlichen BA-Abschlüssen studiert werden können, bauen also auf eine erste berufliche Qualifizierung auf und sind deshalb meist als berufsbegleitende Studiengänge organisiert. An den Evangelischen Fachhochschulen Darmstadt, Freiburg, Reutlingen-Ludwigsburg und dem Diakoniewissenschaftlichen Institut Heidelberg wird im kommenden Jahr mit einem berufsbegleitenden Fort- und Weiterbildungsmaster in Diakoniewissenschaft begonnen. Das Besondere dabei ist, dass drei Fachhochschulen und eine Universität darin kooperieren und ihre jeweiligen Stärken in den Studiengang einbringen. Aus diesem auch im wissenschaftlichen Sinne sehr fruchtbaren Austausch ist die Idee der Entwicklung eines europäischen Masterstudiengangs Diakoniewissenschaft entstanden. Der für weitere Partnerinnen und Partner ausdrücklich offene Kooperationsverbund, dessen aktuelle Planungsüberlegungen hier vorgestellt werden, umfasst das Diakoniewissenschaftliche Institut der Universität Heidelberg, die Evangelischen Fachhochschulen Darmstadt, Freiburg und Reutlingen-Ludwigsburg, den Diakoniehochschulverbund DIAK in Finnland mit seinen 8 Studienstandorten, die Karls-Universität Prag, das Diakoniehemmet Oslo, die Universität Oslo und die Universität

---

41 Vgl. hierzu Diakoniewissenschaftliches Institut Heidelberg (Hg.), DWI-Info, Nr. 31/1997/98 und Nr. 32/1999. Hier finden sich Überblicke über diakonie- und caritaswissenschaftliche Initiativen und diakonie- und caritaswissenschaftliche Bildungs- und Ausbildungsgänge sowie diese anbietenden Einrichtungen, Hochschulen und Universitäten im europäischen Kontext.

Uppsala. Gleichzeitig sind damit auch alle weiteren wissenschaftlichen europäischen Netzwerke mit angesprochen und tendenziell einbezogen, über welche diese Hochschulen jeweils verfügen. Zu den diakoniewissenschaftlichen Zielen gehört unter anderem – in europäischer und ökumenischer Perspektive – eine wahrnehmende, analytische und theologisch-hermeneutische Kompetenz für die diakonisch-soziale Praxis zu erwerben; die Fähigkeit, ethische Prozesse in der diakonisch-sozialen Praxis zu begleiten und zu sorgfältig abgewogenen Entscheidungen zu führen, Leitungskompetenz unter Berücksichtigung der Persönlichkeiten, Beziehungsgefüge und Strukturen auszuüben, interdisziplinäre diakoniewissenschaftliche Forschungskompetenz im europäischen Horizont zu entwickeln und interkulturelle und interreligiöse Kompetenz mit diakonisch-sozialem Handeln zu verbinden. Folgende Dimensionen für die weitere Entwicklung und curriculare Ausarbeitung sind bislang angedacht:

A. Ethische und anthropologische Begründungen europäischer sozialer Dienste und Sozialer Arbeit mit einem Fokus auf der jüdisch-christlichen Tradition, ihrer theologisch-hermeneutischen Interpretation, ethischen Traditionen und interreligiös begründeten Wertvorstellungen. – Mögliche und weiter zu entwickelnde Inhalte sind hier: Quellen und Traditionen des christlichen Glaubens und dessen gegenwärtige Interpretationen, Formen und Inhalte von Spiritualität, Kirche/Diakonie und christliche Ethik, philosophische Begründungen der Ethik und der Menschenrechte, interreligiöser Dialog, Religionen reflektiert in ihrer Rolle innerhalb der Sozialen Arbeit.

B. Studien im Feld sozialer Dienste und Sozialer Arbeit. – Mögliche und weiter zu entwickelnde Inhalte sind: Multikulturelle Studien und interkulturelle Kommunikation, Gender-Forschung, Migration und Flüchtlinge, Entwicklung der sozialen Dienste und des Sozialmarktes in Europa, Wohlfahrtsstaat, Sozialstaat und Prozesse der Inklusion und Exklusion seiner Leistungen, die demographische Entwicklung.

C. Management und Organisationsentwicklung im Non-Profit-Bereich. – Mögliche und weiter zu entwickelnde Inhalte sind: Komplexe Systeme von Organisation und Management, Reflexion der Leitungsrolle, Supervision, Komplexität im Management: Schulen des Managements und der Organisationsentwicklung, Entscheidungstheorien, Wirtschaftsethik.

D. Professionelle Studien mit lokalen Wahlmöglichkeiten. – Mögliche und weiter zu entwickelnde Inhalte sind: Professionalität im gegenwärtigen Europa, Gender-Fragen in sozialen Diensten und durch soziale Dienste, ethisch begründetes Management und Organisationsentwicklung, lokale Diakonie, Gemeindediakonie und Gemeinwesenarbeit, lokale und gemeinwesenbezogene Gemeindepädagogik und Religionspädagogik, Jugendarbeit, interdisziplinäre Professionalität.

E. Forschung und Masterarbeit. – Mögliche und weiter zu entwickelnde Inhalte sind: Kritisches Denken und Analyse-Fähigkeiten, Forschungsmethoden, Handlungsforschung und prozessuales Lernen anhand eines eigenen Forschungsprojekts.

6. Diakonisch-soziale Bildung und Diakoniewissenschaft in europäischer und ökumenischer Perspektive

Zusammenfassende Thesen:

6.1 Bei diakonisch-sozialer Bildung geht es immer um Menschen, um die existentiellen Fragen des Lebens, um hilfreiche Hände und Strukturen. Leben ist verletzlich und gefährdet, Leben ist reich und voller kreativer Möglichkeiten. Menschen werden danach gefragt, wie sie sich mit ihren eigenen Fähigkeiten für andere einbringen können, ob nun freiwillig, ehrenamtlich oder beruflich. Soziales Lernen und diakonisch-soziale Bildung sind in der modernen Gesellschaft ein wichtiges Thema. Die Reflexion und die Gestaltung diakonisch-sozialer Bildungsprozesse haben zentrale Bedeutung in den alltäglichen Zusammenhängen der Arbeit in Kirchen, Gemeinden, Schulen, Hochschulen, in der Gesellschaft und im Gemeinwesen und in den jeweiligen Kontexten vor Ort.

6.2 In der diakoniewissenschaftlichen Reflexion und Gestaltung diakonisch-sozialer Lern- und Bildungsprozesse ist von der Begegnung mit verschiedensten Erfahrungsdimensionen und Praxiskontexten auszugehen. Es wird gefragt, wie Gottes universale Lebens- und Liebesgeschichte mit den Menschen und der Welt und sein Dienst der Versöhnung (2. Kor. 5, 17 ff.) „in, mit und unter" der ganz konkreten Wirklichkeit zum Ausdruck kommen und gelebt werden können.[42] Die Versöhnung als Gabe Gottes und Quelle neuen Lebens geht dabei allen menschlichen Initiativen voraus und ermutigt dazu – in aller Brüchigkeit des menschlichen Lebens.

6.3 In diakonisch-sozialen Bildungsprozessen geht es auch um die Frage nach theologisch qualifizierten Leitbildern der Wirklichkeit, die die Erfahrungen von Leiden, Nöten, Problemen und gesellschaftlichen Herausforderungen nicht verdrängen.[43] Es geht um die Förderung und Entwicklung diakonisch-sozialer Erfahrungs- und Lernprozesse sowie um deren Begleitung.[44] Biblische Tradition und Erfahrung, Glaubens- und Welterfahrung werden aufeinander bezogen, wenn nach der Entwicklung einer Lernkultur gefragt wird, die liebevoll und sorgsam mit Leben umgeht, ob nun in pädagogischen, seelsorgerlichen, pflegerischen oder anderen Zusammenhängen.

6.4 Diakoniewissenschaftlich geht es immer wieder neu darum, die je eigene Geschichte und Konkretion von Diakonie zu reflektieren, denn diese Geschichte hat ent-

---

42 Vgl. Theodor Strohm, Ist Diakonie lehrbar? Plädoyer für ein neues Verständnis der theologischen Ausbildung, in: Michael Schibilsky (Hg.), Kursbuch Diakonie. Ulrich Bach zum 60. Geburtstag, Neukirchen-Vluyn 1991, 145-160. Vgl. ferner Renate Zitt, Ist Diakonie lehrbar? Erfahrungen und Perspektiven einer Lernenden und Lehrenden, in: Arnd Götzelmann/Volker Herrmann/Jürgen Stein (Hgg.), Diakonie der Versöhnung. Ethische Reflexionen und soziale Arbeit in ökumenischer Verantwortung. Festschrift für Theodor Strohm, Stuttgart 1998, 290-299. Dies./Heinrich Pompey/Joachim Walter, Diakonie wahrnehmen und denken lernen. Hochschuldidaktische Perspektiven der Diakonie- und Caritaswissenschaft im Horizont praktisch-theologischer Bildung und Ausbildung, in: Martin Steinhäuser/Wolfgang Ratzmann (Hgg.), Didaktische Modelle der Praktischen Theologie, Leipzig 2002, 498-554.

43 Vgl. hierzu Werner H. Ritter, Der ‚Erfahrungsbegriff' – Konsequenzen für die enzyklopädische Frage der Theologie, in: ders./M. Rothgangel (Hgg.), Religionspädagogik und Theologie. Enzyklopädische Aspekte. Festschrift zum 65. Geburtstag für Professor Dr. Wilhelm Sturm, Stuttgart/Berlin/Köln 1998, 149-166, bes. 152 f.

44 Vgl. auch Heinz Schmidt, Diakonisches Lernen: Grundlagen, Kontexte, Formen, in: H. Rupp/C. Scheilke/H. Schmidt(Hgg.), Zukunftsfähige Bildung und Protestantismus, Stuttgart 2002, 155-168.

scheidende Bedeutung für das Geworden-Sein der sozialen Strukturen und der Diakonie der Kirchen.[45] „Diakonie muss ihre Geschichte in ihrer gesamten ökumenischen und zeitlichen Weite wieder kennenlernen, die Geschichte, die uns so viel lehren kann, die Geschichte, ohne die wir keine Identität finden können."[46]

6.5 Weiter geht es um die Gestaltung der Diakonie als ökumenische Aufgabe. Was heißt das im Hinblick auf die Entwicklung von Zusammenarbeit und Kooperation? Wichtige Arbeitsformen sind u.a. die Kenntnis der Situation in den einzelnen Ländern, Lebenslagenstudien, wechselseitiges Kennenlernen von Personen und Strukturen, theologische Grundlagenarbeit über unterschiedliche und verbindende Traditionen, Erarbeiten gemeinsamer Konzeptionen und Projekte. Hier sind mit der ‚Bratislava-Erklärung – Auf dem Weg zu einer Vision von Diakonie in Europa' von 1994 und mit der ‚Charta Oecumenica' von 2001 für die Zusammenarbeit unterschiedlichster Träger wichtige diakonisch-soziale Perspektiven entwickelt worden. In diesem Sinne können vor Ort diakonisch-soziale Lern- und Bildungsprozesse angeregt, reflektiert und begleitet werden. Mit diakonisch-sozialen Projekten oder mit der Wahrnehmung der Aufgaben im Gemeinwesen geschieht ganz automatisch eine ökumenische Perspektiventwicklung. „Die Kirchen dürfen nicht müde werden, ihrem diakonischen Auftrag durch geeignete Lebensformen, Ausbildungsgänge und Ämter gerecht zu werden. Die besten Erfahrungen, die bewährten Modelle sollten geprüft und sinngemäß weiter vermittelt werden."[47]

6.6 Interkulturelle und interreligiöse Dimensionen gehören zu diakonisch-sozialen Bildungsprozessen. Diakonie in der multikulturellen und multireligiösen Gesellschaft weiß sich einem offenen Dialog mit anderen Religionen und Kulturen verpflichtet, in dem nach spezifischen Traditionen barmherzigen und gerechten Verhaltens gefragt wird, wie etwa den Almosen für die Armen als einer der fünf Säulen des Islam und der Zedaka-Überlieferung im Judentum. Aus Psalm 82 beispielsweise lassen sich dafür entscheidende Impulse gewinnen, denn Gott bestimmt hier sein Sein als ‚diakonisches Sein'. Er verweigert in der vorgestellten Götterversammlung dort das Gottesprädikat, wo nicht Recht geschaffen wird den Armen, Witwen, Waisen, Elenden und Bedürftigen. Ähnlich zeigt sich dieses universale Element im Gleichnis von den menschlichen Werken der Barmherzigkeit im 25. Kapitel des Matthäus-Evangeliums und im Gleichnis vom Doppelgebot der Liebe und dem Barmherzigen Samariter im 10. Kapitel des Lukas-Evangeliums.[48]

6.8 Versöhnung steht als Grund, Auftrag und Horizont der Diakonie im Mittelpunkt. Sie gilt aller Welt und allen Menschen in gleicher Weise. Hilfe und Teilhabe für Benachteiligte und Schutzbedürftige sowie die Frage nach Gerechtigkeit werden als Kriterien der Bewegung der Liebe Gottes in der Welt gefasst. Der katholische Theologe Johann Baptist Metz hat hier von einer weltweiten Verpflichtung des Christentums im Hinblick

---

45 Vgl. zu den folgenden Punkten: Theodor Strohm (Hg.), Diakonie in Europa. Ein internationaler und ökumenischer Forschungsaustausch, VDWI 8, Heidelberg 1997, 32-40.
46 Kai Henttonen, Referat – Leitbilddiskussion in der europäischen Diakonie, in: Informationes Theologiae Europae. Internationales ökumenisches Jahrbuch für Theologie, hg. v. U. Nembach, Sonderdruck, Frankfurt a.M. u.a. 1997, 151-154.
47 Ebd., 28.
48 „Die Diakonie, Caritas, Philanthropie, die kirchlich-soziale Arbeit müssen möglichst lernen, im Zusammenleben mit Angehörigen anderer Religionen und Kulturen den tieferen Sinn dieser universalen Ordnung Gottes zu begreifen." Ebd., 38 f.

auf das Eingedenksein des fremden Leids (compassion) gesprochen. Bischof Homeyer beschreibt den Dienst der Versöhnung als die Nachahmung der Liebe Christi (Phil 2). In versöhnter Verschiedenheit können Christen aus dem Geschenk der Liebe und der Diakonie Gottes leben und um einen menschenrechtlichen Universalismus ringen. Immer wieder neu geht es in diakonisch-sozialen Bildungsprozessen darum, den gemeinsamen Auftrag für die Menschen in den Mittelpunkt zu stellen, dafür theologische, diakonie- und caritaswissenschaftliche Voraussetzungen zu reflektieren, gemeinsame Konzeptionen und Kooperationsstrukturen im Gemeinwesen vor Ort und im ökumenischen Horizont zu entwickeln.

3.3 Zum evangelischen Profil sozialpädagogischer Ausbildung
von Thomas Zippert

1. Einführung

Die folgenden Überlegungen versuchen wesentliche Elemente eines evangelischen Begriffs von Bildung so zu reformulieren, dass sie für die konkrete Gestaltung und Profilierung von evangelischen Berufsausbildungsgängen fruchtbar werden können.[1] So selbstverständlich wie unplausibel werden darunter meist soziale Berufe verstanden: so selbstverständlich, weil sich beide großen Kirchen auf Grund ihres diakonisch-caritativen Profils in diesem Ausbildungssektor traditionell stark engagieren – so unplausibel, weil entsprechend einem lutherischen Berufsbegriff kein Beruf bzw. Stand einem anderen (z.b. ‚weltlichen' oder ‚unsozialen') etwas voraushat.

Auf Grund der konkreten bildungsplanerischen Zielsetzung sind drei Dimensionen des Bildungsbegriffs mitgesetzt: neben den Grundlagen die von Bildung in beruflichen Ausbildungsgängen und die von Bildung in der dort angestrebten Berufspraxis – in diesem Fall von Erziehern bzw. Elementarpädagoginnen.[2] Insofern zielt sie nicht auf ‚Allgemeinbildung', sondern setzt einerseits konkreter an bei beruflicher Bildung und andererseits – elementarer –, nämlich bei frühkindlichen Bildungsprozessen in noch nicht auf das heute übliche, kognitiv reduzierte Konzept von ‚Allgemeinbildung'. Im Hintergrund meiner Überlegungen stehen die Klassiker des theologischen Begriffs von Bildung, Johann Gottfried Herder und Friedrich Schleiermacher. Ihr Bildungsverständnis hat wiederum eine lange Vorgeschichte von der Mystik über Comenius bis in den Pietismus und leidet nicht an Verengungen der gegenwärtigen PISA-Bildungsdebatte.[3] Diese Debatte steht natürlich im Vordergrund und wird bis in den Raum der evangelischen Kirche hinein geführt.[4] Zu ihr gehören auch die Erkenntnisse der neueren neurologischen Kindheitsforschung, die ein verändertes Verständnis von Kind und Kindheit nahe legen. Sie zeichnen das Bild eines kompetenten Kindes, das als Co-Konstrukteur seiner Realität

---
1 Den Gremien der Evangelischen Fachhochschule Darmstadt und des Bundesverbandes Evangelischer Ausbildungsstätten für Sozialpädagogik (BEA) sei hier für Anregung und Diskussion gedankt.
2 Renate Zitt, Das evangelische Profil beruflicher Bildung – Horizonte und Perspektiven, in: DWI-Info Nr. 36, Heidelberg 2004, 237-255.
3 Vgl. Thomas Zippert, Bildung durch Offenbarung. Das Offenbarungsverständnis des jungen Herder als Grundmotiv seines theologisch-philosophisch-literarischen Lebenswerkes, Marburg 1994; ders., Art. Humanität (Menschlichkeit) I. Dogmatisch, in: RGG^4, 3 (2000), 1947 f.; im Anschluss an Schleiermacher: Eilert Herms, Bildung und Ausbildung als Thema der Theologie und Aufgabe der Kirche, in: ders., Erfahrbare Kirche. Beiträge zur Ekklesiologie, Tübingen 1990, 209-221, und ders., Vom halben zum ganzen Pluralismus, in: EvTh 54. 1994, 134-157.
4 EKD-Denkschrift ‚Maße des Menschlichen', Gütersloh 2003; Jürgen Gohde, Profile diakonischer Bildung, Vortrag auf dem Bildungskongress des Diakonischen Werks der EKD am 13.10.2003 in Speyer; Karl Ernst Nipkow, Diakonische Bildung und die Prüfung der Tiefengrammatik von Bildungsmetaphern – auf dem Weg zur biblischen Mitte christlicher Bildung, ebd. (www.diakonie.de); Wolfgang Huber, Wissen – Werten – Handeln. Welches Orientierungswissen gehört zur Bildung?, Vortrag auf dem Bildungskongress der EKD am 03.05.2004 in Berlin (www.ekd.de); Christoph Th. Scheilke, Eigenständige Wahrnehmung des Bildungsauftrags durch Evangelische Schulen, in: Jürgen Frank/Jürgen Gohde (Hgg.), Gemeinsam Profil zeigen. Evangelische Schulen in der Bildungsdiskussion, Münster u.a., 2004, 51-67.

angesehen wird. Sie nehmen so einen wesentlichen Aspekt des evangelischen Bildungsbegriffs auf, nämlich die lebenslange Dualität bzw. Dialektik von Selbstbildung und Gebildetwerden.[5] Gerade an der Entfaltung und Aufrechterhaltung dieser polaren Dualität ist mir viel gelegen, denn sie kommt heute zum einen unter konstruktivistischen Vorzeichen, zum anderen unter ökonomischen Funktionalisierungen von Bildung zu kurz. ‚Natürlich', d.h. in der Natur des Menschen liegend, schaffen wir Menschen uns unsere Welt, seit wie am Schöpfungsmorgen jeden Morgen vor uns neu das Feld unserer Arbeit und Bildung erscheint.[6] Wir sind Subjekte unseres Lebens und natürlich auch der pädagogischen Prozesse.

Aber ebenso sind wir Geschöpfe unserer Zeit, zufällig hier oder dort geboren, durch diese oder jene Zeitläufte getragen, getrieben oder verletzt, mit dieser oder jener Muttersprache bis in unsere Wahrnehmungs-, Fühl-, Denk- und Handlungsstrukturen gebildet.[7] Wenn nach den überwältigenden, letztlich inkommensurablen Kriegen und Umwälzungen des 20. Jahrhundert nicht das individuelle Genie der Klassik oder Romantik, sondern Geschichte als Offenbarung[8] und die Existenz als Geworfensein in diese oder jene Situation verstanden wurde, ist zwar das gegenwärtig vorherrschende konstruktivistische systemische Paradigma als Gegenbewegung verständlich. Aber ebenso erscheint es in dieser Perspektive in seiner eigenen historischen Bedingtheit als einseitig. Es geht um beides: um die menschliche Freiheit und den ‚Ansatz bei der jeweiligen Situation' in ihrer konkreten sozialen (politischen, wirtschaftlichen, kulturellen) Gestalt. Auf allen Ebenen wird deshalb unter evangelischer Perspektive in Bildungsprozessen die Unhintergehbarkeit von Individualität und Institutionalität (im weitesten Sinn) zugleich zu reflektieren sein. Bei einem Menschenbild, das den gesamten Lebenslauf in all seinen Dimensionen in den Blick nimmt, zeigt sie sich deshalb auch in der Spannung von beruflicher und allgemeiner Bildung (bzw. Fachlichkeit und Menschlichkeit, Professionalität und Humanität). Diese beiden Pole zu verschränken und konstruktiv aufeinander zu beziehen, ist jeweils neue Aufgabe. Sie additiv nebeneinander stehen zu lassen, sollte sich von selbst verbieten, – keine professionelle oder fachliche Norm kann ethischer Beurteilung entgehen. Ebenso wenig kann sich das evangelische Profil von

---

5 Friedrich D.E. Schleiermacher, Glaubenslehre (^{2}1831), § 3.
6 So Herder in seiner Interpretation von Genesis 1 in seiner „Ältesten Urkunde" bzw. in „Vom Geist der Ebräischen Poesie" (SW, ed. Suphan, Bd. 6 bzw. Frankfurter Ausgabe, Bd. 5), übrigens in Kenntnis von Comenius.
7 Gerade die neuere Hirnforschung zeigt nicht nur den Menschen als Konstrukteur seines Weltbildes und seiner Welt, sondern auch wie sehr traumatische Ereignisse den Menschen bis in die Physiologie seines Gehirns verändern; vgl. Zippert, Traumatische Wahrheiten. Zum gegenwärtigen Umgang mit traumatischen Erfahrungen, in: Wilfried Härle/Matthias Heesch/Reiner Preul (Hgg.), Befreiende Wahrheit. FS Eilert Herms, Marburg 2000, 395-426. Gerade der Begriff ‚Resilienz' stammt aus dem Kontext der Stress- bzw. Traumaforschung. Er versucht das Phänomen festzuhalten, dass Menschen krisenhafte bis traumatische Erfahrungen mit unterschiedlichen individuellen, sozialen, gelegentlich auch religiösen Ressourcen (Fähigkeiten und Widerstandskräften) individuell oft erstaunlich gut meistern, vgl. Corina Wustmann, Was Kinder stärkt. Ergebnisse der Resilienzforschung und ihre Bedeutung für die Praxis, in: Wassilios Fthenakis (Hg.), Elementarpädagogik nach PISA. Wie aus Kindertagesstätten Bildungseinrichtungen werden können, Freiburg u.a. 2003, 106-135.
8 So in Umkehrung des Titels einer programmatischen Schrift der Nachkriegstheologie – freilich ohne sich selber als Theologie nach dem Kriege zu verstehen: Wolfhart Pannenberg (Hg.), Offenbarung als Geschichte, Göttingen 1961.

allgemeiner oder berufliche Bildung in der Addition von Andachten oder Wahlfächern zum staatlich verordneten Lehrplan erschöpfen. Drei Blickrichtungen sind zu beachten: Die theologischen Grundlagen verändern ihre Gestalt, wenn es um konkrete Prozesse beruflicher Bildung für soziale Berufe geht. Sie verändern sich wiederum im Blick auf die pädagogische Praxis eben dieser Berufe. Diese drei Blickrichtungen sind keine Deduktion oder Ableitung, sondern eher eine Transformation in andere Diskussionszusammenhänge. Quer liegend zu diesen drei Blickrichtungen tauchen fünf Merkmale darin in verwandelter Gestalt immer wieder auf:[9]

a) Ohne den Kanon bzw. kanonische Tradition, insbesondere der Heiligen Schrift, ist ein evangelisches Bildungsverständnis nicht zu haben. Dabei geht es nicht um ‚Indoktrination', ‚Manipulation' oder ‚unhinterfragbare Autorität' (auch wenn es dies im Laufe der Geschichte gab), sondern um die unvermeidbare, aber in ihren Wirkungen nicht steuerbare Begegnung und Auseinandersetzung mit einem Stück Weltliteratur (Herder) samt seinen menschlichen, sozialen, politischen, religiösen und kulturellen Folgen. Das Lesen von Texten bleibt gerade in der Informations- und Wissensgesellschaft eine grundlegende Fähigkeit. Lesen meint dabei einen Prozess, der Informationsverarbeitung, Perspektivität und Prüfung auf Wahrheit umfasst. Diese *Einsicht* in die je persönliche und situative Wahrheit des in der Bibel sich zeigenden Wirklichkeitsverständnisses (nicht nur des Menschenbildes) ist jedoch unverfügbar individuelles Werk des Heiligen Geistes; es ist nicht machbar oder operationalisierbar, auch nicht mit einer wie auch immer gearteten pädagogischen ‚Methode' oder einem religiösen *methodus*. – Es kommt also sehr darauf an, in welcher Gestalt und mit welcher Absicht dieser ‚Maßstab' (dieses ‚Maß des Menschlichen') eingeführt wird. Insofern schützt rechte Lehre (‚Doktrin') vor Indoktrination. Es ist uralte europäische Tradition, dass sich substantielle Kritikfähigkeit an ‚maß-geblichen' Dokumenten der Tradition bildet und schärft und so einen gemeinsamen kommunikativen Horizont über Tagesaktualitäten hinweg eröffnet.

b) *Zweites* Merkmal ist die schon erwähnte polare Spannung von Individualität und Institutionalität von Bildungsprozessen. Der Gedanke einer in irdischen Verhältnissen nicht aufgehenden Bestimmung des Menschen zur Gottebenbildlichkeit bildet nicht nur dafür das Ziel, sondern ist auch Brücke und Anschlussstelle zu den Menschen- und Grundrechten als heutiger Form unaufgebbarer Rechte und Gesetze. Bezugspunkt und Inspirationsquelle bleibt und wird immer wieder neu Jesus Christus als wahres Ebenbild Gottes, als „wahrer Mensch und wahrer Gott". Das wiederum ist nicht einschränkend oder belehrend gemeint, sondern getragen von der Überzeugung, dass die Begegnung mit dieser Gestalt immer wieder überraschend kreativ und befreiend wirkt.

---

9 Man könnte sie mit einigem Aufwand auseinander ableiten, was aber wohl nur für den theologisch-philosophischen Diskurs interessant ist und deshalb hier unterbleibt. Mit den mir erst später bekannt gewordenen fünf Merkmalen einer älteren Fassung des Bildungsbegriffs von Karl Ernst Nipkow gibt es einige Überschneidungen, aber auch andere Akzentuierungen und Ergänzungen: Das Merkmal ‚Fehlerfreundlichkeit' fehlt bei ihm, scheint aber in seinem fünften Merkmal ‚Bildung und Verständigung' mit enthalten – das hier fehlende utopische Potenzial ist im Verständnis von Ebenbildlichkeit mit enthalten, von unterschiedlichen Standpunkten aus werden Kultur und Institution, Kommunikation und Pluralität in den Blick genommen; vgl. Nipkow, Bildung als Lebensbegleitung und Erneuerung: kirchliche Bildungsverantwortung in Gemeinde, Schule und Gesellschaft, Gütersloh 1990, 32-36. Vgl. Helmut Hanisch/Heinz Schmidt (Hgg.), Diakonische Bildung. Theorie und Empirie, Heidelberg 2004.

c) Als *drittes* Merkmal resultiert daraus ein bestimmtes Verständnis von Persönlichkeit, das um die unverfügbaren Lebensdimensionen ebenso weiß wie um Verantwortlichkeit, um Freiheit ebenso wie um die (Selbst-)Bindung der Liebe. Das ethische Fundament bzw. das Ethos eines Menschen hat bei dieser Sicht des Menschen immer seinen Grund in bestimmten Haltungen, Einstellungen und Sinngebungen, besser: Sinnevidenzen. Diese können sich in Überzeugungen zeigen, im Diskurs bewähren, im Streit verändern – gehen aber nicht darin auf.

d) Das *vierte* Merkmal greift mit dem Thema der Fehlerfreundlichkeit ein traditionell schwer vermittelbares Thema auf. Es hält die Begrenztheit und Fehlerhaftigkeit menschlicher Kenntnisse und Kompetenzen fest und setzt so die Überzeugungstradition fort, dass ohne das klassische Thema der Sünde jedes Menschen-, Gesellschafts- oder Wirklichkeitsverständnis unvollständig und unkonkret bliebe. Auch hier kommt es – bei allen heiklen Erfahrungen – auf die Art und Weise der Kommunikation an. Bildung bleibt blauäugig und geschichtsvergessen, wenn Fehler, Krisen (nicht nur Reifungs-, auch Konfliktkrisen) und deren unaufhebbare Folgen nicht Thema werden: Sie können es auf menschlich-verträgliche Weise meines Erachtens nur im Horizont göttlicher Barmherzigkeit und Vergebung.

e) Das *fünfte* Merkmal führt sozusagen aus der Engführung des dritten Merkmals hinaus und stellt sich dem Pluralismus als einem aus der eigenen Tradition wohlbekannten (wenn auch nicht immer geübten) „Pluralismus aus Prinzip".[10] Wenn schon bestimmte Lebensdimensionen dem einzelnen Menschen selber unbekannt bis fremd und unverfügbar sind und bleiben (nicht nur sein Unbewusstes!), gleichwohl aber zum Leben dazugehören, so stellt die multikulturelle, multireligiöse und segmentär werdende Gesellschaft der Gegenwart mit ihren vielfach einander fremden bzw. immer fremder werdenden Mitgliedern keine prinzipiell andere oder neue Situation, sondern dieselbe Herausforderung auf anderer Ebene und in erheblich vergrößertem Ausmaß dar.

2. Merkmale eines evangelischen Begriffs von Bildung

2.1 Kanon im Diskurs
Bildung geschieht in Auseinandersetzung mit kulturell bzw. religiös-kirchlich *kanonischen Texten* und Traditionen. Im evangelischen Kontext ist es der Kanon der Bibel bzw. in der Bibel der ‚Kanon im Kanon', das Evangelium von Jesus Christus. Weitere, in ihrem kanonischen Charakter strittig bleibende Texte und Traditionen aus dem weiteren allgemeinen oder dem professionsspezifischen ‚Kanon' wären mit hinzuzuziehen. Folge: Ohne kritische Auseinandersetzung kein Kanon und ohne Kanon keine Bildung substantieller Kritikfähigkeit!

2.2 Individualität im Kontext
Bildung im evangelischen Verständnis ist ein *umfassendes* und deshalb auch ein *unverfügbar individuelles* und sich zugleich im Kontext von gesellschaftlichen *Institutio-*

---

10 Eilert Herms, Pluralismus aus Prinzip (1991), jetzt in ders., Kirche für die Welt. Lage und Aufgabe der evangelischen Kirchen in Deutschland, Tübingen 1995, 467-485; Karl Ernst Nipkow, Evangelische Bildungsverantwortung im Pluralismus, in: Gottfried Adam (Hg.), Kirche – Bildung – Demokratie. Die Wiener Barbara-Schadeberg-Vorlesungen, Münster u.a. 2004, 13-40.

nen vollziehendes, zugleich aktives und passives Geschehen. In diesem Kontinuum geschieht Bildung als elementare, allgemeine und berufliche Bildung. Lebenslang entfaltet sich die Persönlichkeit mit ihren Gaben und Begabungen im Horizont der menschlichen Bestimmung zur Gottebenbildlichkeit. Folge: Keine Bildung ohne Erziehung und keine Erziehung ohne den Freiraum zur Selbstbildung.

2.3 Herzens- und Gewissensbildung
Auch in evangelischer Bildung geht es um *verantwortungsbewusste Mündigkeit* und *sinnstiftende Deutungen des Lebens*. Bildungsprozesse werden darüber hinaus so gestaltet, dass in Auseinandersetzungen mit konkreten Beispielen des Ethos der Nächstenliebe und der Kultur der Barmherzigkeit Herzens- und Gewissensbildung geschehen kann. Auf dieser Basis können sich Freiheit und Mündigkeit als Verantwortungsfähigkeit entfalten.[11] Und so erhält dann auch die Fachlichkeit ein tragfähiges ethisches Fundament. Folge: Die Bildung bzw. Pflege von Haltungen, Kulturen und Fachlichkeiten bedingen einander!

2.4 Fehlerfreundlichkeit und Streitkultur
Bildung im evangelischen Kontext weiß um die *Begrenztheit und Fehlerhaftigkeit* menschlicher Kenntnisse und Kompetenzen und um die Gewissheit der Vergebung und Vollendung durch Gott. Für Lehrende und Lernende erwächst hier die ‚Zumutung' einer besonderen Kultur des Umgangs mit menschlichen Grenzen und mit menschlicher Macht, mit Schwächen, Beeinträchtigungen, Verfehlungen, Konflikten, Sünde und Schuld.[12] Folge: Keine Bildung ohne überstandene, wenigstens reflektierte Krise!

2.5 Pluralismus aus Prinzip
Weil sich Bildung in evangelischer Tradition notwendig individuell vollzieht, ist sie in sich *pluralistisch*. Von daher gibt es mitten und zentral *in* der eigenen Tradition gute Gründe, die je eigenen Bildungstraditionen im multikulturellen und multireligiösen Kontext anderer Bildungstraditionen der gegenwärtigen Gesellschaft zu reflektieren, ohne gleich Ängste vor Profilverlust oder Fremdheit zu wecken oder empfinden müssen. Pluralismus aus Prinzip zu vertreten, ist selbst eine Position, die der institutionellen Pflege und auch rechtlichen Absicherung bedarf. Folge: Keine Bildung ohne Annäherung an und Auseinandersetzung mit dem Fremden!

Diese fünf Gesichtspunkte sollen in den beiden abschließenden Kapiteln meines Beitrags näher entfaltet werden.

---

11 EKD-Denkschrift, 61, 63, 66. Die inzwischen mehrfach ausgewerteten Erfahrungen mit Projekten sozialen bzw. diakonischen Lernens zeigen auf sehr anregende Weise, wie man diese tieferen Schichten der Person erreichen kann; vgl. mehrere der Aufsätze in: Helmut Hanisch/Heinz Schmidt, Diakonische Bildung (s.o. Anm. 9).
12 Dass Leben gelingen kann, aber nicht muss, dass es Fragment bleibt und bleiben darf, ist m.E. einer der wirklich tröstlichen Einsprüche des Christentums gegen jeden Kult von Ganzheitlichkeit, Vollkommenheit und (irdischem) Heil; vgl. H. Luther, Religion und Alltag, Bausteine zu einer Praktischen Theologie des Subjekts, Stuttgart 1992, 160 ff.

3. Konsequenzen für die Konzeption evangelisch geprägter Bildungsgänge:

3.1 Begegnung mit kanonischen Texten und Symbolen
Begegnung oder Wiederbegegnung mit biblischen und anderen ‚kanonischen' Traditionen ist unverzichtbar. Diese kann befremdend, kritisch und innovativ sein. Nicht die Quantität bibelkundlicher Kenntnisse ist wichtig. Es reicht, wenn eine oder zwei Geschichten wirklich lebendig werden, ankommen und so auf unverfügbare Weise ‚Maßstab' werden. In diese Dimension gehört auch die umgekehrte Spurensuche in der Bibel zu aktuellen Themen, auch die ‚Kindertheologie', die Beschäftigung mit ‚Glaubensentwicklung' und der in-/exkludierende Umgang mit Schwachen und Benachteiligten. Aber auch nicht ganz zeitgeistkonforme Themen bergen Relevanz – wie die durch die Genetik neu provozierte Verhältnisbestimmung von Prädestination und Freiheit – einschließlich der klassischerweise damit zusammenhängenden Themen Schuld und Vergebung, Autonomie und Verantwortung (samt Jüngstem Gericht) sowie das unter gegenwärtigen ökonomischen Verhältnissen global und lokal immer virulenter werdende Verhältnis von Macht und Ohnmacht bis hin zu den von der Psychotraumatologie untersuchten Extremformen.[13]

Wer in Erziehungsverantwortung steht, hat heute (und morgen) mit Zielen, Leitbildern oder gar *Bildungsplänen* zu tun bzw. Verantwortung für ihre Gestaltung, Umsetzung und Fortschreibung. Leitbilder und Pläne im kirchlichen Kontext orientieren sich an der *symbolischen Tradition* der Kirche. ‚Symbolisch' ist hier gezielt im doppelten Sinn gebraucht: Es geht um die Beschäftigung mit bildlich-rituellen Symbolen ebenso wie mit den altkirchlichen ‚Symbolen', d.h.: den Glaubensbekenntnissen und ihrer bis in die Gegenwart reichenden Tradition der Katechismusbildung oder ‚Laientheologie', die die tragenden Fundamente einer Institution in konzentrierten Bekenntnissätzen immer wieder neu ausdrücken und als Kern eines christlichen Wirklichkeitsverständnisses samt seiner Auffassungen von Mensch und Gesellschaft aktuell entfalten will.[14] Heute wird wieder deutlicher, dass auch Riten, Musik und Architektur Symbol- bzw. ‚Textcharakter' haben und für diese Aufgabe einen angemessenen Zugang und Ausdruck bieten.[15]

3.2 Bildungsgeschichte im Spannungsfeld von Selbstbildung und Gebildetwordensein
Wenn Bildung derart vieldimensional geschieht, braucht es Raum und Zeit, der eigenen *Bildungsgeschichte* (dem ursprünglichen Bezogensein auf andere Menschen) einschließlich der religiösen Dimensionen nachzugehen, sie sozusagen auf den aktuellen Stand zu bringen, Entwicklungsmöglichkeiten auszuloten und zu erproben sowie durch Austausch untereinander neue und andere Dimensionen und Wege religiöser Bildung kennen und schätzen und so Pluralität tatsächlich leben zu lernen. Hier geht es nicht um

---

13 Ich gehe davon aus, dass quasi als kulturellem Gedächtnis im Themenbestand der Dogmatik wesentliche, d.h. auch heute unumgängliche Themen und Probleme behandelt und gespeichert sind.
14 Vgl. aus der Fülle der Literatur z.B. jüngere Erscheinungen zu dieser Textgattung: Gerson Raabe, Was heißt Christsein heute? Das Glaubensbekenntnis neu verstehen, Gütersloh 2005; Norbert Reck, Abenteuer Gott. Den christlichen Glauben neu denken, Darmstadt 2003.
15 Roland Degen/Inge Hansen (Hgg.), Lernort Kirchenraum. Erfahrungen – Einsichten – Anregungen, Münster u.a. 1998; Thomas Klie (Hg.), Der Religion Raum geben. Kirchenpädagogik und religiöses Lernen, Münster 1998; Gerd Theißen, Die Religion der ersten Christen. Eine Theorie des Urchristentums, Gütersloh 2000.

die in kirchlichem Kontext so beliebte und oft geübte ‚Wiederauflage' der Darstellung der kirchlichen Biographie, sondern um eine Re-Vision der faktisch tragenden und das eigene Handeln im Beruf (und darüber hinaus) steuernden Werte und Anschauungen, um die Reflexion ihrer jeweiligen Traditionalität, Entstehung, sozialen Verankerung sowie ihrer Veränderungsfähigkeit oder -bedürftigkeit, d.h.: von Selbstbildung und ‚Gebildetwordensein'. Es gibt m.E. keine reflektierte Verantwortungs- und Pluralismusfähigkeit ohne geklärten eigenen Standpunkt. Neben der Erkenntnis eigener Grenzen (‚Hier stehe ich und kann nicht anders') braucht es Neugier und Beweglichkeit, über Grenzen auch hinausdenken und hinüberschreiten zu können.

3.3 Orte und Zeiten für individuelle Begleitung und Beratung
Daraus ergibt sich die Notwendigkeit von individueller *Begleitung und Beratung* in Bildungsprozessen im evangelischen Raum. Wenn Religion ein Bildungsgeschehen bis hin zur tiefsten Ebene der Einstellung, Haltung und Prägung des Gewissens (und der eigenen Fehlerhaftigkeit) meint, braucht es benennbare Gelegenheiten, diese Ebene im faktischen Vollzug zu entdecken und bewusst zur Darstellung, zur Sprache und so in die Diskursfähigkeit, z.B. mit den Maßstäben und Kriterien professionellen Handelns, kommen zu lassen. Dies schließt nonverbale Ausdrucksformen in allen Formen der Kunst, in Feier, Gottesdienst und Andacht ausdrücklich mit ein. Auf unterschiedliche Weise sind aber darüber hinaus angeleitete bzw. autonome *Studien- und Mentoren- oder Supervisions- und Gesprächsgruppen* mit dazu gehörendem Beratungskonzept nötig, wenn und solange sie diese Dimension mit dem dazu nötigen Respekt vor der Persönlichkeit einschließen. Berufsbildung im evangelischen Kontext weiß um diese Dimension, aber auch um die Normativität der Bildung von Fachlichkeit und Professionalität. Beides schließt sich im konkreten Vollzug oft genug aus, obwohl beides nötig ist. Es braucht Orte gepflegter kollegialer Interdisziplinarität, wo Berufstheorien auf ihre oft genug tief verborgenen ethischen Grundkategorien oder Wirklichkeitskonzepte befragt werden können oder – quasi am anderen Ende beginnend – religiöse Normen bis in die Wirklichkeit konkreten beruflichen Handelns hinein entfaltet werden können. Beides wird nicht einfach zur Deckung zu bringen sein, kann aber mit der reformatorischen Unterscheidung von Person und Werk (Unverfügbarem und Bewertbarem) unterschieden und zusammengehalten werden.

3.4 Fachübergreifend nach tragfähigen Menschen- und Gesellschaftsbildern fragen
Auch wenn es ‚das' christliche *Menschenbild samt einem darin implizierten Bild von Gesellschaft* nicht gibt, wird es nützlich sein, sich mit den aktuellen Texten dieses Diskursstranges auseinander zu setzen und im Gespräch mit anderen Human- und Sozialwissenschaften tragende Bilder und Begriffe von Mensch und Gesellschaft bzw. allgemein von ‚Wirklichkeit', darin angelegte Orientierungen, Weichenstellungen und Werte zu analysieren und auf ihre praktischen individuellen und sozialen Folgen bzw. explizit oder implizit vorhandenen Bildungsziele zu untersuchen. Hier ist *fachübergreifendes Lernen und Arbeiten* unverzichtbar. Weil dieses Menschenbild sowohl die Schwächen als auch immer schon die Schwachen, Armen, Benachteiligten und Beeinträchtigten usw. in den inklusiven und gehaltvoll gerechten Blick nimmt, ist es eine sinnvolle Aufgabe theologisch-diakonischer Theoriebildung, die je eigenen Berufswirklichkeiten und Pro-

fessionalitätstheorien daran zu messen. Immer wieder wird zu prüfen sein, ob und wie auch hier subtile Formen der Herrschaft in asymmetrischen Beziehungskonstellationen wirksam werden. Das eigene Vorbild der Leitenden oder Lehrenden hat besonders hier paradigmatische Funktion.

3.5 Theorie und Praxis der Kommunikation von Glauben und Religion
Schließlich gehört eine Beschäftigung mit arbeitsfeldrelevanten Formen der *Religionspädagogik* und Glaubenskommunikation (Tages-, Jahres-, Lebenskreisgestaltung, Religion in Alltag und Medien, Kenntnis unterschiedlicher Spiritualitätstraditionen, zentrale religiöse Gestalten, ethische Optionen – der biblische Begriff von Gerechtigkeit und Barmherzigkeit –, Kooperationen mit Kindertageseinrichtungen, Kirchengemeinden, Schulen, Heimen u.a.) hinzu, und zwar nicht nur als Unterrichtsstoff, sondern als Teil der (Fach-)Schulgemeinde. Zu einem evangelischen Bildungsgang zählen neben dem genuinen religionspädagogischen Unterricht auch Formen der angeleiteten und kollegialen *Praxisbegleitung* in religionspädagogischen Situationen (mediales Handeln) sowie deren methodisch angeleitete Auswertung. Heute ist neben anderem auch eine ausführliche (wenn auch exemplarische) Beschäftigung mit anderen christlichen Konfessionen und nichtchristlichen Religionen sowie mit geeigneten Formen der Begegnung und Vermittlung unverzichtbar, freilich so, dass nicht ein Markt der Religion (re-)inszeniert, sondern die Vielfalt bestehender Prägungen in allen ihren flüssigen oder kristallinen Formen kommunizierbar wird. Für den Bereich religiöser Früherziehung bedeutet das den Vorrang der Vergewisserung und Entfaltung der Traditionen der eigenen Herkünfte. Glauben kann zwar nicht ‚vermittelt' oder gelehrt werden, aber er kann an Vorbildern und Beispielen, an existenziellen Lebensfragen,[16] auch in Konflikt- und Dilemmasituationen entstehen, reifen oder sich gegenseitig inspirieren. Allerdings braucht es verlässliche Zeiten, Orte und Formen, wo dies mehr oder weniger erwartbar geschehen kann. Es ist unerlässlich, dass Kooperations- und Vernetzungsformen über die je eigene Institution hinaus reflektiert, projektiert, durchgeführt und ausgewertet werden. Dazu zählen auch Projekte, in denen Kinder exemplarisch das Engagement für etwas ethisch Bedeutsames kennen und mitgestalten lernen.

4. Konsequenzen für die Gestaltung der Bildungsprozesse mit Kindern und Jugendlichen

Nach allgemeinen Aussagen zum evangelischen Bildungsverständnis in den ersten fünf und den sich daran anschließenden Thesen zu den Konsequenzen für die Konzipierung beruflicher Bildungsgänge sollen nun die Konsequenzen für ein evangelisches Verständnis kindlicher Bildungsprozesse gezogen werden. Dabei werden sozusagen die ‚Schnittstellen' zwischen Theologie, Didaktik und Pädagogik konkret, aber eben nur von theologischer Seite aus, das Weitere muss sich im Dialog zeigen.

4.1 Offenheit durch Bindung
Die eigene Lebenswelt als *Spielraum endlicher Freiheit* zu erleben und zu begreifen, ist ein wesentliches Moment christlicher Tradition und christlichen ‚Orientierungswis-

---
16 Enja Riegel, Schule kann gelingen. Wie unsere Kinder wirklich fürs Leben lernen, Frankfurt/Main 2004, 48-56 – Riegel war Leiterin der Helene-Lange-Schule in Wiesbaden.

sens'.[17] ‚Spielraum endlicher Freiheit' meint das Wissen um die Vorgegebenheit unverlierbarer Freiheit des Menschen ebenso wie um den Schutz dieser Spielräume und um die Notwendigkeit klarer und einsehbarer, ggf. auch verhandelbarer Regeln, Gebote und Maßstäbe. Und dazu brauchen Kinder und Jugendliche immer auch – im wahrsten Sinne des Wortes – *Spiel*räume. Das eigene Leben, d.h. sich selber auf diese Weise als Geschenk und Aufgabe zugleich zu erleben, schafft klare Orientierung jenseits konjunktureller und marktabhängiger Schwankungen von diesen oder jenen ‚Werten'. Diese Art von Orientierungswissen ist grundlegender, fundamentaler und humaner als die immer schneller wechselnden Wissensbestände, Kompetenzprofile und gerade gängigen ‚Werte'. Es geht um unaufgebbare, nicht disponible (‚ewige') Grundrechte oder Grundgesetze (auch die ‚Rechte des Kindes' und der Familie als primärem Lebensraum von Kindern und Jugendlichen), auch um die frei aushandelbaren Regeln, um Bewahrung im gehaltvollen Sinn angesichts von Beschleunigung und Entwertung aller Kulturen, Traditionen und Erfahrungen, d.h. immer auch der Menschen selbst. Eine solche Art Bewahrung lässt, ja schafft Raum für Neues.[18] Diese Begegnung mit christlicher Tradition sollte geschehen in der Vielfalt und Fülle ihrer Kunstformen – so seit einiger Zeit im Feld der Kirchenpädagogik – und Medien (Erzählungen, Filme, Symbole, Lebensthemen).[19] In Bildungsprozessen welcher Art auch immer mitgestalten können nur die, die das selber ansatzweise erfahren und reflektiert haben.

4.2 Konstruktion und Situation
Bildung geschieht in der unaufhebbaren Spannung von Selbstbildung, Selbstkonstruktion bzw. Kokonstruktion und Bildung durch Widerfahrnisse jeder Art (Nipkow), wie sie situativ entstehen in politischen, ökonomischen, sozialen, kulturellen, biographischen oder anderen Lebenslagen, und zwar im Kleinen *(Situationsansatz)* wie im Großen *(Geschichte)*. Jeder Moment des Lebens ist unmittelbar und in jedem Moment vollendet (ein Kairos) und doch vorläufig (geschichtlich) im Blick auf das Leben, das noch kommt. Das macht ihn unendlich wertvoll, schützt also vor Instrumentalisierung für eine ungewisse Zukunft und schafft doch ein kritisches Potenzial gegenüber allen Verabsolutierungen von Gegenwart.[20] Menschen sind auf Orientierungen angewiesen, die sich nicht dauernd ändern (Weisheit), und doch offen für das Neue jedes Moments sind. Wahrscheinlich bedingen Bindung und Offenheit einander. Ohne hinlänglich stabile Orientierung und Bindung geht die Lust auf Neues verloren.[21] Diese Auffassung impliziert zum einen die Achtung vor der individuellen Herkunft und Geschichte junger Menschen, den

---
17 Martin Schreiner, Im Spielraum endlicher Freiheit, Göttingen 1996; ders., Evangelisches Schulprofil im Spielraum der Freiheit, in: Gottfried Adam (Hg.), Kirche – Bildung – Demokratie (s. Anm. 10), 65-88; Wolfgang Huber (s. Anm. 4).
18 Auf diesen Aspekt weist besonders Karl Ernst Nipkow, Diakonische Bildung (Anm. 4), 17, hin.
19 Siehe unten und oben jeweils Punkt 5.
20 Im Hintergrund steht hier die Geschichtsphilosophie J.G. Herders, z.B. in seinen „Ideen zur Philosophie der Geschichte der Menschheit" (SW 13 f.), vgl. Thomas Zippert, Bildung durch Offenbarung (Anm. 3).
21 Karl Gebauer/Gerald Hüther, Kinder brauchen Wurzeln. Neue Perspektiven für eine gelingende Entwicklung, Düsseldorf/Zürich ³2003. Menschen sind beides – manchmal wollen sie sogar beides zur selben Zeit sein: Nesthocker und Nestflüchter (so KR Pfarrer Otto Schäfer, der Jahrzehnte in einer Justizvollzugsanstalt in Kassel Dienst tat).

Schutz und die Pflege familiärer oder familienähnlicher Entwicklungsräume ebenso wie die Offenheit für neue Entwicklungen und das Lernen durch Begegnung. Diese Auffassung impliziert zum anderen die Lust am Selbst- und Weltentdecken und Selbst- und Weltkonstruieren (Elschenbroich), am Erleben der ‚Selbstwirksamkeit' sowie jede individuelle Förderung und Inklusion aller derer, die auf ihre Weise die gemeinsame Welt mitkonstruieren bzw. durch solche Begegnungen selbst *mitkonstruiert* werden.

4.3 Freiheit und Verantwortung

Der Mensch als soziales Leib-Seele-Geistwesen braucht in diesem Spielraum endlicher Freiheit besondere Räume und Zeiten, in denen er sich finden und verlieren, erproben und seiner immer neu gewiss werden, in denen er aus sich gehen und in sich gehen kann. Das erfordert die sensible Pflege einer Spiel-, Lern-, Entdeckungs- und Dialogkultur. Die Förderung kognitiver Fähigkeiten gehört dazu, ist aber nicht Ziel- oder Dreh- und Angelpunkt. Felder zur Förderung sind auch nicht allein oder primär zukünftige Schulfächer, sondern alle Lebensvollzüge in Sprache, Medien und Bewegung; Natur, Kultur und Technik; Soziales und Individuelles, aber auch: Spiel und Ernst, Tod und Leben, Leidenschaft und Humor. Vielleicht muss man gegenwärtig nach querliegenden Dimensionen und Kompetenzen suchen, um die Verengung auf fachliche Grenzen zu öffnen.[22] Ebenso wichtig wie diese konkreten Lernfelder ist die sorgfältige Gestaltung von Raum und Zeit, von Rückzugs- und Gemeinschaftszeiten, von Herausforderung und Schonung. Zu dieser Zeitkultur gehört sich unterbrechen lassen, sich verlieren und sich strukturieren zu können; Zeit erleben zu können als Augenblicksgefühl und als Ritual im Vertrautheit schaffenden regelmäßigen Gestalten von Zeit (z.B. im Tages- wie im Jahresablauf), also als Kairos und Zyklus.[23] Es geht auch um das Geschehenlassenkönnen von Erfolg und Scheitern und sich in beidem von Gott getragen und gehalten, gestärkt und getröstet zu wissen. Jeder Form von Ausschluss, Selbst- und Fremdentwertung ist gegenzusteuern. Auch dies ist kein Lehr- oder Lernstoff, sondern zeigt sich vorbildhaft in den Erziehenden. Es zeigt sich in der Qualität, wie sie pädagogische Beziehungen gestalten. Auf diesen Ebenen liegen religiöse Quellen für Resilienz und Ressourcenorientierung (Psalm 36,10). Jeden Menschen, auch den kleinen und den heranwachsenden, individuell zu achten, zu begleiten und wahrzunehmen, gehört ebenso dazu wie die kritische Reflexion aller Wahrnehmungs-, Beobachtungs- und Klassifizierungsraster, die oft genug selegierenden, ja selektierenden Zwecken dienen. Die Bedeutung der (früh-)kindlichen Phase für die lebenslange Bildung von Menschen ist durch Psychoanalyse und die neuere Gehirnforschung offensichtlich geworden. Dies könnte wie eine neue Spielart von (Prä-)Determination wirken, sei es durch genetische Anlagen, soziale Herkunft oder pädagogische Intervention und Selektion. Nicht nur aus theologischen Gründen ist hier Skepsis angebracht; dieselbe Gehirnforschung belegt heute die bleibende Plastizität des Gehirns bis ins hohe und höchste Alter.

---

22 Vgl. die thematischen Reihungen, z.B. im Entwurf des Hessischen Bildungsplans „Bildung von Anfang an", 48-79 (www.kultusministerium.hessen.de). Auch: Hartmut von Hentig, Bildung. Ein Essay, Weinheim/Basel [5]2004, Kap. IV und V.
23 Nipkow, Diakonische Bildung (s. Anm. 4), 16.

4.4 Vernetzung und Versöhnung

Diese Art individueller Bildung ist eo ipso sozial. Kein Pol dieser Spannung kann den anderen entbehren, keiner kann die Stärken des anderen entbehren; auch ist es nicht sinnvoll, die jeweils eigene Perspektive absolut zu setzen. Soziale Exklusion bedeutet immer auch Selbstausschluss, d.h. Abtrennung von Dimensionen des eigenen Lebens. Umgekehrt sind Inklusion und Teilhabe auf mehreren Ebenen angemessene Wege, diese polare Struktur lebenspraktisch umzusetzen, nicht nur angesichts und trotz, sondern wegen aller Differenzen, Ungleichheiten und Fragmentaritäten. Das impliziert auf unterschiedlichen Ebenen:

- zunächst die Inklusion der von Ausschluss bedrohten Mitmenschen, nicht erst die (sekundäre) Integration vorher Ausgeschlossener und Aussortierter;
- einen offenen Umgang mit Fehlern, Einseitigkeiten und Konflikten, der die Hoffnung auf Relativierung oder gar Versöhnung nie aus dem Blick verliert;
- eine gute Kooperation und Vernetzung aller, die Verantwortung für Bildungsprozesse haben ‚auf Augenhöhe': Eltern, Kitas, Schule und Einrichtungen der Jugend- und Behindertenhilfe, des Freizeitsektors (Sport, Kirche) u.a. erziehen und begleiten dieselben Menschen, – die gegenwärtig gesellschaftlich höchst unterschiedliche Bewertung ihrer jeweiligen Beiträge ist auf der Sachebene nicht nachzuvollziehen;
- die konstruktive Zusammenführung von Schul- und Sozialpädagogik, von intellektueller Förderung in allen heute wieder neu entdeckten Dimensionen sozialer bzw. diakonischer Kompetenz, von Bildung in allen ihren Dimensionen: ganzheitlich und spezialisiert, kreativ und emotional, sozial und rational;
- den Ausgleich und, wenn möglich, die Versöhnung von politischen, ökonomischen, pädagogischen und religiösen Interessen.

4.5 Spiritualität und Lebensstil

Gestaltete Spiritualität ist der Ort und die Weise des Umgangs mit diesem Bildungs- oder Lebensstil. Basis ist eine Gesprächskultur, die die Offenheit für andere Menschen und Kulturen mit der Treue zur eigenen Überzeugung (und zur eigenen Veränderungsfähigkeit) verbindet. Daran fehlt es oft, – kaum denkbar erscheint es, dass Überzeugungstreue Wertschätzung anderer Positionen mit einschließt, ja erst gehaltvoll ermöglicht. Zu dieser Spiritualität gehört

- Raum für existenzielle Fragen (z.B. als Kindertheologie oder -philosophie[24]);
- Erlebnisse von etwas Ganzem und Heilem, das Zulassen von Fragmenten und die Hoffnung auf Vollendung (Vollkommenheit/Perfektion);
- die in allen Formen, Künsten und Kommunikationsformen mögliche Begegnung und Gestaltung dieser Themen;
- ökumenische und interreligiöse bzw. interkulturelle Begegnungen;
- diakonische Erfahrungen und diakonisches/soziales Lernen, auch im intergenerationalen und ökumenischen Kontext;

---

24 Was gibt es Analoges für die Jugendlichen?

- das Zusammenspiel von Inklusion und *Exklusivität* (im Sinne des selbstbewussten Zutrauens in die eigene Besonderheit und Unverwechselbarkeit).

Ist dieses Konzept eine Quadratur der Kreise? Der Intention nach kann sie es nicht sein, – im gegenwärtigen gesellschaftlichen Diskurs vielleicht aber so erscheinen. Es zielt aber darauf ab, den für die Lebens- und Bildungskultur des Protestantismus typischen Individualismus als soziale Kultur zu zeigen, die nicht nur von Individuen in ihren ‚stillen Kämmerlein' gepflegt werden kann und muss, sondern starke Institutionen braucht, damit ‚Protestanten' diesen Freiraum gegen alle Bemächtigungsversuche und vorschnelle Instrumentalisierung seitens kurzsichtiger und kurzfristiger Bedürfnisse oder Zielvorgaben aus dem System der Politik oder der Wirtschaft schützen können. Institutionen dieser Bildungstradition sind unter anderem evangelische Schulen, und zwar sowohl die allgemein bildenden als auch die berufsbildenden. In den nächsten Jahren wird sich zeigen, wie gut diese Schulen samt ihren Trägern diejenigen Potenziale ihrer Tradition weiter entwickeln werden, die klarer als bisher ein Profil zu zeigen, das zur eigenen Identität und Tradition passt und zugleich zukunftsfähig ist.

3.4 Diakonisch-soziales Lernen als Konkretion christlicher Bildungsverantwortung – Das Projekt der Elisabeth-von-Thadden-Schule in Heidelberg

von Britta von Schubert

1. Zum Selbstverständnis und Auftrag der Schule

Mit den vielfältigen Neugründungen evangelischer Schulen und solchen in anderer freier Trägerschaft während der letzte Jahre, aber auch mit dem wachsenden Zulauf von Schülern und Schülerinnen an christliche Privatschulen wird wieder in verstärktem Maß nach Wesen und Aufgabe evangelischer Bildung oder nach evangelischer Bildungsverantwortung gefragt und auch versucht, dem jeweiligen Selbstverständnis solcher Schulen reflektierend Rechnung zu tragen.

Bildungs- und schulpolitisch formuliert man seit einer Reihe von Jahren Skepsis gegenüber zentralen Lösungen; man fordert ‚Schulvielfalt' und erwartet, dass Schulen ein eigenständiges Profil entwickeln, an dem Schüler, Eltern und Lehrer prägend mitwirken. Dabei sei das geographische, kommunale und geistige Umfeld der Schule einzubeziehen. Um den schneller werdenden Wandlungsprozessen der modernen Gesellschaft zu entsprechen und in ihnen zu verantwortungsvollem Handeln zu befähigen, braucht der Heranwachsende neben fachlicher Kompetenz überfachliche und soziale Fähigkeiten. Das bedeutet, dass Schule als pädagogischer Handlungsraum auf ihr Umfeld bezogen sein und sich auf dieses hin öffnen muss, um Menschen in Stand zu setzen, die gesellschaftlichen Wandlungsprozesse wahrzunehmen und Handlungsalternativen zu erkennen. Wenn gesamtgesellschaftlich die Notwendigkeit gesehen wird, angesichts des beschleunigten ökonomischen, sozialen und kulturellen Wandels eine solidarische und vielfach vernetzte Zivilgesellschaft zu ermöglichen, so soll soziales Lernen dazu beitragen, Kompetenzen in Aufgaben des Miteinander-Lebens zu entwickeln und in einer Gesellschaft zunehmender Isolierung, Rücksichtslosigkeit und Gewalt zu bürgerschaftlichem Engagement zu ermutigen.

Auch im kirchlich-diakonischen Umfeld wird die Notwendigkeit diakonischen Lernens betont. Man ist sich dessen bewusst, dass in wachsendem Maß diakonische Aufgaben aus den Gemeinden ausgewandert sind, und es werden zunehmend Zweifel formuliert gegenüber einem System, in dem berufliche Experten und Dienste als alleinige Garanten für die Lösung individueller und sozialer Problemsituationen gelten. Bis in die jüngste Gegenwart hinein war ehrenamtliches Engagement im Selbstverständnis von Caritas und Diakonie eine Restgröße. Ihre Marginalisierung galt als Begleiterscheinung der Modernisierung sozialer Arbeit. Nicht zuletzt die Diakonie-Denkschrift der EKD hat darauf hingewiesen, dass der „Humus des Sozialen", von dem die moderne Gesellschaft lebe, „nicht in beruflich organisierte Expertensysteme verlagert werden" dürfe. Die Denkschrift betont, dass „neue ‚soziale Lernarrangements', in denen Formen der Solidarität gelernt und erfahren werden", nötig sind. Es gelte „die Notwendigkeit diakonischen Lernens ausdrücklich zu organisieren", zum Einen, da „die Veränderung familiärer Verhältnisse zu einem Verlust unmittelbarer sozialer Erfahrungen im Alltag" geführt habe, zum Anderen müssten „neue Formen gesellschaftlicher Solidarität (...) einer Bürokratisierung des Sozialen entgegenwirken".[1] Soziales Lernen geschieht an einer christlichen Privatschule unter dem Begriff ‚Diakonisches Lernen', da es sich im Horizont der christlich-diakonischen Gemeinwesenverantwortung und auf dem Hintergrund der Aufgabenbestimmung christlicher Ethik und Diakonie versteht. Bei diakonischem Lernen heute muss es dabei im Besonderen um Aufgaben- und Themenstellungen gehen, die in der Gegenwart für Kirche und Diakonie im Gemeinwesen als virulent erkannt worden sind. Dazu gehören entsprechend der oben genannten Problembereiche:

- die Kontaktaufnahme mit Menschen, die an den Rand der Gesellschaft geraten und geschoben worden sind, und damit die Überwindung von Segregation,
- die Erfahrbarkeit eigener Fähigkeiten in der zwischenmenschlichen Zuwendung im Sinn der Rückgewinnung diakonischer Kompetenz gegenüber der Überprofessionalisierung,
- die Wahrnehmung sozialer Aufgabenfelder in der eigenen Stadt als Gebiete gesamtgesellschaftlicher Kooperation,
- der Abbau von eigenen Vorurteilen, die durch das Leben in der Segregation entstanden sind,
- die Entwicklung der Bereitschaft zur zwischenmenschlichen Hilfeleistung, die auf Gelegenheiten zu ihrer Bewährung angewiesen ist,
- die Erfahrung, gebraucht zu werden, um von der eigenen Fähigkeit zur Hilfeleistung gerne Gebrauch zu machen,
- die Beobachtung, dass neue und andere Formen und Organisationen des Zusammenlebens gefunden werden können, wenn sie sich als menschlicher erweisen,
- die Entwicklung von Kritikfähigkeit an vorgefundenen Zuständen,
- die Reflexion der Begriffe von ‚lebenswert' und ‚lebensunwert', in denen Nützlichkeitsdenken Vorrang hat,
- die Reflexion auf das eigene – satte, zufriedene, bedrohte, beengte, dankbar wahrgenommene – Leben und das anderer Menschen als Schöpfung und Gabe.

Die Elisabeth-v.-Thadden-Schule als evangelisches Gymnasium in freier Trägerschaft ist sich der gegenwärtigen Herausforderung bewusst. Als christliche Privatschule sucht sie in der Reaktion auf die gesellschaftlichen und kirchlich-diakonischen Aufgaben ein eigenes bildungspolitisches Profil. Sie versucht, diesen Herausforderungen vor allem dadurch zu entsprechen, dass sie dem Komplex sozialen bzw. diakonischen Lernens mit eigenständigen Projekten und neu eingerichteten Wahlfächern in ökumenischer Verantwortung besonderes Gewicht verleiht.

Die Entwicklung und Verankerung diakonischen Lernens in der Schule knüpft an die Impulse zur Schulgründung durch Elisabeth von Thadden im Jahre 1927 an. Ihr Denken war geprägt vom Bewusstsein sozialer Verpflichtung des christlichen Glaubens in der – weite Teile des ostdeutschen Adels prägenden – Tradition des Pietismus, der die Theologie des Wortes durch eine Theologie der Tat vertiefte. Darüber hinaus

---

1 EKD, Herz und Mund und Tat und Leben. Grundlagen, Aufgaben und Zukunftsperspektiven der Diakonie. Eine Evangelische Denkschrift, Gütersloh ²1998, 3. 7.

aber traf Elisabeth persönlich im Alter von Anfang 20 mit dem nur wenige Jahre älteren Friedrich Siegmund-Schultze zusammen, einem Theologen, Sozialreformer und frühen Ökumeniker mit internationaler Ausstrahlung, dessen Erwähnung sie letztlich in die Hände der NS-Schergen brachte und zu ihrer Ermordung 1944 führte. Siegmund-Schultze hatte in Berlin-Ost im Jahre 1911 nach englischem Vorbild der sog. Settlements die ‚Soziale Arbeitsgemeinschaft' ins Leben gerufen, um sich mit dem Proletariat des Berliner Ostens zu solidarisieren. Er bezog, gerade 26-jährig, in einem Arbeiterviertel eine Wohnung und lud junge Studierende und Akademiker dazu ein, auf Zeit die Erfahrungen zu teilen, die Arbeiterfamilien auf Dauer vor sich hatten. Elisabeth von Thadden war eine von ihnen. Einige der Tagungen dieser ‚Sozialen Arbeitsgemeinschaft' fanden im Thadden'schen Gut im Haus Trieglaff statt, die Organisation dieser Tagungen lag dann in den Händen Elisabeths. Als der 1. Weltkrieg ausbrach, trafen sich im August 1914 unter Leitung Siegmund-Schultzes Christen verschiedenster Konfessionen und Länder in Konstanz und gründeten den ‚Weltbund für Freundschaftsarbeit der Kirchen'. Wenig später führte dies zur Gründung des ‚Internationalen Versöhnungsbundes', der für politische Gewaltfreiheit aus christlicher Verantwortung eintrat. Die soziale Arbeit in Berlin sowie das internationale Friedensengagement, das später auch der Unterstützung des deutschen Widerstandes diente, zwangen Siegmund-Schultze zur Emigration in die Schweiz. Er wurde von den Nazis ausgebürgert und geheimdienstlich überwacht. In dieses Spionagenetz geriet Elisabeth von Thadden, die seit vielen Jahren zu seinem aktiven Freundeskreis zählte.[2]

2. Diakonisch-soziales Lernen in der Perspektive der ‚Verantwortlichen Gesellschaft'

„Mich treibt die Frage um, unser Land könnte Zukunftschancen verpassen, weil Bedürfnisse, Wünsche und Fragen junger Menschen vernachlässigt werden und die Ressource Jugend verkümmert ... Das hat fatale Folgen für die Gesellschaft insgesamt". Mit diesen Worten brachte der damalige Bundespräsident Herzog im Juni 1999 Versäumnisse der Gesellschaft – besonders der älteren Generation – zum Ausdruck, die der kommenden Generation mehr schulde als angehäuften Reichtum, nämlich „Mitmenschlichkeit in allen Lebensbezügen". Um diese hervorzubringen, brauche es soziale Lernorte im Sinne von Trainingsorten, an denen Bindungskräfte für die Gesellschaft wachsen könnten. Herzog beobachtet an der Jugend eine ungebrochene Bereitschaft zum Engagement und zur Verantwortungsübernahme in der Gesellschaft. Da die natürlichen sozialen Lernorte an Bedeutung verloren hätten, müssten neue angeboten werden. Die Schule sei dafür der geeignete Ort. Der Begriff der ‚Verantwortlichen Gesellschaft'[3] enthält eine dreifache Perspektive:

1. *Das christlich-ökumenische Prinzip* – Die ökumenischen Weltkonferenzen von 1925 in Stockholm und 1937 in Oxford sahen die Glaubwürdigkeit der Kirchen in ihrer

---

2 Vgl. Britta v. Schubert, Das Caritas/Diakonie-Projekt als Baustein sozialen Lernens, in: 75 Jahre Elisabeth-von-Thadden-Schule 1927-2002, 149 ff.
3 Vgl. dazu Theodor Strohm, ‚Verantwortliche Gesellschaft' – Eine Zukunftsvision ökumenischer Sozialethik?, in: ders., Diakonie in der Perspektive der verantwortlichen Gesellschaft, Heidelberg 2003, 378 ff.

tätigen Mitverantwortung in der säkularisierten Welt. Sie hatten in unmissverständlicher Weise deutlich gemacht, dass ‚das besondere soziale Amt' der Kirchen ihre Mitverantwortung für das gesamte Leben in Gesellschaft, Volk und Staat bezeugen sollte. Es bestand damals Einigkeit darüber, dass die Kirchen ihre Glaubwürdigkeit vor der Welt nur gewinnen könnten, wenn sie sich durch ihren konkreten Dienst, ihre tätige Mitverantwortung und ihre Hoffnungsperspektiven als gestaltende Kraft in der säkularisierten Welt glaubwürdig bewährten. Die ökumenische Vision einer ‚Verantwortlichen Gesellschaft' wurde dann bei der ersten Weltkonferenz des neu gegründeten Ökumenischen Rates der Kirchen im Jahre 1948 in Amsterdam erstmals vorgetragen. Der Generalsekratär des soeben gegründeten ÖRK, Visser't Hooft, betonte in seiner Eröffnungsansprache: „Wir brauchen eine neue Exegese dessen, was die ‚Verantwortliche Gesellschaft' in unserer Zeit bedeutet". Er eröffnete zwei Dimensionen dieses Begriffs, bezogen auf die Verantwortlichkeit jeder Nation für die andere und auf den Ort des Menschen in der hochorganisierten Gesellschaft. Mit folgenden Worten fasste er seine Visionen zusammen: „Verantwortliche Menschen nehmen in verantwortlicher Weise an einer Weltgesellschaft teil, in der alle Verantwortung für das gemeinsame Wohl übernehmen."[4]

2. Das philosophisch-ethische Prinzip – Hans Jonas sieht in diesem Prinzip eine christliche und allgemein philosophisch-ethische Handlungsperspektive der Weltgestaltung im Zeichen der Globalisierung und fordert die Erweiterung des Verantwortungsrahmens – über den Nächsten und den Zeitgenossen hinaus – bis hinein in die Weltverantwortung. So verbindet er die personale Verantwortung mit der Weltverantwortung. Er spricht einerseits von der „Evidenz des Sollens", wenn es um das Dasein für den Anderen geht, was weit über Mitgefühl und Erbarmen hinausginge; andererseits in der Zeit von Globalisierung und technisch-wissenschaftlicher Weltbeherrschung vom Fortleben der Gattung und einer „Weiter-Wohnlichkeit der Welt".[5]

3. Das politisch-ethische Prinzip – Dieses betont der Sozialwissenschaftler Thomas Rauschenbach,[6] der darin die konsequente öffentliche Förderung des Engagements und der Arbeit im gemeinnützigen Sektor, in der Sorge für die Mitmenschen und für das Gemeinwesen sieht. Um für die Menschen nicht nur Arbeit, sondern auch Sinn, Kommunikation und Kontakt zu ermöglichen, um Freiheit und inneren Frieden zu sichern, müsse der Staat konsequent auf die Förderung von Formen gemeinwohlorientierten Engagements setzen. Die Sorge um Mitmenschen und Gemeinwohl wird als Lösungsweg gesehen, als gesellschaftlicher Ort und Arbeitsmarkt ebenso wie als integrativer Modus sozialer Teilhabe und Möglichkeit der Sinnfindung. Andere Wissenschaftler wie Beck und Dettling schließen sich dieser Beschreibung insofern an, als auch sie auf die gestaltende Kraft der Solidarität im Gemeinwesen setzen. Gemeinnützige Arbeit sei eine verantwortungsvolle und selbstgewählte Antwort auf die neuen Freiheiten. Im Ausbau und in der Neugestaltung des Sozialen scheint ein zentraler Schlüssel für die Zukunft der Gesellschaft und ein zugleich sinnerfüllendes Betätigungsfeld für die Menschen in

---

4 Ebd., 383.
5 Vgl. Hans Jonas, Das Prinzip Verantwortung. Versuch einer Ethik für die technologische Zivilisation, Frankfurt a.M. 1979.
6 Vgl. ders., Eine neue Kultur des Sozialen, in: neue praxis 6, 1997, 477 ff.

einer Gesellschaft mit immer weniger bedarfsdeckender Industriearbeit und zugleich begrenzter Dienstleistungsarbeit zu liegen.

3. Diakonisch-soziales Lernen als Aneignung und Reflexion von Erfahrung: Das Caritas-/Diakonie-Projekt in der Jahrgangsstufe 11

a. Durchführung des Projekts

Im Schuljahr 1993/94 wurde vom gesamten Kollegium der Elisabeth-v.-Thadden-Schule ohne Gegenstimme ein umfangreiches und die gesamte Jahrgangsstufe 11 umfassendes Sozialprojekt beschlossen, das seitdem als Caritas-/Diakonie-Projekt weit über Stadt und Bundesland hinaus bekannt geworden ist und Nachahmung gefunden hat. Einhellige Zustimmung fand der Plan auch bei der gesamten Elternschaft des Jahrgangs; große Offenheit bei dennoch zunächst abwartender und z.t. skeptischer Zurückhaltung wurde von Seiten der Schüler signalisiert. Daraufhin haben zunächst katholische und evangelische Religionslehrkräfte der Schule in enger Beratung mit dem Diakoniewissenschaftlichen Institut in Heidelberg (DWI) erste Schritte zur konkreten Vorbereitung und Durchführung des Projekts gemacht.

Dieses umfasst und verbindet die Elemente *Praktikum und Unterricht* und wird von der gesamten Jahrgangsstufe 11 (ca. 80 Schülerinnen und Schüler) durchgeführt. Das *Praktikum* selbst findet in den beiden Wochen vor den Faschingsferien statt. Die gesamte Jahrgangsstufe 11 wird für zwei Wochen vom Schulunterricht befreit. Jeder Schüler, jede Schülerin arbeitet in dieser Zeit in einem 6- bis 8-Stunden-Tag in einer diakonischen, karitativen, sozialen Initiative, überwiegend in und um Heidelberg, aber auch z.B. in Kork bei Kehl, möglichst nah mit betroffenen Menschen zusammen. In den Jahren 1996, 1997 und 1998 gelang es sogar, Schüler in die ‚Association Espoir' nach Colmar in Frankreich zu vermitteln, wo es galt, die Hilfe an Ausgegrenzten – Obdachlosen, Arbeitslosen, Flüchtlingen – in der Fremdsprache kennen zu lernen. Die Schülerinnen und Schüler gewinnen durch ihre Arbeit Einblicke in diakonisch-karitative und soziale Aufgabenfelder, in die Situation der dort betreuten und unterstützten Menschen, in die Arbeitsweise der Mitarbeiter und Mitarbeiterinnen, die Kooperation in der Hilfesituation und auch in eigene persönliche Reaktions- und Verhaltensweisen. Die Schülerinnen und Schüler werden in dieser Zeit von einem selbst gewählten Mentor bzw. einer Mentorin aus dem Kollegium der Schule begleitet.

Mögliche Arbeitsplätze schlägt die Schule in Kooperation mit der Ev. Stadtmission, dem Diakonischen Werk, der Caritas sowie anderen freien und kommunalen Trägern vor, oder sie werden durch persönliche Kontakte – wie z.B. mit Kork und Colmar – gefunden. Gespräche mit Verantwortlichen der Institutionen und Initiativen ergaben ganz überwiegend ein großes Interesse, das Projekt der Schule intensiv zu unterstützen, an Erfahrungen und Erlebnissen der Schüler und Schülerinnen teilzunehmen und als erstes bei der Suche von geeigneten Arbeitsplätzen vor Ort behilflich zu sein. Dabei musste es sich einerseits darum handeln, Aufgabenbereiche zu finden, die unmittelbare Hilfe am Mitmenschen ermöglichen, und andererseits bei Caritas, Diakonie bzw. Stadtmission weitere Mitarbeiter und Mitarbeiterinnen zu gewinnen, die in ihrer täglichen Arbeit durch eine zusätzliche Begleitperson eher eine Hilfe als eine Belastung sehen. Nach wenigen Wochen der Vorbereitungszeit konnte zu Beginn des Projekts den Schülerinnen und Schülern eine lange Liste mit ca. 70 Einsatzplätzen in Krankenhäusern, Altenheimen, Sozialstationen, Obdachlosen-Einrichtungen, Seniorenzentren, individueller Schwerbehindertenbetreuung, der Bahnhofsmission, in besonderer Erziehungsarbeit und Kinderbetreuung, in der Hauspflege und Nachbarschaftshilfe, in der Psychiatrie, in der Sozialberatung u.v.a. zur individuellen Auswahl vorgestellt werden, sofern nicht bereits Schülerinnen und Schüler in Eigeninitiative selbst Plätze nach vorher gemeinsam besprochenen Kriterien gesucht hatten. In jedem Jahr muss aufs Neue überlegt und auch angefragt werden, ob die Arbeits- und Einsatzplätze wieder zur Verfügung stehen und ob sie sich als geeignet erwiesen haben.

Seit einigen Jahren treffen sich Schülerschaft und Lehrkräfte nach der ‚Halbzeit' des Praktikums am Samstagvormittag zu einem gemeinsamen Frühstück, um erste Eindrücke auszutauschen. Dieses – nicht verpflichtende – Treffen findet großen Anklang. Die Schülerinnen und Schüler verfassen nach einer vorab besprochenen Maßgabe im Anschluss an ihr Praktikum einen mehrseitigen z.T. äußerst umfangreichen Bericht, der den Aufgabenbereich als solchen sowie tägliche Arbeitsprotokolle und eine abschließende Bewertung enthalten soll. Diese Berichte dienen auch als Grundlage für den Austausch und das gemeinsame Nachdenken in der späteren unterrichtlichen Nachbesprechung. Sie werden an der Schule gesammelt und können auf Wunsch und nach Rücksprache mit den Autorinnen und Autoren auch von den Verantwortlichen in den Einrichtungen eingesehen werden. Daraus ist nach mittlerweile 12 Jahren eine äußerst spannende ‚Bibliothek' an der Schule entstanden. Auf Grund des Berichtes und eines knappen Zeugnisses durch die Arbeitsstelle wird jedem Schüler und jeder Schülerin am Ende des Schuljahres ein Zertifikat über das abgeleistete Caritas-/Diakoniepraktikum überreicht.

Von konstitutiver Bedeutung für das Projekt ist die Verknüpfung von Praktikum und *Unterricht*[7]. Einerseits müssen Erlebnisse aus der Praxis unterrichtlich aufgearbeitet, analysiert und weitergehend reflektiert werden, damit sie zu Erfahrungen verarbeitet und mit geeigneter Literatur in zukünftige Überlegungen hinein fortgeführt werden. Andererseits läuft Unterricht über soziale Aufgabenfelder ohne den Hintergrund persönlicher Praxiserfahrung Gefahr, an Schülern abzugleiten und sie nicht genügend zu erreichen. Erfahrungen und Überlegungen, die seit nahezu zehn Jahren im Kollegium zusammen gekommen sind, haben gezeigt, dass ein vorbereitender Unterricht – im Religions-, Ethik-, Gemeinschaftskundeunterricht – sich einerseits mit den möglichen Unsicherheiten und Fragen der Schülerinnen und Schüler bezüglich des auf sie zukommenden Neuen beschäftigen soll, andererseits Rahmenbedingungen wie das System der Wohlfahrtsverbände, Gestalt und Zielsetzung der Sozialgesetzgebung zum Thema machen kann. Besonders im nachbereitenden Unterricht kommt es darauf an, zunächst einmal die persönlichen und unmittelbaren Eindrücke und Überlegungen zu erfragen und zusammenzustellen. Dann sollte in einer Klasse den Berichten und Erfahrungen

---

7 Anregungen zu Fragen des Unterrichts, in: Britta v. Schubert, Grundkurs Diakonie: Ein Konzept diakonischen Lernens in der Oberstufe des Gymnasiums, in: Glaube und Lernen H.1/2000, 88 ff.; dies., Soziales Lernen als Element evangelischer Bildungsverantwortung, in: Praktische Theologie 1/2003, 31 ff.

der Schüler und Schülerinnen an ihrem Arbeitsplatz weiter Raum gegeben werden, um die Mitschüler und Mitschülerinnen daran teilhaben zu lassen. An die entsprechenden Handlungsfelder anknüpfend können geeignete Materialien in den Unterricht eingeführt werden. Gerade im Bereich der Diakoniewissenschaft sind in den letzten Jahren Materialien zugänglich gemacht worden, die es ermöglichen, die einzelnen Handlungsfelder aus dem Erfahrungsbereich der Schülerinnen und Schüler im Unterricht aufzuarbeiten. Auch Alt- und Neutestamentler haben sich bemüht, biblische Grundlagen von Caritas und Diakonie zu erarbeiten und das Verständnis von Hilfe als allgemein menschliche Verhaltensweise zu reflektieren. Unter ‚begleitendem Unterricht' versteht das Kollegium die Aufgabe aller Fachkollegen, schwerpunktartig die Texte und Themenbereiche aus dem jeweiligen Lehrplan auszuwählen und nach dem Praktikum zu behandeln, die dem Schüler und der Schülerin eine gedankliche Verknüpfung mit den im Praktikum gemachten Erfahrungen ermöglichen. Auf diese Weise wird die Reflexion sozialer Fragestellungen wach gehalten, ohne das einzelne Projekt jeweils ausdrücklich zu erwähnen.

Ein Unternehmen, das in seinem Praxis-Teil eine gesamte Jahrgangsstufe für zwei Wochen vom Unterricht befreit und das besonders intensiv Schüler und Schülerinnen mit neuartigen Aufgabenfeldern konfrontiert, bedarf in erster Linie der Bejahung und Unterstützung durch die Schulleitung, die vor allem den durch die neuen Aufgaben herausgeforderten Lehrkräften Rückhalt geben muss.

Auch ohne die Zustimmung und Beteiligung der Eltern dürfte die Durchführung eines solchen Projekts schwierig sein. Eltern sind nicht nur häufig in der Lage, geeignete Arbeitsplätze vorzuschlagen und Verbindungen herzustellen, sie werden auch von ihren Kindern in die Verarbeitung neuartiger Eindrücke zuerst einbezogen. Von daher entsteht in dieser Zeit häufig ein besonders intensiver Kontakt zwischen Eltern und Kindern und der Schule. Empfehlenswert und notwendig ist es deshalb, vor dem Praktikum einen eigenen Elternabend für die Jahrgangsstufe durchzuführen, an dem Zeit und Raum zur Information, zum Meinungsaustausch und zur gegenseitigen Anregung gegeben wird. An einem solchen Elternabend können auch Schüler und Schülerinnen zu Wort kommen, die ein derartiges Projekt bereits durchgeführt haben und von ihren Erfahrungen berichten können. Ein Informationsblatt für die Eltern fasst Ziele und Absichten, die mit einem solchen Projekt verbunden sind, zusammen. In ähnlicher Weise soll mit dem entsprechenden Schülerjahrgang ein Gedankenaustausch geschehen: Es kann den Jugendlichen zu gleicher Zeit eine Liste mit den Arbeitsplatzangeboten vorgestellt und die Möglichkeit der Mentorenwahl aus dem Kreis ihrer Lehrkräfte sowie die Aufgabe, einen Bericht zu schreiben, vorgetragen werden. Auf alle in der Jahrgangsstufe 11 Unterrichtenden kommen insofern besondere Aufgaben zu, ob sie als Klassenlehrer an der Organisation beteiligt werden, sich als Fachlehrer mit Möglichkeiten der unterrichtlichen Begleitung auseinander setzen müssen oder als Mentoren die Aufgabe haben, ihre Schüler und Schülerinnen während des Praktikums zu begleiten, d.h. sie an Ort und Stelle zu besuchen, sich mit der Einrichtung bekannt zu machen, als Gesprächspartner jederzeit zur Verfügung zu stehen und bei auftretenden Schwierigkeiten zu vermitteln.

Die Gesamtorganisation des umfangreichen Projekts übernimmt ein Koordinator bzw. eine Koordinatorin, unterstützt und begleitet von einer regelmäßig tagenden Arbeitsgruppe aus Kollegen verschiedener Fachrichtungen. Zur Abdeckung von Fahrtkosten der Schüler und Schülerinnen sowie der Kollegen, vor allem wenn Arbeitsplätze im Umland bis hin nach Kork bei Kehl oder gar nach Colmar/Frankreich erreicht werden müssen, unterstützt der Freundeskreis der Schule das Projekt finanziell und ideell. – Zu den Hauptaufgaben der Koordination des Projekts gehört die Suche geeigneter Arbeitsplätze und damit die Gewinnung sozialer Einrichtungen, die bereit und in der Lage sind, Schülerinnen und Schüler bei sich aufzunehmen, anzuleiten und mit ihrem Arbeitsbereich vertraut zu machen. Die jährlich neue Anfrage nach Arbeitsplätzen, die schriftliche Ankündigung der Schüler und verantwortlichen Mentoren, eine Rückmeldung von Seiten der Schule nach dem Praktikum und ein Dank an die Bereitschaft der entsprechenden Personen sind unabdingbar.

Für Erfolg oder Misserfolg ist die sorgfältige Planung und Durchführung des Projekts innerhalb der Schule mit verantwortlich. Dazu gehören die Erstellung eines Informationsblattes, die Durchführung von Elternabenden und Stufenversammlungen und die Vorstellung geeigneter Informationsmaterialien mit der Zusammenstellung der Arbeitsplatzwahlblätter. Eine möglichst breite Information der Schüler und Schülerinnen bezüglich der zu erwartenden Arbeitsfelder kann mit Hilfe älterer Schülerinnen und Schüler geschehen. Mehrfachwahlen (ein besonderer Wunsch, zwei weitere Wünsche) erleichtern es, bei der Zuteilung von Arbeitsplätzen den geäußerten Wünschen möglichst entsprechen zu können. Von Bedeutung ist auch der Hinweis an die Schülerinnen und Schüler, dass sie sich mit einer Verpflichtungserklärung, die noch einmal in kurzen Worten das Ziel des Projekts beschreibt und die von der Einrichtung, den Eltern und ihnen selbst unterschrieben werden muss, bei der gewählten und zugeteilten Einrichtung vor Beginn des Praktikums persönlich vorstellen. Darüber hinaus wählen sie sich rechtzeitig aus dem Kreis der in der Jahrgangsstufe unterrichtenden Kollegen eine Mentorin oder einen Mentor. Ein Rundgespräch aller jährlich ca. 30 Mentoren aus dem Kollegium ermöglicht es, sich über die Rolle eines Mentors auszutauschen und die Aufgaben zu benennen, die vor allem in schwierigen Situationen wie z.B. einem Abbruch des Praktikums wahrzunehmen sind. Am Ende des Schuljahres erhalten alle Schülerinnen und Schüler auf der Grundlage ihres abgelieferten Berichtes, der vom Mentor oder von der Mentorin und der Religionslehrkraft gemeinsam beurteilt wird, ein qualifiziertes Zertifikat, auf dem der Arbeitsbereich vermerkt ist und das vom Schulleiter und den Koordinatoren unterzeichnet wird.

b. Reaktionen im Bereich der Schule
Auch wenn bei fast allen Beteiligten am Projekt die Reaktionen während und nach dem Projekt äußerst positiv ausfallen, kann es vor allem im Verlauf der Arbeitsphase zu Problemen kommen, welche die Präsenz und Gesprächsfähigkeit der Mentoren verlangen. So kann es geschehen, dass z.B. eine Schülerin auf einer Alten-Pflegestation am Abend des ersten Tages ihres Praktikums erklärt, sie gehe am nächsten Tag nicht mehr dorthin. Es kommt vor, dass ein Schüler in einer Altentagesstätte durch den krankheitsbedingten Ausfall der Leiterin nichts zu tun hat und sofort eine andere Praktikumsstelle haben möchte. Es kann auch vorkommen, dass ein bereits 18jähriger Schüler seinen Arbeitsplatz nachmittags eine halbe Stunde früher als verabredet verlässt, da für ihn als Erwachsenen die halbe Stunde mittags nicht verbindlich sei. Im Vorfeld wird gelegentlich die Ansicht vertreten, man könne sowieso nicht am Projekt teilnehmen, da man nachmittags

immer anderweitig belegt sei. – Je sorgfältiger das Gespräch mit den entsprechenden Schülern und Schülerinnen gesucht und je mehr auch der Kontakt zur entsprechenden Einrichtung aufgenommen wird, desto eher haben sich im vorliegenden Erfahrungsbereich diese Schwierigkeiten klären und beheben lassen, letztlich auch zur Zufriedenheit der betroffenen Praktikantinnen und Praktikanten.

Aus einer Umfrage, die Reaktionen der auf das Praktikum in der ersten Unterrichtsstunde erfragte, wurden Originalzitate unter vier Gesichtspunkten zusammengestellt, nämlich:
Was ich über andere gelernt habe;
was ich über mich gelernt habe;
wie ich Schule sehe;
wie ich das Praktikum sehe;
Ausschnittweise seien einige davon hier wiedergegeben.

Was ich über andere gelernt habe:

- *Lebensfreude, Offenheit und Lebensmut Behinderter*
- *alte Menschen – ein wichtiger Bestandteil der Gesellschaft*
- *auf der Straße leben heißt sehr schnell altern*
- *auch Gebildete können tief fallen*
- *alte Menschen sollten und müssen nicht vereinsamen*
- *Behinderte im Rollstuhl stehen mit beiden Beinen im Leben*
- *wie gut Behinderte mit ihrer Behinderung umgehen können*
- *fast alle, die nichts mit Behinderten zu tun haben, haben ein falsches Bild von ihnen; sie können sich nicht vorstellen, dass es echt lustig mit ihnen ist*
- *wie hart die Arbeit von Pflegern ist*
- *es gibt unheimlich unterbezahlte Jobs*
- *ehrenamtliche Arbeit ist unbedingt nötig, ersetzt keine Arbeitsplätze*
- *wie schwer manche Berufe sind*
- *wie erschreckend es ist, bei fast allem auf Hilfe angewiesen zu sein*
- *Behinderte erwarten keine Sonderbehandlung*
- *ich habe gesehen, wozu die Bahnhofsmission gut ist;*

was ich über mich gelernt habe:

- *ich kann in Zukunft offener und natürlicher mit Behinderten umgehen*
- *ich fühle mich neu motiviert für den sozialen Bereich*
- *ich konnte etwas tun, was für andere sinnvoll ist und damit auch für mich*
- *ich habe Berührungsängste verloren*
- *seit ich harte Schicksale erlebt habe, ist mein Leben verändert*
- *vieles erlebe ich jetzt um mich herum als wehleidiges Getue*
- *ich konnte Vorurteile abbauen*
- *ich konnte etwas Nützliches für andere tun*

- *ich wurde gebraucht*
- *Alter kann Panik machen*
- *wie gut es mir geht*
- *ich darf zur Schule gehen*
- *ich habe mehr Verständnis für Obdachlose gefunden*
- *ich habe gelernt, mich ständig auf neue Situationen einzustellen*
- *ich bin dankbar geworden, wie gut es mir geht*
- *der Tod gehört zum Leben*
- *ich bin in Zukunft nicht mehr so hilflos*
- *ich kann nun mitreden, wenn es um Probleme des Alters geht*
- *ich habe einen Bezug zu Behinderten bekommen*
- *ich habe andere verstehen gelernt*
- *ich will was tun, nicht nur mit dem Kopf*
- *ich habe echte Dankbarkeit gespürt*
- *dass ich nie in ein Altersheim möchte*
- *ich bin nachsichtiger und geduldiger geworden*
- *das eigene Problem (schlechte Note) ist nicht mehr so groß, wenn man denkt, wie schlecht es anderen geht;*

wie ich Schule sehe:

- *es gibt viel überflüssigen Lernstoff*
- *Schule ist nicht reales Leben*
- *in Richtung Diakonie-Praktikum sollte mehr in der Schule unternommen werden*
- *es ist wichtig, einen guten Schulabschluss zu machen*
- *Schule ist viel weniger anstrengend als Berufsausbildung*
- *Schule ist doch nicht so anstrengend*
- *Schule müsste praxisnäher sein*
- *wie gut, dass ich noch zur Schule gehen kann*
- *man lernt nicht, was man im sozialen Arbeitsleben braucht*
- *man sitzt in seiner kleinen Welt und schaut nicht raus*
- *Schule bereitet nicht genug aufs Leben vor;*

wie ich das Praktikum sehe:

- *es bringt viel*
- *so etwas sollte man öfter machen*
- *es war weniger schlimm, als ich dachte, ich würde es sofort wieder machen*
- *man hat die Möglichkeit, soziale Lebenserfahrungen zu machen*
- *es ist jedem zu empfehlen*
- *ich wäre gerne ein paar Wochen länger geblieben*

- *eine gute Sache, wenn man es einigermaßen ernst nimmt*
- *viel besser als ein ‚normales' Praktikum, man muss einmal eine soziale Arbeit verrichtet haben*
- *sehr lehrreich*
- *macht sehr viel Spaß*
- *jeder sollte die Möglichkeit haben, ein solches Praktikum machen zu dürfen*
- *ich habe den falschen Platz erwischt*
- *hat irre Spaß gemacht*
- *sollten alle Schulen machen*
- *ein Berufspraktikum würde diese Erfahrungen nicht vermitteln*
- *das Praktikum ist eine gute Einrichtung*
- *das sollte jeder machen, denn es ‚prägt'*
- *es bringt wertvolle Erfahrungen*
- *vorher war ich unsicher, nachher begeistert*
- *es hat total Spaß gemacht*
- *es war eine tolle Abwechslung*
- *es hat sich wirklich gelohnt;*

viele schreiben:

- *ich würde wieder dieselbe Stelle wählen, es sollte länger dauern, ich behalte den Kontakt, da arbeite ich in den Sommerferien wieder, da mache ich meinen Zivildienst,*
- *Diese zwei Wochen waren wichtig für mich,*
    - *weil wir durch die Schule von der richtigen Welt zum großen Teil total abgekapselt sind. Ich hatte das Gefühl, ein Stück weiter im Leben zu stehen und vor allem etwas Sinnvolles zu tun. Ich habe außerdem gemerkt, dass jeder Mensch wichtig ist und Helfen gar nicht schwer.*
    - *weil ich zum ersten Mal mit so verschiedenartigen und breitgefächerten Problemen konfrontiert wurde, die ich im normalen Schulalltag bestimmt nicht erlebt hätte. Außerdem fördert das Praktikum auch die eigene Entscheidungskraft und Eigenständigkeit.*
    - *weil ich festgestellt habe, wie einfach doch der Kontakt zwischen behinderten und nichtbehinderten Menschen geht und dass es viel Spaß macht zusammen.*
    - *weil ich mit fremden Menschen zusammen arbeiten musste und fremden, besonders kranken Menschen helfen konnte.*

Die Schülerzitate lassen sich im weitesten Sinn mit folgenden Begriffen zusammenfassen: Gesichtskreiserweiterung, neue Aufgabenwahrnehmung, Vorurteilsabbau, Ich-Stärkung, Kritikfähigkeit im sozialen/ethischen Bereich. Auch aus einigen der schriftlichen Berichte seien Ausschnitte wiedergegeben.

3.4 Das Projekt der Elisabeth-von-Thadden-Schule in Heidelberg

Aus der Resozialisierungsinitiative ESPOIR in Colmar 1996 (Der Schüler hat seinen Bericht in Deutsch und Französisch verfasst):
„Während der 2 Wochen habe ich mir ein ziemlich umfangreiches Bild von ESPOIR, seinen Zielen und vor allem den Menschen dort machen können. Ich halte die Aufgabe, die ESPOIR fast als einzige Einrichtung ihrer Art in Frankreich übernimmt, für sehr wichtig und für eine der besten Lösungen der Beseitigung von sozialen Problemen und deren Ursachen ... Der besondere Gedanke der Hilfe bei ESPOIR ist nicht nur die Beschäftigung von Arbeitslosen, die Unterbringung von Obdachlosen und das freundschaftliche Miteinander aller Menschen jeder Herkunft, sondern vielmehr das Zusammenwirken aller dieser guten Ansätze, sozialen Randgruppen solidarisch zu helfen. Der religiöse Grundgedanke (Hilfe aus Solidarität mit seinen Mitmenschen) ist bei ESPOIR sehr gut verwirklicht worden, trotzdem ist ESPOIR keine spezifisch religiöse Einrichtung."

Aus dem Wichernheim Heidelberg (1998):
„Mir wurde erst durch das Praktikum klar, wie wichtig soziale Arbeit ist. Gerade heute gibt es immer wieder Menschen, die aus dem Rennen fliegen. Dabei geht es um ganz normale Menschen wie Du und ich, die durch die verschiedensten Ereignisse in ihrem Leben obdachlos wurden ... Lebt man erst einmal auf der Straße, befindet man sich in einem Teufelskreis, aus dem man so schnell nicht wieder herauskommt ... Viele Leute, zu denen ich auch selbst gehörte, wissen gar nicht genauer, was das Wichernheim überhaupt ist ... Wenn ich früher nach Heidelberg gefahren bin, nahm ich von all dem keine Notiz. Höchstens saß da ein Mann am Straßenrand und bettelte, an dem man schnell vorbeilief und keine Notiz nahm. Heute ist das anders: Viele Gesichter erkennt man wieder und man kann sich mit ihnen unterhalten ... Ich hätte das Praktikum gern länger gemacht, vielleicht wären 3 oder 4 Wochen besser gewesen."

Aus der Bahnhofsmission Heidelberg (1998):
„Ich habe das erste Mal gesehen, wie Drogen einen Menschen zerstören können. Das hat mich ziemlich mitgenommen ... Zuerst war ich beim Diakoniepraktikum ziemlich negativ eingestellt. Ich fand zwar die Idee sehr gut, hatte aber überhaupt keine Lust, eins zu machen. Aber nun sehe ich die Notwendigkeit eines solchen Praktikums. Ich sehe das Leben jetzt mit anderen Augen, vor allem bin ich dankbar, dass ich gesund bin, ein Dach über dem Kopf habe und es mir auch sonst nicht schlecht geht, was nämlich nicht selbstverständlich ist und sich auch schnell ändern kann. Dies Praktikum hat mir auf jeden Fall gezeigt, wie wichtig die Bahnhofsmission ist, da es sonst vielen Behinderten nicht möglich wäre zu verreisen."

Aus der Blindenschule Ilvesheim (2003):
„Das Diakonie-Praktikum an der Blindenschule war für mich eine große Lebenserfahrung ... Meine Ängste am Anfang waren: Wie ist es, in blinde Augen zu sehen? Dieser leere Blick – stößt er mich ab? Wie viel Hilfe darf ich anbieten? ... Meine Gefühle sind irgendwie wissender geworden. Allein wenn ich an der Ampel stehe und das Summen für die Blinden ertönt. Jetzt wird mir erst klar, wie wichtig das ist. Oder wenn Hindernisse auf dem Bürgersteig stehen, muss ich sofort an meine Jungs denken und würde sie am liebsten anrufen und erklären, welche neuen Hindernisse ich gerade entdeckt habe ...

Die Zeit ist vorbei, in der geistig gesunde Blinde Stühle und Körbe flechten müssen. In Marburg gibt es sogar eine Blindenuniversität. Schüler aus Ilvesheim werden Radiomoderatoren, Journalisten, Lehrer, Richter oder Bürokaufleute ... In diesen 2 Wochen habe ich die Welt mit anderen Augen erfahren ... Wenn ich jetzt in einen Bus steige und einen Behinderten sehe, muss ich schmunzeln. Alle Leute schauen sich hilflos um, anstatt zu fragen, ob man helfen kann. Die meisten schauen gleichgültig in die Luft. Da bin ich richtig stolz, wenn ich mich neben die Person setze, mit ihr rede oder einfach meine Hilfe anbiete ... Diese zwei Wochen waren eine wichtige Erfahrung für mich und ich weiß, wie viel sie mir auf meinem Lebensweg hilft."

Aus dem integrativen Kindergarten ‚Pusteblume' Heidelberg (2003):
„Vorneweg möchte ich ein großes Lob an alle Schulen geben, die solche Praktika anbieten ... kein Lehrer sollte sich darüber beschweren, Zeit für Unterrichtsstoff zu verlieren, und kein Schüler sollte das als lästiges MUSS empfinden ... Mir ist aufgefallen, dass die nichtbehinderten Kinder ganz anders mit behinderten Kindern umgehen als die, die in normalen Kindergärten sind. Und zwar ganz normal. Keiner spricht über Behinderungen, die Kinder toben mit allen gleich wild. Und wie wichtig dieser ‚normale Umgang' mit behinderten Leuten ist, bestätigt ja unsere heutige Gesellschaft, in der Behinderte als Randgruppe oder teilweise sogar lästig gelten ... Die Zeit war für mich eine wichtige Erfahrung, die meinen Horizont um einiges erweitert hat."

Aus den Diakonischen Hausgemeinschaften Heidelberg (2003):
„Ich fand das Praktikum eine gute und wirklich wichtige Sache, auf die ich auf keinen Fall verzichten wollte. Während dieser Zeit habe ich so völlig verschiedene Menschen getroffen wie sonst nie. Menschen, die ich sehr mag, Menschen, die mit viel härteren Lebensbedingungen und Schicksalsschlägen zurecht kommen müssen als die Menschen, denen ich gewöhnlich begegne. Solche Erfahrungen zeigen einem, wie unsinnig die eigenen Probleme, über die man sich Gedanken macht, sind und wie engstirnig das ganze ichbezogene Denken. Das Praktikum hat mir erst richtig deutlich gemacht, wie wenig wir in der Schule von der Welt um uns herum mitbekommen. Während der Zeit bei den H.G. hatte ich das Gefühl, etwas wirklich Sinnvolles zu tun und von anderen gebraucht zu werden, und das macht einen irgendwie zufrieden und gibt einem neue Energie, auch wenn ich fast immer, wenn ich nach Hause kam, ziemlich erschöpft war."

Auch längere Zeit nach dem Praktikum und in den folgenden Jahrgangsstufen 12 und 13 sprechen Schüler davon,

- dass sie freiwillig – punktuell und in den Ferien – weiter in der Einrichtung arbeiten: *„Die alte Frau, die einen Schlaganfall hatte und unbedingt wieder laufen lernen will, braucht jemanden beim Üben, und ich habe doch Zeit. Da rufe ich kurz an und frage, ob ich kommen soll";*
- dass sie dort ihren Zivildienst machen werden oder überhaupt ein freiwilliges soziales Jahr planen;
- dass sie bereit sind, sich zugunsten einer besseren Lösung persönlich einzusetzen, so z.B. ein Schüler der Jahrgangsstufe 12. Er hatte sein Praktikum ein Jahr vorher bei der MS-Selbsthilfe gemacht und war in Kontakt geblieben: *„Frau M. soll jetzt*

in ein Heim, weil sie keinen Zivi bekommt. Das darf einfach nicht sein! Was können wir machen?";
- dass sie Folgerungen für das eigene Leben ziehen, z.B. wenn ein Schüler erlebt, dass dank seiner Mitarbeit alte Menschen seit langer Zeit erstmalig wieder an die frische Luft kommen, und dass man ihm einen Arbeitsplatz angeboten habe: *„Das mache ich in den Ferien. Aber meine Eltern werde ich nie in ein Heim geben";*
- dass sie in Zeitungen auf Artikel stoßen und im Fernsehen auf Sendungen aufmerksam werden, die ihnen vorher nicht aufgefallen wären: *„Ich habe den Film über die Bahnhofsmission gleich aufgenommen und mitgebracht. Die Bahn macht das ja alles kaputt";*
- dass sie auch ihre Stadt mit neuen Augen sehen: *„Früher habe ich nur die schönen Fassaden gesehen. Jetzt schaue ich dahinter."*

Zu den eindrücklichsten Erlebnissen gehört es, wenn Schülerinnen und Schüler nicht nur an der eigenen Schule vor Eltern und jüngeren Mitschülern, sondern vor ihnen fremden Gesamtlehrerkonferenzen in anderen Städten, vor Elternversammlungen anderer Gymnasien, vor Schülerversammlungen unbekannter Schulen, in größeren und kleineren Arbeitsgruppen, bei Akademietagungen in ganz Baden-Württemberg oder Diakonietagungen im hohen Norden aus ihren reflektierten Praxiserfahrungen berichten. Kaum etwas ist überzeugender auch für einen um seinen ausfallenden Mathematik-Unterricht besorgten Lehrer, als wenn ihm ein Schüler sagt: *„Wenn man das seit Beginn des Schuljahres weiß, kann man sich mit dem Unterrichtsstoff und auch mit Klassenarbeiten darauf einrichten. Dann arbeiten wir eben jeden Tag zu Hause 10 Minuten länger."* Nicht ernst genommen fühlte sich ein anderer Schüler, der bei einer Elternversammlung in Heilbronn mit anhören musste, dass man doch den Umgang mit Alten und Behinderten diesen jungen Leuten nicht zumuten könne: *„Was denken die eigentlich, wer wir sind?"*

An der Thadden-Schule braucht nicht lange Ausschau gehalten zu werden, um Schülerinnen und Schüler zu finden, die gern bereit und in der Lage sind, derartige Aufgaben außerhalb der eigenen Schulmauern zu übernehmen, um den Gedanken des Projekts weiter zu tragen. Zu jeder Veranstaltung war es leicht gelungen, jeweils andere Schülerinnen und Schüler zu gewinnen.

Dem Wunsch der Schule an die Eltern, aus ihrer Wahrnehmung, Beobachtung und Überlegung zu Hause einiges wiederzugeben, sind manche Eltern nachgekommen. Ausschnittweise sei daraus zitiert:

- *Nie während der bisherigen Schulzeit, und das schreibe ich mit einer gewissen Wehmut, war der Austausch über das Erlebte ein solch reger Bestandteil der täglichen Unterhaltung am Abendbrottisch.*
- *Die Arbeit und die ihm übertragene Verantwortung beschäftigten ihn auch über den Tag hinaus.*
- *Er erkannte, wie wichtig das eigene sorgfältige Handeln ist, wenn ein anderer Mensch davon abhängt.*
- *Es beeindruckte sie, wie selbstverständlich, offen und heiter Rollstuhlfahrer mit ihrer Behinderung umgingen, wie wichtig es ist für Menschen am Rande unserer Gesellschaft, dass man ihnen ihre Würde lässt.*

- *Noch nie haben wir an einem Elternabend einen solch intensiven Austausch erlebt. Wir haben erfahren, wie sich unsere Kinder offen ihnen bisher meist unbekannten Situationen stellten, Berührungsängste abbauen konnten und die Wichtigkeit sozialen Handelns im Alltag begreifen lernten. Diese Art des Lernens verdiente im Lehrplan einen weiten Raum.*
- *Er ist froh darüber, in einer intakten Familie aufzuwachsen, und weiß unsere Erziehung jetzt mehr zu schätzen.*
- *Meine Tochter hat in der Sozialen Beratungsstelle Kontakt mit Menschen unterschiedlicher Herkunft und Lebenssituation bekommen. Dies führte auch zu Diskussionen über politische Zusammenhänge. Die sind sehr viel intensiver als bei der Behandlung eines entsprechenden Themas in einer Schulstunde.*

Insgesamt ist an der Schule ein Veränderungsprozess zu beobachten, der damit zu tun hat, dass ein großer Prozentsatz der Lehrkräfte regelmäßig mit sozialen Einrichtungen in Kontakt kommt und sich von Schülern Tätigkeitsbereiche vorstellen und erläutern lässt, in denen diese sich als kenntnis- und erfahrungsreicher zeigen, als ihre Lehrer es sind. Mit einem seit fast 12 Jahren betriebenen Mentorensystem, das jedes Jahr etwa ein Drittel des Kollegiums (also 25-30) – in meist neuer Besetzung – in unterschiedliche soziale Einrichtungen der Stadt führt, kann von einem deutlich gewachsenen Kenntnisstand auf diesem Gebiet ausgegangen werden. Kollegen, die sich von ihren Schülern durch eine Wärmestube für Obdachlose führen lassen oder die Versorgung alter Menschen oder die Begleitung blinder Jugendlicher kennenlernen, erfahren sich selbst als die Lernenden. Auch das Nachdenken über Themen für den begleitenden Unterricht aus den unterschiedlichen Fachgebieten bringt Kollegen ins Gespräch über die Behandlung sozialer Fragestellungen.

c. Reaktionen aus den sozialen Einrichtungen

Aus den sozialen Einrichtungen kommen auf Grund der Zusammenarbeit mit Schulen interessante und für die Schulen wichtige Rückmeldungen. Insgesamt wird die Bereitschaft der Jugendlichen begrüßt, wird um Zusendung von schriftlichen Berichten gebeten und die Betreuung der Schüler durch Lehrkräfte und der Kontakt zwischen sozialen Einrichtungen und Schule gewünscht.

Der Leiter des Altenwohnheims der Evangelischen Stadtmission „St. Anna/W. Frommel" schreibt dazu:

„Seit 1996 kommen jedes Frühjahr im Rahmen des Diakonieprojekts der Elisabeth-von-Thadden-Schule vier Schüler/innen der Jahrgangsstufe 11 in unsere Altenpflegeheime zu einem zweiwöchigen Einsatz auf unterschiedliche Wohnbereiche. Ihre Integration in das Pflegeteam und den Arbeitsablauf des jeweiligen Wohnbereiches ist seither jedes Mal ohne nennenswerte Schwierigkeiten gelungen. Die Mitarbeiter/innen in der Pflege empfinden die Anwesenheit und das Mitwirken der Schüler/innen auf eine angenehme und menschlich bereichernde Weise, da sie sich gegenüber den Heimbewohner/innen sehr aufgeschlossen, einfühlsam und hilfsbereit verhalten. Überhaupt ist die feine und unverstellte Wahrnehmungsfähigkeit der Schüler/innen, wie sie sich dann auch in den Praktikumsberichten sprachlich zum Ausdruck bringt, wohltuend, beeindruckend und ansprechend. Es zeigt sich darin zugleich eine starke Beziehungsfähigkeit

zu körperlich, seelisch und geistig behinderten alten und schwachen Menschen. Damit werden die persönlichsten Motive sozialen Lernens bei den Schüler/innen angeregt. Es kommt zu einer neuen Selbstwahrnehmung in der Begegnung mit Menschen, die dem sonstigen Leben der Jugendlichen ferngerückt sind. Der persönliche Horizont hat sich über den schulischen Alltag und die – ungehinderter und unreglementierter eigener Lebensentfaltung gewidmete – Freizeit hinaus sinnvoll geweitet. Deshalb ist es für einige der ehemaligen Teilnehmer/innen am Diakoniepraktikum eine gute Idee, frei von Schwellen- oder Berührungsängsten als Aushilfe oder zum Zivildienst in unsere Pflegeheime zurückzukehren. Nach einigen Jahren gemeinsamer Erfahrung mit dem Diakonieprojekt hat sich in vertrauens- und verständnisvoller Zusammenarbeit zwischen der Elisabeth-von-Thadden-Schule und unserer Einrichtung gezeigt, dass angesichts sich erheblich verändernder gesellschaftlicher Lebensbedingungen – man denke an schwächer werdende familiäre Bindungen und die Besorgnis erregende demographische Entwicklung und die kritischer werdenden finanziellen Rahmenbedingungen der Altenpflege – ein diese Aspekte berücksichtigender Ansatz für den durch das Diakonieprojekt intendierten Lernprozess stärker betont werden muss. Die gelegentliche Teilnahme des Einrichtungsleiters an der gemeinsamen Reflexion der Praktikumserfahrungen in der Schule könnte hierfür ein förderlicher Beitrag sein."

Aus dem Epilepsie-Zentrum Kork:
„Die Erfahrungen mit den 4 Schülerinnen und Schülern waren wieder sehr gut. Sie haben sich schnell in ihren Einsatzstellen integriert. Ich habe den Eindruck, dass wir auf dem eingeschlagenen Weg weiterfahren können. Ich habe großes Interesse an den Berichten der Schüler ... Die Schülerinnen und Schüler haben wieder im positiven Sinn alle Erwartungen übertroffen. Sie haben Mut gemacht, auch künftig im Rahmen der Diakonieprojekte zusammen zu arbeiten."

Aus dem Krankenhaus Salem:
„Auch wir profitieren von der Sichtweise der jungen Menschen. Wir sind gern bereit, auch in Zukunft mit Ihnen zusammen zu arbeiten und Ihren Schülern die Möglichkeit zu geben, einen Einblick in einen diakonisch-sozialen Arbeitsbereich zu erhalten."

Aus der Selbsthilfe Multiple Sklerose Amsel:
„Auch unser Landesverband war wie wir überwältigt von diesem Bericht."

Aus der Bahnhofsmission:
„So einen tüchtigen strahlenden jungen Mann, der auf die Menschen zugehen kann, haben wir lange nicht gehabt."

4. Verankerung, Verbreitung und Weiterentwicklung des Projekts

Wie stark das seit nahezu 12 Jahren an der Schule verankerte Projekt der Jahrgangsstufe 11 innerhalb der Schule auch Auswirkungen in die folgenden Jahrgänge hat, zeigt das wiederholt auf großes Schülerinteresse stoßende Angebot eines konfessionsübergreifenden Grundkurses bzw. Neigungskurses Diakonie in der Jahrgangsstufe 12. Ziel eines Grundkurses Diakonie ist vor allem die Öffnung von Schule und Unterricht auf Grundlagen, Fragestellungen und Praxisfeldern diakonischen Handelns der Gegenwart. Die

Jugendlichen sollen Handlungsfelder von Caritas und Diakonie vor Ort kennen lernen, ihre Einbettung in die kommunale und kirchengemeindliche Verantwortung erfahren und Fachleute und Repräsentanten aus diesen Gebieten hören und befragen. Diesem Komplex wird ein Unterrichts-Halbjahr gewidmet. Im Weiteren wird diakonisches Handeln in seinen biblisch-theologischen Grundlagen reflektiert und an ausgewählten historischen Beispielen erläutert. Es hat sich als sinnvoll erwiesen, am Ende des vorhergehenden Schuljahres im Gespräch mit ihnen die ersten Praxisfelder festzulegen, die zu Beginn der Jahrgangsstufe 12 den Unterricht bestimmen sollen. Auf diese Weise verbleibt der Lehrkraft genügend Zeit, notwendige Kontakte zu knüpfen und Materialien zu beschaffen. Bei den gewählten Praxisfeldern handelte es sich häufig um Bereiche, die im Verlauf des 11er-Praktikums das besondere Interesse auf sich gezogen hatten.

Ein Grundkurs Caritas/Diakonie, in dem nur punktuell auf vorhandene Unterrichtsmaterialien oder auf Erfahrungen dieser Art an der eigenen Schule zurückgegriffen werden kann, hat mehr noch als anderer Unterricht den Charakter des Experimentellen. Da er neue Wege der Öffnung von Schule beschreiten will, ist sowohl die Planung als auch die Gestaltung in besonderer Weise vom erklärten Interesse der Schülerinnen und Schüler abhängig und zu gleicher Zeit von der Bereitschaft und den Möglichkeiten außerschulischer Fachleute, sich für das Gespräch mit ihnen Zeit zu nehmen. Dies beinhaltet Schwierigkeiten und Chancen zugleich. Spürbar war von Anfang an, dass das zurückliegende Caritas-/Diakoniepraktikum die Jugendlichen sensibilisiert hatte und immer wieder Fragen aus diesem Bereich gestellt und Beobachtungen mitgeteilt wurden. Gegen Ende des Grundkurses äußerten sie mehrfach, dass sich ihre Wahrnehmung öffentlicher Berichterstattungen und Stellungnahmen im sozialen Bereich intensiviert hat, dass sie neue Perspektiven gewonnen, alte Urteile revidiert haben. Es bleibt zu hoffen und zu erwarten, dass sie als junge Christen in der Zukunft ihre diakonische Verantwortung in der Gesellschaft eher wahrnehmen und dass ihre Bereitschaft in den Gemeinden abgerufen wird. Erst in Ansätzen wird auch kirchlichen Gemeinden bewusst, dass junge Leute – allein durch die Thadden-Schule sind es bis jetzt mehr als 850 – auf ihre sozialen Erfahrungen hin angesprochen werden können. Diakonische Werke nehmen seit einigen Jahren zur Kenntnis, dass Schulen in ‚Soziales Lernen' investieren, dass sie unterstützt werden können; sie schaffen daher entsprechende Stellen und drucken auszugsweise Schülerberichte ab.

Im Land Baden-Württemberg haben sich seit 1996 Sozialprojekte katholischer (Compassion) und evangelischer Schulen vernetzt. Anschließend bat sie das Kultusministerium, ihre Kenntnisse und Erfahrungen allen staatlichen und privaten Schulen des Landes zunächst auf Schulleiterkonferenzen, dann auf Fortbildungsveranstaltungen in allen vier Lehrerakademien vorzustellen und für Nachahmung zu werben. In der Folge der Akademietagungen haben mehrfach Schulen im Land die Thadden-Schule zusätzlich gebeten, vor örtlichen Gesamtlehrer-Konferenzen, vor der 10. und 11. Jahrgangsstufe, vor Schüler- und Elternversammlungen Konzept und Erfahrungen zu vertreten, so z.B. das Dietrich-Bonhoeffer-Gymnasium Eppelheim, das Theodor-Heuß-Gymnasium Heilbronn, das Johann-Sebastian-Bach-Gymnasium Mannheim, das Reuchlin-Gymnasium Pforzheim, das Carl-Benz-Gymnasium in Ladenburg. Von allen Schulen kamen z.T. mehrfache Rückmeldungen über das anschließend erfolgreich ein-

und durchgeführte Projekt. Auch auf den Bildungsforen des Diakonischen Werks konnte das Caritas/Diakonie-Projekt der Thadden-Schule seit 1998 vertreten und dargestellt und auf diese Weise landesweit auf der Ebene kirchlicher Schulen bekannt gemacht werden. Angeregt durch die zunehmende Kenntnis ähnlich gearteter Sozialprojekte veranstaltete die Elisabeth-v.-Thadden-Schule in Zusammenarbeit mit dem Religionspädagogischen Institut Karlsruhe und unter Beteiligung und wissenschaftlicher Unterstützung aus der Religionspädagogik und dem Diakoniewissenschaftlichen Institut der Universität Heidelberg im März 1998 an der Schule einen ganztägigen Workshop, an dem über 50 Personen aus Schulen, der Landeskirche, dem Diakonischen Werk, dem Oberschulamt, evangelischen Schuldekanaten und der katholischen Schulstiftung teilnahmen. Da praxisbezogene Projekte ohne eine fachkundige wissenschaftliche Reflexion, Evaluation und Begleitung in Aktionismus zu geraten drohen oder oberflächlichen Erlebnischarakter erhalten, gelang es in Heidelberg auf Grund der von Anfang an bestehenden Verbindungen der Verantwortlichen des Projekts zum Diakoniewissenschaftlichen Institut und damit zur Beratung im Hinblick auf Praxisfelder und Unterrichtsmodelle, den Dialog zu intensivieren sowie auf Fachtagungen die Rahmenbedingungen, den Horizont und die Zielrichtung sozialen diakonischen Lernens zu reflektieren. So konnte im Gespräch zwischen dem Diakoniewissenschaftlichen Institut Heidelberg, dem Religionspädagogischen Institut Karlsruhe, der Elisabeth-v.-Thadden-Schule und dem Diakonischen Werk Baden im Februar 1999 ein Symposion im Internationalen Wissenschaftsforum der Universität Heidelberg durchgeführt werden, an dem ca. 30 ausgewählte Vertreter und Vertreterinnen aus Wissenschaft, Sozialministerium, Kirchenleitung, Oberschulamtsleitung, Schulverwaltung und Schulleitungen teilnahmen und an dem neben anderen Praxisprojekten auch das Caritas-Diakonieprojekt vorgetragen wurde und Gegenstand der Reflexion war.

In Heidelberg wurde im März 2005 eine von der Oberbürgermeisterin persönlich unterstützte und ehrenamtlich besetzte ‚Koordinierungsstelle für Soziales Lernen' in Verantwortung der Stadt eingerichtet, deren Aufgabe es sein wird, Schulen in der Konzeption und Organisation ähnlicher Sozialprojekte zu unterstützen, soziale Einrichtungen aller Wohlfahrtsverbände auf die Bereitstellung von Arbeitsplätzen für Schüler anzusprechen und darauf hinzuwirken, dass es nicht zu Überschneidungen und damit Überforderungen kommt. Die Begründung für die Einrichtung einer solchen Koordinierungsstelle wird im sozialethischen Prinzip der ‚Verantwortlichen Gesellschaft' gesehen, dem zufolge es nicht nur darum gehen kann, Schülern christlicher Privatschulen den beschriebenen sozialen Lernprozess zu ermöglichen, sondern sich für die Gesellschaft insgesamt mit verantwortlich zu fühlen.

Mit der Entwicklung der verschiedenen Elemente sozialen Lernens hat die Thadden-Schule nicht nur den Weg eigener Schulentwicklung im Gespräch mit Schülern, Kollegen und Eltern beschritten, sondern darüber hinaus versucht, ihrem christlichen Selbstverständnis dadurch zu entsprechen, dass sie die Einsicht in neue Erfordernisse gesellschaftlichen und im weitesten Sinne christlich-verantwortlichen Lernens in konkrete Modelle umsetzte. Durch sie wurden auch andere Schulen – staatliche und private – angeregt, Ähnliches zu tun bzw. mit der Elisabeth-v.-Thadden-Schule ins Gespräch und in einen konstruktiven Gedankenaustausch einzutreten.

3.5 Diakonisch-soziales Lernen: Zur Praxis der Schulentwicklung an evangelischen Schulen am Beispiel der Melanchthon-Schule Steinatal

von Christel Ruth Kaiser

In unserer Gesellschaft zeigt sich eine zunehmende Tendenz zur Individualisierung: Vielfach wird die mangelnde Bereitschaft bei Jugendlichen beklagt, soziale Verantwortung zu übernehmen. Schreckensmeldungen über Ausbrüche der Gewalt an Schulen unseres Landes rütteln auf. Die Ausbildungs- und Arbeitsplatzsituation steigert die Gefahr rücksichtslosen Sich-Durchsetzens und der Entsolidarisierung. Wenn es außerdem zutrifft, dass die Jugend aufgrund veränderter Lebensbedingungen in Familie und Gesellschaft immer weniger Gelegenheiten hat, differenzierte soziale Erfahrungen zu machen, bedarf es neuer Lernorte, in denen Formen der Solidarität gelernt und erfahren werden, die motivieren und befähigen, sich im Dienst an den Mitmenschen für die verantwortliche Gestaltung des Gemeinwesens mit guten Lebensbedingungen für alle einzusetzen. Damit sind einige Gründe genannt, die nicht nur in der Melanchthon-Schule, sondern ebenso in zahlreichen anderen evangelischen Schulen dazu geführt haben, das diakonisch-soziale Lernen in die aktuellen Schulprogramme zu integrieren.

Mit wechselnden Themenstellungen im Unterricht aller Jahrgänge lernen die Schülerinnen und Schüler der Melanchthon-Schule Theorie und Praxis diakonischer Arbeit kennen. Leitfach ist der Religionsunterricht, aber auch andere Fächer beteiligen sich. Bei Begegnung und Austausch mit Menschen in Behinderteneinrichtungen, Alten- und Pflegeheimen usw. machen die Jugendlichen Erfahrungen, die sie existenziell berühren und ihnen ethische Fragehorizonte eröffnen, die wiederum im Fachunterricht der Schule zur Sprache kommen. Darüber hinaus nehmen sie Einblicke in ehrenamtliche wie professionelle soziale Arbeit, was einer späteren beruflichen Orientierung dienen kann. Nicht zuletzt geht es um die bewusste Prägung des Schullebens im Sinne einer ‚Kultur des Helfens'. So setzt die Gesamtkonzeption diakonisch-sozialen Lernens auf eine nachhaltige Sensibilisierung der Jugendlichen, damit sie – über ihre Schulzeit hinaus – die Bedeutung diakonischen Handelns für eine humane Gesellschaft in der Öffentlichkeit vertreten und sich für diese Aufgaben persönlich engagieren. Insgesamt bildet das diakonisch-soziale Lernen – ebenso wie die wöchentliche Montagsandacht mit ihrem Sinnsetzungsangebot in wichtigen Lebensfragen – einen profilbildenden Schwerpunkt im Schulprogramm. Darüber will der nachfolgende Praxisbericht *in exemplarischer Weise* Auskunft geben.[1]

---

[1] Das Folgende ist die veränderte Fassung eines Beitrags, der unter dem Titel ‚Praxis der Schulentwicklung an evangelischen Schulen (Beispiel: Melanchthon-Schule Steinatal)', in: Gottfried Adam/Helmut Hanisch/Heinz Schmidt/Renate Zitt (Hgg.), Unterwegs zu einer Kultur des Helfens. Handbuch des diakonisch-sozialen Lernens, Stuttgart 2006, 271-288, erschienen ist. Vgl. den von der ‚Wissenschaftlichen Arbeitsstelle Evangelische Schule' (OKR' Dr. Uta Hallwirth) in Hannover herausgegebenen ‚Reader' zu den Konzepten diakonisch-sozialen Lernens evangelischer Schulen, die sich am gleichnamigen Wettbewerb der Barbara-Schadeberg-Stiftung 2003 beteiligt haben. Dazu s.a. den Beitrag von Uta Hallwirth in diesem Band (Kap. 4.1).

Motivationen, Anlässe, Auslöser

Die Melanchthon-Schule ist das Gymnasium der Evangelischen Kirche von Kurhessen-Waldeck. Ca. 700 Mädchen und Jungen besuchen die Schule im Steinatal, die auf einem Campus-Gelände in freier Natur am Fuß des Knüllgebirges, einem Ausläufer der Rhön, gelegen ist.[2]

Aufgrund der kirchlichen Trägerschaft sind Schulleitung und Kollegium der Melanchthon-Schule daran interessiert, ein unverwechselbares evangelisches Profil des Gymnasiums herauszubilden und dieses Anliegen im Schulprogramm erkennbar zu gestalten. Eine ‚gute Schule' lebt ja aus einem gemeinsamen Konzept, das in hohem Maße zur Identifikation der Lehrenden und Lernenden mit ihrer Schule beiträgt und die Akzeptanz der dort vermittelten Lerninhalte und -methoden stärkt. So wirkt der Anspruch eines im Konsens der Schulgemeinde entwickelten Schulprofils auf die unterrichtliche Arbeit der einzelnen Fächer ein und gleichermaßen auf das allgemeine Schulleben. Letzteres wird in der Melanchthon-Schule geprägt und rhythmisiert durch wöchentliche Andachten und regelmäßige Gottesdienste im Kirchen- und Schuljahr, zu denen sich alle Mitglieder der Schulgemeinde einfinden und denen hoher Stellenwert für ein Miteinander im Sinne christlichen Menschenverständnisses eingeräumt wird.

Evangelischer Bildungstradition in der Spur der Reformatoren Martin Luther und Philipp Melanchthon folgend, zählen *Glaube und Wissen* zum Fundament des gesamtschulischen Erziehungs- und Bildungskonzeptes. Wenn eine Schule, die den Namen Philipp Melanchthons zurecht tragen will, dieser Leitlinie zu folgen sucht, stellt sich die Aufgabe, dem zweifellos notwendigen Verfügungswissen an Fakten gleichermaßen das Orientierungswissen zur Seite zu stellen. Dabei geht es nicht darum, in einer evangelischen Schule Unterricht z.B. in ‚christlicher Mathematik', ‚christlicher Biologie', ‚christlichem Englisch' etc. zu fordern. Christliche Freiheit zeigt sich vielmehr darin, dass sie Sachlichkeit und Sachverstand zulässt: Christliche Bildung erweist sich zunächst einmal als fundierte, wissenschaftspropädeutisch gesicherte Bildung, die die Lebensmöglichkeiten der Menschen fördert. Entscheidend im Bildungsprozess an einer evangelischen Schule ist allerdings die Glaubwürdigkeit von Personen, die wiederum ihr ‚Innenleben' nicht ständig auf der Zunge tragen, die vielmehr in eigener Entscheidung verantworten, wo es sinnvoll und geboten erscheint, den Sachhorizont des eigenen Faches für Gespräche zu weiten, die auf Sinn- und Wertfragen – also auf Orientierung – im Lebensvollzug zielen. Eine evangelische Schule muss der Ort sein, wo es möglich ist, über das Leben im Ganzen zu reflektieren: über sein Woher? und Wohin?, in seiner Fülle und in seinen Grenzen. Dabei sind christlicher Glaube und christliche Bildung gewiss kein ‚pool', aus dem man schnelle ‚Antworten auf alle Fragen' holen kann, – im Gegenteil: Hier gibt es Sperren gegen zu vereinfachende Sinnkonstruktionen; aber sie vermitteln uns aus dem ‚Schatz des Evangeliums' – wie es die Reformatoren ausdrückten – ein Orientierungswissen, das für die Probleme des Lebens sensibel macht und sie bewältigen hilft.

Damit ist die zentrale Motivation umrissen, einen solchen Bildungsbegriff in curricularen wie extracurricularen Zusammenhängen glaubwürdig umzusetzen. Hier liegt ei-

---

2 Melanchthon-Schule, 34628 Willingshausen-Steinatal (b. Schwalmstadt).

ne wesentliche Begründung dafür, dass Schulleitungen und Kollegien an evangelischen Schulen unter dieser Perspektive geeignete Aufgabenbereiche erschließen, um modellhaft zu zeigen, was ‚evangelisch lernen' heißt.

Was führt ein Gymnasium dazu, die Profilierung seines Schulprogrammes durch Aufbau eines Arbeitsschwerpunktes im ‚diakonisch-sozialen Lernen' anzustreben? Ganz konkret spielen hier auch äußere Anlässe und Auslöser eine Rolle. Sie sollen kurz skizziert werde, weil sie zeigen, dass neben grundsätzlichen bildungstheoretischen Erwägungen ebenso Anknüpfungspunkte und Gelegenheiten nützlich und hilfreich sind, die in der jeweils spezifischen Schulsituation bzw. dem regionalen Umfeld einer Schule zu finden sind:

Als die Melanchthon-Schule im Jahr 1998 ihr 50jähriges Gründungsjubiläum feierte, erinnerte sich die Schulgemeinde an den ‚diakonischen Anfang' des Gymnasiums 1948, der zahlreichen anderen Schulgründungen in damaliger Zeit durchaus gleicht: Während der Nachkriegswirren sah zunächst das spätere Diakonische Werk von Kurhessen-Waldeck seinen Auftrag darin, eine Schule mit Internat zu gründen, um heimat- oder elternlosen Flüchtlingskindern aus den deutschen Ostgebieten und der SBZ/DDR Bildung und ein Zuhause zu geben. Kurz darauf übernahm die Landeskirche selbst die Trägerschaft des neuen Gymnasiums.[3]

Ein halbes Jahrhundert später fragte nun die Schulgemeinde danach, was unter den inzwischen veränderten Bedingungen zu tun sei, um dem Anspruch des Anfangs weiterhin zu entsprechen. War das Internat als Heimstatt für Kinder bereits Mitte der 80er Jahre geschlossen worden, so ließ sich eine erkennbare Fortführung des diakonischen Wirkens der ‚Gründerzeit' nicht mehr ausmachen: Man hatte sich zu einer ‚guten Schule der Region' entwickelt. Und damit trat ein Desiderat zutage, das Überlegungen zu einer diakonischen Neuorientierung in Gang brachte. Zwar gab es schon seit vielen Jahren im Rahmen des Religionsunterrichtes punktuelle Besuche von Schulklassen in der benachbarten großen Einrichtung ‚Hephata',[4] die sich jedoch eher als Informationsveranstaltungen für Schülerinnen und Schüler im Konfirmandenalter darstellten und deren Zustandekommen ausschließlich von der individuellen Initiative der jeweiligen Lehrkräfte abhingen. Aufgrund guter persönlicher Kontakte zwischen den Leitungsverantwortlichen beider Einrichtungen wurden erste Ideen entwickelt, wie Vernetzungen zwischen Schule und Diakonie als den ‚Geschwistern von Kirche' hergestellt und im Interesse beider Aufgabenbereiche inhaltlich ausgefüllt werden könnten. Denn nichts lag näher, als die aussichtsreiche Nachbarschaft als Chance zu begreifen und aktiv zu werden! So war ein Impuls gesetzt, von dem jedoch zu diesem Zeitpunkt niemand sagen konnte, ob er die Kraft haben würde, Bewegungen anzustoßen: Menschen in Schule und Diakonie für ein gemeinsames Lern- und Handlungskonzept, das außerschulische Lernorte einbezieht, zu gewinnen und dieses in der Praxis umzusetzen.

---

3   Dazu s. Jochen-Christoph Kaiser, Zur Geschichte der Melanchthon-Schule, in: Schwälmer Jahrbuch 1999, hg. v. Schwälmer Heimatbund e.V. Ziegenhain, Schwalmstadt 1999, 34-43.
4   Hessisches Diakoniezentrum e.V. in Schwalmstadt-Treysa.

Entwicklungsschritte

Voraussetzungen in der Schule
Wie sah damals die Bereitschaft zu einer solchen Kooperation im Kollegium der Melanchthon-Schule aus? In der Fachgruppe Religionslehre gab es schon seit längerem den Wunsch, den Themenbereich ‚Diakonie' realitätsnäher zu unterrichten. Eine Religionslehrerin, die bis heute vorrangig als Sportlehrerin tätig ist und auch eine Ausbildung als Motologin durchlaufen hat, war damals zur Betreuung zweier an Rollstühle gebundener Schüler eingesetzt und hatte bereits frühzeitig – im Vorfeld der Jubiläumsfeierlichkeiten – ein stärkeres Engagement für diakonische Aufgaben in und außerhalb der Schule angemahnt. Andere Mitglieder der Fachgruppe erhofften sich eine vertiefte theologische Reflexionsfähigkeit im Religionsunterricht bei den Schülerinnen und Schülern, wenn sie menschliche ‚Grenzerfahrungen' durch eine zeitweise Mitwirkung in diakonischen Einrichtungen mitbrächten. So zeigte sich im Fachbereich Religionslehre großes Interesse an der Entwicklung eines entsprechenden fachdidaktischen Konzeptes, das direkte Begegnungen mit Menschen mit Behinderungen – z.B. in einem Diakoniepraktikum – einschließen sollte. Zweifel hatte man dagegen an der Ansprechbarkeit und Zustimmung anderer Fachbereiche, da diese durch Aktivitäten außerhalb der Schule in ihrer Unterrichtszeit tangiert würden und auch sonst – aufgrund fehlender Berührungspunkte mit diesen Aufgaben – möglicherweise wenig Verständnis für das Anliegen der Fachgruppe Religion aufbringen würden. Hier wollte man niemanden überfordern, denn die berechtigten Anliegen der Kolleginnen und Kollegen anderer Fächer sollten respektiert werden. Lediglich mit dem Fachbereich Sozialkunde[5] gab es Beratungen und von dort her spontane Unterstützung insofern, als man anbot, sich an spezifischen Themenstellungen – z.B. die sozialen Sicherungssysteme in Deutschland betreffend – zu beteiligen. Auch ein Praktikum in der Oberstufe, wie es der Fachgruppe Religionslehre sinnvoll erschien, wurde begrüßt, allerdings sollte dies nicht in Konkurrenz zu dem schon traditionsreichen sog. Betriebspraktikum im Jahrgang 10 stehen; außerdem gab man zu bedenken, dass ein zusätzliches Blockpraktikum während der Schulzeit zu viel Unterrichtsausfall nach sich ziehe und daher kaum auf Akzeptanz im Kollegium stoßen werde. Aus diesem Grund wurde beschlossen, zunächst in sehr kleinen Schritten vorzugehen. Unnötiger ‚Gegenwind' sollte vermieden werden, um dem Vorhaben zu einem späteren Zeitpunkt denkbare größere Spielräume – über die eigenen Fachgrenzen hinaus – offen zu halten.

Anregungen und Außenkontakte
Zu diesem Zeitpunkt hatte die Schulleitung Kenntnis von den neuen Bildungsforen der Diakonie erhalten, die vom Diakonischen Werk der EKD unter der Zielsetzung veranstaltet werden sollten, interessierten Schulen ein Forum zu bieten, sich über Fragen der Schulentwicklung mit diakonischem Schwerpunkt zu informieren bzw. Erfahrungen auszutauschen. Seit dem 1. Bildungsforum im Jahr 1998[6] nahmen Kollegiumsmitglieder der Melanchthon-Schule regelmäßig an den Veranstaltungen teil und konnten von dem großen Vorsprung mancher Schulen in Sach- und Organisationsfragen des diakonischen

---
5 In Hessen seit kurzem in ‚Politik und Wirtschaft' umbenannt.
6 Anlass dieser ersten Tagung war das 150-jährige Jubiläum der Diakonie.

Lernens konzeptionell wie praktisch profitieren.[7] Inzwischen haben sie auch selbst als beteiligte Referenten eigene Akzente gesetzt und hilfreiche Hinweise an andere weitergegeben[8], die sich auf den Weg machen wollen, einen diakonischen Schwerpunkt in ihrer Schule zu implementieren. Diese Bildungsforen haben Lehrerinnen und Lehrern, ebenso den ‚Diakonikern' als ihren Partnern in den Einrichtungen professionelle Hilfen zur Verwirklichung ihrer Zielsetzungen gegeben. Nicht zuletzt ermutigte die Kommunikation unter den beteiligten – zumeist evangelischen – Schulen und trug zu mancher schulpraxisnaher Problemlösung bei.[9] Aller Anfang ist schwer! Darum sei dem Diakonischen Werk der EKD für die Initiative der Bildungsforen an dieser Stelle ganz herzlicher Dank gesagt.[10]

Vorbereitungen

Da aus den schon beschriebenen Gründen in der Melanchthon-Schule der Ansatz des diakonisch-sozialen Lernens im Religionsunterricht wurzelt, stellte sich zuerst die Aufgabe, das hausinterne Fachcurriculum zu überarbeiten, um für die einzelnen Klassenstufen geeignete und abwechslungsreiche Themen festzulegen. Jeder Jahrgang sollte in einer altersgemäßen Auswahl Arbeitsfelder der Diakonie kennenlernen: im regulären Fachunterricht, durch Gespräche mit Experten aus Diakonie und Sozialarbeit, durch Einladungen von Menschen mit Behinderungen und gemeinsame Aktivitäten, durch Exkursionen in diakonische bzw. soziale Einrichtungen sowie Praktikumserfahrungen verschiedenster Art. Einige Teilbereiche der genannten Vorhaben ließen sich problemlos in der Schule planen und in die Tat umsetzen. Bei anderen mussten nicht unerhebliche Schwierigkeiten gemeistert werden, denn es stellten sich neben den konzeptionellen zahlreiche praktische und organisatorische Fragen. Darüber hinaus galt es, ein Netzwerk an persönlichen Kontakten zu den Verantwortlichen in diakonischen oder sozialen Einrichtungen der Region aufzubauen, wenn es gelingen sollte, außerschulische Lernorte zu erschließen. Am Beispiel des inzwischen an der Melanchthon-Schule etablierten diakonisch-sozialen Praktikums in der Jahrgangsstufe 11 sei verdeutlicht, welche Anstrengungen am Anfang des Projektes notwendig waren, um ein erfolgreiches Modell zu entwickeln.

In der Fachgruppe Religionslehre war man sich schnell einig, dass ein Praktikum in diakonischen Einrichtungen am besten während der Oberstufenzeit anzusiedeln sei, weil man das Lebensalter der Jugendlichen für den dort zu leistenden Dienst als besonders

---

7 Uwe Mletzko, Bildungsforen in der Diakonie, in: Zeitschrift für Pädagogik und Theologie (Schwerpunktthema: ‚Bildung und Diakonie') 1. 2002, 44-51.
8 Beim 4. Bildungsforum 2002 in Bethel b. Bielefeld stellten die für das diakonisch-soziale Lernen verantwortlichen Koordinatorinnen – Heike Helmes (Sek. I) und Lotte Kraushaar (Sek. II) – das Gesamtkonzept der Melanchthon-Schule vor.
9 Das 6. Bildungsforum (29.-31.10.2004 im Evangelischen Johannesstift Berlin) wurde erstmals gemeinsam vom DW EKD und der seit 2003 eingerichteten ‚Wissenschaftlichen Arbeitsstelle Evangelische Schule' veranstaltet.
10 Dieser Dank gilt insbesondere den für die Vorbereitung und Durchführung Verantwortlichen: Uwe Mletzko (Bildungsforen 1-3, 1998–2000 jeweils in der Diakonischen Akademie Deutschland in Berlin), Dr. Peter Bartmann (Bildungsforum 4, 2002 in den Bodelschwing'schen Anstalten Bethel) und seit 2003 Dr. Silke Köser (Bildungsforum 5 in den Francke'schen Stiftungen zu Halle); seit 2004 gemeinsam mit Dr. Uta Hallwirth (6. Bildungsforum im Johannesstift Berlin-Spandau).

geeignet betrachtete. Die sog. Qualifikationsphase[11] musste wegen der Abiturvorgaben – zum Bedauern der Fachgruppe – ausgeschlossen bleiben. Demzufolge kam die Jahrgangsstufe 11 in den Blick, wobei das 1. Halbjahr der notwendigen Vorbereitung, das 2. Halbjahr für die Praxis zur Verfügung stehen sollte. Als schwierig erwies sich zunächst, eine Alternative zu den an anderen Schulen überwiegend üblichen Blockpraktika zu entwerfen, denn diese Form sollte aus den oben genannten Überlegungen nicht infrage kommen. In gemeinsamen Beratungen mit der Schulleitung fand sich ein gangbarer, inzwischen erprobter Weg:

Die Schülerinnen und Schüler entscheiden sich – nach entsprechender Vorbereitung – für einen Praktikumsplatz ihrer Wahl in einer diakonischen bzw. sozialen Einrichtung der Region und treffen persönliche Absprachen mit der gewählten Institution hinsichtlich des genauen Zeitpunktes ihres Praktikumsdienstes; dabei ist sicherzustellen, dass sie während des gesamten 2. Halbjahres der Jahrgangsstufe 11 einmal in der Woche nachmittags ca. drei Stunden in den Einrichtungen tätig sind. Als Zeitausgleich entfallen zwei von den wöchentlichen drei Unterrichtsstunden im Religionskurs. Diese beiden ‚Leerstunden' werden auf einen Nachmittag gelegt, so dass den beteiligten Schülerinnen und Schülern eine tatsächliche Zeitersparnis ermöglicht sowie den betreuenden Lehrkräften ein zeitlicher Spielraum für Besuche am Praktikumsplatz eingeräumt wird. Die dem Religionskurs weiterhin zur Verfügung stehende dritte Unterrichtsstunde wird als sog. Kontaktstunde erteilt, in der die Praktikanten ihre Einsatzerfahrungen gemeinsam reflektieren. Anstelle der Klausuren als schriftliche Qualifikationsnachweise verfassen die Praktikanten eine ausführliche Facharbeit über ein Schwerpunktthema ihres Tätigkeitsbereichs. Die Benotung der ‚sonstigen Mitarbeit' ergibt sich aus den Gesprächen bei den turnusmäßigen Beratungsbesuchen der jeweils zuständigen Lehrkraft sowie in der Kontaktstunde.

Eine Realisierung dieser Planung bedurfte jedoch nicht nur der Zustimmung innerhalb der Schule, sondern sie musste mit den Einrichtungen beraten und beschlossen werden. In einem ersten Schritt suchten Religionslehrkräfte möglichst viele der im Umfeld der Melanchthon-Schule tätigen diakonischen und sozialen Einrichtungen auf, um mit ‚Sondierungsgesprächen' im Blick auf das schulische Vorhaben den Boden für konkretere Absprachen zu bereiten. Auf Einladung der Schulleitung fand sich dann wenig später eine große Zahl von Leitungsverantwortlichen diakonischer bzw. sozialer Einrichtungen in der Melanchthon-Schule ein.[12] Nicht allein die Information über die bisher nur innerhalb der Schule entwickelten Vorstellungen stand auf dem Programm, sondern vor allem die Frage, ob es überhaupt möglich sei, Schülerinnen und Schülern Praktikumsplätze zu gewähren,[13] darüber hinaus ein ausführlicher Gedankenaustausch über Vor-

---

11 Jahrgangsstufen 12 und 13.
12 Die Gäste aus den Einrichtungen unterschiedlichster Träger zeigten sich überrascht, erfreut und beeindruckt, dass es möglich war, einmal im Kreis nahezu aller für die ‚Soziale Arbeit' in der Region Verantwortlichen zusammen zu kommen. Offensichtlich ergab die ungewöhnliche Konstellation für alle Beteiligten einen motivierenden Effekt.
13 Den Religionslehrkräften der Melanchthon-Schule war es durchaus klar, dass hier ein Wunsch geäußert wurde, der nicht mit Selbstverständlichkeit von den Einrichtungen zu erfüllen war: Denn wenn regelmäßig relativ große Schülergruppen in die Arbeitsgebiete der Einrichtungen strömen, ergibt sich für

und Nachteile des vergleichsweise ungewöhnlichen Konzeptes.[14] In einer fast ‚wunderbar' zu nennenden Weise löste sich die Sorge der Aktiven in der Melanchthon-Schule, dass die schulinternen Ideen keine Resonanz finden würden, bei diesem Treffen auf. Im Gegenteil: Man begrüßte die angedachte Organisationsstruktur ausdrücklich, weil die potenziellen Praktikanten aufgrund ihres Lebensalters in der Jahrgangsstufe 11.2 in überschaubaren eigenverantwortlichen Aufgaben einsetzbar waren. Auch die Planung der individuell zu vereinbarenden wöchentlichen Tätigkeit über ein halbes Jahr hinweg stieß auf Zustimmung, da man sich von dieser relativ langen Bindung der Jugendlichen an die gewählte Einrichtung – zumindest in Einzelfällen – eine dauerhafte Kommunikation und Einsatzbereitschaft über die Praktikumszeit hinaus versprach. Deutlich wurde von den Leitungspersönlichkeiten die Erwartung zum Ausdruck gebracht, dass die künftigen Praktikanten Verlässlichkeit und Eignung für die ihnen anvertrauten Aufgaben mitbringen müssten. Die Betreuung und Begleitung durch Vertreter der Mitarbeiterschaft wurde zugesagt, mehr noch: Man war bereit, den Praktikanten eine abschließende persönliche Evaluation ihres Einsatzes zu geben und sich an der Ausstellung eines ‚Zertifikates' über den geleisteten Dienst zu beteiligen. Schließlich wurde in dieser ersten ‚Runde' die annähernde Zahl von Praktikumsplätzen ermittelt, die pro Einrichtung zur Verfügung gestellt werden konnten. Man verabschiedete sich unter der Zusicherung der Schule, nach Erprobung der neuen Praktikumsphase nochmals zu einem Erfahrungsaustausch einzuladen, um ggf. Verbesserungsvorschläge bzw. auch Korrekturen des ‚Steinataler Modells' vorzunehmen. Für die Initiatoren aus der Melanchthon-Schule hatte die gelungene Veranstaltung hohe Motivationskraft, war man dem angestrebten Ziel, das diakonisch-soziale Praktikums zu verwirklichen, doch ein Stück näher gerückt. Darüber hinaus hatte man eine gute Erfahrung gemacht: dass Kooperation und Verständigung im beiderseitigen Interesse erwünscht waren und zu konkreten Ergebnissen führten.

Nach dem Abstecken des äußeren Organisationsrahmens mussten weitere ‚Hürden' genommen werden: Wie würden die Schülerinnen und Schüler auf das innovative schulische Angebot eines Religionskurses mit diakonisch-sozialem Praktikum reagieren? Wie hoch war das Risiko, dass nur sehr wenige den Kurs anwählen würden?[15] Wie würden die Elternhäuser mit der neuen Anforderung umgehen? Hier war Überzeugungsarbeit angesagt, um die Beteiligten mit Sachkunde und Sensibilität für das Projekt zu gewinnen. Bei der dazu einberufenen Schülerversammlung der gesamten Jahrgangsstufe 11[16] in einer Turnhalle der Melanchthon-Schule war eine gewisse Spannung – bei den Schülerinnen und Schülern genauso wie bei den Lehrkräften – zu spüren. Die Fachgruppe Religionslehre hatten sich Mühe gegeben, den Raum für das Rundgespräch in der großen Gruppe angenehm zu gestalten. Dennoch: Ein ungeschicktes oder falsch ge-

---

die dortige Mitarbeiterschaft ein zusätzlicher Betreuungsaufwand, zu dem die Bereitschaft vorhanden sein muss.
14 Bisher wurden in den Einrichtungen ausschließlich Blockpraktika durchgeführt, zumeist in den Jahrgangsstufen 9 oder 10 im Rahmen des Betriebspraktikums aller Schulformen.
15 Keinesfalls wollte man gleich zu Beginn der neuen Möglichkeit im Schulprogramm eine allgemeine Verpflichtung zur Teilnahme aussprechen.
16 Es handelte sich um ca. 80 Personen.

setztes Wort hätte möglicherweise die ganze Atmosphäre negativ beeinflussen und Ablehnung provozieren können, denn die Schülerschar traf sich zu diesem Zeitpunkt noch wenig vorbereitet[17], voller Fragen und Bedenken bezüglich einer neuen Entwicklung, deren Folgen für die persönliche Schullaufbahn bzw. Lebensgestaltung noch unklar waren. Es kam anders: Nach einführender Information über Zielsetzung und Organisationsform des Praktikums durch die Schulleitung stellten die Jugendlichen interessiert und ernsthaft ihre berechtigten Fragen, wobei es offenbar für viele wichtig war zu erfahren, dass man sich in den ‚Diakoniekurs' – wie sich der Name schnell einbürgerte – freiwillig einwählen konnte. Individuelle Fragen wurden beantwortet und Befürchtungen ausgeräumt; dennoch zeichnete sich ab, dass längst nicht alle Schülerinnen und Schüler auf das Praktikum zugehen würden. So stand noch über eine längere Strecke die Frage im Raum, ob überhaupt ein solcher Kurs mit vertretbarer Teilnehmerzahl zustande kommen würde.

Umso bedeutsamer erschien es darum, zu einem Elterninformationsabend einzuladen und dort ebenfalls über die Konzeption des Diakoniekurses zu berichten. Sehr schnell wurde hier die überwiegende Zustimmung und Unterstützung der Elternhäuser deutlich, die in dem Praktikum eine große Chance für ihre Kinder sahen, wesentliche Lebenserfahrungen zu machen, zu denen sie sonst kaum einen Zugang finden würden. Einige der Eltern, die selbst in diakonischen oder sozialen Institutionen beruflich engagiert waren, konnten das Vorhaben aus ihrer Sicht authentisch kommentieren.[18]

Als die Kurswahlen zur Jahrgangsstufe 11.2 ausgewertet waren, stellten die engagierten Kollegiumsmitglieder mit Erleichterung und Freude fest, dass tatsächlich ein stattlicher Grundkurs mit mehr als 20 Schülerinnen und Schülern eingerichtet werden konnte:[19] ein positives Signal auf Zukunft, das Mut machte.

Im nächsten Schritt mussten für die Teilnehmer des neuen Grundkurses passende Praktikumsplätze gefunden werden. Zu diesem Zweck standen Besuche in verschiedenen Einrichtungen bzw. Berichte von Mitarbeitern aus den Einrichtungen über Einsatzmöglichkeiten auf dem Programm. Im Rahmen dieser Orientierung lernten die zukünftigen Praktikanten die verschiedenen Handlungsfelder der Diakonie und die Organisation des Diakonischen Werkes als Spitzenverband der Wohlfahrtspflege in Deutschland kennen. Die Jugendlichen konnten zudem in ihrem heimischen Umfeld eigenständig Praktikumsplätze ermitteln, die allerdings dem Anspruch einer diakonisch-sozial geprägten Aufgabe zu entsprechen hatten. Im Kontext dieser Vorbereitungsphase zeigte sich schon bald das Problem der meistens recht weiten Fahrtstrecken vom Heimatort zur gewählten Einrichtung. Wie sollten die Praktikanten nachmittags aus den weit abgelegenen Ortschaften im ländlichen Raum zu ihrer Einsatzstelle kommen? Nicht überall stand Busverkehr zur Verfügung. Würden die Eltern bereit sein, Fahrdienste zu

---

17 Diese Jugendlichen hatten die im neu gestalteten Lehrplan für das Fach Religionslehre vorgesehenen Unterrichtsreihen aus den Aufgabenfeldern der Diakonie noch nicht durchlaufen.
18 Die Einbindung der Eltern – insbesondere mit professionellem Hintergrund – hat sich im Laufe der Jahre als äußerst hilfreich erwiesen: nicht zur Motivation der jeweils nachfolgenden Schülerschaft, sondern auch sehr konkret durch Hinweise bezüglich geeigneter Praktikumsplätze u.v.m.
19 An diesem ersten Durchgang des Diakonie-Grundkurses im Jahr 1999 beteiligten sich bezeichnenderweise ausschließlich Mädchen; in jedem weiteren Kurs der Folgezeit erhöhte sich dann der Anteil der Jungen kontinuierlich.

übernehmen? Und wer sollte die Fahrtkosten tragen? Konnte die Schule dafür eintreten? Wie sah es mit einem Versicherungsschutz aus? Galt er auch für transportierende Familienangehörige oder Bekannte, die Mitfahrgelegenheiten boten? So häuften sich bei der praktischen Durchführung des Projektes viele sehr konkrete Fragen im Detail, die einer raschen Klärung bedurften. Neben der Sachkunde der Wirtschaftsleitung der Melanchthon-Schule half die Kommunikation mit erfahrenen Kolleginnen und Kollegen anderer Schulen, denen man auf den schon erwähnten Bildungsforen der Diakonie begegnet war. Sie gaben gern Auskunft über erprobte Lösungen und hatten manchen guten Tipp ‚parat'.[20]

Praxis im Schulprogramm

Der bisherigen Darstellung kann entnommen werden, dass die Melanchthon-Schule mit dem diakonisch-sozialen Lernen einen profilbildenden schulischen Schwerpunkt setzt, dessen Besonderheit in einer pädagogischen Konzeption zu sehen ist, nach der sich die Schülerinnen und Schüler während ihrer *gesamten Schullaufbahn* mit diakonischen Handlungsfeldern befassen.[21] Jede Jahrgangsstufe hat ihre spezielle Prägung durch ein altersgemäßes Themen- und Methodenangebot. Mit wachsendem Lebensalter der Kinder bzw. Jugendlichen werden höhere Anforderungen intellektueller wie emotional-affektiver Art gestellt, die ihnen Kenntnisse und Kompetenzen für den Umgang mit zentralen Sachproblemen aus dem Spektrum sozialer Arbeit vermitteln und die sie ‚stark machen' können für die persönliche Zuwendung zum Mitmenschen sowie für eigene Lebens- und Grenzerfahrungen.

Unterstufe
Beginnt das diakonisch-soziale Lernen der jüngsten Mitglieder der Schulgemeinde in der Jahrgangsstufe 5 zunächst mit kleinen Unterrichtseinheiten – beispielsweise ‚Helfen in der Familie' oder ‚Regeln in der Klassengemeinschaft' –, so schließt sich im Jahrgang 6 ein für das schulische Gesamtkonzept zentrales Erstbegegnungsprojekt mit behinderten Kindern aus zwei benachbarten Schulen für Praktisch Bildbare an. Durch diese Unterrichtseinheit werden Möglichkeiten und Wege zu einem konstruktiven und unbefangenen Miteinander angebahnt. Den zumeist nichtbehinderten Schülerinnen und Schülern der Melanchthon-Schule sollen hierdurch die Kommunikation und der Kontakt zu Menschen mit Behinderungen erleichtert werden. Sie lernen den anderen in seiner Andersartigkeit und Einzigartigkeit zu akzeptieren und zu achten. Die Kinder dieser Altersstufe sind zwar anfangs nicht frei von Ängsten, reagieren aber bei Erfahrungen der Nähe unkompliziert und überwinden potenzielle Hemmschwellen rasch. Sie brauchen allerdings vorbereitende Betreuung, professionelle Anleitung und Begleitung, die ihnen Sicherheit gibt, nicht zuletzt den notwendigen Freiraum, um die sie sichtlich tief berührende Erfahrung mit der Schwachheit anderer verarbeiten zu können.

---

20 Man war sich einig darin, dass nicht jede Schule ‚das Rad neu erfinden' müsse. Insofern hat sich auch die Veröffentlichung der Ergebnisse der Bildungsforen durch das DW EKD für die Schulentwicklungsaufgaben bewährt.
21 Näheres in: Steinataler Hefte, hg. i. Auftrag der Melanchthon-Schule Steinatal von Christel Ruth Kaiser, 1. 2003 mit dem Schwerpunktthema ‚Diakonisch-soziales Lernen'.

Während der Vorbereitungsphase hat sich mittlerweile eine Zusammenarbeit mit der Fachgruppe Biologie bewährt, von der die Unterrichtung in Bezug auf Formen der geistigen und körperlichen Behinderung geleistet wird. Anhand spezifischer Sensibilisierungsübungen versuchen die Kinder sich mit den alltäglichen Schwierigkeiten, die ein behinderter Mensch zu bewältigen hat, auseinanderzusetzen, wobei sie zusätzlich von Mitgliedern der Fachgruppe Sport unterstützt werden: Sie machen Selbsterfahrungen beim Durchlaufen eines sog. Blindenparcours mit verbundenen Augen, auch ‚ohne einzelne Gliedmaßen', sie müssen Gebäude und Gelände im Rollstuhl erkunden, Blindenschrift und Gebärdensprache lernen, spielerisch wahrnehmen, wie man sich fühlt, wenn man verspottet wird u.a.m.

Seit 1998 besteht zwischen der Melanchthon-Schule und der Hermann-Schuchard-Schule Hephata[22] eine Schulpartnerschaft. In kleineren Gruppen werden die Kinder aus den 6er-Klassen dort – beispielsweise zu Weihnachtsfeiern – eingeladen; sie nehmen an Projekttagen oder an anderen gemeinsamen Unternehmungen – wie Klettern, Tanz, Kanu-Fahrten usw. – teil. Im Gegenzug erleben Schülerinnen und Schüler der Hermann-Schuchard-Schule Projekttage im Steinatal oder besuchen die Melanchthon-Schule zu anderen Anlässen. Themen wie ‚Zirkus im Steinatal' oder ‚Leben mit und in der Natur' wurden von allen Beteiligten mit viel Freude und Spaß angenommen.[23] Ein solcher Austausch hat sich inzwischen bewährt, und man versucht – sofern der Unterrichtsbetrieb der Schulen dies erlaubt – sich möglichst häufig zu treffen. Schülerinnen und Schüler der 6. Klassen fahren regelmäßig zu den jährlich stattfindenden Hephata-Festtagen und beteiligen sich aktiv daran, indem z.B. ein Rollstuhlbasketball-Turnier organisiert oder Theater gespielt wird. Erfreulicherweise haben sich mittlerweile weitere Begegnungsmöglichkeiten mit der Brüder-Grimm-Schule in Alsfeld ergeben.[24] Aufgrund dieser Verbindungen kann nun jede Klasse eines 6. Jahrganges Kontakte zu Klassen der Partnerschulen aufbauen und diese während eines Schuljahres individuell gestalten und pflegen. Neben Aktivitäten wie textiles Gestalten – z.B. Seidenmalerei –, Töpfern, Basteln und Singen bietet sich insbesondere das Medium ‚Bewegung' für das gegenseitige Kennen- und Verstehenlernen an. Auch Andachten und Gottesdienste werden zusammen mit den Gästen vorbereitet und durchgeführt.

Einen Akzent anderer Art setzt der Lehrplan in der Jahrgangsstufe 7. Die Fachgruppe Religionslehre sieht für diese pubertäre Entwicklungszeit im Jugendalter die Thematik der Drogenprävention und -beratung vor, wobei die sog. Alltagsdrogen – der Zigaretten- bzw. Alkoholkonsum – im Vordergrund stehen. In diesem Schuljahr wurde dazu erstmals ein mehrtägiges Jahrgangsstufenprojekt durchgeführt, das in Zukunft regelmäßig stattfinden wird.[25] Die Drogenberatungslehrerin der Melanchthon-Schule lädt in diesem Kontext Experten aus der im Schulamtsbezirk zuständigen Drogenberatungsstelle

---

22 Schule für Praktisch Bildbare und Praktisch bildbare Körperbehinderte, 34613 Schwalmstadt-Treysa.
23 ‚Fingerspitzengefühl' und Einfühlungsvermögen sind hier gefragt, damit die z.T. schwer behinderten Kinder integriert und nicht von begeisterter Aktivität der Sechstklässler überfordert werden.
24 Schule für Praktisch Bildbare. Abteilung für Körperbehinderte, 36294 Alsfeld.
25 Darum werden Gespräche mit den Fachgruppen Politik und Wirtschaft sowie Biologie hinsichtlich einer fächerverbindenden Kooperation geführt. Bisher wird die Drogenproblematik in beiden Fächern später – im Jahrgang 8 bzw. 9 – behandelt. Nach dem sachspezifischen Kenntnisstand der Drogenberatungslehrerin sind jedoch entscheidende Weichen für eine Drogenprävention früher zu stellen.

zu Gesprächen mit den Schülerinnen und Schülern ein. Über Drogeninformation und Reflexion möglicher Hintergründe für den Konsum legaler wie illegaler Drogen hinaus wird den Schülerinnen und Schülern der umfassende und gesellschaftlich relevante Aufgabenbereich der Drogenberatungsstellen bekannt gemacht. Auch den Eltern werden Informationsveranstaltungen angeboten, wo sie Gelegenheit haben, Problemlagen und Besorgnisse zu thematisiereren, z.B. Fragen nach Anzeichen eines möglichen Drogenkonsums zu stellen oder die verbreitete ‚Medien-Sucht' Jugendlicher zu diskutieren.

Mittelstufe
Als Unterrichtsthema für die Jahrgangsstufe 8 im Bereich des diakonisch-sozialen Lernens wurde eine Einführung in die Geschichte der Diakonie festgelegt: Wichern und die Entwicklung der ‚Inneren Mission' im 19. Jahrhundert, Theodor Fliedner und die Begründung der weiblichen Diakonie, Friedrich v. Bodelschwingh in Bethel etc. Weiterhin geht es um die Vermittlung von Kenntnissen über die heutigen Arbeitsfelder der Diakonie, insbesondere um die persönliche Erkundung diakonischer bzw. sozialer Einrichtungen in den Heimatorten der Schülerinnen und Schüler, was sich als sinnvolle Kooperationsmöglichkeit mit dem Konfirmandenunterricht erwiesen hat. Die Jugendlichen haben den Auftrag, Termine für Interviews mit den Verantwortlichen zu vereinbaren und ihre Recherche-Ergebnisse im Unterricht zu präsentieren. Auf diese Weise gewinnen sie eine konkrete Vorstellung von der Bandbreite diakonisch-sozialer Arbeit im eigenen Umfeld, was gegenüber einer Aneignung ausschließlich von Lehrbuchwissen einen deutlich höheren Grad an Wahrnehmung schafft.

Die Jahrgangsstufe 9 ist dann für ein Engagement in Kirchengemeinden vorgesehen, da aufgrund der zeitlichen Nähe zum Konfirmandenunterricht bereits enge Beziehungen zur eigenen Gemeinde bestehen. Als Gymnasium in kirchlicher Trägerschaft liegt der Melanchthon-Schule daran, dass dieser Kontakt nach der Konfirmation nicht verloren geht. In praktischen Einsätzen ‚vor Ort' – betreut durch Pfarrerinnen und Pfarrer oder Mitglieder des Kirchenvorstandes – erleben die Jugendlichen in ihrem persönlichen Lebensumfeld, wie wichtig ihr freiwilliges Engagement für Menschen in z.T. schwierigen Lebenssituationen ist. Diese Einsätze können aufgrund des Lebensalters der Nachkonfirmanden keine Pflegedienste umfassen; vielmehr geht es um leichte Hilfen wie Vorlesen, Einkaufen, Spazierengehen, Gartenarbeit etc. oder einfach darum, Gesellschaft zu leisten. Die Schülerinnen und Schüler entscheiden selbst, wann und wie häufig sie diese diakonisch-sozialen Dienste verrichten.[26] Nicht verschwiegen werden soll, dass dieser Erfahrungsbereich noch mit mancherlei praktischen Problemen behaftet ist: Auch die Pfarrerinnen und Pfarrer sowie die haupt- und ehrenamtlichen Mitarbeiterinnen und Mitarbeiter in den Kirchengemeinden müssen erst ‚lernen', welchen Stellenwert dieser Aufgabenbereich für sie haben kann und dass sich der Einsatz dafür lohnt.[27]

Im Jahrgang 10 stehen Themen wie Schuldnerberatung, Betreuung von Obdachlosen, Strafgefangenen und Asylbewerbern auf dem Lehrplan. Regelmäßig informiert eine Mit-

---

26 Sechs Einsätze werden mindestens erwartet.
27 Es hat sich herausgestellt, dass nicht in jeder Kirchengemeinde eine geeignete Tätigkeit gefunden und die entsprechende Betreuung der Jugendlichen gewährleistet werden kann. Deshalb wird derzeit an einem Konzept gearbeitet, das ein Engagement der Mittelstufenschüler auch in der Schule selbst vorsieht: z.B. durch Mitwirkung im Schulsanitätsdienst, in der Mediationsgruppe o.ä.

arbeiterin des Diakonischen Werkes im Schwalm-Eder-Kreis über Problemlagen und Arbeitsweise in diesem weitreichenden Aufgabenfeld.[28] Den Heranwachsenden soll deutlich werden, welche persönlichen und gesellschaftlichen Konstellationen ein diakonisch-soziales Hilfehandeln erfordern, ohne das in Not geratene Menschen sich nicht neu orientieren und zu einem selbstbestimmten Leben finden können.

Oberstufe
Zwar verbringen Schülerinnen und Schüler am Gymnasium bis zum Abitur den größten Teil ihrer Zeit in und mit der Schule, aber dieses bedeutet nicht, dass diese auch in gleichem Umfang als Erfahrungsfeld für die Alltagswirklichkeit erlebt wird. Lebensumstände in der Jugend haben sich gegenüber früheren Generationen geändert: Oft arbeiten beide Eltern bzw. alleinerziehende Mütter oder Väter, d.h. sie müssen Beruf *und* Erziehung bewältigen. In der Freizeit bestimmen Medien wie Computer und Fernsehen den Tagesablauf. Eine kirchliche Sozialisation findet – wenn überhaupt – vielfach nur noch im Zusammenhang mit dem Konfirmandenunterricht statt. Die besonderen Chancen einer Schule in kirchlicher Trägerschaft liegen demnach u.a. darin, Jugendlichen, die kaum Kontakt mit kirchlichen Einrichtungen haben, neue Zugänge dorthin zu ermöglichen. Aufgrund sich auflösender traditioneller Familienstrukturen fehlen existentielle Grunderfahrungen: Wer ernstlich krank ist, wird ins Krankenhaus gebracht; wer behindert ist, wird in entsprechenden Einrichtungen versorgt; wer alt ist, zieht in ein Altenheim um. Menschliche Grenzsituationen – Krankheit, Leiden, Gebrechen, Alter, Tod – zu erleben, bleibt dem unmittelbaren Erfahrungsfeld Jugendlicher entzogen, denn Krisenbewältigung menschlichen Daseins findet zumeist außerhalb der Familie statt. Das alles ist auch in der Schülerschaft der Melanchthon-Schule zu spüren, insbesondere im Religionsunterricht: wenn die Schülerinnen und Schüler aufgefordert sind, über ethisch-moralische Fragen, Lebens- und Weltanschauungen, christliche Glaubenserfahrungen u.a.m. nachzudenken und zu diskutieren. Positiv ist ihr erkennbares Bemühen, sich der Reflexion solcher Themen zu stellen; aber aufgrund fehlender praktischer Erfahrung erscheinen ihre Beiträge oft theoretisch, zwar gutwillig gelernt bzw. von anderen übernommen, aber wenig mit Realität gedeckt, kurz: in vielen Fällen zu ‚glatt'. Hier setzt das Projekt des diakonisch-sozialen Praktikums in der Jahrgangsstufe 11.1 an: Indem die Jugendlichen Menschen und Orte aufsuchen, die nicht in ihrem alltäglichen Erfahrungsfeld liegen, fordern sie ihre eigene Umgebung heraus und werden selbst gefordert. Sie müssen physische wie psychische Belastungen aushalten, Stellung beziehen, neue Verhaltensweisen einüben, Verständnis und Toleranz lernen, Bestätigung suchen, können dabei erweiterte Einsichten und Selbstvertrauen gewinnen. Indem sie zunehmend den Lernort ‚Schule' mit dem Lernort ‚Leben und Alltag' verbinden, kann echtes, authentisches Leben erfahren werden, was wiederum auf die Schulwirklichkeit und ihre persönliches Lebensgestaltung positive Auswirkungen hat. Die Schülerinnen und Schüler erweitern aber nicht allein ihren Horizont hinsichtlich der Praxis diakonischer Arbeit, sondern sie gewinnen auch Einblicke in Kernbereiche von Diakoniewis-

---

28 Eine praxisbezogene Mitwirkung von Schülerinnen und Schülern dieser Jahrgangsstufe ist allerdings aufgrund der sich hier stellenden Anforderungen kaum zu erreichen; z.Zt. wird die sog. Schwälmer Tafel in Schwalmstadt als Hilfsprojekt für bedürftige Menschen eingerichtet, woran sich ggf. Praktikanten des Diakonie-Kurses der Jahrgangsstufe 11 (s.w.u.) beteiligen können.

senschaft, Theologie und Kirche: So erfahren die Praktikanten z.B., dass Diakonie als Handlungsfeld von christlicher Gemeinde und Kirche zu verstehen und ohne Einbindung in Gemeinde bzw. Kirche nicht denkbar ist, wobei sich diakonisches Handeln – unabhängig und selbstständig – zugleich im kritischen Dialog mit der Kirche vollzieht. Sie erkennen, wie Diakonie, die ihre theologische Bestimmung ernst nimmt, einen Beitrag zu leisten versucht, der christlichen Tradition vom Kommen des Reiches Gottes zu entsprechen, und dass sie ihre Aufgabe darin sieht, gesellschaftlichen Entwicklungen entgegenzuwirken, die den Wert eines Menschen und seiner Arbeit ausschließlich nach dem wirtschaftlichen Kosten-Nutzen-Ertrag berechnen. Darüber hinaus wird ihnen klar, dass Diakonie eine globale Verantwortung wahrnimmt, die alle Menschen – die gesamte Schöpfung – einschließt. Und nicht zuletzt lernen sie zu verstehen, dass Diakonie nicht alle Problemfelder der Gesellschaft besetzen kann und will, weshalb sie in Koordination und Kooperation mit anderen Trägern des sozialen Hilfehandelns agiert.

Während der Vorbereitungsphase des diakonisch-sozialen Praktikums im Religionsunterricht der Jahrgangsstufe 11.1 geht es um Klärung grundlegender Fragen: Wo und in welcher Weise wird Religion und Religiosität in unserer Alltagswirklichkeit erfahrbar? Was ist die Motivation für ‚diakonisches' bzw. ‚soziales' Handeln?[29] Was leisten Menschen in hauptberuflicher und ehrenamtlicher Tätigkeit?

Wie bereits oben geschildert, sollen die Schülerinnen und Schüler diakonische und soziale Einrichtungen[30] im näheren und weiteren Umkreis der Schule kennenlernen, um sich zu orientieren und Antworten auf ihre Fragen zu finden. Darüber hinaus recherchieren sie selbst unter fachlicher Anleitung und suchen – im Kontext von Vorträgen, per Interview etc. – das Gespräch mit Experten aus verschiedensten Aufgabenbereichen der Sozialarbeit. Sind dann die Praktikumsplätze ausgesucht und alle notwendigen Vorbereitungen getroffen, beginnen die Jugendlichen mit ihrem Dienst in den Einrichtungen. Während dieser wöchentlichen Einsatzzeiten werden sie von Fachkräften beraten und betreut, damit sie den neuen, oft belastenden Eindrücken standhalten können. Vergleichbare Aufgaben übernehmen die jeweiligen Kursleiterinnen oder -leiter, indem sie als Kontaktpersonen den Erfahrungsaustausch zwischen den Praktikanten gewährleisten, auf diese Weise Raum für das Aussprechen möglicher Ängste und Nöte geben und die Reflexion konkreter Problemfelder unterstützen. Die Lehrkräfte begleiten zudem die Anfertigung der umfangreichen Hausarbeit, deren Gegenstand aus dem jeweiligen Arbeitsgebiet gewählt wird. Dies alles geschieht im gemeinsamen Unterricht im Religionskurs am Schulmorgen bzw. bei Besuchen am Praktikumsort. Ebenso unverzichtbar ist die Unterstützung durch die Eltern: Sie sind den Jugendlichen vertraute, verlässliche Ge-

---

29 Mittel- bis langfristig soll nachgehalten werden, ob sich in Theorie und Praxis des Praktikum-Engagements nach Wahrnehmung der Schülerinnen und Schüler eine Differenz zwischen ‚diakonischem' und ‚sozialem' Handeln beschreiben lässt.

30 Die federführend tätigen Koordinatorinnen aus der Fachgruppe Religionslehre sind dankbar, dass sich nicht nur die in der Region tätigen Träger diakonischer Einrichtungen an dem Oberstufen-Praktikum beteiligen, indem sie Einsatzplätze zur Verfügung stellen, sondern dass auch andere Träger sozialer Arbeit das Projekt entsprechend unterstützen. Ohne solches Zusammenwirken wäre es gar nicht möglich, *allen* interessierten Schülerinnen und Schülern einen geeigneten Praktikumsplatz zu vermitteln. Auch um dieser Ausgangssituation Rechnung zu tragen, wird in der Melanchthon-Schule der Begriff des ‚diakonisch-sozialen Lernens' zur Bezeichnung des Projektes gewählt.

sprächspartner bei der Verarbeitung der im Praktikum gemachten existentiellen Erfahrungen. Durchweg mit Engagement, Einsatzfreude und Sensibilität für die Belange der ihnen anvertrauten Menschen leisten die Schülerinnen und Schüler im Verlauf des gesamten 2. Kurshalbjahres diakonisch-soziale Arbeit in den Einrichtungen: in Wohngemeinschaften, Werkstätten oder Schulen für Menschen mit Behinderungen, in Senioren- und Pflegeheimen, in der häuslichen Pflege, in der Jugend- und Familienhilfe etc. Die Schulgemeinde der Melanchthon-Schule zollt ihnen dafür die verdiente Anerkennung, was sich u.a. in einem Zertifikat über die im Praktikum erworbene Qualifikation ausdrückt. Im Rahmen der sich dem Praktikum anschließenden Unterrichtsarbeit im Fach Evangelische bzw. Katholische Religionslehre der Qualifikationsphase geht es konsequenterweise darum, die gewonnenen Erfahrungen und Einsichten in Beziehung zu den abiturrelevanten fachspezifischen Inhalten zu setzen, damit das Praktikum nicht als ‚Schlusspunkt' des diakonisch-sozialen Lernens an der Melanchthon-Schule verstanden wird, vielmehr als ‚Doppelpunkt': Denn hier bietet sich die große Chance, dass sich die Schülerinnen und Schüler mit den für die Abiturphase vorgesehenen Kursthemen – Anthropologie und Ethik, Christologie, Gotteslehre und Kirchengeschichte – unter diakonisch-sozialer Perspektive auseinandersetzen können und sie zu einem durch Lebenserfahrung gedeckten, sie persönlich betreffenden Verständnis dieser theologischen Dimensionen finden.[31]

Wirkungen und Reaktionen

Das vorgestellte Konzept der Melanchthon-Schule, das im Jahr 1998 seinen Anfang nahm, schrittweise aufgebaut wurde und bis heute weiterentwickelt wird, kann nachvollziehbarerweise nicht folgenlos für das gesamtschulische Leben bleiben. Stellvertretend für manche Beobachtungen, die seither auf dem Campus des Gymnasiums gemacht werden können, seien zwei Aspekte genannt, die schlaglichtartig beleuchten, wie das ‚Diakonische' mehr und mehr in der Schule Einzug hält: War das Miteinander von nichtbehinderten und behinderten Jugendlichen noch vor wenigen Jahren ganz ungewohnt und erregte in der Schülerschaft Aufsehen, so stellt sich diese Kommunikation nun freundlich-selbstverständlich dar: Es ist normal, dass man sich regelmäßig sieht; jeder hat sich schon beteiligt und weiß, was nötig und hilfreich für das Gelingen der Begegnungstreffen ist. Gab es anfangs eine vergleichsweise ähnlich distanzierte Haltung bei Kollegiumsmitgliedern gegenüber einer Kooperation mit den Schulen für Praktisch Bildbare, da regulärer gymnasialer Fachunterricht nicht gemeinsam durchführbar ist, so haben zahlreiche Lehrerinnen und Lehrer inzwischen an Projekttagen mit den behinderten

---

31 Für die Lehrkräfte der Fachgruppe Religionslehre stellt sich damit eine nicht unerhebliche Herausforderung: den Lehrplan im Blick auf ‚diakonische Zuspitzungen' der o.g. theologischen Dimensionen zu fokussieren, damit der im Praktikum erworbene Zugewinn an Erfahrungen und Reflexionsfähigkeit im Bereich von Sinn- und Wertfragen in den wissenschaftspropädeutisch angelegten Fachunterricht eingebracht und auf dieser Ebene weiterentwickelt werden kann. Hier wünscht sich das Kollegium Austausch und Beratung; darüber hinaus wird entsprechendes Unterrichtsmaterial für die Oberstufenkursarbeit in der Qualifikationsphase benötigt: ein Desiderat, das an dieser Stelle dem Diakoniewissenschaftlichen Institut in Heidelberg, dem Comenius-Institut in Münster sowie entsprechenden anderen Einrichtungen angetragen sei.

Kindern neue Erfahrungen ganz anderer Art sammeln können, die ihnen bislang mangels Gelegenheit fehlten, die sie beeindruckten und die ihnen sichtlich Freude machten. Jetzt ist es keine Ausnahme mehr, dass z.B. eine Mathematik- oder Französisch-Lehrkraft sagt: „Da mache ich mit!" oder „In meiner Gruppe können gern einige behinderte Kinder mitbetreut werden!" Ohne hier vorschnell und überzogen idealisierend oder harmonisierend werten zu wollen, darf als Auswirkung des diakonisch-sozialen Lernens auf das ‚Klima' in der Schulgemeinde die Wahrnehmung größerer Rücksichtnahme, gegenseitigen Respektierens, wachsender Aufmerksamkeit und Höflichkeit konstatiert werden.

Wie reagieren die am diakonisch-sozialen Lernen direkt Beteiligten rückblickend auf das Erlebte? Schülerinnen und Schüler äußern sich zumeist sehr offen, spontan und nicht selten in einer die Lehrkräfte überraschenden Weise. So begreifen Sechstklässler schnell, dass Integration durch einen Umgang miteinander ‚auf Augenhöhe' verwirklicht wird: „Erst hatte ich etwas Angst vor den behinderten Kindern, aber jetzt nicht mehr. Die sind ja wie wir: Sie freuen sich oder sind traurig oder mal beleidigt – genau wie ich –, und dann sind sie auch wieder gut!". Ein anderer Schüler schildert ebenso authentisch: „Patrick hat einen Sprachfehler und wahrscheinlich eine Lernbehinderung. Er hat sich als ein Sportpaket herausgestellt: Er bestand nämlich darauf, gegen mich zu laufen. Gut, hatte ich mir gedacht, so schnell kann er ja nicht sein. Doch das war geirrt! Patrick ist losgeschossen, und irgendwann konnte ich ihn gar nicht mehr einholen".[32] – Jugendliche aus der Oberstufe äußern sich vielfach über ihre in der Praktikumszeit gewachsene Einsicht in Lebensprobleme: „Die vielen Erfahrungen, die ich im Umgang mit Alten und Pflegebedürftigen gemacht habe, waren die Zeit, die ich mit ihnen verbracht habe, wert. Ich habe die Furcht vor dem eigenen Altsein verloren, indem ich einen tiefen Einblick in das Leben und Sterben von Alten bekommen habe..." Dabei fällt auf, dass sie nicht darauf abheben, etwas ‚Heldenhaftes' oder gar Bewunderungswürdiges für andere geleistet zu haben, vielmehr liegt der Akzent ihrer Darstellungen stets auf der – eher erstaunten und dankbaren – Selbstwahrnehmung, dass sie ‚gebraucht' wurden und es ‚geschafft' haben: Obwohl die Anforderung hoch und die Sorge groß war, ob man die Aufgabe meistern würde, hat man durchgehalten, Schwierigkeiten angenommen, Lösungen gefunden. Ganz offensichtlich empfinden die Schülerinnen und Schüler dies als eine Stärkung ihrer Persönlichkeit, was ihnen zu einem positiven Selbstbild verhilft.[33] Informationen und Wertungen dieser Art geben sie gern und selbstbewusst an den nachfolgenden Schülerjahrgang weiter; dies wiederum motiviert die ‚Nachrücker' und ermutigt sie zu ähnlichem Engagement. – Aus der Sicht der Verantwortlichen in den Einrichtungen werden überwiegend sehr anerkennende Beurteilungen abgegeben: „Ich bin sehr froh darüber, dass jungen Menschen – durch schulischen Weitblick gefördert und betreut – neue Lebenserfahrungen in diakonisch-sozialen Arbeitsfeldern ermöglicht

---

32 Auch die Eltern der Kinder in den 6. Klassen wurden um eine Stellungnahme zu dem Begegnungsprojekt der Jahrgangsstufe gebeten. Die Auswertung ergab einhellige Zustimmung, z.T. mit Signalen eigener – bedauerter –Defizite im Bereich konkreter Erfahrungen: „Der Umgang mit Behinderten ist nicht für jeden alltäglich und normal. Auch ich habe einige Berührungsängste, obwohl ich das nicht haben möchte".

33 Einige entscheiden sich aus diesen Gründen sogar für eine berufliche Orientierung im Bereich sozialer Arbeit.

werden. Bereichernd und erkenntnisgewinnend ist es für alle Beteiligten: nicht nur für die Praktikanten ... ich finde es toll, wie einfühlsam, anpassungsfähig und belastbar die Praktikanten die Aufgabe mit Bravour gemeistert haben". Von hohem Wert ist für die betroffenen Jugendlichen zudem die Aussage, „dass das oftmals kritische Hinterfragen der Praktikanten von vielen Mitarbeitern als Chance gesehen wurde, die tägliche Arbeit aus einem anderen Blickwinkel zu betrachten", wird darin doch deutlich, dass die Schülerinnen und Schüler nicht ausschließlich diejenigen sind, die Unterstützung und Zuwendung von ihren Betreuern in den Einrichtungen empfangen, sondern dass sie umgekehrt auch hilfreiche Impulse für die gemeinsame Arbeit geben können. Insgesamt wird der Erfolg des Praktikums aus Sicht der Einrichtungen mit einer verlässlichen, effektiv strukturierten und organisierten Zusammenarbeit zwischen Schulleitung, Lehrkräften, Schülerinnen und Schülern sowie mit den Einrichtungsleitungen und dem Fachpersonal begründet. Als wichtiges Qualitätsmerkmal wird hervorgehoben, dass Reflexionsmöglichkeiten jederzeit gegeben sind und regelmäßig wahrgenommen werden. Die nachfolgende Einschätzung eines Pflegedienstleiters mag abschließend als generalisierendes ‚Fazit' dienen: „Nicht zuletzt zeigt die hohe Motivation und Einsatzfreudigkeit der jungen Leute, dass das Konzept des Diakoniepraktikums richtig und notwendig ist. Es zeigt auch, dass der Austauschprozess zwischen dem Lern- und Lebensort Schule und dem Lern- und Lebensort diakonisch-sozialer Arbeitswelt fruchtbringend für alle Beteiligten ist. Meine Kolleginnen und Kollegen und ich freuen uns auf die nächsten jungen Menschen, die sich auf uns und unsere Hilfeadressaten einlassen und einen Such- wie Findeprozess beginnen."[34]

Ausblick: laufende Planungen und Vorhaben

Die Schilderung der Gesamtkonzeption des diakonisch-sozialen Lernens an der Melanchthon-Schule verdeutlicht, dass der Ausgangspunkt ursprünglich im Religionsunterricht und seinem Anliegen lag, den Schülerinnen und Schülern einen vertieften Zugang zu den Unterrichtsinhalten des Faches zu ermöglichen und damit ihre Persönlichkeitsentwicklung zu fördern. Nach ca. sechs Jahren hat sich manches fortentwickelt und verändert: Eine Reihe anderer Fächer wie Politik und Wirtschaft, Biologie, Sport, Kunst, Musik, Werken und Geschichte kooperieren inzwischen und setzen eigene fachspezifische Akzente. Durchweg stellt sich die Haltung der Lehrerschaft gegenüber dem diakonisch-sozialen Lernen spürbar positiv dar.[35] Auf dieser Basis öffnet sich ein weiter Horizont: Nachdem die dauerhafte Etablierung einer Kooperation von Schule und Diakonie als ‚Lernen in diakonischen Einrichtungen' gelungen ist, wird nun die Diskussion geführt, wie das diakonisch-soziale Handeln ebenso im alltäglichen Schulleben bewusster gemacht und praktiziert werden kann. Nicht nur aus der Fachgruppe Religionslehre, sondern auch aus anderen Fachbereichen gibt es dazu Vorschläge.[36]

---

34 Steinataler Hefte 1. 2003, 22.
35 Man stellt mit gewisser Genugtuung fest, dass das diakonisch-soziale Profil für eine evangelische Schule passend, sinnvoll und – um der eigenen Glaubwürdigkeit willen – notwendig ist.
36 Beispielsweise hat die Fachgruppe Sport einen Schulsanitätsdienst mit Schülerinnen und Schülern aus allen Jahrgangsstufen aufgebaut.

Im Zuge der aktuellen Schulentwicklung der Melanchthon-Schule zu einer ganztätigig arbeitenden Schule soll es künftig verstärkt darum gehen, der Schülerschaft ein ‚doppeltes Unterstützungskonzept' zur Verfügung zu stellen, das allen dient: einerseits als Kompensations- und Beratungsangebot bei fachlichen Defiziten und/oder persönlichen Lebenskrisen[37], andererseits als Unterstützungsprogramm zur Förderung besonderer Interessen und Begabungen. Diese Arbeit mit begabten bzw. hochbegabten Jugendlichen scheint ein bisher noch eher ‚unentdecktes' Bewährungsfeld für diakonisch-soziales Engagement zu sein. Aber gerade in dieser Schülergruppe finden sich – wie heute zunehmend erkannt wird – nicht ausschließlich Jugendliche, die die Schule problemlos durchlaufen, vielmehr zeigen sie z.T. nur mittelmäßige Leistungen bzw. sogar völliges Schulversagen[38]. Diese Jugendlichen zu identifizieren und ihnen adäquate Hilfestellung zu geben, damit sie ihre besonderen Begabungen wieder zeigen, soziale Kontakte aufnehmen und zu einem stabilen Selbstverständnis zurückfinden, sieht die Melanchthon-Schule als verpflichtenden ‚diakonischen Auftrag' an einem Gymnasium in kirchlicher Trägerschaft.[39]

Alles in allem: Das diakonisch-soziale Lernen in der Melanchthon-Schule ist Motor des Schulentwicklungsprozesses, der bewegt und Zukunftsperspektiven schafft.

---

37 Erste Arbeitsgemeinschaften dieser Art haben sich schon gebildet: als ‚Stützkurse' in Kernfächern oder als Nachhilfe durch Schülermentoren (‚Schüler helfen Schülern'). Insofern erweist sich das ‚diakonisch-soziale Lernen' für die gesamtschulische Entwicklung als ein tragfähiger Rahmen, unter dem die individuelle Förderung von Schülerinnen und Schülern als zentrale Aufgabe und profilprägendes Element einer evangelischen Schule bewusst gemacht wird und zunehmend an Raum gewinnt. Kollegiumsmitglieder nehmen an Fortbildungen über Mediationsverfahren, Gesundheitsförderung und Drogenprävention teil, die Schulseelsorge bietet individuelle Gesprächsmöglichkeiten an. Zusätzlich besteht ein enger Kontakt zum schulpsychologischen Dienst des zuständigen Staatlichen Schulamts sowie zur begabungsdiagnostischen Beratungsstelle BRAIN an der Philipps-Universität Marburg.
38 Vgl. die Problemlage der sog. Underachiever (hochbegabte Minderleister).
39 Die Melanchthon-Schule beabsichtigt, ein Beratungsnetzwerk mit unterschiedlichen Kompetenzen einzurichten unter der Zielsetzung, Schülerinnen und Schüler individuell zu fördern und so zu begleiten, dass schulische Misserfolge zukünftig möglichst vermieden werden. (Vgl. nochmals Anm. 37.) Im Schuljahr 2004/05 wurde der Melanchthon-Schule aufgrund ihres eingereichten pädagogischen Konzepts zur Begabungsförderung das „Gütesiegel" des Hessischen Kultusministeriums für „Schulen, die hochbegabte Schülerinnen und Schüler besonders fördern" verliehen.

3.6 Lernen in der Diakonie – Das Beispiel Kaiserswerth

von Norbert Friedrich

In einer kirchlich-traditionellen Binnensicht müsste die Sache eigentlich klar sein. ‚Kaiserswerth' ist ein bekannter und prominenter Erinnerungsort des Protestantismus, er gehört zur deutschen Kirchen- und Religionsgeschichte eindeutig dazu. Würden wir eine Landkarte zur Diakoniegeschichte vorlegen, der Ort wäre sicherlich eingezeichnet; Bilder von Friederike, Caroline und Theodor Fliedner sowie dem Mutterhaus dürften nicht fehlen. Eine Bestätigung findet diese Sichtweise durch viele Besucherinnen und Besucher, die in jedem Jahr nach Kaiserswerth kommen und die hier etwas von dem Mythos ‚Kaiserswerth' erfahren und erleben wollen.

Doch dies ist nur die eine Seite. Denn während sich die älteren Besucherinnen und Besucher noch gut an Diakonissen erinnern können und von Kaiserswerth schon einmal gehört haben und nun mehr erfahren wollen, steigt der Anteil derjenigen, die ohne alle Vorkenntnisse und Assoziationen kommen. Gerade jüngere Besucher und Schulklassen schauen etwas ratlos auf Rüschenhaube und Schutenhut, wie sie in unserer historischen Ausstellung zu sehen sind. Nicht ungeübt mit Mode und kreativem Umgang mit identitätsstiftendem Outfit fällt es ihnen gleichwohl schwer, beispielsweise die Diakonissentracht in ihrer Bedeutung zu erfassen. Bei den Erklärungen kommt man sich manchmal vor wie ein Volkskundler, der vor der „Jungen Volkshochschule' von der Mode, dem Leben und den Riten ferner Eingeborener berichtet.[1]

Zwischen religiöser und diakonischer Alphabetisierung und aufklärender Entmythologisierung bewegt sich daher die diakonische Bildungsarbeit, die von der Fliedner-Kulturstiftung in Kaiserswerth durchgeführt wird. Diese Arbeit mit verschiedenen Zielgruppen (Besuchergruppen, Schulklassen etc.) soll im Folgenden näher beschrieben werden.

1. „Kommen Sie nach Kaiserswerth" – Kaiserswerth als historischer Ort

Diakonissenmutterhäuser waren und sind gastliche Institutionen, Gastfreundschaft gehörte und gehört zu einem Markenzeichen der Mutterhausdiakonie. Schon von Beginn an waren Menschen von der durch Theodor und Friederike Fliedner initiierten Idee fasziniert, eine Ausbildungsstätte für weibliche Pflegerinnen und eine evangelische Gemeinschaft zu schaffen. Sie kamen, um diesen Ort kennen zu lernen, um mit den Schwestern zu leben, von ihnen zu lernen, vergleichbare Einrichtungen an anderen Orten zu schaffen.

Die vielleicht bekannteste Besucherin war Florence Nightingale, die 1850 und 1851 gleich zweimal Kaiserswerth besuchte.[2] Ein doppelter Effekt verband sich mit diesen Besuchen: Information und Marketing. Nehmen wir wieder das Beispiel von Florence Nightingale. Sie sammelte in Kaiserswerth Erfahrungen, sie schrieb nach ihrem ersten

---
1 Vgl. zur Ethnologie die Hinweise bei Ute Daniel, Kompendium Kulturgeschichte. Theorien, Praxis, Schlüsselwörter, Frankfurt/Main 2001, 233-254.
2 Kaiserswerther Diakonie (Hg.), Florence Nightingale. Kaiserswerth und die britische Legende, Düsseldorf 2002.

Aufenthalt eine kleine Schrift über das Fliednersche Werk, eine sehr gute Werbung für die Einrichtung.³

Werbung war für die Mutterhäuser eine Überlebensfrage. Die Bereitschaft, als junge unverheiratete Frau in die Diakonissenanstalt einzutreten, musste geweckt, geeignete Personen und Personengruppen mussten direkt angesprochen werden. Über Kirchengemeinden und über zielgruppenorientierte Werbung (u.a. Faltblätter, die über die örtlichen Pfarrer verteilt werden sollten, später auch Film- und Tonbildschauen) erreichte man die Frauen. Andererseits waren die Mutterhäuser in besonderer Weise auf Spenden angewiesen, gerade in den Gründungsjahren wurde teilweise bis zur Hälfte der jährlichen Ausgaben über Spenden oder Legate gedeckt.⁴ Neben den Großspendern setzten dabei Häuser wie Kaiserswerth oder Bethel auf die Kleinspender, die sog. Pfennigsammlungen. Auch aktuell bilden diese Kleinspenden einen wichtigen Pfeiler im Fundraising-Konzept der diakonischen Einrichtungen.⁵

Und heute? Besucherinnen und Besucher die nach Kaiserswerth kommen, werden immer mit einem mehrschichtigen Beutungsgefüge konfrontiert: Die Kaiserswerther Diakonie als ein traditionsreicher, historischer Ort, als ein Ort gelebter Frömmigkeit, und die Kaiserswerther Diakonie als ein modernes Unternehmen des Sozial- und Gesundheitswesens mit Krankenhaus, Altenhilfeeinrichtungen, Sozialpädagogik etc.⁶ Dieser Aspekt beeindruckt, die Information über die aktuelle Arbeit ist ein wichtiger Baustein der klassischen Öffentlichkeitsarbeit.

Für die Beschreibung Kaiserswerths als eines historischen Ortes innerhalb der diakonischen Bildungsarbeit und der Öffentlichkeitsarbeit hat sich das Konzept der Erinnerungs- und Gedächtnisorte als fruchtbar erwiesen, welches in den letzten Jahren intensiv debattiert worden ist.

2. Diakonische Gedächtnisorte – das Beispiel Kaiserswerth

Mit Orten und Plätzen verbinden sich Geschichten und Erinnerungen, Hoffnungen und Wünsche. Auch in der Geschichte von Personen und Institutionen finden sich immer wieder solche Orte, an denen sich Weichenstellungen ergeben, historische Schicksa-

---

3 Ebd., 30-63 eine deutsche Übersetzung ihrer Schrift von 1850 „The Institution of Kaiserswerth on the Rhine for Practical Training of Deaconesses".

4 Vgl. dazu etwa exemplarisch die Hinweise in Wolfram Korn (Hg.), Bethel und das Geld 1867-1998. Die ökonomische Entwicklung der v. Bodelschwinghschen Anstalten Bethel, Bethel 1998; Harald Jenner, Diakonissenanstalt Flensburg. Entwicklung und Bedeutung 1874 bis 1933, Flensburg 1992, 147 (in der dortigen Tabelle lässt sich auch sehr gut der kontinuierliche Rückgang des prozentualen Spendenanteils ablesen; durch andere Finanzierungsmöglichkeiten, besonders über die Tagegelder, gewannen die planbaren Einnahmen fortwährend an Bedeutung; s.a. Jochen-Christoph Kaiser, „Diakonie, Glaube und Geld – Von den Anfängen bis 1945", in: Diakonische Aussichten. FS für Heinz Schmidt zum 60. Geburtstag, hg. v. Volker Herrmann (DWI-INFO, Nr. 35), Heidelberg 2003, 193-217. Einige allgemeinere Hinweise bei Markus Rückert, Finanzen und Finanzierung, in: Günter Ruddat/Gerhard K. Schäfer (Hgg.), Diakonisches Kompendium, Göt-tingen 2005, 300-316.

5 Vgl. zur Bedeutung der Öffentlichkeitsarbeit z.B. die einleitenden Hinweise bei Horst Seibert, Öffentlichkeitsarbeit, in: Günter Ruddat/Gerhard. K. Schäfer (Hgg.), Diakonisches Kompendium, Göttingen 2005, 332-350.

6 Vgl. dazu Kaiserswerther Diakonie (Hg.), In guten Händen. Menschen in der Kaiserswerther Diakonie, Düsseldorf 2005.

le erlebt wurden, sich freudige Ereignisse miteinander verbinden. Es sind nicht allein geographische Orte, auch Ideen, Begriffe und Personengruppen gehören zu solchen Gedächtnisorten dazu. Eine nahezu enzyklopädische Zusammenstellung deutscher Erinnerungsorte erschien in den Jahren 2000 und 2001 in einer dreibändigen Sammlung.[7] Hier finden sich die Walhalla, der Weißwurstäquator oder auch die Revolution von 1948/49 nebeneinander. Die beiden Herausgeber bestimmen ihren Begriff des Erinnerungsortes so: „Dergleichen Erinnerungsorte können ebenso materieller wie immaterieller Natur sein, zu ihnen gehören etwa reale wie mythische Gestalten und Ereignisse, Gebäude und Denkmäler, Institutionen und Begriffe, Bücher und Kunstwerke ... Erinnerungsorte sind sie nicht dank ihrer materiellen Gegenständlichkeit, sondern wegen ihrer symbolischen Funktion. Es handelt sich um langlebige, Generationen überdauernde Kristallisationspunkte kollektiver Erinnerung und Identität, die in gesellschaftliche, kulturelle und politische Üblichkeiten eingebunden sind und die sich in dem Maße verändern, in dem sich die Weise ihrer Wahrnehmung, Aneignung, Anwendung und Übertragung verändert."[8] Im Hintergrund dieser Überlegungen steht das Konzept des ‚kulturellen Gedächtnisses' wie es der Ägyptologe und Kulturanthropologe Jan Assmann sowie seine Frau, die Anglistin Aleida Assmann, entwickelt haben.[9] Sie gehen in ihren Überlegungen von Erinnerungsinstanzen aus, die vom einzelnen Individuum unabhängig sind und ihre Bedeutung für die Entwicklung einer gemeinsamen Kultur durch die Repräsentativität sowie durch ihre langandauernden, sich immer wiederholenden Verhaltens- und Erinnerungsmuster ausbilden.

In der Diakoniegeschichte gibt es solche Erinnerungsorte und Ereignisse; einige fallen einem schnell ein: seien es das Rauhe Haus in Hamburg als Keimzelle der Fürsorgearbeit und der Brüderhausbewegung oder aber Johann Hinrich Wicherns berühmte Rede auf dem Kirchentag in Wittenberg 1848. Und natürlich zählt auch das Gartenhaus im Pfarrgarten des Kaiserswerther Pfarrers Theodor Fliedner dazu, in dem er laut einer Legende die ersten weiblichen Fürsorgezöglinge untergebracht hat. Es schmückte und schmückt zahlreiche Veröffentlichungen aus Kaiserswerth bis in die Gegenwart und gehört damit faktisch – mit der Taube – zum Corporate Design des Werkes und der Mutterhausdiakonie dazu. Indem es als Wiege der heutigen Kaiserswerther Diakonie beschrieben wird, gehört es zum kollektiven Gedächtnis der rheinischen Kirchengeschichte und der Diakoniegeschichte, zugleich hat es einen unverwechselbaren und herausragenden Ort innerhalb der gesamten Mutterhausdiakonie. Die 1836 gegründete Kaiserswerther Diakonissenanstalt ist sicher ebenfalls ein solcher Ort – vom genannten berühmten Gartenhaus in Fliedners Garten, wo alles räumlich begonnen haben soll, über das erste Mutterhaus am Kaiserswerther Markt bis hin zum 1903 errichteten großen Gebäudekomplex mit Mutterhaus und Mutterhauskirche.[10] Und natürlich sind es die Diakonissen selbst, diese Tracht tragenden, dem Leben scheinbar entsagen-

---

7 Etienne François/Hagen Schulze (Hgg.), Deutsche Erinnerungsorte, 3 Bände, München 2000-2001.
8 Bd. 1, 17 f.
9 Vgl. u.a. Jan Assmann, Das kulturelle Gedächtnis. Schrift, Erinnerung und politische Identität in frühen Hochkulturen, München ²1997; Aleida Assmann, Erinnerungsräume. Formen und Wandel des kulturellen Gedächtnisses, München 1999.
10 Ruth Felgentreff, Das Diakoniewerk Kaiserswerth 1836-1998, Düsseldorf-Kaiserswerth 1998.

den, demütigen und doch starken Frauen. Ja, diese Form der Verbindung von evangelischer Frömmigkeit und weiblicher Berufstätigkeit übte und übt eine besondere Faszination aus, wie schon einleitend angedeutet wurde.

Dabei ist zu bemerken, dass es eine deutliche Wechselwirkung zwischen der Wahrnehmung der genannten Gedächtnisorte in der Öffentlichkeit und der bewussten Traditionsbildung gab und gibt. Dies trifft etwa auf das Gartenhaus zu, welches als Erinnerungsort immer gepflegt worden ist: durch Darstellungen, durch Veranstaltungen, durch das Erzählen der Geschichten, die sich mit diesem Haus verbinden.[11] Dies lässt sich aber auch an der bewussten Ausgestaltung des Diakonissenamtes durch Theodor Fliedner und seine Nachfolger belegen.[12] Schon Theodor Fliedner war sich der Bedeutung der Erinnerung stets bewusst: zur eigenen Identitätsbildung der Mutterhäuser, aber auch zur erfolgreichen Außendarstellung. Denn die Kraft zur Erneuerung und zur sozialen Arbeit schöpft die Mutterhausdiakonie aus der biblischen Botschaft und der Geschichte.[13]

3. Die Zielgruppen diakonischer Bildungsarbeit

Aus den bisherigen Ausführungen dürfte deutlich geworden sein, in welchem Kontext sich die hier thematisierte Bildungsarbeit in Kaiserswerth bewegt. Dabei ist nur bedingt erheblich, wie stark das Vorwissen ist, welches die einzelnen Gruppen mitbringen, denn allein die Tatsache des Besuches und die Ausstrahlung des Ortes sowie – bei nicht informierten Besucherinnen und Besuchern – die Fremdheit des Gegenstandes müssen bei der Planung berücksichtigt werden. Es gibt daher eine einheitliche Koordinationsstelle, die den ‚Besucherservice' der Kaiserswerther Diakonie konzipiert und organisiert. Diese Arbeit ist seit Ende 2003 angebunden an die Fliedner-Kulturstiftung, die sich um die historische Aufarbeitung und Bewahrung der Mutterhausdiakonie kümmert.

Jährlich besuchen zwischen 4.000 und 5.000 Personen die Kaiserswerther Diakonie im Rahmen eines geführten Rundganges, dazu kommen noch viele nicht erfassbare Besucherinnen und Besucher, die einen Spaziergang über das weitläufige Gelände machen

---

11 Vgl. dazu Martin Gerhardt, Theodor Fliedner. Ein Lebensbild, Band 1, Kaiserswerth 1933, 260 f.: „So wurde dieses kleine Gebäude, das nur aus einem einzigen Raum mit einem winzigen Dachboden darüber bestand, die Wiege der großen Kaiserswerther Anstalten". Gerhardt zeigt auf dem Innenband des Buches auch eine Federzeichnung des Gartenhauses; Gottlob Großmann, Die Mitarbeit der Frau in der evangelischen Liebestätigkeit in Deutschland von 1800 bis 1928, Berlin 1928, 17 („... öffnete nicht sein Haus, denn das war zu klein, aber sein sehr bescheidenes Gartenhäuschen ..."); Dietmar Kruczek, Theodor Fliedner: Mein Leben für das Leben. Eine Biographie über den Gründer der Kaiserswerther Diakonie, Neukirchen-Vluyn 1999, 94. – Nahezu rührend auch literarische Umsetzungen, vgl. z.B. Gertrud Hintrager, Es begann mit einem Gartenhaus, in: Der Jugendfreund. Evangelisches Sonntagsblatt 70. 1956, Nr. 1, 2-3.

12 Vgl. dazu die wertvollen Hinweise bei Silke Köser, „Denn eine Diakonisse kann=darf kein Alltagsmensch sein." Zur Konstruktion und Rekonstruktion einer kollektiven Identität Kaiserswerther Diakonissen im 19. Jahrhundert, Diss. phil. Erfurt, masch.schr., im Druck voraussichtlich Leipzig 2006; Ruth Felgentreff, Die Diakonissen. Beruf und Religion im 19. und frühen 20. Jahrhundert, in: Frank-Michael Kuhlemann/Hans-Walter Schmuhl (Hgg.), Beruf und Religion im 19. und frühen 20. Jahrhundert, Stuttgart 2003, 195-209.

13 Vgl. dazu z.B. die Herausgabe des „Evangelischen Märtyrerbuches" (4 Bände, 1849–1859) durch Fliedner mit dem konkreten Ziel, Glaubenszeugnisse zu vermitteln; vgl. dazu ausführlich Martin Gerhardt, Bd. 2, 429-440.

oder das vielfältige Angebot des Werkes nutzen (Kulturangebote in der Kirche, Buchhandlung, Läden und Cafés etc., auch Krankenhaus, Aus- und Weiterbildung etc.) In den Vorbereitungen und Planungen bemüht man sich, eine möglichst optimale Verbindung von einem standardisierten Angebot einerseits und einer zielgruppenorientierten Individualisierung andererseits herzustellen. Dabei kann – wie ja bereits eingangs berichtet – auf eine lange Erfahrung zurückgeblickt werden. Die Notwendigkeit, nicht nur standardisierte Programme anzubieten, ergibt sich aus der Komplexität der Einrichtung selber (die damit nur die traditionelle Heterogenität großer diakonischer Anstaltsträger widerspiegelt) und aus der Heterogenität der Gruppen. Während viele Gruppen aus dem traditionell kirchlichen Milieu stammen (Frauenhilfen, Seniorenkreise, Chöre etc.), kommen dazu Gruppen, deren Zusammensetzung sich aus den Arbeitsfeldern des Werkes ergibt. Zu denken ist hier etwa an die Bereiche Kranken- und Altenpflege, an die sozialpädagogischen Ausbildungsstätten, die Weiterbildungsangebote etc. Als ein Ort, an dem die Krankenpflege im 19. Jahrhundert erhebliche Innovationen erhielt, kommen solche Gruppen oft und gern nach Kaiserswerth. Gerade sie wünschen häufig individuelle Programme (z.B. Gespräch in den Schulen, Besuch von besonderen Arbeitsbereichen etc.). Nur erwähnt sei die Tatsache, dass es immer wieder internationale Besucherkreise gibt, die etwa auf den Spuren von Theodor Fliedner oder Florence Nightingale wandeln wollen.

4. Angebote für Schülerinnen und Schüler

In dem Besuchsprogramm bilden die Schulklassen eine besondere Gruppe, da die Interessen und Bedürfnisse anders gelagert sind als bei den Ausflugsgruppen. Hier handelt es sich nicht um die Verbindung von Tourismus und Öffentlichkeitsarbeit, sondern um diakonische Bildungsarbeit im engeren Sinne. Als Ergänzung des Schulunterrichts stehen anschauliches Lernen und Erfahrungen an einem außerschulischen Lernort auf der Tagesordnung. Im Regelfall findet der Besuch im Rahmen des Religionsunterrichts statt, im optimalen Fall innerhalb einer diakonischen Unterrichtseinheit, meist jedoch angebunden an sozialethische Fragen oder aber vollkommen losgelöst vom Unterricht. Etwas anders gelagert ist der Fall bei Grundschulen, diese kommen in der Regel im Rahmen des Sachunterrichts aus dem Nahbereich.

Wie sieht der Besuch einer Schulklasse aus? Zunächst sei bemerkt, dass in der Regel die Klassen von sich aus auf uns zukommen. Es sind bisher Schulen aus dem Großraum Düsseldorf/Duisburg bzw. aus dem kirchlichen Kontext (landeskirchliche Schulen). Der Besuch findet meist – wie gesagt – im Rahmen des Religionsunterrichts statt, besondere Vorbereitungen gibt es selten, auch hat es bisher noch keine eigenständigen Schwerpunktsetzungen gegeben. Das Ziel, die gesamte Einrichtung in einem Tag schülergerecht kennen zu lernen, Diakoniegeschichte und Ansätze eines sozialen Lernens zu verbinden, bestimmt die Erwartungen, denen sich der Besucherdienst der Kulturstiftung zu stellen hat. Gerade langfristig angelegte Lernprozesse, wie sie beim ‚diakonischen Lernen' intendiert sind, können in einem solchen Rahmen kaum stattfinden. Information und das Aufzeigen von Problemen und Fragestellungen, Sensibilisierung und das Wecken von Interesse stehen im Vordergrund.

Bei der Vorbereitung gehen wir daher davon aus, dass die Schülerinnen und Schüler nur geringe Vorkenntnisse über Diakoniegeschichte besitzen und dass sie auch über die aktuelle diakonisch-soziale Arbeit nur einen minimalen Wissensstand mitbringen. Um die beiden beschriebenen Pole miteinander zu verbinden, werden daher ein kognitiver und ein erfahrungsbezogener Zugang gewählt. Eingebettet wird dies in eine unterrichtsartige Grundstruktur, Veränderungen und Anpassungen finden altersspezifisch statt. Die Programme dauern, aus schulorganisatorischen und aus finanziellen Erwägungen, meistens gut drei Stunden. Drei Phasen bestimmen den Tag:

1. Am Beginn des Diakonietages in der Kaiserswerther Diakonie steht immer eine Grundinformation. Wo befinden wir uns, was ist eine Diakonisse, wer sind überhaupt Theodor Fliedner, Friederike und Caroline Fliedner, was macht die Kaiserswerther Diakonie heute? Je nach Vorkenntnissen und Altersstufe wird diese Einheit entweder in den Räumen der Fliedner-Kulturstiftung oder in einem Sitzungssaal abgehalten. Im Flur der Kulturstiftung, die im alten Kinderkrankenhaus untergebracht ist, befindet sich eine kleine Ausstellung zur Werksgeschichte und zur Geschichte der Frauendiakonie. Die Präsentation eignet sich, trotz einer gewissen Textlastigkeit, recht gut zum Einstieg in das Thema. Porträts der Gründer, Ausstellung von Tracht und Haube sowie Bilder und Texte aus den Arbeitsbereichen geben Anschaulichkeit. Die Unterbringung in einem schmalen und sehr langen Flur begrenzt jedoch die Größe der Gruppen (eine Schulklasse ist meistens zu groß); auch alternative Zugänge (Museumsrallye, Bildung von Kleingruppen) kommen praktisch leider nicht in Frage. Daher werden gerade jüngere Schulklassen in einem Tagungsraum begrüßt (großer Sitzkreis); hier kann man dann seinen Vortrag über die Geschichte mit Folien und Gegenständen (Haubenmuster, Tracht auf Puppe) anschaulich machen. In dieser Phase versuchen wir auch manchmal, eine Diakonisse als Zeitzeugin in das Gespräch einzubeziehen; dies hat sich gerade bei Grundschulkindern bewährt. Der Lehrervortrag bemüht sich in dieser ersten Phase des Tages auch, Fragen der Kinder zu evozieren, zu beantworten und Problemhorizonte zu erschließen. Selten wird der Imagefilm des Werkes „In guten Händen" (ca. 17. Min.) eingesetzt.

2. Nach der konzentrierten Wissensvermittlung steht die Aufteilung der Gruppe und die Verteilung in verschiedene Arbeitsbereiche an. In dieser Phase geschieht so etwas wie die Anbahnung oder Vorbereitung von diakonischem Lernen. Organisatorisch ist diese Phase immer sehr kompliziert, da sich viele Arbeitsbereiche der Kaiserswerther Diakonie nicht ohne weiteres für Führungen eignen. Die Intimsphäre der betreuten Patienten muss beachtet werden, die Ruhe und Kontinuität der Arbeit steht vor einer Präsentation; eine Überlastung mit Besuchergruppen, die gerade in den Sommermonaten vorkommen könnte, muss vermieden werden. Bisher konnten die Schülerinnen und Schüler in folgende Bereiche geschickt werden: Paramentenwerkstatt, Erich-Plauschinat-Haus – ein Wohnhaus für Behinderte – Wohngruppen der Kinder- und Jugendfürsorge, sozialpsychiatrische Hilfen, Krankenhausseelsorge, Atemschule im Krankenhaus, Schulen des Fachbereiches Aus- und Weiterbildung ... Geführt und betreut werden die Schülerinnen und Schüler hier von Mitarbeitenden. Intention in dieser Phase des Unterrichts ist es, die Schüler mit hinein zu nehmen: In der Paramentik wird so gestickt, in der Atemschule des Krankenhauses werden Übungen gemacht, in der Be-

hindertenhilfe können sie – soweit dies möglich ist – Wasserbett oder Snoezelen-Raum kurz erfahren etc; notwendig ist es hier, altersspezifische Barrieren zu überwinden.

3. In der dritten Phase wird dann eine gemeinsame Auswertung vorgenommen. In einem gelenkten Unterrichtsgespräch berichten die einzelnen Gruppen von ihren Erfahrungen, offene Fragen werden geklärt, zusätzliche Informationen gegeben. Wichtig ist es, diese Phase noch in der Einrichtung selber durchzuführen; so können mögliche Irrtümer berichtigt werden, die Schülerinnen und Schüler im Ansatz auf einen Grundwissensstand gebracht werden. Wichtig ist diese Phase auch, da sie einen gemeinsamen Abschluss bildet, man also den Schulklassen ein Gesamtangebot machen kann.

Von dieser klassischen Form des Angebotes, die nur altersspezifisch variiert – nicht aber im Grundsatz –, weicht ein neues Angebot ab, welches auf ältere Schülerinnen und Schüler zugeschnitten ist: die religiösen Einkehrtage. Sie sind bisher einmal mit einem katholischen Gymnasium durchgeführt worden, wobei die Teilnehmenden aus beiden Konfessionen kamen. Hier wurde die Gruppe ganz normal in den religiösen Rhythmus des Werkes, der Schwesternschaft eingetaktet. Die regelmäßige Teilnahme an den Morgen- und Abendandachten gehörte dazu, auch die weiteren in der Woche stattfindenden Aktivitäten der Schwesternschaft wurden mit aufgenommen. Dazwischen standen ausführliche Einheiten zu verschiedenen Themen: Geschichte der Diakonie; Diakonisse sein – damals und heute; Umgang mit Tod und Sterben; sozialpsychiatrische Hilfen – was hat dies mit mir zu tun? Wie finanziert sich ein Werk wie die Kaiserswerther Diakonie? Dem Alter und der Klientel angepasst stand hier weniger der Einblick in bestimmte Arbeitsbereiche im Vordergrund, sondern die Reflexion religiöser, gesellschaftlicher und auch persönlicher Problemlagen. Die Gruppe hatte dabei die gesamte Zeit einen eigenen Ansprechpartner und einen eigenen Raum; sie war im Werk präsent und bekannt. Die Reaktionen haben uns ermutigt, dieses Angebot zu wiederholen.

Ein Fazit

Seit einigen Jahren wird eine breite Debatte um das ‚diakonische Lernen' geführt; gemeint sind dabei konkret zumeist „außer dem Freiwilligen Sozialen Jahr in der Regel Sozialpraktika in Schulen"[14]. In diesem Sinne bieten weder die eintägigen Veranstaltungen noch die Einkehrtage klassische Formen des diakonischen Lernens. Sie entsprechen aber Teilen der Bedingungen und Dimensionen, die Helmut Hanisch für das diakonische Lernen benannt hat.[15] Gerade die „Sensibilisierung junger Menschen für diejenigen, die ohne fremde Hilfe nicht leben können, sowie das Kennenlernen diakonischen Handelns im persönlichen und institutionellen Bereich" sollen erreicht werden. Es ist zwar schwer einzuschätzen, wie die Einheiten ‚ankommen' – es gibt nur eine verbale Feedbackrunde –, die bisher gemachten Erfahrungen weisen jedoch darauf hin, dass das Angebot im Grundsatz gelingt. Entscheidend dafür ist eine Nachbearbeitung durch die Lehrerinnen und Lehrer und die Vertiefung durch weitere Erfahrungen im diakonisch-sozialen

---

14 Heinz Schmitt, Diakonisches Lernen – diakonische Bildung, in: Günter Ruddat/Gerhard. K. Schäfer (Hgg.), Diakonisches Kompendium, Göttingen 2005, 421-438, 427.
15 Helmut Hanisch, Dimensionen diakonischen Lernens, in: Schule und Diakonie. Orte sozialen Lernens, Diakonie Dokumentation 03/00, 11-18, 18.

Umfeld. Einige Klassen und Gruppen, die Kaiserswerth besucht haben, bereiteten damit das Sozialpraktikum vor; diese Konstellation erscheint sinnvoll und notwendig. Um die enge Verzahnung zwischen Exkursion und Schulunterricht weiter sicherzustellen, werden momentan Unterrichtsmaterialien entwickelt, die der Vor- und Nachbearbeitung dienen. Damit sind auch schon die weiteren Projekte angesprochen, die zum Ausbau der Bildungsarbeit angestrebt werden. Der Referent für Öffentlichkeitsarbeit beim Berliner Johannesstift, Wolfgang Kern, hat in einem interessanten Bericht verschiedene Projekte und konkrete Aktionen beschrieben: von der Johannesstift-Rallye über die Handicap-Olympiade und die Sachspendensammlung bis hin zum Schulpraktikum und kreativen Umgang mit dem Wichernschen Adventskranz.[16] Diese Berichte dokumentieren deutlich, wie man mit spezifischen, auf die Einrichtung und die Tradition zugeschnittenen Angeboten diakonische Einrichtungen zu Orten des sozialen Lernens machen kann. Ein weiteres Ziel ist der Aufbau einer integrativen Öffentlichkeitsarbeit, d.h. die weitergehende Einbeziehung der sog. Klienten oder Kunden in die Besuchsprogramme. So wie schon einige wenige andere diakonische Einrichtungen vorbereitete Personen in das Gespräch mit den Besucherinnen und Besuchern einbeziehen, soll dies auch in Kaiserswerth geschehen. Davon versprechen wir uns eine Vertiefung des Lernprozesses und eine Erweiterung des Informationshorizontes. Solche Elemente einer verantwortbaren Öffentlichkeitsarbeit, die der Gefahr einer bloßen Zurschaustellung der Klienten vorbeugen kann, passen zu dem weiteren Ziel der Arbeit mit Schülerinnen und Schülern: der Verzahnung dieser Besuche mit diakonischen Sozialpraktika zu erreichen.

Ein historischer Erinnerungsort wie die Kaiserswerther Diakone lebt aus der Tradition wie aus der gegenwärtigen sozialen Arbeit; sie lebt aus der Verbindung von innerem Anspruch und öffentlicher Wahrnehmung. In diesem Sinne ist die hier dargestellte Bildungsarbeit mit Schülerinnen und Schülern ein Stück historische Vergegenwärtigung mit aktuellem Bezug. Sie stellt eine Brücke zwischen diakonischer Arbeit und schulischer Lebenswelt dar.

---

16 Wolfgang Kern, Vorstellung der Informationsarbeit des Evangelischen Johannesstiftes gegenüber der Zielgruppe „Schule", ebd., 43-45.

4 Aus der Arbeit der Barbara-Schadeberg-Stiftung

4.1 Modelle diakonisch-sozialen Lernens. Zum Wettbewerb der Barbara-Schadeberg-Stiftung
von Uta Hallwirth

Modelle diakonisch-sozialen Lernens an evangelischen Schulen – so lautete in den Jahren 2003 und 2004 das Thema des Wettbewerbs der Barbara-Schadeberg-Stiftung. 17 Schulen sandten ihre Beiträge ein und machten deutlich, dass der Wettbewerb ein Thema aufgegriffen hatte, das für viele Schulen in evangelischer Trägerschaft profilprägend geworden ist. Es beteiligten sich Schulen unterschiedlicher Schularten; neben drei Schulen aus dem berufsbildenden Bereich und zwei Grundschulen gaben sieben Gymnasien und fünf Schulzentren bzw. Gesamtschulen ihre Bewerbungen ab. Oftmals wurden umfangreiche Materialien als Diskette, CD oder Video mitgeschickt.

Die Wettbewerbsbeiträge geben Aufschluss über Konzepte diakonisch-sozialen Lernens und deren Umsetzung an evangelischen Schulen. Sie beinhalten vielfältige Anregungen und machen Mut, verstärkt den Weg eines erfahrungs- und handlungsorientierten Lernens zu beschreiten, auch wenn er eines hohen Aufwandes aller Beteiligten bedarf.

Diakonisch-soziales Lernen als Profil evangelischer Schulen bietet besondere Herausforderungen und Chancen für Unterricht und Schulleben. Die Beiträge zeigen dabei viele Ähnlichkeiten in den konzeptionellen Ansätzen, aber auch unterschiedliche Schwerpunktsetzungen und Variationen im Verständnis diakonisch-sozialen Lernens.

Nicht immer sind die Begriffe eindeutig geklärt; auch in der Ausführlichkeit der Verankerung im Bildungskonzept der Schule gibt es Unterschiede. Der folgende Beitrag gibt daher zunächst eine Interpretation diakonisch-sozialen Lernens als Profilelement evangelischer Schulen.[1] Im Anschluss werden einige Grundmuster der Umsetzung, wie sie sich aus den Wettbewerbsbeiträgen erschließen lassen, beschrieben und zum Abschluss daraus Überlegungen und Fragen zur Weiterentwicklung diakonisch-sozialen Lernens abgeleitet.

Diakonisch-soziales Lernen als Profilelement evangelischer Schulen

Diakonisch-soziales Lernen als Ausdruck eines protestantischen Bildungsverständnisses
Schulen in evangelischer Trägerschaft können auf unterschiedliche Traditionen und Gründungszusammenhänge verweisen. Verbunden sind sie in dem Bestreben, spezifische, unverwechselbare Profile zu entwickeln, die Grundaussagen eines christlich-protestantischen Bildungsverständnisses in den pädagogischen Alltag zu übersetzen.

---
1 Vgl. dazu insgesamt das Positionspapier des Arbeitskreises ‚Diakonisches Lernen' (s. Abschnitt 2.4 dieses Bandes).

Bildung im ursprünglich reformatorischen Sinn zielt ab auf Mündigkeit und Selbstständigkeit in Fragen des Glaubens und der Lehre. So galt die Fähigkeit zur eigenen Bibellektüre als wesentliches Bildungsziel; aber Mündigkeit und Selbstständigkeit zielten immer auch ab auf den Christen in seiner Verantwortung als Bürger eines Gemeinwesens.

In der Gegenwart gewinnt für das Wesen protestantischer Bildung die Zusammenführung von Verfügungs- und Orientierungswissen an Bedeutung. Neben dem Erwerb von Wissen und Kompetenz unter der Perspektive einer Erziehung zu Selbstständigkeit, Verantwortung und Mündigkeit zielt Bildung ab auf die Entwicklung einer „Kultur des Mitgefühls, der Barmherzigkeit und der Hilfsbereitschaft"[2] und umfasst so komplementär den Auftrag zur Sozialerziehung, zum verantwortlichen Umgang mit der Schöpfung und zum Engagement für eine gerechte und friedliche Welt. Unter dieser Prämisse versteht sich diakonisch-soziales Lernen an evangelischen Schulen nach innen gewendet als spezifische Form einer achtsamen Schulkultur und eines für alle förderlichen Lernklimas, nach außen gewendet im gesellschaftlichen Kontext als Bildung und Erziehung in der Zuwendung zum Nächsten, insbesondere dem Schwachen, und einem entsprechenden bürgerschaftlichen Engagement.[3] Von sozialem Lernen unterscheidet es sich dabei in seiner christlichen Begründung und Motivation und deren Thematisierung und Reflexion im Rahmen der inner- wie außerunterrichtlichen Lernprozesse. Von daher kommt bei der Auswahl der außerschulischen Lernorte für Projekte und Praktika den diakonischen Einrichtungen ein besonderer Stellenwert zu. Durch die unterrichtliche Verankerung, fachspezifisch wie fächerübergreifend oder fächerverbindend, können die verschiedenen Dimensionen diakonischen Handelns thematisiert und aufgezeigt werden.

Diakonisch-soziales Lernen als Lernen in Beziehungen
Für diakonisch-soziale Lernprozesse gewinnt die Interpretation des Menschen als Beziehungswesen eine zentrale Bedeutung. In seiner Beziehung zu Gott darf sich der Mensch getragen und angenommen fühlen. Dazu gehört keine Bedingung, keine Voraussetzung, er ist wertvoll und wird gebraucht. In seiner Beziehung zu sich selbst ist er aus diesem Bewusstsein heraus zur Freiheit berufen und kann sich selbst bejahen mit seinen Fähigkeiten und seinen Schwächen. Er kann seine eigene Begrenztheit akzeptieren und wird sein eigenes Scheitern und Versagen ebenso mitdenken und annehmen können. Zugleich ist damit die Qualität seiner Beziehung zu dem Anderen, dem ihm Nahestehenden wie dem ganz Fremden gekennzeichnet. Es geht um die Achtung jedes Menschen, auch in seiner Andersartigkeit, um Anteilnahme und Solidarität wie die Bereitschaft und Fähigkeit zur Verantwortungsübernahme in der Gesellschaft.

Als Ausdruck jenes dreifach definierten Beziehungsaspekts ist diakonisch-soziales Lernen vor allem als Persönlichkeitsbildung zu verstehen. Auf der kognitiven, der affektiv-handlungsorientierten und der spirituellen Ebene finden Lernprozesse statt[4], bei denen es um subjektive Erfahrungen in konkreten Lebensbereichen wie um deren Refle-

---
2 EKD-Denkschrift ‚Maße des Menschlichen', Gütersloh 2003, 63.
3 Zum Begriff ‚Bürgergesellschaft' und ‚Zivilgesellschaft' im Kontext von (evangelischer) Schule vgl. Friedrich Schweitzer, Schule in der Bürgergesellschaft, in: Karl Ernst Nipkow/ders. (Hgg.), Zukunftsfähige Schule – in kirchlicher Trägerschaft?, Münster 2001, 51-65.
4 Vgl. das Positionspapier Kap. 2.4.

xion und Einbettung in eine bewusste Sinn- und Wertorientierung geht. Für evangelische Schulen begründet sich diakonisch-soziales Lernen so als Beleg für den Zusammenhang von Wort und Tat, von Lehre und Handeln. Zur Verkündigung tritt die erfahrbare Zuwendung zum Nächsten.

Diakonisch-soziales Lernen als Aspekt eines erfahrungs- und handlungsorientierten Lernens

Die schulpädagogische Herausforderung diakonisch-sozialen Lernens liegt vor allem darin, dass informelles und nicht formelles Lernen fruchtbar gemacht und im Kontext der Schule reflektiert und systematisiert werden können. Erfahrungs- und handlungsorientierte Lernprozesse bilden eine Brücke zur Lebenswelt, die in den überwiegend kognitiven schulischen Lernzusammenhängen oft zu wenig präsent erscheint. Indem diakonisch-soziales Lernen in hohem Maße auf die Wirkung der konkreten Erfahrung setzt, als einer Erfahrung in der Begegnung mit sich selbst wie mit den anderen, gewinnt zugleich der begleitende (Fach-)Unterricht wichtige Anknüpfungsmöglichkeiten. Die Praktika können didaktisch genutzt und für die Nachhaltigkeit des Lernprozesses in verschiedenen Fächern fruchtbar gemacht werden. Schule gewinnt so an Relevanz und wird lebensnaher. Von daher lässt sich auch das hohe Interesse von Gymnasien an einem diakonischen Profil begründen.[5]

Diakonisch-soziales Lernen an evangelischen Grundschulen als Lernen im Umgang mit Heterogenität

Diakonisch-soziales Lernen wird zunächst meist auf weiterführende Schulen bezogen. Die Wettbewerbsbeiträge von zwei evangelischen Grundschulen zeigen aber, dass Grundintentionen dieses Ansatzes auch für diese Schulart Bedeutung besitzen – wenn auch unter anderen Bedingungen und Möglichkeiten. Während für weiterführende Schulen vor allem die Praktika und der Zusammenhang von Erfahrung und Reflexion konstitutiv für diakonisch-soziales Lernen sind, rekurrieren die Grundschulen auf die Erfahrung gemeinsamen Lernens in Verschiedenheit, auf gegenseitige Hilfe und Akzeptanz im Klassenverband, in übergreifenden Jahrgangsgruppen, aber auch in Begegnungsprojekten.

Die christliche Grundüberzeugung von der bedingungslosen Annahme jedes Menschen zeigt sich im diakonisch-sozialen Profil der Schulen vor allem als integratives Konzept, das den Umgang mit Heterogenität auf der Basis reformpädagogischer Ansätze in den Mittelpunkt rückt. Die Kinder sollen früh erfahren können, dass ‚anders sein' nichts Befremdliches ist, sondern bereichernd und selbstverständlich. Das schließt Kinder mit und ohne Behinderung ein und wird pädagogischer Alltag, wenn Lernprozesse individuell gestaltet und durch die Erfahrung altersgemischter Lerngemeinschaften ergänzt werden.

Für die *Evangelische Montessori-Schule Schwerin*, eine integrative Grundschule in Trägerschaft des Diakoniewerks ‚Neues Ufer' gGmbH, bildet Maria Montessoris

---

5 Auf der anderen Seite würde der Ansatz natürlich auch und gerade für Hauptschulen interessante Möglichkeiten bieten. Da diese Schulart im Bereich evangelischer Schulen nur wenig vertreten ist, ist schon von daher erklärbar, dass dieser Seite keine eigenen Wettbewerbsbeiträge kamen.

Grundsatz des ‚Hilf mir, es selbst zu tun' den entscheidenden pädagogischen Orientierungsrahmen für die Umsetzung diakonisch-sozialen Lernens als eines integrativen Lernens. Montessoris Achtung vor der Entwicklung der kindlichen Persönlichkeit gilt als pädagogische Übersetzung der Sicherheit und Erfahrung christlichen Angenommenseins. Die Freiheit des Lernens als selbstbestimmt und im eigenen Tempo, aber auch in der bewusst gelebten Gemeinschaft mit anderen entspricht im Selbstverständnis der Schule einem Lernen ohne Druck und einer Orientierung an Leistung i.S. einer individuellen Förderung. Persönliche Fähigkeiten und Interessen sind ebenso wichtig wie das soziale Miteinander, was Regeln, Rituale und christliche Tradition einschließt. Damit werden die Weichen für eine individuelle und selbstbestimmte Lernentwicklung gestellt, bei der jahrgangsübergreifende Gruppen eine wichtige Rolle spielen und behinderte wie nicht behinderte, lernschwache wie verhaltensauffällige Kinder zusammen kommen. Die Schule will Kinder für die Schwachheit und Verletzlichkeit von Menschen sensibilisieren und wach halten und so deren Fähigkeit und Bereitschaft zu solidarischem Handeln stärken. Die Hinwendung Jesu zu den Leidenden und Rechtlosen und die Bezeugung der Gottesherrschaft nicht nur durch Verkündigung, sondern auch durch Helfen, Heilen und Retten soll im *integrativen* Lernen und Leben erfahrbar werden. Aufgrund ihrer Zugehörigkeit zu einem diakonischen Träger bieten sich für diese Schule auch viele Möglichkeiten für Begegnungsprojekte. Neben Schulprojektwochen, die gemeinsam mit einer Werkstatt für Behinderte durchgeführt werden, oder gemeinsamen Festen gibt es z.B. die Kinderkirchentage, bei denen Behinderte und Nichtbehinderte, Kinder und Erwachsene gemeinsam Andachten und Gottesdienste gestalten und verschiedene Themenfelder bearbeiten.

Die *Evangelische Grundschule Gotha*[6] arbeitet vor allem in Anlehnung an das Jena-Plan-Konzept von Peter Petersen,[7] das neben dem Lernen im Klassenverband ebenfalls Lernphasen in jahrgangsübergreifenden Gruppen, den so genannten Stammgruppen, vorsieht. Damit bestimmt auch hier Heterogenität den pädagogischen Alltag und gehört zum Verständnis von Unterricht. Indem die Kinder von Beginn an diese Vielfalt als selbstverständlich erleben, lernen sie, dass jeder von ihnen Fähigkeiten und Besonderheiten mitbringt, die wichtig sind und die gebraucht werden. Auch sie sollen die Erfahrung machen, dass jedes Kind mit sich selbst und nicht nur mit anderen verglichen wird und dass Lernen am gemeinsamen Gegenstand unterschiedliche Lösungswege und unterschiedliche Lerntempi einschließen kann. Auch diese Schule weist Partnerschaften und Projekte mit Einrichtungen für Behinderte aus. Der Leitspruch der Schule ‚Mit den Unterschieden leben, die Unterschiede achten, von den Unterschieden lernen' gilt aber insbesondere für die Entscheidung, den Weg zu einem integrativen Konzept zu beschreiten und so den pädagogischen Ansatz weiter zu entwickeln.

---

6 Die Schule ist in Trägerschaft der Evangelischen Landeskirche Thüringen und erhielt einen Sonderpreis für ihren Wettbewerbsbeitrag; auf das Konzept wird an dieser Stelle nicht näher eingegangen, s. dazu den Beitrag 1.1.2 von Cornelia Schäfer in diesem Band.

7 Bestandteile dieses Konzepts sind auch die vier sog. Urformen des Lernens: das Gespräch, das Spiel, die Arbeit und die Feier. Jedem dieser Elemente kommt in der Jena-Plan-Pädagogik ein hoher Stellenwert zu.

All diese Konzepte erfordern ein hohes Engagement der Beteiligten: in der Schule wie beim Schulträger. An die Qualifikation, die Fähigkeit zur Zusammenarbeit und die Fortbildungsbereitschaft werden hohe Anforderungen gerichtet. Doch es zeigt sich auch, welche Möglichkeiten Grundschulen haben, um diakonisch-soziale Lernprozesse zu initiieren und Persönlichkeitsbildung im Sinn eines protestantischen Bildungsverständnisses zu befördern.

Diakonisch-soziales Lernen an weiterführenden Schulen als Chance für ein lebensnahes Lernen

Weiterführende Schulen setzen in besonderem Maße auf die Möglichkeiten des diakonisch-sozialen Lernens. So kam der Großteil der Wettbewerbsbeiträge von Gymnasien und Schulzentren bzw. Gesamtschulen. Zum Teil waren auch Internatskonzepte einbezogen. Die Zielsetzungen, die mit diakonisch-sozialem Lernen an weiterführenden Schulen verbunden sind, lassen sich im wesentlichen auf vier Punkte konzentrieren:[8]

a) Diakonisch-soziales Lernen – insbesondere die Praktika – sollen Schülerinnen und Schülern Erfahrungen ermöglichen, die über die Schule hinausweisen und den ganzen Menschen betreffen. Sie sollen erleben, was es heißt gebraucht zu werden, aber auch an eigene Grenzen zu stoßen. Verbunden damit ist die Hoffnung auf einen Perspektivenwechsel im Sinne des Abbaus von Vorurteilen oder Ängsten, aber auch im Sinne der Erkenntnis, dass man Fähigkeiten und Kompetenzen besitzt, die man sich nicht zugetraut hatte oder die bisher nicht abgerufen wurden und sichtbar werden konnten.

b) Diakonisch-soziales Lernen steht zum zweiten unter dem Aspekt der Entwicklung eines bürgerschaftlichen und sozialen Engagements. Die Bereitschaft zur Verantwortungsübernahme in der Gesellschaft und die Sensibilität für soziale Fragen und Belange sollen entwickelt und gestärkt werden.

c) Die berufliche Orientierung wie die Kenntnis über die Bereiche und Formen diakonisch-sozialer Arbeitsfelder spielen für die Schulen eine weitere entscheidende Rolle bei der Entwicklung ihrer diakonisch-sozialen Profile.

d) Schließlich geht es viertens darum, die religiöse und theologische Dimension des diakonisch-sozialen Lernens zu thematisieren und erfahrbar zu machen, diese Erfahrungen entsprechend zu reflektieren und Schülerinnen und Schüler für existenzielle und ethische Fragen zu öffnen. Damit wird in der Regel dem Religionsunterricht die entscheidende Rolle und Aufgabe im Gesamtprozess des diakonisch-sozialen Lernens zugewiesen.

Deutlich wird bei fast allen Beiträgen die herausragende Bedeutung, die die Schulen dem erfahrungsorientierten Lernprozess, und das heißt insbesondere den Praktika, zusprechen. Unterschiede ergeben sich vor allem darin, inwieweit diakonisch-soziales Lernen in den verschiedenen Jahrgangsstufen allmählich aufgebaut und als Teil einer umfassenden Schulentwicklung im Schulkonzept verankert und koordiniert wird. Aber auch die Intensität der Begleitung der Lernprozesse und der Beteiligung der einzelnen Schulfächer variiert. Zumeist bleibt der Religionsunterricht zentraler Ansprechpartner

---

8   Zu den Zielen und Kriterien diakonisch-sozialen Lernens vgl. das Positionspapier (Kap 2.4).

auf der internen Schulebene, aber es entwickeln sich auch fächerübergreifende oder
-verbindende Lernformen, – oder der Ansatz führt zu einem eigenen Profilfach Diakonie.

Die Praktika als zentraler Kern diakonisch-sozialen Lernens

Die Praktika bilden den zentralen Kern des diakonisch-sozialen Lernens. Sie öffnen die
Schule für außerschulische Lernorte und für handlungs- und erfahrungsorientierte Lernprozesse. Einige Schulen setzen sie in der Mittelstufe an, die meisten aber verlegen sie in
die 11. Jahrgangsstufe. Häufig werden sie durch Begegnungsprojekte oder Schnupperpraktika in der Mittelstufe vorbereitet bzw. in der Oberstufe ab Klasse 12 als Diakoniekurse weitergeführt.[9] Immer wird die Teilnahme an den Praktika den Schülerinnen und
Schüler schriftlich bestätigt, meist als Zertifikat. Der Grad der Verbindlichkeit, die Dauer und Gestaltung der Praktika sind unterschiedlich; es gibt sie als freiwilliges Angebot
oder als Pflicht für alle Schülerinnen und Schüler. Sie können zwei bis vier Wochen beanspruchen, aber auch auf ein halbes oder ganzes Schuljahr verteilt sein. Entsprechend
werden die Einsatzorte an den Nachmittagen für zwei Stunden pro Woche aufgesucht
oder das Praktikum findet als regulärer Unterrichtsersatz mit bis zu sechs Stunden pro
Tag statt. Die Anregung zur Einführung diakonisch-sozialer Praktika geht von einzelnen
Lehrkräften oder dem gesamten Kollegium aus, an manchen Schulen kam die Initiative
aber auch von Schülerseite. Die Entscheidung für die Einrichtung der Praktika erfordert
in der Regel zunächst Überzeugungsarbeit. Immer wieder gibt es entsprechende Verweise, dass ein Kollegium, vor allem aber Eltern und Schüler zu überzeugen waren. Gerade
Eltern bevorzugen eher ein Betriebspraktikum. Darin spiegelt sich einerseits die gesellschaftliche Schwerpunktsetzung im Blick auf Schlüsselkompetenzen und Berufsfelder,
andererseits steht dahinter die Sorge vor einer möglichen Überforderung der eigenen
Kinder. Die positiven Rückmeldungen der Schülerinnen und Schüler überzeugen dann
aber offenbar alle Beteiligten sehr schnell vom besonderen Wert des diakonisch-sozialen
Praktikums. In den Beschreibungen der Zielsetzungen, die mit den Praktika verbunden
werden, finden sich die eingangs dargelegten Grundaussagen zum diakonisch-sozialen
Lernen wieder. Vor allem geht es den Schulen um die Stärkung der Selbstkompetenz[10]
und Sozialkompetenz. Schülerinnen und Schüler sollen aufgrund ihrer Tätigkeit in den
Einrichtungen mehr Zutrauen zu sich selbst und den eigenen Fähigkeiten gewinnen und
sich im Umgang mit Kindern und Jugendlichen, alten Menschen oder Menschen mit Behinderungen weiterentwickeln. Sie sollen die Möglichkeit erhalten, in den Begegnungen
zu lernen und Schüchternheit oder Vorbehalte zu überwinden. Ob diese Ziele erreicht
werden, können die Schulen zunächst nur aus den Praktikumsberichten erschließen.[11]
Sie sind zugleich Anhaltspunkt für die Einschätzung der verschiedenen Praktikumsstellen und damit wichtig für die Entscheidung zur weiteren Zusammenarbeit mit den
Einrichtungen. Die Berichte gehören zum verpflichtenden Bestandteil des Praktikums.

---

9 Mit der Entwicklung zum 8-jährigen Gymnasium werden von daher auch Fragen für die weitere Umsetzung und Gestaltung diakonisch-sozialer Schulprofile aufgeworfen.
10 Selbstkompetenz als Zutrauen in die eigenen Fähigkeiten und Bewältigungsstrategien.
11 Eine genaue und umfassende Analyse von Praktikumsberichten wäre ein wichtiger Einstieg in eine Evaluation diakonisch-sozialer Lernprozesse und der Bedingungen für ihr Gelingen.

Nach unterschiedlich verbindlichen und ausführlichen Regeln sind sie zu erstellen und bieten – neben ihrem Rückmelde- und Auswertungseffekt für die Verantwortlichen – den Schülerinnen und Schülern vor allem die Möglichkeit zur Selbstreflexion ihrer Erfahrungen. Diese Reflexions- und Auswertungsphase wird zudem ergänzt und vertieft durch übergreifende Gruppen- oder Klassengespräche, z.T. auch durch Einzelgespräche. Für die Anfertigung der Berichte haben die Schulen Leitfäden entwickelt, wobei die Schwerpunktsetzungen variieren. So erwartet z.B. das *Ökumenische Domgymnasium Magdeburg*:

- Angaben zu Einrichtung,
- eine Beschreibung der allgemeinen Tätigkeiten im besuchten Arbeitsbereich,
- eine Beschreibung der Tätigkeiten und Benennung der Erfahrungen des Schülers (z.B. als Schilderung eines Tagesablaufs unter den Gesichtspunkten: Was gelang besonders gut, wo fühlte man sich überfordert?),
- eine Einschätzung des Sozialpraktikums, auch im Blick auf die eigene Berufsperspektive.

Zudem soll der Bericht eine Reflexion über die Anliegen des Sozialpraktikums enthalten. Nicht alle Vorgaben sind so ausführlich, aber immer wird ein dreifacher Schritt vollzogen, der die Beschreibung der Einrichtung bzw. des jeweiligen Tätigkeitsbereichs ebenso vorsieht wie eine Darstellung der konkreten Tätigkeit vor Ort, oft auch in Form von Tagesprotokollen, und eine Bewertung. Unterschiedlich gehandhabt wird die Frage der Benotung dieser Berichte. Die meisten Schulen lassen sie vom Religionslehrer oder auch in Kooperation von Religions- und jeweiligem Betreuungslehrer benoten, manche Schulen verzichten ganz darauf. Aus den Berichten geht hervor, wie wichtig die Vorinformation, die entsprechende Auswahl der Einsatzorte und die inner- wie außerschulische Begleitung der Praktikanten sind. Viele Schülerrückmeldungen zeigen, mit welch genauem Blick die Situation z.B. in Pflegeeinrichtungen oder Krankenhäusern registriert wird. Hierin läge auch eine besondere Chance für die diakonischen Einrichtungen, wenn sie die Aussagen der Praktikanten als externe, kritische Rückmeldung für die eigene Praxis bewusst nutzen könnten.[12] Die Auswahl der Stellen durch die Schülerinnen und Schüler gehört bereits wesentlich zum Lernprozess. Vor allem dort, wo die Auswahl groß ist und wenig gelenkt werden muss, gewinnt die Recherche über die Einrichtung, die Aufgabenfelder und die Erstellung einer Bewerbungsmappe eine hohe Bedeutung. In dieser Vorphase wird ermittelt, welche unterschiedlichen diakonischen Träger es gibt, wie sie sich historisch ableiten lassen und welches ihre gegenwärtigen Aufgaben sind. Exemplarisch wird so ein Sozialbereich aufgearbeitet und später im Praktikumsbericht beschrieben.

Die Kontakte zu den Einrichtungen und die Suche nach geeigneten Stellen gehört mit zu den wichtigsten Aufgaben, wenn Schulen diakonisch-soziale Praktika einrichten wollen. Die Vielfalt der Einsatzorte, die den Schülerinnen und Schülern dafür zur Verfügung steht, verdankt sich nicht zuletzt dem hohen Engagement seitens der verantwortlichen

---

12 Es wäre zu überlegen, das niederländische Modell einer geregelten Rückmeldepraxis auch für Einrichtungen in Deutschland zu nutzen.

Lehrkräfte und dem Einsatz der Mitarbeitenden in den Einrichtungen. Denn die Verbindungen müssen zunächst hergestellt und dann auch kontinuierlich gepflegt werden. Wie gut die Kooperation zwischen Schule und Einrichtung funktioniert, – davon hängt in starkem Maße ab, ob und was Schülerinnen und Schüler ‚vor Ort' lernen können. Viele Schulen berichten von den gewachsenen Bindungen zu einzelnen Einrichtungen, die zu einem verlässlichen Partner geworden sind. Herangezogen werden Einrichtungen der Diakonie, der Caritas oder andere soziale Einrichtungen. Konkret benannt werden Altenund Pflegeheime, Behinderteneinrichtungen, Krankenhäuser, Schulen und Kindergärten, aber auch Sozialstationen oder die Bahnhofsmission. Altenpflegeeinrichtungen und Einrichtungen für Behinderte scheinen besonders oft für Praktika genutzt zu werden, – zumindest gewinnt man diesen Eindruck aus den Berichten und Schülerrückmeldungen.

Auf die Perspektive der Einrichtungen kann an dieser Stelle nicht weiter eingegangen werden; die Wettbewerbsbeiträge der Schulen können darüber zudem nur wenig Aufschluss geben. Wie engagiert die Vorbereitung und Begleitung im Blick auf schulische Praktikanten aber sein kann, zeigt ein Hinweis aus dem Beitrag des *Evangelischen Gymnasiums Lippstadt*. Hier kooperiert man unter anderem mit einem Sozialpsychiatrischen Pflege- und Förderzentrum, das die interessierten Praktikanten zunächst zu einem Informationstag einlädt, auf dem auch bereits organisatorische Aspekte geklärt oder Verhaltensvorschriften gegeben werden können. Die Schülerinnen und Schüler erhalten genauen Aufschluss über ihre Aufgabenbereiche, und am Ende des Praktikums gibt es Vorträge zu einzelnen Themenfeldern sowie einen gemeinsamen Rückblick, zu dem von der Einrichtung auch die Praktikumsbetreuer der Schule (Tutoren) und andere interessierte Lehrkräfte eingeladen werden. Für die Schülerinnen und Schüler gewinnt das Praktikum seinen besonderen Wert durch die Lebensnähe. Einige Aussagen machen deutlich, dass vor Beginn des Praktikums nicht wenige Sorge haben, mit den kommenden Aufgaben überfordert zu sein. Aber die meisten jungen Menschen betonen, dass sie sich als Folge des Praktikums mehr zutrauen als vorab gedacht. Mancher ist überrascht, wie viel ihm die Begegnung mit Menschen, die alt oder behindert sind, gegeben hat. Eher negativ eingeschätzt werden Praktika vor allem dann, wenn man das Gefühl hatte, nichts Sinnvolles tun zu können und nicht gebraucht zu werden. Aber die Schülerinnen und Schüler lernen zugleich vieles über die ganze Bandbreite diakonischer und sozialer Einrichtungen und erhalten auch im Blick auf eine spätere Berufswahl Orientierung. Nicht wenige fühlen sich hinsichtlich ihrer Berufsvorstellungen im diakonisch-sozialen Bereich bestätigt, aber natürlich wissen auch andere nun genau, dass dies für sie nicht das geeignete Berufsfeld ist.

Intensiv und aufwändig sind Vor- und Nachbereitung der Praktika. Zu der Vorbereitungsphase gehört die ausführliche Information, die oft in der vorausgehenden Jahrgangsstufe angesetzt und z.B. mit den Informationstagen zur Oberstufe verbunden wird. In der engeren Vorbereitungsphase können dann ‚Kontakttage' angeboten werden[13], auf denen externe Experten der verschiedenen Praktikumsbereiche referieren und Arbeits-

---

13 So z.B. im bereits erwähnten Evangelischen Gymnasium Lippstadt, das das Praktikum in der 11. Klasse durchführt und hier entsprechende Kontakttage vorsieht.

gruppen sich mit einzelnen Themenfelder auseinandersetzen.[14] Zugleich müssen die Eltern und auch das Kollegium in die Information eingebunden werden. Während der Praktika begleiten Betreuungslehrkräfte und/oder Koordinatoren (je nach Modell Mentoren oder Tutoren genannt) die Schülerinnen und Schüler. Sie besuchen sie mindestens einmal an ihrem Einsatzort und führen Gespräche mit den Verantwortlichen in den Einrichtungen. An manchen Schulen können die Jugendlichen ihre Betreuer frei wählen, bei anderen werden sie zugewiesen bzw. die Zuständigkeit ergibt sich aufgrund der Funktion in der jeweiligen Klassenstufe, in der das Praktikum angesiedelt ist. Alle Lehrkräfte, die mit den Praktika befasst sind, bestätigen die Wichtigkeit dieser Begleitung. Die Schülerinnen und Schüler müssen die Möglichkeit haben, die psychischen und physischen Belastungen aufarbeiten zu können. Ein wesentliches Mittel dafür sind neben den Besuchen vor Ort auch die unterrichtliche Begleitung und natürlich die Praktikumsberichte. Zum Teil werden von Schulen Fragebögen für die Auswertung eingesetzt.

Im Folgenden soll kurz auf zwei Beispiele eingegangen werden, die für besondere Schwerpunktsetzungen im Zusammenhang mit dem Praktikum stehen können.

Das Praktikum in der Mittelstufe als Beitrag zur Integration
In den meisten Wettbewerbsbeiträgen wurde das Praktikum in der Oberstufe beschrieben. Ein Beispiel für ein Praktikum, das schuljahresbegleitend in der Mittelstufe einer Gesamtschule angesiedelt ist, bieten die *Bugenhagen-Schulen der Evangelischen Stiftung Alsterdorf*[15] in Hamburg. Die Bugenhagen-Schulen sind ein Zusammenschluss dreier Schulen unter einem Dach. Hier treffen Kinder mit besonderem Förderbedarf (Klasse 1-10), Schülerinnen und Schüler der Grundschule und der Gesamtschule aufeinander. Integrationsklassen finden sich in der Grund- wie in der Gesamtschule. Die 9. Klassen der Gesamtschule leisten ein dreiwöchiges Sozialpraktikum ab, sind aber auch an einem Projekt beteiligt, das über ein ganzes Schuljahr hinweg die Beschäftigung in einem sozialen Bereich vorsieht. Dieses Konzept wurde für den Wettbewerb eingereicht. Als Gesamtschule in diakonischer Trägerschaft mit Integrationsprofil betont die Schule den Auftrag, jeden Menschen anzunehmen, – unabhängig von seinen besonderen Eigenschaften, Anlagen und Fähigkeiten. Jedem Kind – ob mit oder ohne Förderbedarf, ob mit oder ohne Behinderung – soll einen Platz in der Schulgemeinschaft sicher sein. Für das Praktikum heißt dies, dass es für alle gedacht ist und auch integrierte Schülerinnen und Schüler mit Behinderung daran teilnehmen.[16] Da diese nicht von vornherein auf ein Praktikum verpflichtet werden können, sieht das Modell dieses Praktikum nur als Angebot vor. Es bietet die Möglichkeit, mit mindestens vier Stunden pro Woche während des Schuljahres in einer sozialen Einrichtung zu arbeiten. Generell wird man davon ausgehen können, dass diakonisch-soziale Praktika in den 9. Klassen einer besonders sorgfältigen Auswahl der Stellen und Aufgaben bedürfen. In der Vorbereitung auf das Praktikum geht es im Unterricht der Bugenhagen-Schulen zunächst um die Sammlung von Informatio-

---
14 Das Lippstädter Modell stellt diese Arbeitsgruppen unter das Leitthema ‚Menschen in besonderen Lebenssituationen', die Arbeitsgruppen befassen sich dann unter anderem mit Fragen der Theodizee oder mit dem Umgang mit Leiden und Sterben.
15 Die Stiftung Alsterdorf ist ein diakonischer Träger.
16 Zu den Behinderungen zählen körperliche wie geistige Behinderungen ebenso wie Lernbehinderungen oder Verhaltensauffälligkeiten.

nen zu verschiedenen Berufsbildern im sozialen Bereich. Die Schülerinnen und Schüler setzen sich damit auseinander, was ‚sozial' bedeutet und in welchen Bereichen sozial gehandelt wird. Dazu werden in Kleingruppen Recherchen nach vorgegebenen Kriterien zu jeweils einem sozialen Berufszweig durchgeführt und die Ergebnisse allen präsentiert. Nach der Recherche erfolgt die Entscheidung, über welchen Bereich man mehr erfahren will. Im Anschluss erstellen die Jugendlichen Bewerbungsmappen, um sich damit in den Einrichtungen ihrer Wahl für ein Praktikum zu bewerben. Ihre Praktikumsberichte verweisen bereits für diese Altersstufe auf eine große Vielfalt an Einsatzmöglichkeiten, die von Altenheimen über Heime für Behinderte zu Kindertagesstätten und Kindergärten reichen. Viele können in Einrichtungen der Stiftung Alsterdorf unterkommen, aber es werden auch Einrichtungen anderer Träger ausgewählt. Die Begleitung erfolgt durch eine Lehrkraft, die die Praktikanten einmal am Einsatzort besucht. In begründetet Fällen kann die Stelle auch gewechselt werden. Die Schülerinnen und Schüler sind verpflichtet, den Verlauf des Praktikums zu dokumentieren. Auch dafür gibt es genaue Vorgaben, die für Behinderte aus Integrationsklassen genauso zu erfüllen sein müssen wie für ihre Mitschüler aus den übrigen Klassen. Dazu gehört die genaue Beschreibung der Einrichtung, in der man war, und der Aufgaben, die man erfüllen musste. Gefordert ist aber auch eine intensive Auseinandersetzung mit den eigenen Erfahrungen und Erwartungen sowie eine Materialsammlung mit Fotos. Die Ergebnisse verdeutlichen die unterschiedlichen Ausgangslagen der Schülerinnen und Schüler, zeigen aber auch, dass jedem eine individuelle Ausarbeitung – je nach seinen Voraussetzungen und Fähigkeiten – möglich ist. Als Auswertung findet am Ende des Schuljahres ein gemeinsamer Erfahrungsaustausch statt.

Das Praktikum in der Oberstufe als Beitrag für zivilgesellschaftliches Engagement evangelischer Schulen

Die *Elisabeth-von-Thadden-Schule* in Heidelberg kann als Gymnasium in Trägerschaft der Schulstiftung der Evangelischen Landeskirche in Baden auf ein ausgewiesenes Profil sozialen Lernens verweisen, das sich durch die einzelnen Klassenstufen zieht. Für den Wettbewerb eingereicht wurde das ‚Caritas-/Diakonie-Projekt', das Bestandteil dieses Gesamtkonzepts sozialen Lernens ist.[17] Es kann hier als Beispiel für ein Oberstufenpraktikum und die besondere Betonung des zivilgesellschaftlichen Engagements einer evangelischen Schule herangezogen werden. Aus dem Titel ergibt sich bereits, dass hier vor allem die Kooperation mit allen im Bereich sozialer Dienste engagierten Kräften und Einrichtungen im Mittelpunkt steht. Das Projekt versteht sich als „Element christlicher Bildungsverantwortung für die Gesellschaft in ökumenischer Kooperation und Verständigung" (Wettbewerbsbeitrag). Evangelische Bildungsverantwortung meint hier Teilnahme am Diskurs über Bildung und Erziehung im Kontext von Kirche und Diakonie, wobei der Schule das Hineinwirken in die gesellschaftliche Öffentlichkeit besonders wichtig ist. Die Schülerinnen und Schüler sollen über das Praktikum vor allem auch das sozial-diakonische Umfeld ihrer Schule und Gemeinde erkunden und sich mit den sozialen Problemfeldern ihrer Stadt auseinandersetzen. Es geht darum, die Vielfalt

---

17 S. dazu u.a. Britta v. Schubert, Caritas – Diakonie – Projekte an der E.-v. Thadden-Schule Heidelberg. Absichten und Erfahrungen, in: Wege der Diakoniewissenschaft (DWI-Info), Heidelberg 1996/97, 59-61, sowie Kap. 3.4 dieses Bandes.

diakonischen und sozialen Engagements kennen zu lernen und für soziale und sozialpolitische Fragen aufgeschlossen zu werden. Das Projekt gibt es seit 1993/94 und wurde in Kooperation mit dem Diakoniewissenschaftlichen Institut (DWI) Heidelberg entwickelt. Die Initiatoren waren Religionslehrkräfte beider Konfessionen. Es besteht aus einem zweiwöchigen Pflichtpraktikum in der 11. Klasse, das jeweils vor den Faschingsferien abgehalten wird. Pro Tag sind die Schülerinnen und Schüler sechs bis acht Stunden an ihrem Einsatzort und damit vom Unterricht befreit. Dazu kommt der vor- und nachbereitende Unterricht in Religion, Ethik und Gemeinschaftskunde sowie ein begleitender Unterricht in allen Fächern. Damit ist das Projekt integraler Bestandteil des Schuljahres und des Unterrichts. Der Schule stehen Einrichtungen aus den vielfältigsten Bereichen zur Verfügung. Die Auswahl des Einsatzortes kann erfolgen unter dem Thema:

- Krankheit
- Obdachlosigkeit/Resozialisierung
- Beratung und individuelle Pflege
- Alter/Pflege/Betreuung
- Hilfen am Bahnhof
- Behinderung/Integration
- Kinder und Jugendliche in besonderen Lagen

Begleitet wird das Praktikum von Lehrkräften der 11. Klasse, die als Mentoren gewählt werden. Nach der ersten Hälfte des Praktikums gibt es auf freiwilliger Basis ein Treffen zwischen Lehrern und Schülern zum Erfahrungsaustausch. Die Verknüpfung von Praktikum und Unterricht dient zunächst der Aufarbeitung, Analyse und Reflexion der Praxiserfahrungen, zum anderen sollen so auch verschiedene Unterrichtsbereiche von der Anbindung an die Praxis profitieren. Die Reaktionen der außerschulischen Umwelt, z.B. der beteiligten sozialen Einrichtungen, sind laut Wettbewerbsbeitrag durchweg positiv. Sie bitten um Zusendung der Berichte und sind aufgeschlossen für die Betreuung durch die Lehrkräfte. Kommunen und Kirchengemeinden werden aufmerksam auf die Schule, die ihre Absolventen so auf ein bürgerschaftliches Engagement vorbereitet. Gepflegt wird die Vernetzung mit katholischen und staatlichen Schulen, aber auch mit der Wissenschaft. Das äußert sich in Tagungen und Symposien und im Engagement der Schule für Fortbildungen und Veröffentlichungen.

Diakonisch-soziales Lernen als innerschulischer Lernprozess

Auch wenn der Blick zunächst auf die Praktika fällt, diakonisch-soziales Lernen ist ein Prozess, der weit früher beginnt und neben der ‚Außenseite' vor allem auch eine ‚innerdiakonische' Seite für die Schulen besitzt. Bei vielen Schulen setzt daher diakonisch-soziales Lernen bereits in der Unterstufe an und wird zum durchgehenden Bestandteil des innerschulischen Curriculums. Schulen, die zunächst mit der Entwicklung der Praktika begonnen haben, entwickeln Schritt für Schritt weitere Ansätze, um diakonisch-soziales Lernen auch unter dem Aspekt der Schulkultur zu vertiefen und auszuweiten. Ziel ist, möglichst früh die Wahrnehmungsfähigkeit der Kinder zu sensibilisieren und zu schulen sowie Formen des sozialen Miteinanders einzuüben, auch i.S. der Gewaltprävention. Zu diesem Zweck werden Arbeitsgruppen und Projekte der unterschiedlichsten Art angeboten, vor allem auch Streitschlichter-Programme, wie sie z.B. das *Andreanum Hildesheim* oder die *Wilhelm-Löhe-Schule Nürnberg* in ihren Beiträgen erwähnen. Dazu treten verschiedene Begegnungsprojekte, so dass frühzeitig Kompetenzen aufgebaut werden, die auch für die späteren Praktika in diakonisch-sozialen Einrichtungen von besonderer Relevanz sind. Oftmals sind es verschiedenen Projekte und Ansätze, die verfolgt werden, ohne (noch) in ein Gesamtkonzept eingebunden zu sein. Die Vielfalt zeigt aber, welche Möglichkeiten an den Schulen genutzt werden und wie mannigfaltig die Initiativen sind. Der Aspekt des systematischen Aufbaus eines diakonisch-sozialen Schulprofils und der Koordination i.S. schulentwickelnder Maßnahmen und innerschulischer Curricula soll ebenfalls an zwei Beispielen kurz beleuchtet werden.

Diakonisch-soziales Lernen als erziehender Unterricht ab der Unterstufe
Persönlichkeitsentwicklung und religiöse Orientierung sind zentrale Wegmarkierungen eines erziehenden Unterrichts am Gymnasium und der Realschule der *Bodelschwinghschen Anstalten Bethel,* die einen gemeinsamen Wettbewerbsbeitrag eingesandt haben. Als Teil eines großen diakonischen Trägers wollen die Schulen dessen zentrale Profilaussagen in ihrem pädagogischen Alltag mit Leben füllen. Dabei geht es einerseits um die tägliche Erfahrung im Umgang miteinander wie andererseits um die Auseinandersetzung mit spezifisch diakonischen Themen, wie z.B. ‚Gesundheit und Kranksein'. Beides soll zur Entwicklung von Werthaltungen im christlich-diakonischen Sinn beitragen und zu entsprechender Handlungsbereitschaft führen. Der Beitrag macht deutlich, wie wichtig die Koordination der verschiedenen Initiativen und Ansätze ist, um i.S. der Schulentwicklung zu einem Gesamtkonzept zu kommen und pädagogische Wirkung zu erzielen. Zur organisatorischen Handhabung ist daher eine Stelle eingerichtet, die neben der Absprache mit den Einrichtungen vor allem auch innerschulisch die verschiedenen Ansätze und Initiativen diakonisch-sozialen Lernens koordiniert und in den Fachschaften eine inhaltliche Abstimmung der verschiedenen Projekte vornimmt. Als einziger Wettbewerbsbeitrag verweist das Modell der Betheler Schulen zudem auf den Gender-Aspekt diakonisch-sozialer Lernprozesse, dessen Bedeutung für die Persönlichkeitsentwicklung wie die Berufsorientierung ansonsten eher vernachlässigt bzw. in den Berichten nicht weiter erwähnt wird.[18] Die Möglichkeiten, diakonisch-soziales Lernen über die verschiedenen Schulstufen aufzubauen, umfassen in Bethel vor allem soziales Lernen im engeren Sinn, Maßnahmen zur Persönlichkeitsstärkung und zur Berufsorientierung. In der *Unterstufe* (Klasse 5 in Realschule und Gymnasium) geht es zunächst um Grundformen sozialen Lernens, d.h. darum, den anderen mit seinen Fähigkeiten kennen zu lernen, ihn anzuerkennen und zu respektieren. Möglichkeiten für entsprechende Lernprozesse bietet z.B. der Schulbauernhof, der als *sozial-integrativer Lernort* wirken soll. Einen ersten Einblick in diakonische Arbeit bietet die sog. *Bethelerkundung.* Hierbei erhalten die 5. Klassen die Gelegenheit, die Gesamteinrichtung Bethel zu erfahren und sich mit ihrer Schule als Teil dieser Einrichtung verstehen zu lernen. Die *interkulturelle Perspektive*

---

18 Gender als durchgehende Perspektive innerhalb schulischen Handelns und schulischer Konzepte ist an evangelischen Schulen ansonsten bisher kaum ein Thema.

diakonisch-sozialen Lernens wird durch die Partnerschaft mit einer Schule in Mosambik in den Lernprozess eingebracht. Mit dieser Partnerschaft sind auch vielfältigen Einbindungen in die unterschiedlichen schulischen Fachbereiche verbunden, die damit am diakonisch-sozialen Lernen teilhaben. *Fächerübergreifend* gestaltet sich auch die erste Auseinandersetzung mit Fragen der Berufsorientierung in der Unterstufe. Dabei findet, wie schon angedeutet, die Gender-Thematik in dieser Phase besondere Berücksichtigung und unterstützt den Prozess der Selbstfindung. Schließlich wird im *Projekt Diakonisches Lernen* in Form eines festen Projekttages, der zum Schulprogramm für die 7. Klasse gehört, die Begegnung zwischen Schülerinnen und Schülern und behinderten Menschen, die in Bethel leben, gefördert. Die *Mittelstufe (8. Klasse)* vertieft die beiden Ansätze der Persönlichkeitsentwicklung und der Berufsorientierung durch *Schnupperpraktika und Projekttage*. Die Praktika werden in der 8. Klasse in den Einrichtungen von Bethel durchgeführt und geben Einblick in die diakonische Arbeitswelt; die Jugendlichen werden ermutigt, geschlechtsuntypische Stellen für sich zu wählen und zu erproben. Die beiden *Projekttage* in der *9. Klasse* setzen diese Linie fort. Gestaltet nach den Methoden des ‚Lebendigen Lernens' dienen sie der Persönlichkeitsstärkung und wollen den Abbau geschlechtsspezifischer Hierarchien oder stereotyper Geschlechtsrollen fördern. Durch Beratung und psychosoziale Maßnahmen wird das Konzept zur Persönlichkeitsstärkung weiterentwickelt. Zugleich gibt das *Projekt Leben und Arbeiten in Bethel* vier bzw. fünf Tage Zeit, um die ersten Einblicke in die diakonisch-soziale Arbeitswelt zu vertiefen. Diakonisch-soziales Lernen wird zudem im Rahmen *integrativer Projekte* umgesetzt, hier durch die Kooperation mit der Mamre-Patmos-Schule (Sonderschule für Lern- und Geistigbehinderte, sowie Mehrfach- und Schwerstbehinderte). Es gibt befristete Projekte wie gemeinsame Film- oder Musikprojekte, die von der Schule mit Video und CD dokumentiert sind. Diakonisch-soziales Lernen ist dabei immer auch Ergänzung wie Teil des religiösen Lebens der Schule, das sich in Gottesdiensten und verschiedenen Angeboten zur Spiritualität äußert. Wie in den meisten anderen Schulen ist das Praktikum in der *11. Jahrgangsstufe* angesiedelt. Es dauert drei Wochen und ist für Schülerinnen und Schüler verbindlich.[19]

Die kirchlich-religiöse Dimension diakonisch-sozialen Lernens
Für evangelische Schulen ist die Betonung der kirchlich-religiösen Dimension diakonisch-sozialen Lernens besonders wichtig und profilrelevant. Das Konzept der *Melanchthon-Schule Steinatal*, des Gymnasiums der Evangelischen Kirche von Kurhessen-Waldeck, band diakonisch-soziales Lernen ursprünglich an das Fach Evangelische Religionslehre, weitete es dann aber auf andere Fächer aus. Es hat nun seinen Platz im Unterricht verschiedener Fächer, die ein entsprechendes hausinternes Curriculum besitzen, aber auch an außerschulischen Lernorten und in der Form des Praktikums.[20] Die zentrale Dimension diakonisch-sozialen Lernens liegt für die Melanchthon-Schule in der

---
19 Zur Zeit des Wettbewerbs wurde auch an der Einführung eines ‚Grundkurses Diakonie' als Weiterführung gearbeitet.
20 Zugleich wurde ein eigenes Themenheft ‚Diakonisch-soziales Lernen' entwickelt; es liegt in den Steinataler Heften 1. 2003 vor und enthält die wesentlichen Aussagen zum Schulkonzept und zum diakonischen Schwerpunktbereich.

Verbindung des Handelns Jesu mit der Verkündigung der Gottesherrschaft.[21] Der Dienst Christi bis hin zu seinem Sterben ist motiviert durch die uneingeschränkte, versöhnende Liebe Gottes zu den Menschen. In der Nachfolge der Jünger begründet das Doppelgebot der Liebe die Zuwendung zum Nächsten und damit das diakonische Handeln. Diese Dimension zu verdeutlichen, nimmt im Konzept der Schule eine große Bedeutung ein und prägt den Aufbau der diakonisch-sozialen Lernprozesse von der Unterstufe über die Mittelstufe bis zur Oberstufe. In der *Unterstufe* geht es im Rahmen des Religionsunterrichts um die Begegnung mit behinderten Menschen, wobei Unbefangenheit und Abbau von Berührungsängsten oder Vorurteilen im Mittelpunkt stehen. In Biologie wird über Formen von Behinderungen gesprochen. Zugleich gehören Sensibilisierungs- und Selbsterfahrungsübungen zum pädagogischen Konzept des diakonischen Lernens. Basis für die Umsetzung dieses Ansatzes ist die Schulpartnerschaft mit zwei Sonderschulen für Praktisch Bildbare, aus der sich eine Vielzahl von gemeinsamen Unternehmungen und Vorhaben ergeben, die vom Gottesdienst bis zu gemeinsamen Projektarbeiten, z.B. im Fach Werken, reichen. Die *Mittelstufe* steht unter dem Thema ‚Wir engagieren uns ehrenamtlich'. So soll in der Jahrgangsstufe 9 das Engagement in der Heimatkirchengemeinde gepflegt und genutzt werden. Die Wahl der Jahrgangsstufe ergibt sich aus der zeitlichen Nähe zum Konfirmandenunterricht. In der Gemeinde werden unter Anleitung der Pfarrer oder Kirchenvorstandsmitglieder kleinere Aufgaben als Hilfeleistungen übernommen, z.B. Vorlesen oder Einkaufen. Aber es gibt auch hier schon die Möglichkeit, in diakonisch-sozialen Einrichtungen erste Dienste zu übernehmen. Auf der *Oberstufe* konzentriert sich der Ansatz auf die Aussage ‚Wir helfen als Praktikanten in diakonischen und sozialen Einrichtungen'; dazu ist in der 11. Klasse das Praktikum angesiedelt. Im 1. Halbjahr dominiert der theoretische Schwerpunkt, dann folgt der Praxisbezug durch 2-4 Stunden pro Woche. Das Praktikum wird nachmittags abgeleistet und geht über das gesamte 2. Halbjahr. Die *Ziele* des Praktikums sind weit gespannt und betonen in besonderem Maße die kirchliche und religiöse Dimension diakonischsozialen Lernens. Wichtig sind die Klärung der Motive für die Diakonie und ihr Handeln, ihr Auftrag und ihre Formen und die Frage nach Religion und Religiosität in der Alltagswirklichkeit. Dazu gehört auch, den Schülerinnen und Schülern bewusst zu machen, was hauptberufliche und ehrenamtliche Mitarbeitende in der Diakonie leisten. Die Auswahl der Praktikumsplätze ist Sache der jungen Leute und gehört zum Lernprozess. Um eine geeignete Stelle zu finden, informieren sie sich bei sozialen und diakonischen Einrichtungen. Während dieser Recherche lernen sie die verschiedenen Handlungsfelder kennen und suchen das Gespräch mit Experten. Das Praktikum wird betreut durch Fachkräfte der Einrichtungen und durch die Kursleiter der Schule. Diese begleiten auch die Anfertigung der Hausarbeit, die als Lernleistung für das Kurshalbjahr in Religion bewertet wird.

---

21 Sie orientiert sich dabei auch an: Helmut Hanisch, Dimensionen diakonischen Lernens. In: Diakonisches Werk der EKD (Hg.), Schule und Diakonie. Orte sozialen Lernens. Dokumentation 03/2000.

Diakonisch-soziales Lernen als eigenes Schulfach ‚Diakonie' – Das Modell des Evangelischen Schulzentrums Michelbach

Das Evangelische Schulzentrum Michelbach umfasst drei Schularten und ein Internat[22] und gehört zur Schulstiftung der Evangelischen Landeskirche Württemberg. Das ‚Michelbacher Modell' unterscheidet sich von anderen Modellen vor allem durch die Errichtung eines eigenen Schulfaches ‚Diakonie', das bundesweit eine Besonderheit darstellt.[23] Das Konzept entwickelte sich in verschiedenen Stufen, bis es zur Einführung eines eigenständigen Unterrichtsfachs Diakonie kam. In Kombination mit Religion ist es Kernfach und kann ab der Mittelstufe bis zum Abitur gewählt werden. Mit ihm gewann das Schulzentrum Michelbach neben seinem Profil Musik auch ein diakonisches Profil, das für alle drei Schularten des Zentrums gilt. Das Profilfach beginnt mit einem Sozialcurriculum in den Klassen 9-11, das mit dem Grundkurs Diakonie in Klasse 12 fortgeführt wird. Dadurch wird es den Schülerinnen und Schülern ermöglicht, über vier Jahre verschiedene Praxiserfahrungen im sozial-diakonischen Bereich zu machen. Begleitet werden diese Erfahrungen durch einen fortlaufenden Diakonieunterricht. Das Fach Religion/Diakonie kann seit 2002 auch als Neigungs- und Profilfach in der Oberstufe gewählt werden und ist abiturrelevant. Der Lehrplan des Faches Diakonie sieht von der Mittelstufe bis Oberstufe verschiedene thematische Bereiche vor, die durch die Kooperation mit unterschiedlichen Einrichtungen praxisrelevant werden. Es beruht auf den Säulen: Praktikum – reflektierender Unterricht – diakonische Vertiefung. Das Anforderungsprofil des Kernfachs umfasst zwei Stunden Religionsunterricht und drei Stunden Diakonie. Es wird erteilt als Blockunterricht am Nachmittag, die dritte Stunde Diakonie ist dabei frei verfügbar für das Praktikum. Außerschulische Lernorte sind ebenso eingeschlossen wie die Möglichkeit, externe Experten in die Schule zu holen, um die Vertiefung von Erarbeitetem und Erfahrenem zu ermöglichen. Das Praktikum ist verteilt auf verschiedene Klassenstufen. Die Reflexion findet im Unterricht in strukturierter Form statt. Es gibt Einzel- und Gruppengespräche und eine Bewertung des Praktikums in Form eines schriftlichen Berichts. Das ‚Michelbacher Modell' hat auch bildungspolitisch Überzeugungskraft gewonnen. Es wurde von einer staatlichen Schule übernommen und ist Thema für Fortbildungen geworden.[24]

Diakonisch-soziales Lernen an beruflichen Schulen: Ausbildung für Heil- und Pflegeberufe aus christlicher Perspektive

Am Ende der Altersskala, die durch schulischen Lernen erfasst werden kann, stehen die berufsbildenden Schulen. Aus diesem Bereich kamen Wettbewerbsbeiträge von Ausbildungsstätten für Heil- und Pflegeberufe, d.h. von Einrichtungen, die ihre Schülerinnen und Schüler nur für relativ kurze Zeit in der Ausbildung haben. Deren Konzepte

---

22 Aufbaugymnasium, Gymnasium und Realschule mit Ganztagesbetreuung.
23 Die Schule war mit ihrem Modell Preisträger des Wettbewerbs der Barbara-Schadeberg-Stiftung, s. dazu auch den Beitrag von Kurt Hertweck, Kap. 1.5.1 in diesem Band.
24 Das Konzept ist auch beschrieben in: Handbuch Integrative Religionspädagogik. Reflexionen und Impulse für Gesellschaft, Schule und Gemeinde, hgg. von Annebelle Pithan, Gottfried Adam und Roland Kollmann, Gütersloh 2002.

diakonisch-sozialen Lernens gewinnen besondere Bedeutung durch das Berufsfeld, auf das sie vorbereiten. Ihnen geht es darum, den Grundstein für ein berufliches Selbstverständnis zu legen, das der diakonischen Dimension des späteren Einsatzes gerecht wird. Dem Aspekt der Selbsterfahrung und Sensibilisierung kommt daher eine besonders wichtige Rolle zu. Er kann im durchgängigen Ansatz des ‚dialogischen Lernens' nach Martin Buber verankert sein oder eher punktuell in besonderen Einkehrtagen. Ein anderes Modell setzt auf einen Wahlunterricht ‚christliche Krankenpflege', der Aspekte des beruflichen Alltags aus einer christlich-diakonischen Perspektive heraus betrachten und vertiefen will. Den künftigen Mitarbeitenden in den Heil- und Pflegeberufen soll so die ganzheitliche Sicht auf die Klienten und die Verankerung ihres Berufs in einem christlichen Menschenbild ermöglicht werden. Zentral ist dabei immer der konkrete Bezug zur Praxis. Zumeist wird die Relevanz dieser Erfahrungen und Kompetenzen auch mit einem Zertifikat bestätigt.

Diakonisch-soziales Lernen als Konzept für Einkehrtage.
Die *Berufsfachschule für Krankenpflege der Diakonie Neuendettelsau in Neuendettelsau* setzt ein Konzept für Einkehrtage um, auf denen sich die Schülerinnen und Schüler mit sich selbst und ihren diakonisch-sozialen Kompetenzen auseinandersetzen und diese weiterentwickeln können. Berufsfachschulen für den sozialen Bereich sind natürlich in besonderer Weise um diakonisch-soziale Kompetenzen ihrer Absolventen bemüht. Diese Kompetenzen müssen im Berufsalltag anderen Menschen erfahrbar werden, und man sollte auf sie bei der Bewältigung der unterschiedlichen Aufgaben zurückgreifen können. Zunächst geht es darum zu lernen, sich selbst und andere anzunehmen und Aspekte des biblischen Menschenbildes nicht nur zu kennen, sondern sich im späteren Berufsalltag auf sie beziehen zu können. Der Weg dorthin liegt für die BFS in Neuendettelsau in Einkehrtagen, auf denen diese Ziele und Inhalte erreicht werden sollen. Dazu werden vier Seminartage im ersten Ausbildungsjahr außerhalb des Schulortes durchgeführt. Die Inhalte sind konzentriert auf eine intensive Auseinandersetzung mit Bibelarbeit, Menschenbild und Selbstwahrnehmung. Dabei wird der Bezug zur späteren Berufstätigkeit hergestellt und das diakonische Profil der Pflege ins Bewusstsein gerückt.

Diakonisch-soziales Lernen als Wahlunterricht ‚Christliche Krankenpflege'
Als gemeinsames Konzept der Diakoniewerke Neuendettelsau, Martha-Maria und Rummelsberger Anstalten wurde ein Wahlunterricht ‚Christliche Krankenpflege' entwickelt, der als gemeinsames Angebot von drei Berufsfachschulen dieser Diakoniewerke seit 1999 durchgeführt wird. Der Wettbewerbsbeitrag wurde von der *Berufsfachschule der Diakonie Neuendettelsau in Nürnberg* eingereicht. Bildung auf christlicher Grundlage bedeutet dieser Schule, den Jugendlichen, die in Zukunft Pflegeberufe ergreifen wollen, ihr alltägliches Handeln als diakonisches Handeln zu verdeutlichen. „Christliche Wertvorstellungen in einer schul- und trägerübergreifenden Gemeinschaft" (Wettbewerbsbeitrag) sollen vermittelt und vertieft werden. Aspekte des beruflichen Alltags, die von den Schülerinnen und Schüler selbst ausgesucht sind, können aus einer christlich-diakonischen Perspektive heraus betrachtet werden und zur Orientierung und Hilfe im Alltag dienen. Als Zielsetzungen nennt der Beitrag:

- Konfliktfelder aus dem Berufsalltag benennen und bearbeiten können;

- eine Betrachtung dieser Konflikte aus einer christlichen Sinn- und Wertorientierung heraus vornehmen i.S. einer Stärkung der diakonisch-sozialen Kompetenz;
- praktikable Lösungen für den Berufsalltag finden, die die christliche Grundhaltung widerspiegeln;
- Gemeinschaft kennen lernen und auch als diakonische Gemeinschaft erleben;
- diese Erfahrungen und Reflexionen bewusst außerhalb des Lernorts Schule machen;
- sich träger- und schulübergreifend kennenlernen können, auch um sich der Vielfalt evangelischer Angebote bewusst zu werden.

Der Wahlunterricht wird pro Jahr in drei jeweils mehrtägigen Seminaren außerhalb der Schule von Lehrenden dieser Einrichtungen durchgeführt und mit einem Zertifikat bestätigt.

Diakonisch-soziales Lernen auf der Grundlage des dialogischen Lernens
Die *Fachakademie der Rummelsberger* in Schwarzenbruck[25] bildet zum Heilpädagogen aus und bietet damit eine Weiterbildung an, die auf der Erzieherausbildung aufbaut. Die Studierenden sind im Durchschnitt 34 Jahre alt. Ziele der Ausbildung sind Persönlichkeitskompetenz und Sozialkompetenz, Fachkompetenz und Methodenkompetenz. Entwickelt wurde das Konzept vom Gründungskollegium der Fachakademie und basiert auf dem Konzept der psychoanalytischen Pädagogik. Die FAK für Heilpädagogik will die Sichtweise einer ganzheitlichen Heilpädagogik vermitteln. Diakonisch-soziales Lernen wird dabei als „Begegnung von Menschen in ihrer Ganzheitlichkeit und das Erleben der Annahme des anderen mit seinen Möglichkeiten und Grenzen auf der Basis unseres christlichen Glaubens" (Wettbewerbsbeitrag) verstanden. Grundlage der Vermittlung ist das ‚Dialogische Lernen' i.S. Martin Bubers. Der qualitativen Aspekt der Begegnung mit dem anderen – für Lehrende wie Lernende – rückt in den Mittelpunkt. Kognitives und soziales Lernen kommen zusammen, und die Ausbildung der sozialen Kompetenzen ist Ausdruck der christlichen Grundhaltung der Lehrkräfte, die damit in ihre Arbeit auch die seelsorgerische Begleitung der Studierenden integrieren. Dialogisches Lernen bedeutet Erleben einer Gemeinschaft von Lernenden und Glaubenden und rückt die unmittelbare Erfahrung in den Mittelpunkt. Mit diesem Ansatz verweist das Modell auf einen ansonsten noch nicht weiter thematisierten Aspekt diakonisch-sozialen Lernens, nämlich die Frage nach der Qualifikation und Eignung der Lehrenden für solche Lernprozesse. In dem Beitrag wird betont, dass für die Dozenten der Fachakademie ein besonderes Anforderungsprofil gelten muss. Daher schließt das Konzept Klausurtagungen und Teambesprechungen ein, auf denen auch Fragen der persönlichen Werthaltungen und der Anerkennung des Schulkonzepts thematisiert werden. Die Lehrenden stehen als ständige Ansprechpartner über den Unterricht hinaus zur Verfügung. Es gibt Feedbackgespräche über die persönliche Entwicklung der Studierenden, wobei mit Bewertungsbogen zum Persönlichkeitsprofil gearbeitet wird. Ausgangspunkt ist die Überzeugung, dass affektive und kognitive Elemente den Lernprozess bestimmen, dass sie zusammenwirken und den Erfolg beeinflussen. Einmal im Jahr wird die Persönlichkeitsentwicklung

---

25 Träger sind die Rummelsberger Anstalten.

sowohl von den Studierenden selbst wie von ihren Lehrkräften bewertet. Diese Bewertungen werden in einem Feedbackgespräch ausgetauscht und im Anschluss Lernziele für die persönliche Entwicklung festgelegt. Diese werden in einen Bewertungsbogen eingetragen, so dass über vier Jahre eine Überprüfung und Rückmeldung erfolgen kann.

Weiterführende Entwicklungsschritte und offene Fragen

Dieser Einblick in die Bandbreite diakonisch-sozialen Lernens, wie er sich aus den Beiträgen zum Wettbewerb der Barbara-Schadeberg-Stiftung ergibt, kann nicht alle Ansätze berücksichtigen und würdigen.[26] Stellvertretend wurden Basiselemente dargestellt, die sich bei allen Schulen wiederfinden lassen, und zugleich Besonderheiten berücksichtigt, die das Spektrum diakonisch-sozialen Lernens an evangelischen Schulen verdeutlichen können. Natürlich sind mit den vorliegenden Konzepten nicht alle Fragen beantwortet und nicht alle Möglichkeiten ausgeschöpft. Diakonisch-soziales Lernen ist ein Prozess – und wie Schulentwicklung generell nie abgeschlossen. Es sollte zudem ersichtlich geworden sein, welch hohes Engagement die Beteiligten aufbringen, um entsprechende Ansätze diakonisch-sozialen Lernens zu konzipieren, in der Schule zu implementieren und Schritt für Schritt weiterzuentwickeln. Genauso wenig darf vergessen werden, was die diakonischen und sozialen Einrichtungen leisten müssen, wenn sie sich für die schulischen Praktikanten öffnen. Im Blick auf weitere Perspektiven und Fragestellungen sollen hier vor allem drei Bereiche in Bezug auf weiterführende Schulen angesprochen werden: Weiterentwicklung der Praktika, innerschulische Weiterentwicklung und Fragen der Evaluation. Öffnung der Schule, Handlungsorientierung und Lernen durch Erfahrung gehören zu den zentralen Elementen diakonisch-sozialen Lernens, die sich vor allem in den *Praktika* verwirklichen. Die Voraussetzungen für das Gelingen solcher Lernprozesse, die dahinter stehende Lerntheorie und weiterführende Konzepte zu einem veränderten Lernen in der Schule wären auf dem Hintergrund diakonisch-sozialen Lernens zu diskutieren und könnten wichtige Impulse, auch im Hinblick auf Entwicklungen zur Ganztagsschule geben. Erfahrungsorientierte Lernprozesse brauchen eine entsprechende Begleitung und Reflexion. Zu überlegen wäre, inwieweit bestehende Verfahren und Vorgehensweisen weiterentwickelt werden könnten. Inwieweit sollten die Verantwortlichen der diakonischen Einrichtungen vor Ort einbezogen werden, welche Verfahren sind einzusetzen bzw. werden bereits von den Schule eingesetzt? Welche Strukturierungen bieten sich für die Reflexionsphasen an und könnten genutzt werden? In diesem Zusammenhang ist zu klären, welche Auswirkungen die Koppelung von Zielen der Berufsorientierung mit den Zielsetzungen im Kontext von ‚Sozial- und Selbstkompetenz' haben kann und was zu beachten wäre, um Zielsetzungen nicht inkompatibel zu machen.

Diakonisch-soziales Lernen, das zeigen die Beiträge deutlich, bindet die Schulen in ihr Umfeld ein und bietet vor allem gute Möglichkeiten für eine stärkere Zusammenarbeit mit den Kirchengemeinden. Diese Ansätze sind sicher auch im Blick auf ‚Schule als Stadtteilschule' weiter zu verfolgen. Dazu gehört ebenso die Chance vertiefter Kon-

---

26 Für eine ausführlichere Darstellung s. ‚Modelle diakonisch-sozialen Lernens an evangelischen Schulen'. Reader zum Wettbewerb der Barbara-Schadeberg-Stiftung 2003, Veröffentlichung der Wissenschaftlichen Arbeitsstelle Evangelische Schule 2006.

takte mit kirchlicher Jugendarbeit etc. nach Abschluss der Praktika. Unter dieser Perspektive könnte die Entwicklung von Ganztagsschulangeboten verstärkt Möglichkeiten für den Ausbau diakonisch-sozialer Lernprozesse bieten. Für die *innerschulische Weiterentwicklung* ist es wichtig, diakonisch-soziales Lernen als Konzept zu verstehen, das sich in unterschiedlichen Elementen auf den verschiedenen Schulstufen schrittweise aufbaut. Es geht um die Entwicklung sozialer Kompetenzen, um Wahrnehmungsschulung und Fähigkeit zur Empathie wie um die Fähigkeit zur Zusammenarbeit.[27] Dabei wären auch die Gender-Perspektive stärker zu bedenken und Wege für ein Lernen aufzuzeigen, das Selbstkompetenz und Sozialkompetenz jenseits von geschlechtstypischen Schemata entwickelt. Zu unterstützen sind weiterhin jene Ansätze, die verstärkt auf ein fächerübergreifendes oder vernetztes Lernen setzen. Diakonisch-soziales Lernen könnte so Wegweiser sein für entsprechende Unterrichtsentwicklungen und übergreifende Curricula. Daneben sind fächerspezifische Curricula im Blick auf diakonisch-soziales Lernen noch genauer auszuloten, wobei natürlich in besonderer Weise an den Religionsunterricht zu denken ist. Zu beobachten sein wird, welche Auswirkungen die Entwicklung zum achtklassigen Gymnasium für die Möglichkeiten diakonisch-sozialen Lernens an evangelischen Schulen haben werden und welche konzeptionellen Lösungen dafür entwickelt werden können. Für den nachhaltigen Erfolg wird wichtig sein, wie die Schulen diakonisch-soziales Lernen in Schulentwicklungsprozessen verankern können. Koordination als organisatorische wie inhaltliche Abstimmung ist dafür unverzichtbar. Damit betrifft diakonisch-soziales Lernen auch alle Bereiche des schulischen Systems: Unterrichtsentwicklung ebenso wie Organisationsentwicklung und Personalentwicklung. Der letztgenannte Gesichtspunkt verweist noch einmal darauf, dass Fragen der Qualifikation und Fortbildung im Blick auf die Lehrkräfte, die für diakonisch-soziale Lernprozesse verantwortlich sind, noch relativ wenig diskutiert sind. Gerade im Sinne der Implementierung diakonisch-sozialer Ansätze an evangelischen Schulen, der Begleitung der Praktika und der Weiterentwicklung auch im Blick auf den Unterricht sollte bedacht werden, wie Lehrkräfte bei dieser Aufgabe unterstützt werden können. Besonders schwierig ist die *Evaluierung* diakonisch-sozialer Lernprozesse zu gestalten; hier liegen auch noch nicht allzu viele Erfahrungen vor.[28] Die Praktikumsberichte sind bisher weitgehend die einzige Quelle im Blick auf die Ergebnisse diakonisch-sozialen Lernens. Aussagen über nachhaltige Wirkungen im Blick auf Einstellungen und Haltungen sind von daher bisher kaum möglich. Unter welchen Bedingungen greifen Schülerinnen und Schüler z.B. auf ihre Erfahrungen aus den Praktika zurück? Wie können die Praktikumsberichte die Reflexion des Erfahrenen besonders befördern, welche Kriterien sind anzulegen? Durch welche Verfahren – z.B. Interviews der verschiedenen Beteiligten in der Schule und den Einrichtungen – wären sie zu ergänzen? Dabei muss aber auch bedacht werden, wie

---

27 Vgl. dazu auch die Ergebnisse der Auswertung der PISA-Untersuchung an konfessionellen Schulen, in: Claudia Standfest/Olaf Köller/Annette Scheunpflug, leben – lernen – glauben. Zur Qualität evangelischer Schulen. Eine empirische Untersuchung über die Leistungsfähigkeit von Schulen in evangelischer Trägerschaft, Münster 2005.
28 Vgl. bisher die Auswertung am Evangelischen Schulzentrum Leipzig; andere Schulen planen Evaluationsvorhaben; vgl. Helmut Hanisch/Christoph Gramzow/Siegfried Hoppe-Graff, Diakonisches Lernen – Konzeptionelle Annäherungen auf empirischer Grundlage. In: Hanisch/Schmidt (Hgg.), Diakonische Bildung. Theorie und Empirie, Heidelberg 2004, 76-170.

Schulen bei der Evaluation unterstützt werden können. Von der Güte der Evaluation und der Überzeugungskraft bestehender Modelle hängt die Übertragbarkeit auf andere Schulen ab. ‚Best-Practise-Modelle' und Arbeitshilfen können, das haben die Erfahrungen evangelischer Schulen gezeigt, andere Schulen zur Nachahmung bzw. Weiterentwicklung bestehender Modelle anregen. Das diakonisch-soziale Profil und seine Weiterentwicklung in unterschiedlichen Facetten gehört zu einer der besonderen Stärken evangelischer Schulen. Sie haben damit auch auf das übrige Schulwesen ausstrahlen können. Dies verdankt sich dem großen Einsatz der Mitarbeitenden an den verschiedenen Schulen, die zu Wegbereitern wurden und Unterstützer und Nachfolger fanden. Die Beiträge evangelischer Schulen zum Wettbewerb der Barbara-Schadeberg-Stiftung 2003/04 legen dafür ein beredtes Zeugnis ab.

4.2 Die Barbara-Schadeberg-Stiftung zur Förderung evangelischer Schulen – Ein Beispiel freiwilliger individueller und gemeinschaftlicher Schulförderung

von Karl Heinz Potthast

1. Zeitgeist und Stifterwille

Seit den dramatischen Einbrüchen bei den Kirchensteuern findet das kirchliche Stiftungsrecht neue Aufmerksamkeit bei der Sicherung von Aufgaben wie der Kirchenmusik oder des Erhalts gefährdeter Gebäude. Dem gegenüber haben Schulstiftungen eine lange Tradition im Protestantismus, die seit 1989 eine überraschende Wiederbelebung erfuhr, als sich das Problem kirchlicher Schulträgerverantwortung in unerwarteter Weise in den östlichen Gliedkirchen stellte. Da allein der Stifterwille über die Nutzung der Erträge des Stiftungsvermögens entscheidet, war es sehr gewöhnungsbedürftig, als eine dieser Stiftungen den Namen einer Zeitgenossin trug, die bereits 1988 beschloss, eine evangelische Schulförderung ins Leben zu rufen und dafür erhebliche eigene Mittel bereitzustellen.

Sowohl in vormodernen als auch in neuzeitlichen Gesellschaften hat die Rolle des Stifterwillens zu einer großen Vielfalt der Zweckbestimmung von Stiftungen geführt. Alle Gründungen und die laufenden Stiftungstätigkeiten sind Regelungen unterworfen, die in Zeiten ausschließlich kirchlicher Stiftungen von den Ordinariaten der Bischöfe und in neuerer Zeit von staatlichen Gesetzen festgelegt werden.

Als Körperschaften öffentlichen Rechts haben Diözesen und Landeskirchen ein eigenes Stiftungsrecht. Ein wichtiges Grundprinzip des Stiftungswesens ist der Erhalt des Stiftungsvermögens. Wegen dieser Langzeitperspektive eignet sich Stiftungsrecht gut zur Förderung von Schulen, deren Qualität wesentlich davon bestimmt wird, dass sie auf Dauer angelegt sind. Aus diesem Grunde sind in den evangelischen Landeskirchen sieben regional tätige Schulstiftungen gegründet worden. Die Barbara-Schadeberg-Stiftung wurde 1993 nach dem Recht der Evangelischen Kirche von Westfalen errichtet und 1994 vom Land Nordrhein-Westfalen anerkannt.[1] Die Evangelische Kirche in Deutschland selbst hat ebenfalls 1994 aus Kirchensteuermitteln das Kapital für eine eigene Schulstiftung bereitgestellt, als es galt, die Hilfen für die vielen Schulgründungen in den östlichen Gliedkirchen zu strukturieren.[2] Beide Stiftungen wirken im gesamten Bundesgebiet. Die Barbara-Schadeberg-Stiftung übernimmt darüber hinaus Aufgaben für evangelische Schulen in Europa.

Anders als die durch Kirchensteuermittel ermöglichte Schulförderung stammt das Stiftungskapital der Barbara-Schadeberg-Stiftung aus dem privaten Vermögen einer einzelnen Unternehmerin.[3] Der Entschluss, eine selbständige evangelischen Schulstiftung zu gründen, war Ergebnis der mehrjährigen Erfahrung, die Barbara Lambrecht-Schadeberg mit der Verwendung ihrer Spenden zur Förderung evangelischer Schulen ge-

---

1 Anlage zur Urkunde vom 14. Juli 1994, Nr. 30/1994, Notar Dr. H. Schleifenbaum.
2 Kirchenamt der EKD vom 29. März 1993. Es handelt sich um eine Einladung an die Landeskirchen, der EKD-Schulstiftung beizutreten, deren Satzung beigefügt ist.
3 Urk. Nr. 350, Urkundenrolle für 1994 vom 14. Juli 1994, Notar Dr. H. Schleifenbaum.

macht hatte. Der Dachverband regionaler freiwilliger Zusammenschlüsse von Schulen, die ‚Arbeitsgemeinschaft Evangelischer Schulbünde e.V.', überzeugte die Stifterin durch Satzungsziele und praktische Vereinstätigkeit. In einer Zeit, da man das Ende der Bildungsallmacht des neuzeitlichen Fürsorgestaates zur Kenntnis nehmen muss, ist der Teilbereich Bildung darauf angewiesen, jene Kräfte zu ermutigen, die Eigenverantwortung übernehmen wollen und selbst Mittel bereitstellen. Was für die Wissenschaftsförderung gilt, können Stiftungen auch mit vergleichsweise geringeren Mitteln bewirken. Diese Einrichtungen unterscheiden sich aber deutlich von einem modischen Sponsoring mit seinen oft nur kurzfristigen Zweckbestimmungen und Wirkungen.

Bisher kennt unser staatliches Bildungswesen trotz ‚Mut- und Ruckreden' von Bundespräsidenten aber kein relevantes Stiftungswesen. Es würde Schulen unabhängiger von wechselnden Parlamentsmehrheiten und – was die evangelischen Schulen betrifft – von kurzschrittigen Synodenbeschlüssen machen. Solche strukturellen Überlegungen haben auch bei der Zusammenarbeit der Stifterin mit den Verantwortlichen der Schulbünde eine wichtige Rolle gespielt. Doch vor allem ging es der Stifterin um die Sicherung einer Schulkultur aus dem reichen protestantischen Erbe. Sie hatte als erfahrene Kunstsammlerin die Sorge, eine umfassende Bildung und ihre christliche Fundierung gingen immer mehr verloren. Als engagiertes Mitglied ihrer Kirche ist sie fest von der Bedeutung überzeugt, die der Glaube auch für eine pluralisierte Kultur der Moderne hat. Ihre Begegnung mit evangelischen Schulen bestätigte die Hoffnung, dass dies beispielhaft zu zeigen sei: Eine moderne Schulkultur darf sich nicht mit kognitiven religiösen Resterinnerungen begnügen, sondern das Zusammenleben von Schülerinnen und Schülern, Eltern und Lehrerkräften muss insgesamt den Gottesbezug aufweisen. Weil kirchliche Schulen im Alltag einen „Spielraum der evangelischen Freiheit"[4] inmitten einer sich fortwährend säkularisierenden Umwelt wahrnahmen und überzeugend reflektierten, war Barbara Lambrecht-Schadeberg bereit, mit Hilfe einer Stiftung zur Verlebendigung und Erweiterung des evangelischen Schulwesens beizutragen. Das galt zunächst für die Schulen in der ‚alten Bundesrepublik', die Spenden für zentrale Lehrerfortbildung und Öffentlichkeitsarbeit erhielten, was mit den sehr unterschiedlich ausgestatteten Mitteln der Schulträger nicht zu leisten war. Seit 1990 zeigte sich eine unerwartete Gründungswelle evangelischer Schulen, die neue Aufgaben stellte.[5] Diese sollten in Zukunft auf dem festen Fundament einer selbstständigen, rechtsfähigen Stiftung gelöst werden, für die Barbara Lambrecht-Schadeberg die evangelischen Schulbünde als Helfer gewann.

---

4 Martin Schreiner, Im Spielraum der Freiheit. Evangelische Schulen als Lernorte christlicher Weltverantwortung, hgg. v. Gottfried Adam und Rainer Lachmann, Göttingen 1996.
5 Nach einer Aufstellung der ‚Arbeitsgemeinschaft Evangelischer Schulbünde' von 2002 wurden von registrierten 282 allgemein bildenden evangelischen Schulen 98 erst nach 1991 gegründet, darunter 65 Grundschulen. Neueste Zahlen bei Claudia Standfest/Olaf Köller/Annette Scheunpflug, leben – lernen – glauben. Zur Qualität evangelischer Schulen. Eine empirische Untersuchung über die Leistungsfähigkeit von Schulen in evangelischer Trägerschaft, Münster 2005, 24 f.

2. Die Stifterin und ihre Helfer

Die im Siegerland tätige Unternehmerin und Juristin Barbara Lambrecht-Schadeberg hatte seit den achtziger Jahren des 20. Jahrhunderts einzelne Projekte des Diakonischen Werkes der Evangelischen Kirche in Deutschland finanziell unterstützt. Sie wollte 1988 ihr Engagement auf Dauer stellen und folgte dem Hinweis des Präsidenten Dr. Schober auf die evangelischen Schulen. Sie bat daraufhin den ehemaligen Krombacher Pfarrer Paul Netz um vertrauliche Kontaktaufnahme mit dem Vorsitzenden der Arbeitsgemeinschaft Evangelischer Schulbünde e.V., dem Schuldezernenten der Evangelischen Kirche von Westfalen Karl Heinz Potthast. Netz und Potthast entwickelten noch 1988 ein Förderkonzept für evangelische Schulen, das nicht regional begrenzt werden sollte. Paul Netz war erstaunt, welch geringe Mittel beispielsweise für eine schulübergreifende wirksame Lehrerfortbildung zur Verfügung standen. Der sowohl in den regionalen Schulbünden als auch auf Bundesebene übliche Erfahrungsaustausch bei Tagungen war in seiner Tiefenwirkung und Nachhaltigkeit ungewiss. In einer wuchernden Medienlandschaft blieb eine wenig professionelle Öffentlichkeitsarbeit fast wirkungslos. Schon diese zwei Arbeitsfelder der Schulbünde reichten aus, um den Stifterwillen an Zielen und Aufgaben der Schulbünde zu befestigen. Am 23.01.1989 fassten Barbara Lambrecht-Schadeberg, Paul Netz und Karl Heinz Potthast folgende Beschlüsse:

1. Es soll nach dem Recht der Evangelischen Kirche von Westfalen alsbald eine ‚Barbara-Schadeberg-Stiftung zur Förderung evangelischer Schulen' gegründet werden.
2. Die Satzung soll einen fünfköpfigen ehrenamtlich tätigen Vorstand und ein Kuratorium von zwölf Personen aus unterschiedlichen Gesellschaftsbereichen vorsehen.
3. Barbara Lambrecht-Schadeberg stellt sofort Mittel zur Lehrerfortbildung bereit, deren Konzept die Schulbünde liefern müssen.
4. Der Schatzmeister der Arbeitsgemeinschaft wird gebeten, einen Sonderhaushalt für Spendenmittel einzurichten und die Spendenquittungen zu erstellen.
5. K.H. Potthast stellt zur Vorbereitung einer mehrtägigen Beratung zu dritt Protokolle der EKD-Bildungssynoden von 1958, 1971 und 1978 zur Verfügung. In Auswahl sollen auch einige Selbstdarstellungen von Schulen besprochen werden. Schließlich möchte Barbara Lambrecht-Schadeberg die Urteile des Bundesverfassungsgerichts zum Recht der Schulen in freier Trägerschaft (‚Privatschulen' gemäß Grundgesetz Art. 4) zu ihren Handakten nehmen.

Aus dieser Notiz geht deutlich hervor, dass die geplante Stiftung in eine kirchliche Gesamtverantwortung für Bildung eingebettet sein sollte. Dem trug ein Satzungsentwurf von Pfr. Dr. Friedrich Thiele Rechnung, den er der Stifterin, ihren Beratern und der Mitgliederversammlung der Arbeitsgemeinschaft Evangelischer Schulbünde am 18.02.1989 vorlegte. Die Beratungen konnten aber erst Anfang 1993 abgeschlossen werden, weil die staatliche Stiftungsaufsicht bei den üblichen Vorverhandlungen formale Auflagen machte, die wieder rückgekoppelt werden mussten.

Der Siegener Notar Dr. Henrich Schleifenbaum beurkundete am 26.10.1993 die Errichtung der Stiftung und bewirkte die Genehmigung der Satzung gemäß dem Stiftungsrecht der Evangelischen Kirche von Westfalen, die mit Urkunde vom 10.02.1994 erfolgte. Am 14. Juli desselben Jahres beurkundete der Notar die Summe des Anfangsvermögens in Höhe von zwei Millionen DM und die Namen der Vorstands- und Kuratoriumsmitglieder.[6] Schließlich erkannte die staatliche Stiftungsaufsicht am 12.12.1994 die ‚Barbara-Schadeberg-Stiftung zur Förderung evangelischer Schulen' an.

Inzwischen waren weitreichende kirchenpolitische Änderungen erfolgt. Das Jahr 1990 brachte die Vereinigung der beiden deutschen Diakonischen Werke und eine neue Evangelische Kirche in Deutschland. Es gab Unsicherheiten darüber, wie sich das künftige schulische Engagement in den östlichen Gliedkirchen gestalten würde, vor allem wie die Gemeinden und Landeskirchen auf den enormen Druck der Eltern reagieren würden, freie evangelische Schulen zu gründen. Würde man in dieser Lage auf dem eben gefundenen ‚Königsweg' einer Stiftungsgründung mit privaten Mitteln und der Umsetzung der Stiftungsziele durch einen Verband evangelischer Schulen fortfahren können? Würde das ehrenamtliche Engagement ausreichen, ein so erhebliches Stiftungskapital wie die angestrebten zehn Millionen DM zu verwalten, was die staatliche Anerkennungsbehörde bei ersten Kontakten bezweifelte? In jedem Fall brauchten Elterninitiativen, die selbst Schulträger sein wollten, neben der finanziellen Hilfe Beratung bei ihren Schulkonzepten. Beides kam bei angestrebten kirchlichen Trägerschaften bilateral von Partnerkirchen, oft in erheblichem Umfang, wenn die zuständige Landeskirche solche Gründungsinitiativen befürwortete. Welche Rolle spielte in der schulischen Umbruchsphase der neuen Länder die Spendentätigkeit der künftigen Stifterin?

3. Fünf Jahre Förderung mit Spenden

Barbara Lambrecht-Schadeberg sagte den Schulbünden für die Schuljahre 1989/90 bis 1993/94 jeweils eine Spende von 120.000 DM zu. Zugeteilt wurden Fördermittel durch Einzelentscheidung der Spenderin persönlich. Vorschläge dazu machten Potthast und Netz (bis zu dessen Tod am 20.03.93) gemeinsam. Der ehemalige Landespfarrer für Diakonie Dr. Friedrich Thiele, der wie Karl Heinz Potthast noch in die DDR-Zeit zurückreichende Kontakte in den östlichen Landeskirchen und deren Diakonie besaß, wurde ein weiterer wichtiger Verbindungsmann zu einigen der Gründungsinitiativen in Sachsen und Thüringen, wo deren Zahl vergleichsweise hoch war. Auch die späteren Vorstandsmitglieder der Stiftung, die Oberstudiendirektoren Werner Kast und Herbert Ochel, hatten im Auftrag der Schulbünde längst vor der Wende mit den wenigen allgemein bildenden kirchlichen Einrichtungen (Oberseminaren) DDR-Erfahrungen gesammelt. Allererste Gründungspläne für freie evangelische Schulen vor der Wende stammten noch aus dem Teilnehmerkreis der Leipziger Montagsdemonstrationen. In Sachsen und Thüringen war es die Initiatorin des rasch aufblühenden Leipziger Evangelischen Schulzentrums, Elke Urban, die ihre guten Basisverbindungen unermüdlich besonders für evangelische, aber auch für Waldorf- und Montessori-Schulen nutzte.

In den ersten Monaten nach der Wende hatte verständlicherweise die Förderung etwas Zufälliges an sich. Das war Grund genug zu versuchen, so schnell wie möglich in

---

6 Urkunde vom 14. Juli 1994. Sie enthält die Zusage der Stifterin, das Kapital noch im selben Jahr um weitere fünf Millionen auf sieben Mio. DM zu erhöhen.

4.2 Die Barbara-Schadeberg-Stiftung zur Förderung evangelischer Schulen

der Rechtsform der Stiftung gesicherte Kriterien zu definieren. Dies galt vordergründig für die Finanzierung, aber letztlich für das Finden eines möglichst wirkungsvollen schulpolitischen Beitrages zur Überwindung der Folgen des exklusiv-etatistischen Denkens in der Bildungspolitik, was sich noch heute als mühsam erweist.

Im Rückblick zeigt sich die Flexibilität des kirchlichen Stiftungsrechts. Die Evangelische Kirche von Westfalen erklärte sich sofort bereit, auch eine über Westfalen hinaus gültige Satzung zu genehmigen. Die Mitgliederversammlung der Arbeitsgemeinschaft Evangelischer Schulbünde begrüßte die Zusammenarbeit mit der künftigen selbstständigen Stiftung. Der beauftragte Notar beriet sich mehrfach mit dem Personenkreis, der den designierten ersten Stiftungsvorstand bildete und bis dahin schon die Funktion eines Bewilligungsausschusses übernommen hatte. Dies waren neben der Stifterin Barbara Lambrecht-Schadeberg Karl Heinz Potthast, Dr. Friedrich Thiele, Werner Kast und Herbert Ochel. Entscheidungen erfolgten in der Regel fernmündlich oder brieflich. Ganztägige Beratungen galten eher der Strategie einer selbstständigen Stiftung angesichts einer schwer überschaubaren kirchlichen Bildungspolitik mit Kammern des Rates der EKD, Schulreferentenkonferenzen der Landeskirchen und Veröffentlichungen der kirchlichen pädagogischen Institute. Hinzu kam die Abstimmung mit den Verbänden Freier Schulen und vor allem mit europaweit tätigen evangelischen Verbänden. Diese umfangreiche ehrenamtliche Tätigkeit beruhte auf dem Vertrauensvorschuss der Stifterin, so lange es keine rechtliche Regelung geben konnte.

Gleichwohl drängte eine Aufgabe ganz nach vorn: Wie mit der Fülle der Gründungsinitiativen in den neuen Ländern umgehen? Es konnte doch nicht nur um die Verteilung der Mittel gehen, obwohl beispielsweise bei der Gründung einer evangelischen Grundschule 10.000 DM schon ein gewichtiges Argument für die Gestaltung des ersten Schulhaushaltes waren. Angefangen von der Bücherbeschaffung für den Religionsunterricht bis zur Ausgestaltung eines Raumes der Stille – etwas ganz Neuem in Schulen der östlichen Länder – mussten Hilfen für eine religiöse Praxis in Morgenfeiern und Wochenschlussandachten gegeben werden. Spendenmittel halfen auch zu vielen Kontakten von Schulen untereinander. Neu zusammen gekommenen Lehrerkollegien wurde ermöglicht, in Freizeiten mit Eltern und miteinander zu beraten, wie die Schulkultur zu ihrem religiösen Anteil bei der Erziehung kommen könne. Viele Elterninitiativen waren in dieser Frage uneins mit unsicheren und oft zu sicheren Positionen. Ebenfalls gestritten werden musste über einseitige oder zu eklektische Positionen in der Unterrichtsmethode. Manche vollmundige Übernahme von Schlagwörtern der inzwischen weithin überholten Diskussion in der alten Bundesrepublik belasteten einzelne Initiativen.

Bevor die nach der Wiedervereinigung mögliche Gründung neuer evangelischer Schulen die dortige kirchliche Landschaft erheblich veränderte und rasche Aufmerksamkeit der Schulbünde fand, hatten die Spenden von Barbara Lambrecht-Schadeberg ihre Wirkungen in vielen evangelischen Schulen gezeigt. Was in einem Jahr ermöglicht wurde, hält ein interner Bericht vom Januar 1991 fest:

1. Verwendung der Fördermittel von 120.000 DM im Schuljahr 1989/90 ist wie folgt zu veranlassen: Vier am Projekt ‚Unterrichtserneuerung an evangelischen Schulen' beteiligte Kollegien erhalten je 20.000 DM zur Unterrichtsentlastung von beteiligten Lehrern. Für die Dokumentation in einer Reihe des Comenius-Instituts

werden 21.000 DM genehmigt. An Sach- und Reisekosten sollen 12.000 DM erstattet werden. Die internationale Zusammenarbeit, besonders mit ungarischen evangelischen Schulen, wird mit 7.000 DM bezuschusst.
2. Für das laufende Schuljahr 1990/91 sollen wiederum 120.000 DM bereitgestellt werden. Dabei ist ein weiteres Projekt (Religiöse Begleitung von Kindern in den Klassenstufen 5 und 6) vorrangig zu fördern. Gegenüber dem Vorjahr sind die Mittel für Kontakte mit Schulen in Österreich, Ungarn und der Slowakei aufzustocken. Die endgültige Planung und Genehmigung muss fünf Anträge von Gründungsinitiativen berücksichtigen, die derzeit vorliegen. Bis zu 60.000 DM sollen dafür eingeplant werden.
3. Frau Lambrecht-Schadeberg hat am 08.03.91 zusätzlich, aber einmalig, einen Betrag von 50.000 DM zur Sicherung des Internats in Hermannswerder gespendet.

Zur Problemlage zu Beginn des Jahres 1991 notiert das Protokoll vom 21. April: Über eine mittel- bis langfristige Förderung durch die geplante Stiftung soll in naher Zukunft entschieden werden. Grundlage für eine Zielbeschreibung bleibt der Briefwechsel zwischen dem Vorsitzenden der Arbeitsgemeinschaft einerseits und Frau Lambrecht-Schadeberg sowie Pastor Netz andererseits. Besondere Bedeutung haben die Schreiben der Arbeitsgemeinschaft vom 28.11.1988 und vom 28.02.1989, die Ergebnisse von Gesprächen festhalten. Beide Schreiben können bei der Definition des Stifterwillens in der Präambel der Satzung helfen. Die inzwischen eingetretenen politischen und kirchlichen Veränderungen haben Rahmenbedingungen geschaffen, deren Chancen sorgfältig beachtet werden müssen. Es könnte bedeuten, die Struktur der Förderung zu ändern. Aktuell stellen sich folgende Diskussionspunkte:

1. Schulneugründungen – Soweit die Landeskirchen in den alten Bundesländern (wie in Stuttgart oder im Ruhrgebiet) neue Schulen gründen wollen, bedarf es keiner Hilfe durch private Spendenmittel. Die Landeskirchen in den östlichen Bundesländern halten sich als mögliche Schulträger (noch) sehr zurück. Dort haben wir es mit vorwiegend von Eltern und Lehrern gegründeten Schulvereinen oder Personengruppen ohne eine vereinsrechtliche Satzung zu tun. Unsere Förderung ist in jedem Einzelfall zu prüfen, wobei unser Angebot die Ermöglichung einer Beratung durch Vertreter anderer evangelischer Schulen ist. Der Sache nach wäre dies Lehrerfortbildung. Dabei ist zu beachten, dass Lehrerfortbildung erstlich von den Schulträgern erwartet werden muss und wir nur ergänzend oder mit Pilotprojekten eingreifen können.
2. Personalplanungshilfen – Der Reichtum in der Trägerschaft (Landeskirchen, Werke und Verbände, Vereine), besonders besonders hinsichtlich unterschiedlicher Größe und Finanzkraft, hat nicht zu einem gesamtkirchlichen Angebot in der Lehrerbildung geführt. Eine dringende Aufgabe ist eine langfristige, trägerübergreifende Personalplanung, was insbesondere bei der Besetzung von leitenden Stellen vermisst wird.
3. Schulprofil oder Schulkultur – Traditionell wird das Proprium evangelischer Schulen mit dem Anspruch der Übertragbarkeit diskutiert. Es zeigt sich aber, dass der Reichtum protestantischer Milieus dabei leicht übersehen wird. Hier und dort ha-

4.2 Die Barbara-Schadeberg-Stiftung zur Förderung evangelischer Schulen

Bild 1: Der Vorstand des Barbara-Schadeberg-Stiftung 2002; *vlnr:* Herbert Ochel, Barbara Lambrecht-Schadeberg, Karl Heinz Potthast (Ehrenmitglied), Christel Ruth Kaiser, Wolfgang Storim, Werner Kast

ben größere evangelische Schulträger so genannte Bausteine für die Weiterbildung verschiedener Lehrergruppen entwickelt. Wir sollten Programme unterstützen, die Lehrer ermutigen, sich als Christen im Schulleben einzubringen, wobei verschiedene Frömmigkeitsstile als Chance bewusst gemacht werden müssen.

4. Schulische Verbandsarbeit – Bildungspolitische Veränderungen und kirchlicher Strukturwandel bewirken den Verlust einer unbefragten Zustimmung zu den evangelischen Schulen in Beschlussgremien bei gleichzeitiger hoher und noch wachsender Nachfrage, die unsere Schulen verzeichnen. Es wird nötig sein, die Strukturen der Verbandsarbeit evangelischer Schulen zu stärken. Ein besonderes Problem ist die Öffentlichkeitsarbeit (Korrespondenzblatt evangelischer Schulen und Heime).

5. Wissenschaftliche Begleitung – Erneut wird über die Möglichkeit regelmäßiger Vorlesungsreihen an wechselnden Universitäten („Lectures') nachgedacht. Einschlägige Gespräche mit Lehrstuhlinhabern sollen – zunächst unverbindlich – weitergeführt werden.

4. Zehn Jahre Barbara-Schadeberg-Stiftung zur Förderung evangelischer Schulen

Die Spenderin hatte sich entschlossen, demnächst als Stifterin selbst Vorstandsverantwortung zu übernehmen. – Von 1989 bis 1994, dem Jahr der Genehmigung der Barbara-

Schadeberg-Stiftung, wurden mehr als eine Million DM für die Förderung evangelischer Schulen ausgegeben. Die Mittelverteilung geschah in drei Richtungen:

- Für die Programmentwicklung an bis dato 15 evangelischen Neugründungen in den neuen und für drei in den alten Bundesländern. Die neuen Schulstandorte (bis Mitte 1994) sind Leipzig, Hoyerswerda, Hermannswerda (in der DDR-Zeit Kirchliches Oberseminar), Neuruppin, Neubrandenburg, Dresden, Chemnitz, Jena, Eisenach, Magdeburg, Halle, Gotha, Großrückerswalde, Droyssig, Erfurt, Bochum, Hannover und München;
- für die Weiterführung wissenschaftlicher Innovationen im Fachunterricht an evangelischen Schulen durch Personalkostenzuschüsse und Druckkosten;
- für Verbandsarbeit in Deutschland und für Kontakte mit evangelischen Schulen in Österreich, Ungarn, Lettland und der Slowakei.

Die Verteilung der Mittel auf diese Arbeitsschwerpunkte ist natürlich eine Momentaufnahme, sollte sich aber in der Struktur der Stiftungstätigkeit dauerhaft wiederholen. Ein Beispiel: Der erste ordentliche Haushalt der Stiftung konnte 1994 über einen Kapitalertrag in Höhe von 323.000 DM verfügen, wovon zwei Drittel unmittelbar Schulgründungen zugewandt wurden. Erst nach Jahren war es möglich, diesen Anteil auf ein Drittel zurückzunehmen und mit einem weiteren Drittel eine wissenschaftliche Arbeitsstelle in Zusammenarbeit mit der EKD zu initiieren. Den Vorsitz einer kleinen Kommission aus Wissenschaftlern und Praktikern übernahm Herbert Ochel.[7] Da die Verwaltungskosten der Stiftung stets weniger als fünf Prozent des Haushaltes erforderten, war es möglich, einen Barbara-Schadeberg-Preis und Barbara-Schadeberg-Vorlesungen zu finanzieren.

Die schwierigste Stiftungstätigkeit ist bis heute natürlich die Entscheidung über die vielen Förderanträge. Die sich einstellende Bekanntheit der Stiftung führte auch zu dem Missverständnis, sie könne Haushaltdefizite der Schulen verringern helfen oder gar Investitionen subventionieren. Es war dringend nötig, für die Interessierten Informationsblätter zu entwickeln, die Klarheit brachten. Schwerpunkte der Botschaft waren:

- Es wird Bezug genommen auf den missionarisch-diakonischen Auftrag von Landeskirchen, Freikirchen und deren Werke und Verbände, wie er in der Präambel der Satzung des Diakonischen Werkes der EKD formuliert ist.
- Die Stiftung fördert besonders Schulen, in denen sich Eltern, Lehrer und Schüler mit dem Schulträger um ein eigenständiges Miteinander im Geiste Jesu bemühen.
- Zuwendungen geschehen unabhängig von der Rechtsform des Trägers aufgrund eines überprüfbaren Schulprogramms. Investitionen für Bauten können nur in Ausnahmefällen (z.B. für einen Raum der Stille) unterstützt werden.
- Einschlägige Forschungsvorhaben zum Unterricht an evangelischen Schulen und Programme zur Lehrerfortbildung können gefördert werden.

Stiftungsintern wurden die Förderrichtlinien laufend überprüft. 1997 beispielsweise stimmte das Kuratorium folgendem Bericht des Vorstandes zu:

---

7 Inzwischen ist die ‚Wissenschaftliche Arbeitsstelle Evangelische Schule' der EKD und der Barbara-Schadeberg-Stiftung am Comenius-Institut errichtet worden mit Dienstsitz in Hannover.

Förderstruktur in Deutschland und in Europa
1. Evangelische Schulen in Deutschland – Unser vorrangiges Stiftungsziel ist der Erhalt und die Verbesserung der Schulen im Verantwortungsbereich der Gliedkirchen der EKD und der mit ihr verbundenen Freikirchen und evangelischen Verbände und Werke. Das evangelische Schulwesen setzt sich aus allgemein bildenden, berufsbezogenen und sonderpädagogischen Einrichtungen zusammen. Besonders müssen die allgemein bildenden Schulen in einer rasch sich wandelnden Bildungsgesellschaft ihre Programme laufend überprüfen, wobei unsere Mittel nicht zuletzt den schulübergreifenden Formen der Beratung dienen sollen. Manchmal handelt es sich um tiefgreifende Umstrukturierungen oder die Notwendigkeit des Ausbaus, da alle evangelischen Schulen mit Übernachfrage zu tun haben. Übernachfrage kennzeichnet auch den Alltag von Schulgründungen. Wie die allgemein bildenden Schulen sind die Berufs- und Sonderschulen auf permanente Lehrerfortbildung angewiesen. Hier muss ein Förderakzent gesetzt werden. Eine wissenschaftliche Arbeitsstelle sollte aber nur gefördert werden, wenn sie diese praktischen Bedürfnisse fokussiert.
2. Evangelische Schulen in Ostmitteleuropa – Hier können wir kaum weiter einzelne Schulen fördern, wie es in Ungarn, Lettland, Polen, der Slowakei und Österreich geschehen ist. Wir sehen eher Hilfe für eine trägerunabhängige Verbandsarbeit als unsere Aufgabe an. Nur in geringen Umfang können wir uns bei gewünschtem Lehreraustausch vermittelnd beteiligen.

Ein ungelöstes Problem der Stiftung ist ihre Präsenz in den Medien, besonders in den innerkirchlichen. Nach der Anerkennung der Stiftung 1994 stellte sie sich im Haus des Bevollmächtigten der EKD bei der Bundesregierung in Bonn vor. Trotz der Wahl dieses öffentlichkeitswirksamen Ortes war das öffentliche Echo enttäuschend. Eine mit privaten Mitteln ausgestattete Schulstiftung fand zwar lebhaften Beifall der Antragsteller und auch von anwesenden kirchlichen Repräsentanten, aber selbst das innerkirchliche Medienecho blieb gering. Um so wichtiger wurde die Reisetätigkeit von Vorstandsmitgliedern zu den Schulen selbst aus Anlass von Festen oder öffentlichen Schulgottesdiensten sowie auf Lehrertagen. Aber auch die sehr erbetenen Grußworte von Vorstandsmitgliedern der Stiftung hatten meist nur ein regionales Medienecho.

Mit der EKD-Schulstiftung berät sich der Vorstand besonders bei Neugründungen evangelischer Schulen, deren Zahl zwar viel geringer als in den 1990er Jahren ist. Das Bedürfnis nach weiteren evangelischen Schulen ist aber vielerorts ungebrochen. Künftige Förderung muss die Ungleichheit der deutschen Lebensverhältnisse stärker als diakonische Herausforderung wahrnehmen.

Anhang

Programm der 3. Barbara-Schadeberg-Vorlesungen 2004 in Halle/S.:
Schule und Diakonie

*Martin-Luther-Universität Halle-Wittenberg / Theologische Fakultät /
Francke'sche Stiftungen*

Mittwoch, 16. Juni 2004

15:00 h – Begrüßung durch Prof. Dr. Klaus Tanner
Eröffnung durch die Stifterin, Barbara Lambrecht-Schadeberg

16:00 h – Prof. Dr. Jochen-Christoph Kaiser: Diakonie – Begriff und Bedeutung
(Moderation: Karl Heinz Potthast)

19:00 h – Kurzreferate
(Moderation: Herbert Ochel)

1. Cornelia Schäfer: Konzepte diakonischen Lernens in evangelischen Schulen
2. Kurt Hertweck: Praktikum-Curriculum ‚Diakonie'
3. Dr. Silke Köser: Schule aus der Perspektive des Diakonischen Werkes

Donnerstag 17. Juni 2004

09:45 h – Andacht

10:00 h – Prof. Dr. Reinhard Turre: Diakonie und Bildung
(Moderation: Prof. Dr. Raimund Hoenen)

12:00 h – Führung durch die Francke'schen Stiftungen

14:30 h – Prof. Dr. Rainer Anselm: Diakonische Dimension des Bildungsbegriffs
aus evangelischer Perspektive
(Moderation: Prof. Dr. Klaus Tanner)

16:30 h – Prof. Dr. Heinz Schmidt: Zukunftsperspektiven Schule und Diakonie
(Moderation: Herbert Ochel)

18:00 h – Schlusswort: Barbara Lambrecht-Schadeberg

Die Autorinnen und Autoren

Dr. Rainer Anselm, Prof. für Systematische Theologie an der Universität Göttingen

Dr. Jürgen Frank, Oberkirchenrat im Kirchenamt der EKD und Dezernent für Bildungsfragen, Hannover

Dr. Norbert Friedrich, Historiker und Theologe, Leiter der Fliedner-Kulturstiftung Kaiserswerth, Düsseldorf

Dr. theol. h.c. Jürgen Gohde, bis Juni 2006 Präsident des Diakonischen Werkes der EKD, Berlin

Dr. Uta Hallwirth, Oberkirchenrätin im Kirchenamt der EKD und Leiterin der ‚Wissenschaftlichen Arbeitsstelle Evangelische Schule', Hannover

Dr. Helmut Hanisch, Prof. für Religionspädagogik an der Universität Leipzig

Kurt Hertweck, Oberstudiendirektor, Leiter des Ev. Schulzentrums Michelbach/Württ.

Christel Ruth Kaiser, Oberstudiendirektorin i.K., Leiterin der Melanchthon-Schule Steinatal, Willingshausen/Hessen

Dr. Jochen-Christoph Kaiser, Prof. für Kirchengeschichte an der Universität Marburg

Dr. Silke Köser, Historikerin und Theologin, Referentin im DW-EKW, Berlin

Karl Heinz Potthast, Landeskirchenrat i.R. der Ev. Kirche von Westfalen, Bielefeld

Dr. Heinz Schmidt, Prof. für Praktische Theologie an der Universität Heidelberg und Leiter des Diakoniewissenschaftlichen Instituts

Cornelia Schäfer, Leiterin der Ev. Grundschule in Gotha

Dr. Britta von Schubert, Oberstudienrätin i.R., Heidelberg

Dr. Reinhard Turre, Landespfarrer i.R. für Diakonie in der Ev. Kirche der Provinz Sachsen und Prof. für Praktische Theologie an der Universität Halle/S.

Dr. Thomas Zippert, Pfarrer und Leiter des Fachbereichs ‚Schulen' am hessischen Diakoniezentrum Hephata, Schwalmstadt-Treysa

Dr. Renate Zitt, Prof.' für Praktische Theologie (Religionspädagogik und Gemeindeaufbau) an der Ev. Fachhochschule Darmstadt

Personenregister

Abbing, Pieter, 118
Adam, Gottfried, 81, 105
Amsdorf, Nikolaus von, 21
Anselm, Rainer, 11, 123, 220, 221
Aristoteles, 100
Assmann, Aleida, 185
Assmann, Jan, 58, 185

Barthes, Roland, 45
Bartmann, Peter, 170
Beck, Ulrich, 151
Benedict, Hans-Jürgen, 82, 112
Berlin, Isaiah, 89
Bethmann-Hollweg, Moritz August von, 26
Beyer, Hermann Wolfgang, 111
Bodelschwingh, Friedrich von (Sohn), 37
Bodelschwingh, Friedrich von (Vater), 22, 37, 176
Böckenförde, Ernst-Wilhelm, 36
Bonhoeffer, Dietrich, 38, 122
Brandt, Wilhelm, 111, 114
Braune, Paul Gerhard, 37
Brecht, Bertold, 83
Buber, Martin, 206, 207
Bugenhagen, Johannes, 20, 21

Cajetan (von Tiene), 100
Caligiorgis, Jeremie, 128
Collins, John Neil, 12, 13, 17, 18, 82, 92, 112, 113, 115, 117, 121, 123
Comenius, Johann Amos, 34, 137

Degen, Johannes, 25
Dettling, Daniel, 151
Dundenberg, Ismo, 113

Elschenbroich, Donata, 145
Elsenbast, Volker, 5
Erlen, André, 80

Falk, Johannes, 19, 34
Fliedner, Caroline, 183, 188
Fliedner, Friederike, 183, 188

Fliedner, Theodor, 15, 19, 176, 183, 185–188
Francke, August Hermann, 10, 22, 31, 34, 37, 41–44, 46, 47
Frank, Jürgen, 5, 9, 12, 221
Freinet, Célestin, 72
Friedrich, Norbert, 15, 221
Frisch, Max, 103
Fröbel, Friedrich Wilhelm August, 34

Geras, Adele, 72
Gerhardt, Martin, 186
Gerstenmaier, Eugen, 19, 25
Goethe, Johann Wolfgang von, 31
Gohde, Jürgen, 9, 12, 85, 129, 221
Gronbach, Reinhart, 105

Hallwirth, Uta, 9, 10, 12, 13, 15, 105, 166, 170, 221
Hanisch, Helmut, 13, 18, 105, 189, 221
Hauptmann, Gerhard, 23
Hegel, Georg Wihelm Friedrich, 43, 44, 46
Hengstenberg, Ernst Wilhelm, 24
Hennessy, John, 30
Hentig, Hartmut von, 35, 55, 70, 86
Herder, Johann Gottfried, 45, 136–138, 144
Hertweck, Kurt, 11, 205, 220, 221
Herzog, Roman, 150
Hoenen, Raimund, 30, 220
Homeyer, Josef, 135
Huber, Wolfgang, 71, 96
Humboldt, Alexander von, 43
Humboldt, Wilhelm von, 98

Jonas, Hans, 151

Käßmann, Margot, 70
Kaiser, Christel Ruth, 5, 14, 16, 105, 217, 221
Kaiser, Jochen-Christoph, 10, 16, 220, 221
Kant, Immanuel, 46, 50
Kast, Werner, 214, 215, 217
Kern, Wolfgang, 190

Köser, Silke, 9, 12, 18, 106, 170, 186, 220, 221

Lücke, Friedrich, 19
Lambrecht-Schadeberg, Barbara, 9, 11, 15, 105, 139, 166, 191, 205, 208, 210–218, 220
Locke, John, 27
Lohmann, Theodor, 25
Lübbe, Hermann, 102
Luther, Martin, 20, 21, 24, 63, 118, 119, 167, 220

Mann, Golo, 102
Melanchthon, Philipp, 11, 14, 21, 167, 170
Metz, Johann Baptist, 134
Michel, Silvia, 127
Mletzko, Uwe, 170
Montessori, Maria, 193, 194, 214

Netz, Paul, 213, 214, 216
Nightingale, Florence, 183, 187
Nipkow, Karl Ernst, 55, 58, 62, 138, 144
Nordstokke, Kjell, 82, 121

Oberlin, Johann Friedrich, 34
Ochel, Herbert, 214, 215, 217, 218, 220
Oestreich, Gerhard, 43

Pestalozzi, Johann Heinrich, 34
Petersen, Else, 76
Petersen, Peter, 12, 73, 194
Philippi, Paul, 121
Plauschinat, Erich, 188
Potthast, Karl Heinz, 15, 213, 214, 217, 220, 221
Priesterley, Joseph, 45

Rappaport, Julian, 47, 48
Rauschenbach, Thomas, 89, 90, 151
Rendtorff, Trutz, 123
Renner (Superintendent), 27
Rich, Arthur, 124
Riegel, Enja, 143
Rössler, Dietrich, 50

Schäfer, Cornelia, 5, 11, 106, 194, 220, 221
Schäfer, Otto, 144
Schäfer, Theodor, 123
Scheilke, Christoph, 5
Scheunpflug, Annette, 69–71

Schibilsky, Michael, 123, 124
Schleiermacher, Friedrich, 136
Schleifenbaum, Henrich, 211, 213
Schmidt, Heinz, 11, 106, 220, 221
Schober, Theodor, 213
Schubert, Britta von, 14, 106, 221
Schweitzer, Christoph, 5
Siegmund-Schultze, Friedrich, 150
Söderblom, Nathan, 125
Sölle, Dorothee, 51
Spahmann, Susanna, 106
Spener, Philipp Jakob, 21, 22
Stahl, Friedrich Julius, 24
Stoecker, Adolf, 25
Storim, Wolfgang, 217
Sträter, Udo, 22
Strohm, Theodor, 125

Tanner, Klaus, 220
Thadden, Elisabeth von, 11, 14, 149, 150, 161, 163–165, 200
Thiele, Friedrich, 213–215
Thomas (von Aquin), 100
Traxler, Hans, 99
Troeltsch, Ernst, 44
Turre, Reinhard, 10, 52, 114, 220, 221

Urban, Elke, 214

Visser't Hooft, Willem Adolf, 151
Vlk, Miloslav, 128

Welker, Michael, 53
Wendland, Heinz-Dietrich, 121
Werner, Gustav, 22, 37
Wichern, Johann Hinrich, 17–20, 22–26, 28, 29, 34, 37, 46, 121, 124, 125, 129, 159, 176, 185, 190
Wilske, Judith, 80
Wulf, Christoph, 71

Zeller, Christian Heinrich, 19, 129
Zippert, Thomas, 14, 221
Zitt, Renate, 13, 18, 221